Part 1

スポーツとマネジメント

Part 1

第1章 スポーツを動かす力

1 スポーツとは何か

【文化としてのスポーツ】 語源では「スポーツ」は気晴らしをするという意味（遊び）である。しかし実際には，この意味はスポーツという考え方の一部分でしかない。人びとはスポーツに携わるために仕事から転ずることもあるが，ときには日常の仕事に要求されるよりも，はるかに大きな努力や注意を要求するルールに従う。

このように，スポーツという文化にはもともと遊びと仕事という両面性がある。ロイのように，プレイーゲームの脈絡でとらえられる遊びのスポーツと，ワーク（仕事）－オキュペイション（職業）の脈絡でとらえられるアスレティックス（競技）とは区別すべきだという考え方が生まれてきたのも，そのことを象徴している。

しかし，スポーツが遊びと考えられようと仕事と考えられようと，「身体において，および身体を通して卓越しようとする人びとによって例証されるべき，伝統化された一連のルールである」（Weiss, 1969）ことに変わりはない。人間は筋肉をもって動く動物であり，体を動かすという本質的な部分があって，その動かし方にルールをつけて意味づけをし，それが競技へと発展していくのは，昔も今も同じである。すなわち，定められた約束ごとの中で，だれがもっともすぐれたパフォーマンスをみせることができたかを知るための装置こそがスポーツ文化なのである（寒川，2001）。

【スポーツの動機別特性】 上述したように，スポーツは元来，卓越への欲求を満たすためにつくられた装置（一連のルール）ではあるが，すべての人がそのゴールに到達できるわけではない。その過程でそれぞれに目的を持って活動するというのが実態である。そこにいくつかのサブカルチャーとしてのスポーツが誕生する。

福岡（1988）によれば，おおむね①遊びのスポーツ，②健康スポーツ，③能力スポーツ，の3つに分類可能であり，それぞれ次のような動機によって特徴づけられる。

遊びのスポーツは，勝敗にばかりこだわることなく，エンターテインメントとか社交とかいった面を強調して楽しくスポーツを行うことであり，「創造性」が重視される。健康スポーツは，文字通り社会生活を行うのに必要な健康を生涯にわたり保持することが目的であり，環境への「適応性」を第1に考えるスポーツである。そして，能力スポーツは，一般には競技スポーツともいい，自己の最高パフォーマンスの達成をめざすものであり，人体の「機能性」を限界まで追求する場合がこれに該当する。

それぞれのスポーツに特有な行動様式や価値基準が生まれ，スポーツを文化として共有できる人びととの範囲は，現在飛躍的に拡大している。

第1章 スポーツを動かす力

■ プレイー仕事の連続線上にあるスポーツ

手段的・実利的

WORK
OCCUPATION
ATHLETICS
SPORT
GAMES
PLAY

文化性
卓越性
身体性

伝統化された一連のルール

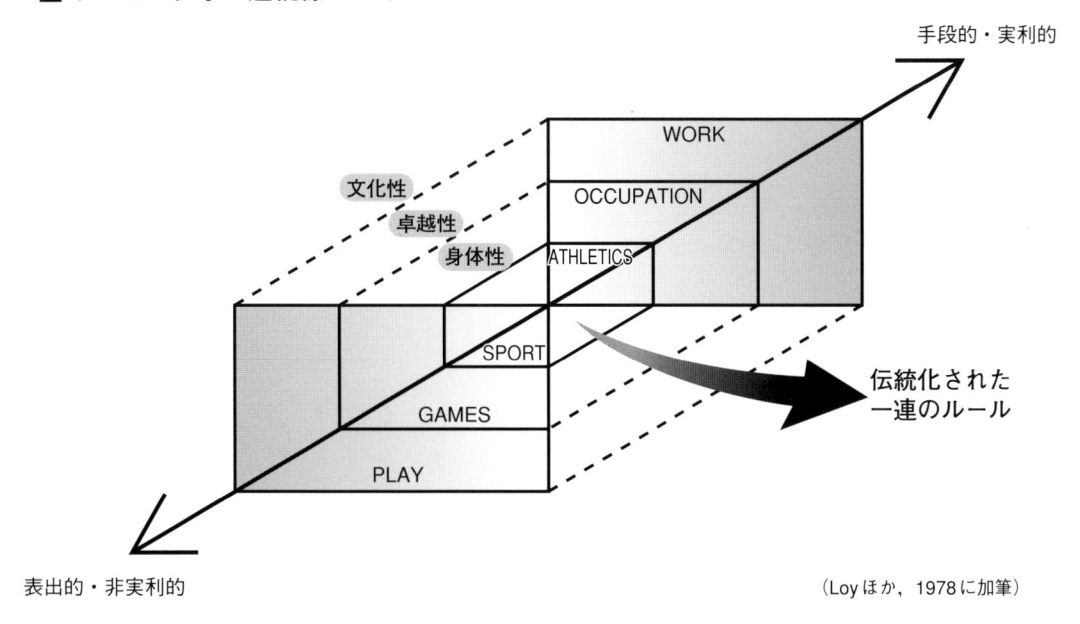

表出的・非実利的

（Loyほか，1978に加筆）

■ スポーツの動機別特性

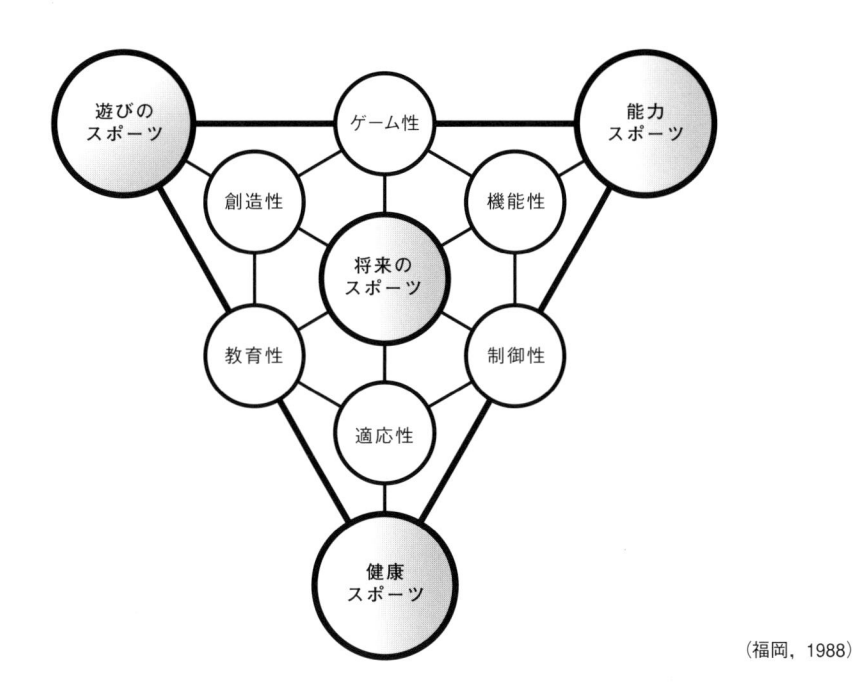

遊びのスポーツ — ゲーム性 — 能力スポーツ
創造性　機能性
将来のスポーツ
教育性　制御性
適応性
健康スポーツ

（福岡，1988）

7

【見るスポーツ】 スポーツの多くは，人間の社会に自然に生まれ育ったものであり，本来，自分自身で体を動かし表現するというものであった。しかしながら，それが発展し組織だってくると，人びとは「行う」のみならず，「見る」ことにも関心を示すようになる。明らかに，現代のスポーツ活動には実践と観戦という二重の楽しみ方が存在しているのである。現状はむしろ，人びとのスポーツへの関与のしかたが，見るスポーツに大きく傾斜しているといってもよい。

もちろん，スポーツの中には，ボクシングなどのように誕生以来ずっとスペクタクルであったものもあるが，多くは組織化と専門化の歴史を経て，実践者（パーティシパント）中心のスポーツから観戦者（スペクテイター）中心のスポーツへと徐々に進展していったわけである。この過程は，アメリカでは1980年までにほぼ完了したといわれている（Rader, 1983）が，野球などのようにその移行が比較的早かったものもあれば，テニスなどのようにゆるやかなものもある。

日本は，「やる人」と「見る人」の区別が明確についた後でスポーツを輸入した国の代表格である。したがって，見るのが好きなスポーツは野球，サッカー，大相撲，実際に行う場合にはゴルフ，ウォーキング，水泳，テニス，ジョギング（ランニング）といったふうに，それぞれのケースで内容がはっきりと分かれる傾向にある（右図）。

【スポーツに関与する人びと】 スポーツに関わり合う人びとへの評価は，スポーツをつくり出すという意識が明白な場合と，そうでない場合とで大きく2分される。すなわち，前者の場合は「生産者」，後者の場合には「消費者」とみなされるわけである。

スポーツの生産に一次的な役割を果たすのが「スポーツ実践者」であるが，この中には生産者としての意識が強い人もいれば，そうでない人もいる。したがって，このカテゴリーには消費者と重なり合う部分が生じてくる。一流の競技者や選手は生産者として評価されやすいが，一般のプレイヤーやエクササイザーはむしろ消費者として評価されるのがふつうである。スポーツ実践者以外の二次的な生産者は，さまざまな面からスポーツの場をオーガナイズする「スポーツ組織者」として分類される。

スポーツ組織者はさらに，指導者や審判員のように，スポーツ・パフォーマンスに対してテクノロジカルな影響力を持つ「専門的オーガナイザー」と，サービス要員や応援関係者のように，そうした影響力をまったく持たないがスポーツの場に実際的に関わり合う「支援的オーガナイザー」，そして，実際にスポーツの場にはいないが組織的な活動としての責任を負う「経営的オーガナイザー」の3つにカテゴライズすることが可能である。

消費者のうちスポーツ実践者をのぞけば，あとはすべて「スポーツ観戦者」である。ただし，そこにはスポーツの場に直接出かける「能動的な観戦者」もいれば，マスメディア等を通してスポーツに疑似的に関わり合いを持つ「受動的な観戦者」も含まれる。

本書の主題は，いうなれば，これらすべての人びとのスポーツへの関わり合いが，互いにどのような影響を持つのかを問題としたものである。

第1章 スポーツを動かす力

■ 日本人のスポーツ活動

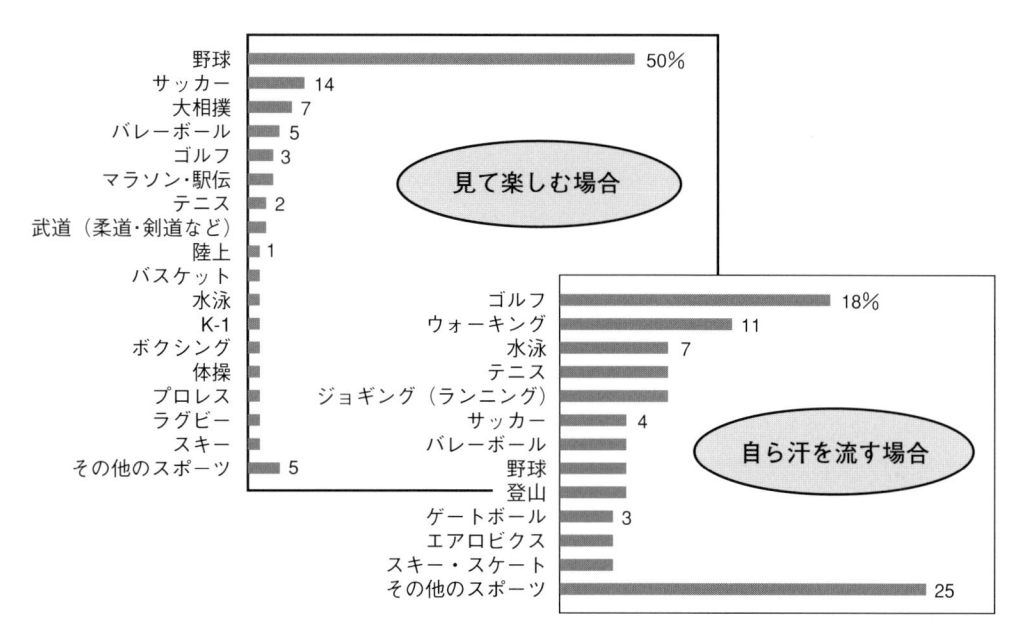

見て楽しむ場合
- 野球　50%
- サッカー　14
- 大相撲　7
- バレーボール　5
- ゴルフ　3
- マラソン・駅伝　2
- テニス　2
- 武道（柔道・剣道など）　1
- 陸上　1
- バスケット
- 水泳
- K-1
- ボクシング
- 体操
- プロレス
- ラグビー
- スキー
- その他のスポーツ　5

自ら汗を流す場合
- ゴルフ　18%
- ウォーキング　11
- 水泳　7
- テニス
- ジョギング（ランニング）
- サッカー　4
- バレーボール
- 野球
- 登山
- ゲートボール　3
- エアロビクス
- スキー・スケート
- その他のスポーツ　25

（「朝日総研リポート2003」から作成）

■ スポーツの生産と消費に関連する社会的役割

生産者				消費者	
スポーツ組織者（オーガナイザー）			スポーツ実践者（パーティシパント）	スポーツ観戦者（スペクテイター）	
経営的	支援的	専門的		能動的	受動的
コミッショナー 競技団体委員 オーナー プロモーター スポンサー 球団社長 ゼネラルマネジャー	〈サービス要員〉 グランド整備員 警備員 放送者・記録員 医者・救護係 〈応援関係者〉 チアリーダー サポーター マスコット	〈指導者〉 マネジャー（監督） コーチ トレーナー インストラクター 〈審判員〉 レフェリー アンパイア ジャッジ	競技者・演技者 選手 プレイヤー エクササイザー	観衆	テレビ視聴者 ラジオ聴取者 新聞購読者 雑誌購読者 ウェブユーザー

2 マネジメントとは何か

【組織の行動を総合的に説明する学問】 本書では，マネジメントを「個人，集団，およびその他（設備，資本，技術など）の資源を通して，またはこれら資源とともに，組織目標達成を目指して働く過程」（Harseyほか，1996）と理解したい。もちろん，英語の"manage"自体は「事を処理する」「うまくやる」「操縦する」といったように非常に一般的な言葉ではあるが，本書のように，特定の目的達成（スポーツの生産）に生きる学問として問題にしようとすれば，組織という枠組みの中で考えるのが適切である。

通常，組織はトップマネジメント，ミドルマネジメント，ロアーマネジメントの3つの階層からなっており，同じ「マネジメント」といいながらも，それぞれは「経営」「経営管理」「作業管理」という違った働きを担っている。

経営とは，組織という価値の増殖体全体の運営に関わる領域であり，全般的，長期的，基本的な方針を持って組織を指揮し，組織活動の結果に責任を負う体制のことである。そして，そうした体制のもとで，実際のアクションプランを策定し，それが計画通り行われるように誘導するのが経営管理である。作業管理は，それにしたがって具体的な現場の作業（オペレーション）をコントロールすることである。

このように，それぞれの階層のマネジメント職能は相互に関連し整合性を保ちながら，全体として無秩序な人々の集まりを生産性のある組織に変えているのである。ただ単に自分で物事を処理したり，うまく他者を操縦するといった意味合いのものではない。

【マネジメントスキルの基本】 ハーシィらによれば，組織の目標達成が要求されているマネジャーには少なくとも3つの能力が必要だとされている。すなわち，①専門的能力（テクニカル・スキル），②対人的能力（ヒューマン・スキル），③概念化能力（コンセプチュアル・スキル）がそれである。

専門的能力は，特定業務遂行に必要な知識，方法，技術，器材を使用する能力で，経験，教育，訓練を通して習得されたものである。対人的能力とは，他人とともに，あるいは他人を通して仕事をする能力や判断力のことであり，モチベーションの心理とリーダーシップの効果的適用法の理解を含んでいる。そして，概念化能力とは，組織活動を全体として見渡せる能力のことである。それはまた，組織の複雑な構造の中での自分の位置づけを理解する能力ともいえ，この能力によって，直接的な所属集団の目標や必要を超えた組織全体の目標に向けて行動することが可能となるわけである。

これらの能力の適正なミックスのあり方は，ロアー・レベルからトップへと，組織階層を上がるにつれて変わってくる（右図）。階層を昇るにつれ，専門的能力の必要性は減る傾向にあり，相対的に概念化能力の必要度が増してくる。反対にロアー・レベルでは専門的能力の必要性は高くなるが，オペレーターが実施する作業のすべてに通じる必要はない。マネジメントのすべての層で共通して重要なのは対人的能力である。

■ マネジメントのピラミッド

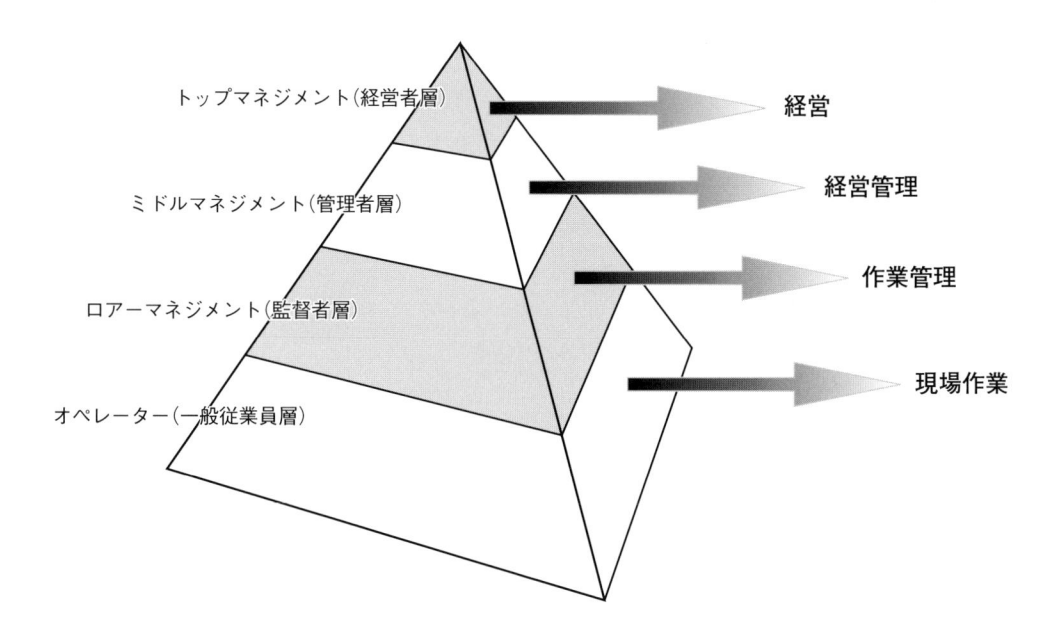

トップマネジメント(経営者層) → 経営
ミドルマネジメント(管理者層) → 経営管理
ロアーマネジメント(監督者層) → 作業管理
オペレーター(一般従業員層) → 現場作業

■ 組織諸階層で必要とされる能力

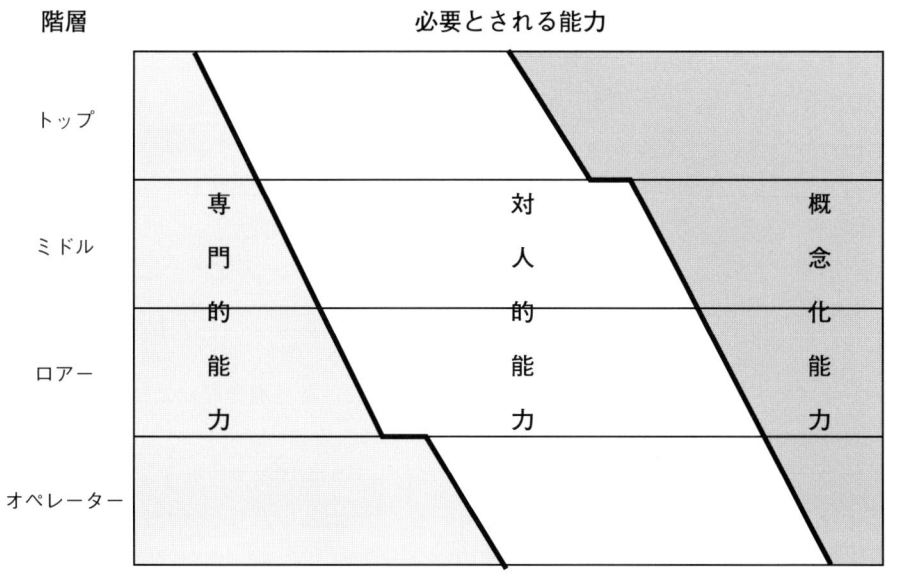

階層	必要とされる能力		
トップ	専門的能力	対人的能力	概念化能力
ミドル			
ロアー			
オペレーター			

(Harseyほか，1996)

【科学的管理と個人のモチベーション】 鉱山会社のチーフエンジニアだったテーラーは，1910年代に，作業員の動作とそれにかかる時間を観察して標準的作業を定め，賃金の出来高払い制を考案した。この生産管理制度は後に「科学的管理法」と名づけられ，大量生産システムの原点となった。ギルブレスの「動作研究」などもそれに貢献した。

しかし，真の意味での生産性は，単純に作業条件さえマネジすれば達成されるというものでもない。とくに個人が集団を形成すると，個人には見られない独自の現象が生まれることが多い。1920年代に行われたメーヨーらの通信機メーカーでの実験は，人間の動機づけには賃金より社会的側面が重要な役割を果たすことを明らかにした。この発見は「ホーソン効果」と名づけられ，これを機に作業の標準化と出来高払い賃金をベースにした古典的管理論に代わり，「人間関係論」という新しい考え方の枠組みが生まれた。さらには，レヴィンらの発見した集団圧力とか集団凝集性といった概念が，マネジメントを「集団力学」の応用へと導くことにもなった。

こうした流れを受けて，1950年代にはモチベーションが盛んに研究されるようになった。もっとも影響力を持ったのが，心理学者マズローが提唱した「欲求階層説」であろう。彼の考え方をマネジメント向けに書き換えたのがマグレガーの「X仮説－Y仮説」やハーズバーグの「動機づけ－衛生理論」であり，作業能率は，自尊心とか自己実現といった，より高次の人間的な欲求（感情）によって左右されることがわかったのである。

【経営管理の時代から経営戦略の時代へ】 テーラーと並んでマネジメントの始祖と称される人に，ファヨールがいる。彼は生産現場の作業管理ではなく，組織全体の管理に目を向け，どんな組織にも，必ず遂行しなければならない①生産，②販売，③財務，④保全，⑤会計，⑥管理という6種類の活動があり，とくに管理については，①計画する，②組織する，③指令する，④調整する，⑤統制するという5つの機能があることを明示した。後にこの5つはひとつの循環過程とみなされるようになり，「管理過程論」として今日に至っている。

1930年代には，バーナードが，個人動機の満足度と組織目的の達成度は対立しうるものであると同時に統合しうるものであることを示し，「協働体系」「誘因と貢献の均衡」としての組織観を打ち立てた。サイモンはその後，人間の意思決定力には限界があるとし，それを克服する「情報処理システム」として組織の階層や分業の意義を明らかにした。

1960年代に入ると，バーンズとストーカーが，組織構造には安定的な環境下で成果を発揮する「機械的システム」と，予想困難な環境下で成果を発揮する「有機的システム」という2つのタイプがあることを発見した。ローレンスとローシュも，組織の分化と統合の発達度合いは組織の置かれた市場の特性によって異なることを発見し，「条件適合（コンティンジェンシー）理論」という独特のマネジメント理論が誕生することになる。

その後，環境変化の激化や組織規模の拡大に伴って，全活動を包含するパースペクティブが必要となり，スタイナーの「トップマネジメント・プランニング」やポーターの「競争戦略」など，環境に対する積極的な働きかけを重視する考え方が生まれるのである。

第1章 スポーツを動かす力

■ マネジメント理論の流れ

年代	マネジメントの中心課題と主な学説
1910	〔成り行き管理〕 **科学的管理論**　　〔合理性の追求〕　　**管理過程論** テーラー　　　　　　　　　　　　　　　　　ファヨール 「出来高払い制」　　　　　　　　　　　　　「管理機能の分類」
1920	ギルブレス 「動作研究」　　　　　**人間関係論**
1930	メーヨー 　　　　　　　　　「ホーソン効果」 〔人間性の追求〕　レヴィン　　　　〔システム性の追求〕 　　　　　　　　　「集団力学」
1940	**モチベーション論**　　　　　　　　　　　**意思決定論** マズロー　　　　　　　　　　　　　　　　バーナード 「欲求階層説」　　　　　　　　　　　　　「協働体系」 マグレガー　　　　　　　　　　　　　　　「誘因と貢献の均衡」
1950	「X仮説－Y仮説」　　〔条件性の追求〕　　サイモン ハーズバーグ　　　　　　　　　　　　　「情報処理システム」 「動機づけ－衛生理論」 　　　　　　　　　**環境適合論**
1960	バーンズとストーカー「機械的システム対有機的システム」 ローレンスとローシュ「コンティンジェンシー理論」
1970	〔適応性の追求〕 **経営戦略論**
1980	スタイナー「トップマネジメント・プランニング」 ポーター　「競争戦略」

13

3 スポーツマネジメントとは何か

【スポーツに生命を吹き込む活動】 スポーツに関与する人びとには，p.9の図に示したようにさまざまな社会的役割がある。しかし，そこに示されたものはあくまで概念的な存在にすぎない。人びとが実際に，スポーツをつくり出す人，あるいは消費する人として具体的な活動を始めるには，そこにマネジメントが投入されなければならない。スポーツもコンピュータ同様，ソフトウエアがあってこそ動き始めるものである。スポーツマネジメントとは，いうなればスポーツに生命を吹き込むソフトウエアとしての働きである。

たとえば，個々のスポーツ実践者が豊かなスポーツライフを形成するようになるためには，スポーツの場に接近しやすくしたり，一緒にプレイする仲間を得やすくしたり，あるいはプログラムメニューを整えたりなどの手立てが基本的に必要であろう。ときには，栄養面や心理面でのサポートもあった方がいい。また，スポーツチームともなれば，選手を集団として動かすための方策が求められるようになる。ゲーム戦術を練り，選手の動きをシステム化するなど，チームを統率する力が必要である。メンバーの身体資源がいかに立派であり，いかに選手層が厚くとも，やはりマネジメントというソフトウエアなしではその価値を発揮できず，ゲーム活動ができないことが多いのである。そしてもちろん，スポーツ組織に投入されるマネジメントには，種々のスポーツオーガナイザーの労働サービスを秩序づけ，全体として意味のあるビジネス活動をもたらすという機能がある。

【スポーツ活動の生産体制】 上の例で明らかのように，スポーツマネジメントは，個人，集団，組織のそれぞれを対象にした場合，意味内容が異なってしまうという特色を持っている。さらに，組織という枠組みの中でスポーツマネジメントをより具体化しようとするならおのこと，扱わなければならないスポーツ資源は「ヒト」だけではなく，「モノ」「カネ」「情報」といったふうに増え，いっそう複雑さが増すことにもなる。

スポーツ組織の目的はいろいろあるが，スポーツ活動の生産過程に沿っていえば，まず，さまざまな資源を「イベント」「クラブ」「スクール」「施設」などの運営（スポーツサービス）のために活用できなければならない。次には，スポーツを消費の対象としている人びと（スポーツコンシューマー）に向けて，適切なサービス供給ができなければならない。さらには，彼らに協力してスポーツ活動を実際に生産できなければならない。

すなわち，スポーツ組織には，諸資源をうまく結びつけ採算のとれるようにするマネジメント（具体的には「調達する」「組織する」「成果を配分する」などの機能），市場の条件に合わせて販売ができるようにするマネジメント（具体的には「分析する」「適合させる」「訴求する」などの機能），スポーツ活動への直接的マネジメント（「導く」「演出する」「支える」などの機能）が自ずと必要になる。こうしたマネジメント機能の分化にしたがって，スポーツ組織の中に，①スポーツビジネス，②スポーツマーケティング，③スポーツオペレーション，という3つの仕事体制が確立することになるのである。

第1章 スポーツを動かす力

■ マネジメントによって動き始めるもの

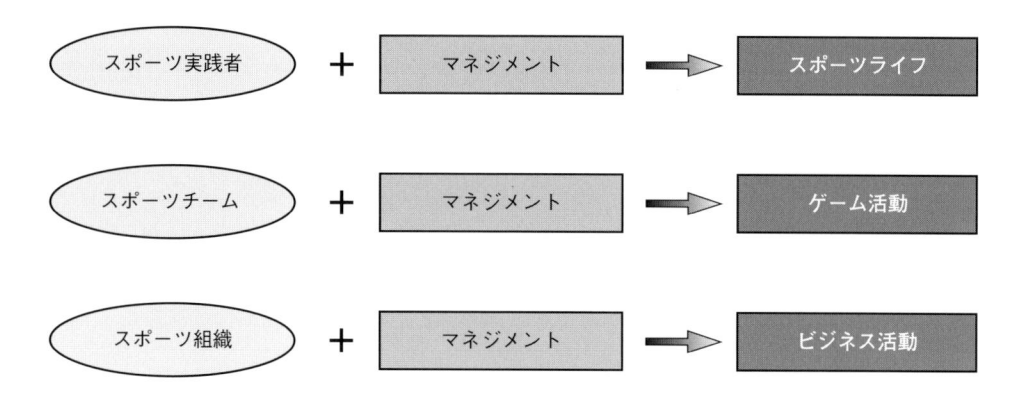

スポーツ実践者 ＋ マネジメント → スポーツライフ

スポーツチーム ＋ マネジメント → ゲーム活動

スポーツ組織 ＋ マネジメント → ビジネス活動

■ スポーツ活動の生産過程に発生するマネジメント機能

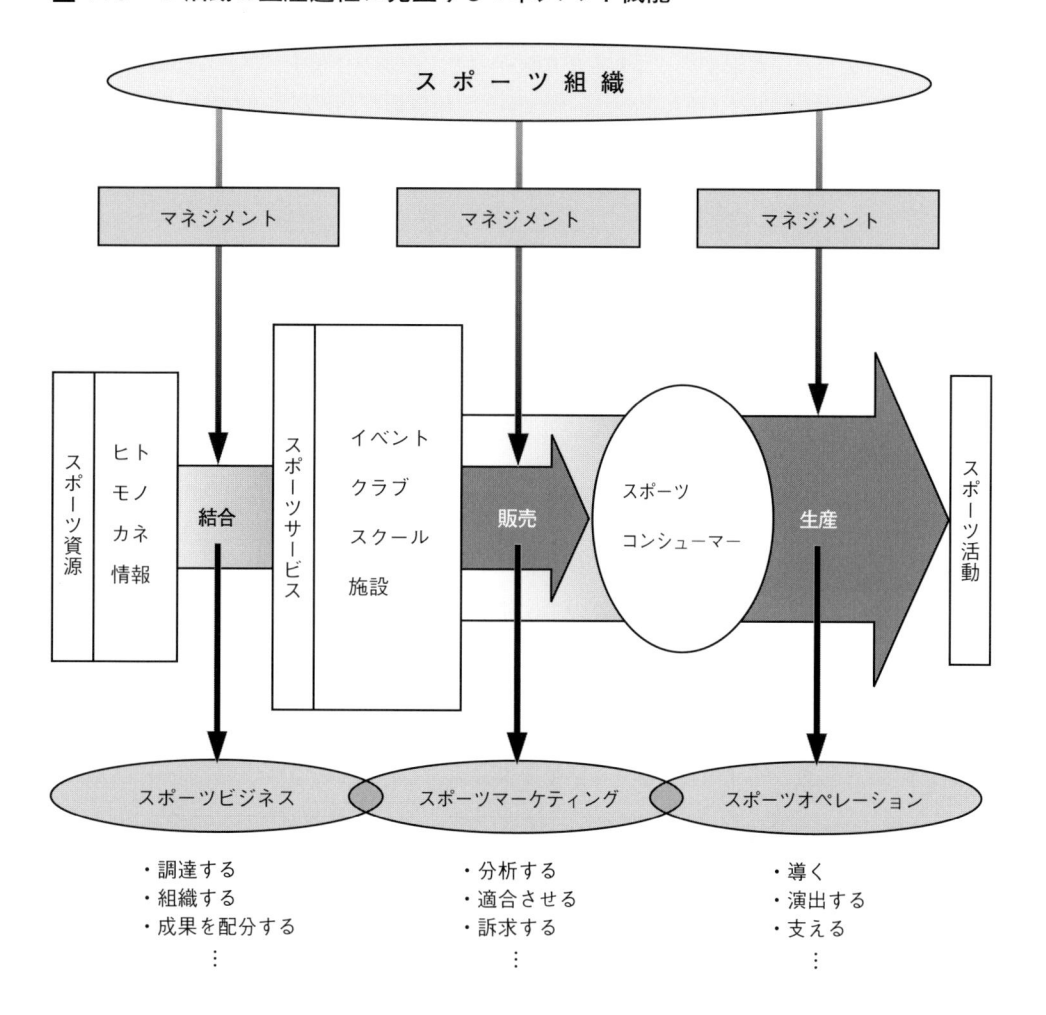

スポーツ組織

マネジメント　マネジメント　マネジメント

スポーツ資源　ヒト・モノ・カネ・情報　結合　スポーツサービス　イベント・クラブ・スクール・施設　販売　スポーツコンシューマー　生産　スポーツ活動

スポーツビジネス　スポーツマーケティング　スポーツオペレーション

- ・調達する
- ・組織する
- ・成果を配分する
　　︙

- ・分析する
- ・適合させる
- ・訴求する
　　︙

- ・導く
- ・演出する
- ・支える
　　︙

15

【スポーツ組織というもの】 スポーツビジネス，スポーツマーケティング，スポーツオペレーションは，いずれも独自の仕事内容として認識されるものであり，それぞれ独立した組織を形成する可能性も十分ある。しかしスポーツ組織の典型は，やはりこれら3つの仕事体制をすべて備えたものといえよう。その場合，スポーツ組織には「トップ経営者」のほか，それぞれの仕事内容に応じて，「ビジネススタッフ」「マーケティングスタッフ」，さらには，顧客と対面的な関係をつくり出す「コンタクトパーソン（C・P）」といった人員配置が必要となる。マネジメントのピラミッドからすれば，トップーミドルーロアーに相応した配置でもある。なお，C・Pに関しては，専門的あるいは支援的オーガナイザーのほか，見るスポーツのような場合，競技者や演技者など一部のスポーツ実践者もC・Pとみなされる場合がある。こうした点はスポーツ組織ならではの考え方である。

さて，上記のような人員配置をひとつの階層的な三角形とイメージしよう。スポーツ組織というものは，いつもそうした個々の三角形の範囲内で，完全に独立した仕事をしているといえるのだろうか。スポーツ組織は現実的には行政組織の一部だったり，親会社組織の一部だったりする。顧客組織の一部として存在する場合だってある。こう考えると，スポーツ組織は，実は小さな三角形，大きな三角形がいくつも重なり合う中で，必要な仕事をしているということになるのである。いうまでもなく，それらの三角形はすべて相似形をなし，大きな三角形が大きくなれば，それに合わせて小さな三角形も変わらなければならない。ときには，小さな三角形が大きな三角形の枠をはみ出すということもある。

【サービス業の発想】 スポーツマネジメントとは，まさに，上述のような三角形の動きをつくり出す原動力となるものを指している。同じ三角形の発想を使って，今度はスポーツの生産と消費について考えてみよう。スポーツ文化の伝播・普及ということでいえば，近代スポーツの多くは，ある特定の国のスポーツ組織が一連のルールやマナーをつくり，いくつかのスポーツ組織の手を介して世界各国に流布していったわけである。これは，あるメーカーが消費の現場から離れた工場で「規格商品」を集中生産し，それを流通チャネルに乗せて広く販売するのと似ている。つまり，これらのプロセスからは，上方が尖った形の三角形がイメージできる。しかし，個々のスポーツ組織が日常的に「ニュースポーツ」のルールを書き下ろし，普及させる戦略をとっているわけではない。スポーツのルールなどは通常，スポーツ実践者の多くの活動を通じてゆっくりと進化するものである。

スポーツコンシューマーは「モノ」のような既製品としてのスポーツを買うのではなく，消費現場での自らのスポーツ活動との「出会い（エンカウンター）」を買うのである。同じスポーツであれば，誰から買っても同じスポーツ活動と出会えるというものではない。顧客1人ひとりのニーズを最大限に満たしていくという点では，スポーツ組織の仕事はサービス業と同じである。マス市場に対してではなく，個々の人間としての顧客に，当該組織の持つすべての人的・物的資源を結集して，出会いとしてのスポーツ活動を提供するのである。この発想からはモノメーカーとは完全に逆の三角形がイメージできよう。

■ スポーツ組織の入れ籠構造

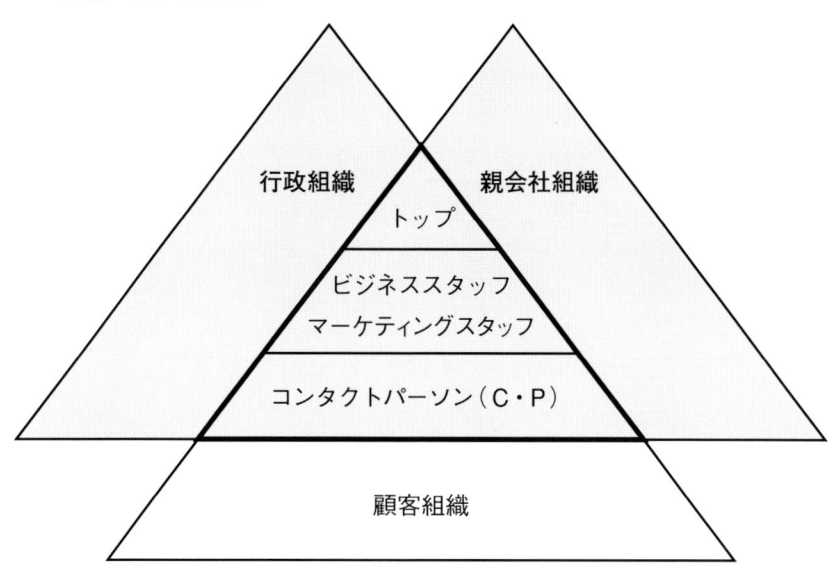

行政組織　親会社組織
トップ
ビジネススタッフ
マーケティングスタッフ
コンタクトパーソン（C・P）
顧客組織

■ メーカーとサービス業の発想のちがい

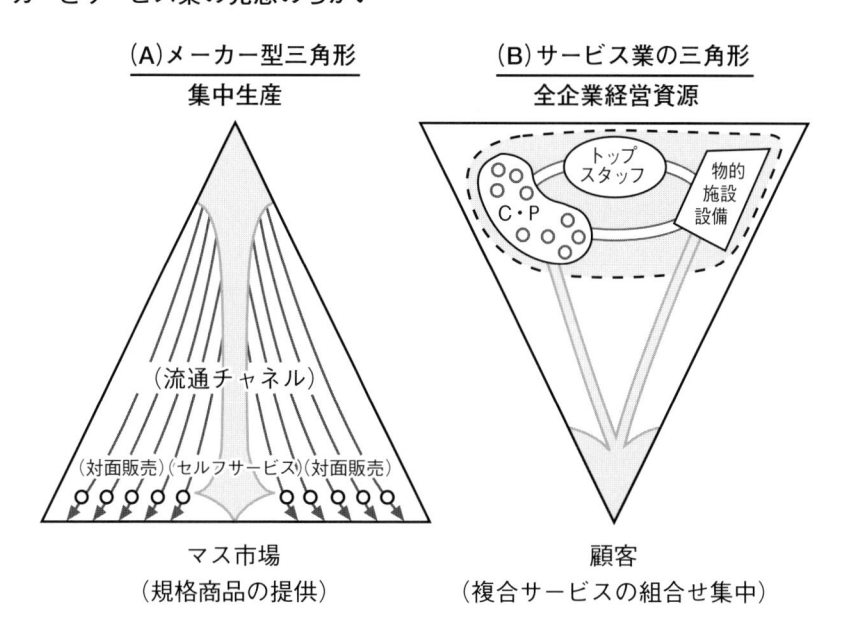

(A) メーカー型三角形
集中生産

（流通チャネル）
（対面販売）（セルフサービス）（対面販売）
マス市場
（規格商品の提供）

(B) サービス業の三角形
全企業経営資源

トップ
スタッフ
C・P
物的施設設備

顧客
（複合サービスの組合せ集中）

（浅井，1987）

第2章 スポーツマネジメントのための基礎知識

Part 1

1 スポーツ文化のちがいとマネジメントタイプ

【アメリカ型スポーツマネジメント】 スポーツという文化には，それが生まれた国の国民性が色濃く反映されている。とくにアメリカンフットボール，野球，バスケットボール，バレーボールなど，アメリカ生まれのスポーツには，アメリカ人の合理主義，実用主義思想が濃厚であり，常にゲームの内容を最高度のものにするために「人為的」な手が加えられている。したがって，オフサイドのような不合理なルールはない。ときにはマネジャー（監督）やコーチが映画監督のように脇で選手をコマのように動かすこともある。この場合，創造力とか判断力といったマネジメントスキルは一部の人に求められる能力である。

たとえば，アメリカンフットボールでは，フォーメーションという戦略を構築してから攻守を考える。そのために分業が徹底され，スペシャリストが育成される。そのスペシャリストはクォーターバックの指令のもとに，詳しくつくられたプランに従って行動する。ゲームはたびたび中断し，そのたびに新しいプランの行動が企画される。動と静のリズムをもって，全体が時計仕掛けのようにシステマティックに動いていく。伊丹（1999）はこうしたアメリカ的なスポーツのゲームマネジメントを指して「ヒエラルキーパラダイム」と称している。組織を階層（ヒエラルキー）と考え，そのヒエラルキーの中でのタテの命令系統を中心にかなり中央集権的にマネジメントを考えようとする考え方である。アメリカ型スポーツからは，しばしばそうした近代組織のダイナミクスを観察することができる。

【ヨーロッパ型スポーツマネジメント】 ラグビーやサッカーなどのようなヨーロッパ生まれのスポーツには，発生の動機からして不撓不屈の精神主義（ナイトシップ）とか上流階級の社交の精神といったものが根底にみられる。したがって，それらのゲームはアメリカ型のようにシステムを重視するよりもプロセスを重視してマネジされることが多い。創造力や判断力も基本的には平均的な選手個々に求められる能力ということになる。

ラグビーでは分業もアメリカンフットボールほどではなく，1人がいくつもの役回りをせざるを得ないようにゲームが進んでいく。みんなが団子のように固まってボールを奪い合い，そしてときに展開し，幾人もの手をボールが次々に渡って，波のようにゲームが進んでいく。中央集権的な司令塔（スタンドオフあるいはスクラムハーフ）もそれほどの意味を持たない。何よりも，監督が芝居の演出家のようにゲーム中は背広姿で観客席にいるのが象徴的である。このような「権限委譲型」のマネジメントを伊丹（同上）は「場のパラダイム」と呼んでいる。重要なのはメンバー間の「共体験」や「対話」であり，そうした場を生成させ自律的な意思決定と実行を促すことがリーダーの役割である。

第2章 スポーツマネジメントのための基礎知識

■ アメリカンフットボールとラグビー

| アメリカンフットボールの
オフタックルプレイ | ラグビーの
オープン攻撃 |

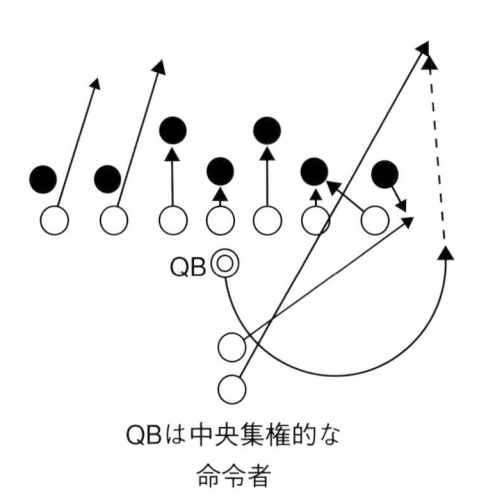

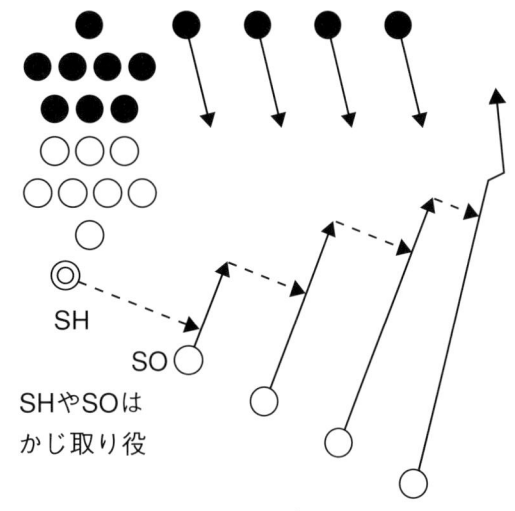

QBは中央集権的な命令者

SHやSOはかじ取り役

実際のプレイはみんなが自分で判断して決める

■ ヒエラルキーパラダイムと場のパラダイム

	ヒエラルキーパラダイム	場のパラダイム
組織とは	意思決定する個人の集合体	情報的相互作用の束
マネジメントとは	決定し，命令し，動機づけること	方向を示し，土壌を整え，承認すること
経営行動の焦点	システム設計とリーダーシップ	場の生成とかじ取り
マネジャーの役割	先頭に立ってリードする	流れを見ながらかじを取る
	中央に情報を集め，自分で決定する	部下に任せ，ときに自ら決断する
メンバーの役割	与えられた仕事を遂行する	仕事の細部は自分でつくる
	想定外事項は上司と相談して決める	想定外はまわりと相談しながら自分で動く

（伊丹，1999）

19

【日本型スポーツマネジメント】 日本生まれのスポーツからは，また別のタイプのマネジメントが働いていることを看取できる。日本人はすべての人を1つの「型」にはめようとする傾向が強い。実際，相撲，柔道，剣道，弓道には，茶道，華道，能などのように「流儀」が存在する。この流儀の継承（相伝）は固定化されたヒエラルキー的制度のもとで管理されてきたわけであるが，近代組織とは違って，「家元」「宗家」などのトップはかなり象徴化され，多数の諸派が分派し，あるいは新たな流儀が立てられるということが頻繁に行われたようである（右図）。各種武術流派の発生は江戸時代を中心としたものであり，中村（1978）によれば，武技が実戦のための「実用の術」でなくなってくるにしたがって，サラリーマン化した武士たちが，自らの武技に「神秘性」を持たせて保身をはかろうとした結果だという。つまり，武技の需要に比して供給過剰となった市場状況（買い手市場）の中では，徹底的に自らの武技の高度化を追求するのではなく，強さ以外の優雅さや精神性を強調し，その差異性を売り物にする必要性が生じてきたことによると考えられるのである。まさに日本型スポーツは，自己の流儀をつくり出し，その「のれん（ブランド）」を守るという特殊なマネジメント形態と深く結びついた文化ともいえる。

また，杉江（2003）は日本の芸道や武道に影響を与えたものとして「常行三昧（ひたすら運動する瞑想法）」の思想があることを指摘しているが，この仏道修行の方法がブランドマネジメントの具体的な手法として取り入れられることによって，俗にいう「体育会系」的な行動パターンが広く日本のスポーツ界に定着することになるのである。

【スポーツ組織のマネジメント比較】 スポーツ組織をみてみると，すべてが完全な形でのヒエラルキー構造を有し中央集権的にマネジメントが行われているわけではない。なかにはヒエラルキーパラダイムよりも，場のパラダイムで理解したほうが適切であるような組織もある。日本の講道館や相撲協会といった伝統的な組織はヒエラルキーパラダイムで理解しやすいが，総合型地域スポーツクラブのようなものは，組織内に相互作用の場が生まれ，それが機能しなければ存在意義を失ってしまう。諸外国に目をやれば，NBA，MLB，NFLなどは分業のシステムや権限配分が効率的に整備された近代的スポーツ組織の典型とみることができる。世界規模での組織的統合を実現しているものとしてはIOCやFIFAなどがある。一方，プロレスやボクシングなどのマネジメントは，複数の団体がそれぞれ独立して行っており，全体としては場のパラダイムで理解可能であろう。

ところで，現代のスポーツ組織をより詳細に理解するためには，マネジメントの方向を示す指標（戦略特性）が同時に考慮されなければならない。それは，①スポーツ活動をやる（生産する）ことに重点を置くか，それとも②スポーツ活動を見せる（商品化する）ことに重点を置くかの区別である。前者を「オペレーション志向」，後者を「プロダクト志向」と呼ぶことができる。かくしてスポーツ組織は，右図に示すような2次元空間のどこかに位置することになる。ちなみに，日本の代表的なボールゲーム組織は，どのコーナーへも明確に位置づけられない「折衷型」という見方が当たっているように思う。

第2章 スポーツマネジメントのための基礎知識

■ 剣術（一刀流系）の流派

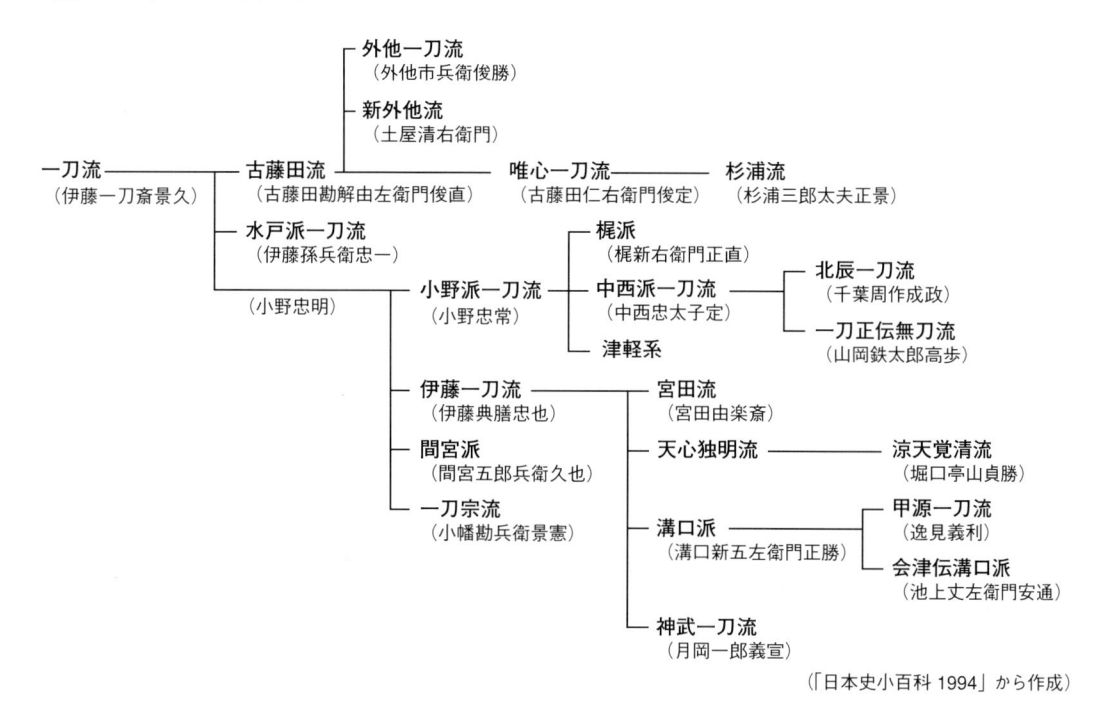

```
一刀流 ─┬─ 古藤田流 ─┬─ 外他一刀流
(伊藤一刀斎景久)   (古藤田勘解由左衛門俊直)  (外他市兵衛俊勝)
        │           ├─ 新外他流
        │           │   (土屋清右衛門)
        │           └─ 唯心一刀流 ── 杉浦流
        │               (古藤田仁右衛門俊定)  (杉浦三郎太夫正景)
        ├─ 水戸派一刀流 ─┬─ 小野派一刀流 ─┬─ 梶派
        │   (伊藤孫兵衛忠一) │   (小野忠常)     │   (梶新右衛門正直)
        │   (小野忠明)       │                 ├─ 中西派一刀流 ─┬─ 北辰一刀流
        │                   │                 │   (中西忠太子定) │   (千葉周作成政)
        │                   │                 │                 └─ 一刀正伝無刀流
        │                   │                 │                     (山岡鉄太郎高歩)
        │                   │                 └─ 津軽系
        ├─ 伊藤一刀流 ─┬─ 宮田流
        │   (伊藤典膳忠也)  (宮田由楽斎)
        ├─ 間宮派      ├─ 天心独明流 ── 涼天覚清流
        │   (間宮五郎兵衛久也) │                 (堀口亭山貞勝)
        ├─ 一刀宗流    ├─ 溝口派 ─┬─ 甲源一刀流
        │   (小幡勘兵衛景憲)    (溝口新五左衛門正勝) │   (逸見義利)
        │                             └─ 会津伝溝口派
        │                                 (池上丈左衛門安通)
        └─ 神武一刀流
            (月岡一郎義宣)
```

（「日本史小百科1994」から作成）

■ マネジメントタイプによるスポーツ組織の類型

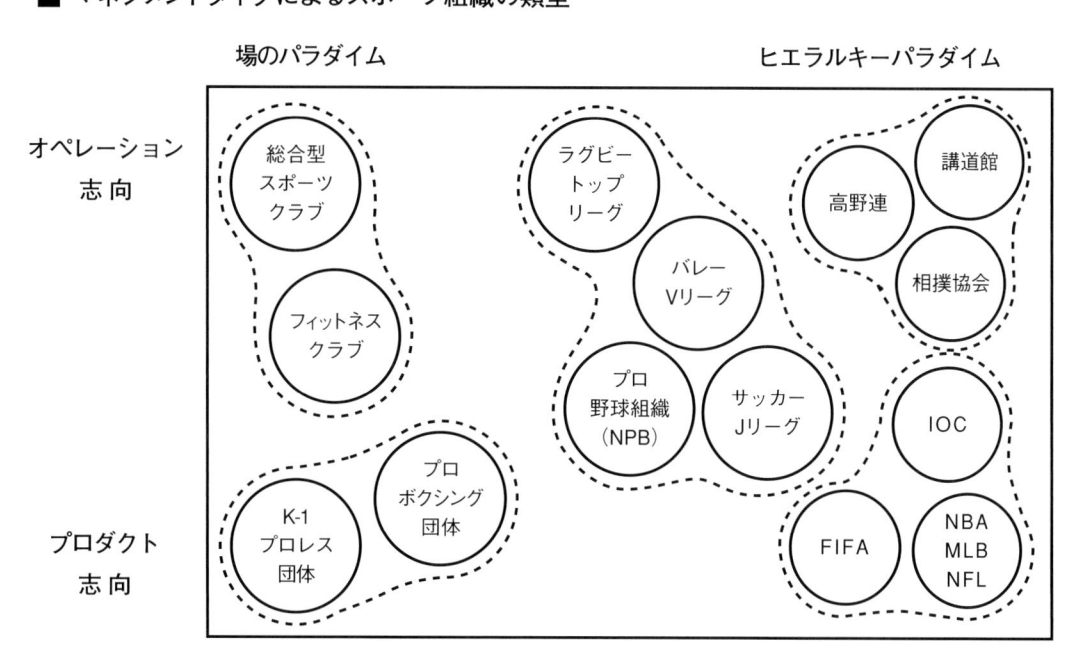

	場のパラダイム	ヒエラルキーパラダイム
オペレーション志向	総合型スポーツクラブ／フィットネスクラブ	ラグビートップリーグ／バレーVリーグ／プロ野球組織（NPB）／サッカーJリーグ	高野連／講道館／相撲協会／IOC
プロダクト志向	K-1プロレス団体／プロボクシング団体		FIFA／NBA MLB NFL

2 スポーツイノベーションの発生・普及の論理

【イノベーション活動の多様性】 スポーツとは伝統化された一連のルールであり，従来それはゆっくりとした進化の産物と考えられてきた。しかし，近年ではルールの一部改変が頻繁に行われたり，ルール全部を一時に書き下ろすことによって，突然「ニュースポーツ」を誕生させるようなことがごく普通に行われるようになった。これまで見られなかった戦術などの出現もある。これらの事実は進化の産物というよりは，ある意図的なマネジメントの結果，スポーツ実践者の間で新しく発生した「イノベーション」である。

イノベーションは，もちろんスポーツ組織の側にも観察される。スポーツの場に新しい物品装置を導入すること，新しいサービスの開発，新しい組織の形成，等々である。スポーツ文化には，現在，1個のスポーツ種目のゲームの中で展開される一連のルールという枠内では収まりきらない，非常に広範な内容が含まれるようになってきている。そうした変化をもたらした要因のひとつが，スポーツ組織の多様なイノベーション活動である。

総じて，スポーツイノベーションとは，スポーツ実践者が持つ問題を解決するための新しい方法ということができるが，上述したように，実践者の行為そのものと組織側の対応との2つに大きくタイプ分けされる。前者はスポーツ組織に蓄積されたさまざまな技術情報をもとに実現されることが多く，後者は実践者のニーズ情報を入手し活用することで実現される。この技術情報とニーズ情報を何らかの形で結合させて必要なイノベーションを生み出していく働きも，実は現代に求められる重要なマネジメントなのである。

【イノベーションの知覚のされ方】 イノベーションの中には，実践者にスムーズに受け入れられるものとそうでないものとがある。ディフュージョン（普及）という分野の権威であるロジャーズは，どのようなイノベーションを生産すべきかの指針として①相対的有利性，②両立性，③複雑性，④試行可能性，⑤観察可能性の5つの属性をあげている。新しいスポーツとして近年普及がめざましい「ウォーキング」を例に説明しよう。

相対的有利性は，イノベーションがそれがとって替わるアイディアよりも，よりよいものであると知覚される度合いのことである。ウォーキングは心臓への負担も少なく，他のスポーツをやることと比較して費用がかからない。両立性は，イノベーションが実践者の価値態度，過去経験，欲求と一致していると知覚される度合いである。ウォーキングは健康処方として効果的であり，多くのスポーツ実践者の生活習慣的価値と両立する可能性が高い。複雑性は，イノベーションが理解したり使用することがむずかしいと知覚される度合いである。ウォーキングは特別な技術や理論を必要としない（複雑でない）。試行可能性は，イノベーションが小規模レベルで実験できる度合いである。ウォーキングはその気になったらいつでも，どこでも行うことができる。観察可能性は，イノベーションの成果が人びとの目に見える度合いである。ウォーキングは昨今の健康ブームに乗ってマスメディアの提供する情報量も多く，その有効性を容易に認識することができる。

第2章 スポーツマネジメントのための基礎知識

■ スポーツイノベーションの2つのタイプ

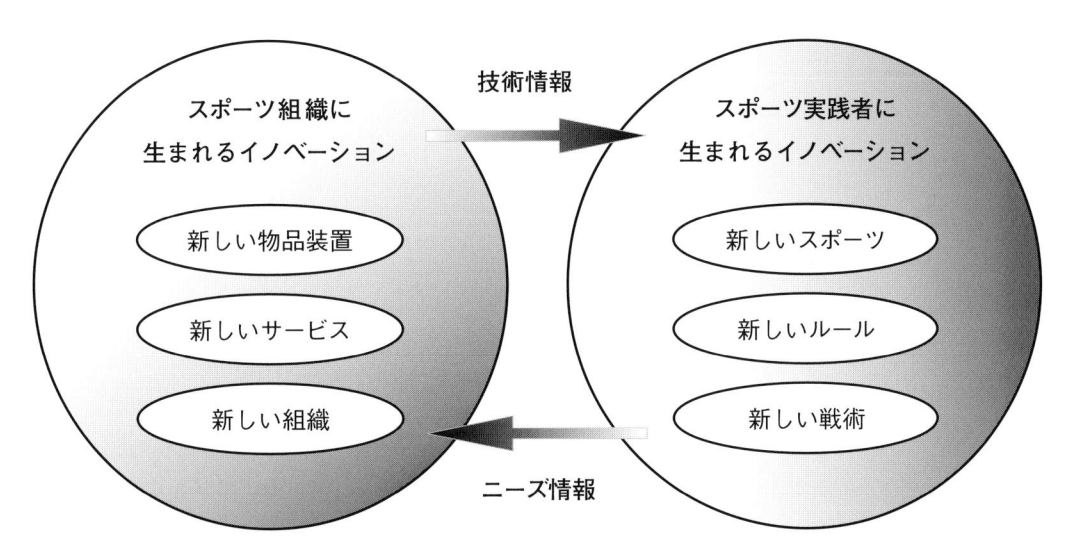

```
スポーツ組織に          技術情報        スポーツ実践者に
生まれるイノベーション   ──────→    生まれるイノベーション

  新しい物品装置                        新しいスポーツ
  新しいサービス                        新しいルール
  新しい組織         ←──────         新しい戦術
                     ニーズ情報
```

■ イノベーション属性とイノベーション普及速度

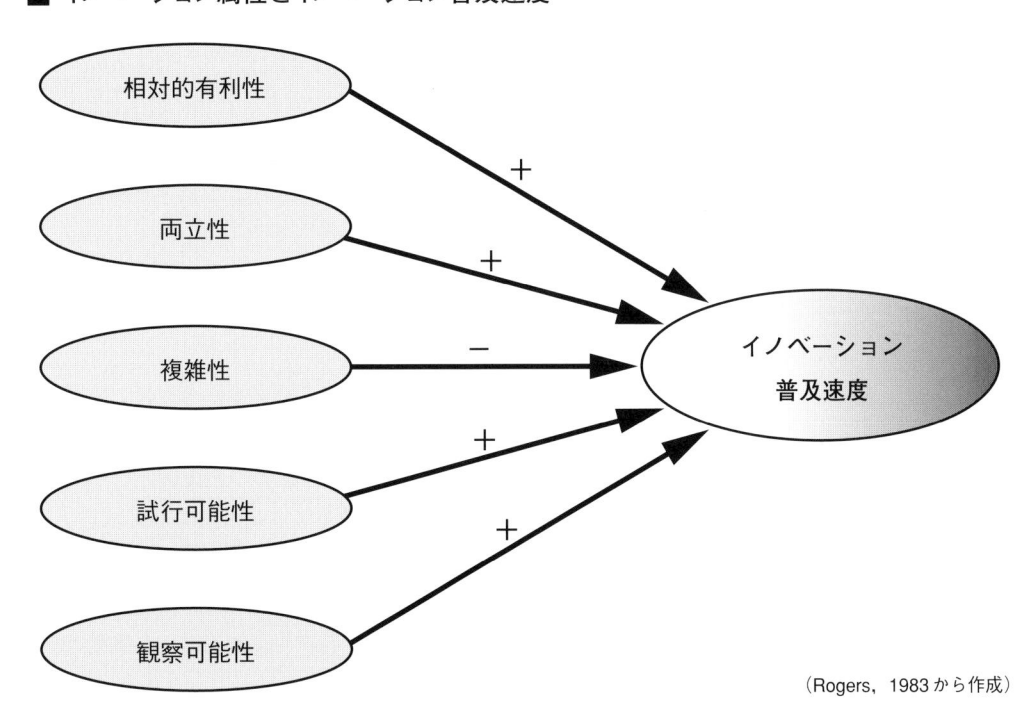

```
相対的有利性  ──(+)──┐
両立性      ──(+)──┤
複雑性      ──(−)──┼──→ イノベーション普及速度
試行可能性   ──(+)──┤
観察可能性   ──(+)──┘
```

（Rogers，1983から作成）

【イノベーターとオピニオンリーダー】　縦軸にイノベーションの採用者数を，横軸に経過時間をとってグラフを描くと，それが「普及曲線」である。イノベーションの採用には，早い人もあれば遅い人もあり，他人に採用をすすめる人もあればかたくなに採用を拒否する人もある。ある人のイノベーション採用が同じ社会の他の人びとに比べて早い度合いを，その人の「革新性」と呼ぶが，この革新性を基準に採用者を数種類のカテゴリーに分類できると非常に便利である。ロジャーズは，採用の平均的な時期（$\bar{X}$）からどれくらいズレているかによって，便宜的に5つのカテゴリーに分けている（右図）。

　通常「イノベーター」と呼ばれるのは最初の2.5%に相当し，社会の少数派であり，冒険家で，独創性を信条とする人びとである。それに次ぐ13.5%は「アーリー・アダプター」と呼ばれ，イノベーターのようにかけ離れて急進的でなく，たくさんの人びとによって，役割モデル（オピニオンリーダー）としてとらえられる人たちである。平均的な時期以前に採用する残りの人びと（34%）は「アーリー・マジョリティ」と呼ばれ，率先して採用するのは恥ずかしいが，ビリにはなりたくないと考える，慎重な人びとである。次の34%である「レイト・マジョリティ」は，イノベーションの普及率が50%を超え，51%くらいからが出番という，疑い深い人びとであり，最後の「ラガード」（16%）は，判断の照準点が過去にあり，信念を持って生きる伝統的な人びとである。

　このようなカテゴリー特性は，スポーツ組織によるセグメンテーション戦略の重要な基礎を提供する。たとえば，イノベーターは新しいスポーツをその社会に持ち込むことのできる「ゲートキーパー」ではあるが，「オピニオンリーダー」としては機能しにくい。したがって，新しいスポーツの普及に対するマネジメント努力がもっとも大きな成果をもたらすようになるのは，アーリー・アダプターたちが採用するようになった時点であり，通常普及率が3%から16%の間で起こると考えなければならない。

【スポーツイノベーションと組織選択】　スポーツ組織をイノベーションの発生しやすいものにするためには，組織のイノベーション活動が一般には2つの段階的過程を経て行われるものだという事実を理解しておく必要があろう。それは，「導入」すなわち組織がイノベーションの必要性に気づき，それの採用を決定する過程と，「設置」すなわち組織がイノベーションを実行に移し，やがて日常業務の中に制度化する過程である。

　なお，この2つの段階にはさまざまな組織変数が関与することになるが，とくに①複雑性，②フォーマル化，③中央集権化といった3つの変数が，イノベーション過程に大きな影響を与えていることが考えられる。問題は導入段階と設置段階で，組織変数の与える影響が正反対になるという点である。つまり，複雑性が高く，フォーマル化と中央集権化の程度が低いといった構造的特色が組織を環境に向けて開いたものにし，イノベーションの導入を活性化させるのであるが，これらの構造的特色は逆にイノベーションを組織が遂行するのをむずかしくする。このジレンマへの対処のためには，スポーツ組織内にイノベーション過程の段階に応じた組織選択（構造スウィッチ）のルールが必要である。

■ イノベーション普及曲線と採用者カテゴリー

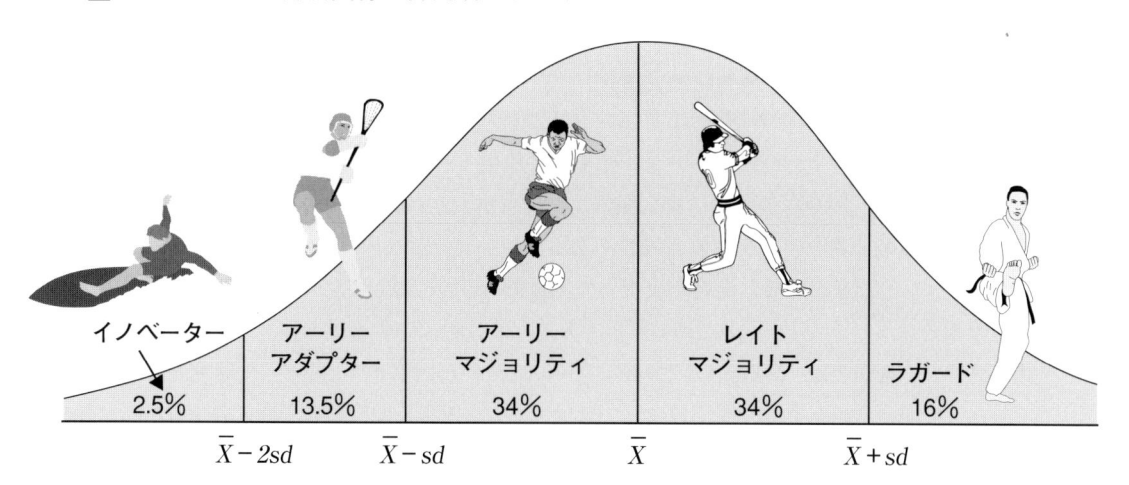

イノベーター	アーリーアダプター	アーリーマジョリティ	レイトマジョリティ	ラガード
2.5%	13.5%	34%	34%	16%

$\overline{X}-2sd$　　$\overline{X}-sd$　　$\overline{X}$　　$\overline{X}+sd$

■ イノベーションのジレンマ

組織構造変数	イノベーション過程への効果	
	導入段階	設置段階
1．複雑性（＝専門職務と専門家の数） 　複雑性は成員がイノベーションを思いつき提案するのを助長するが，イノベーションの設置についての合意に達するのがむずかしい	＋	－
2．フォーマル化（＝規則や手続きの遵守） 　フォーマル化は組織の成員がイノベーションを考えるのを禁止するが，イノベーションの設置を助長する	－	＋
3．中央集権化（＝組織内の権力の集中） 　中央集権化は，イノベーションが生じるのを抑制するが，イノベーションの設置はたやすい	－	＋

（Rogers and Rogers，1976）

3 スポーツマネジメントとスポーツアドミニストレーション

【マネジメントとアドミニストレーション】 アドミニストレーションとは，国や自治体の立法によって形成された業務の執行作用をいい，日本語としては「行政」という言葉があてられる。それは，前節で取り上げた「フォーマル化」と「中央集権化」が高度に発達した組織において働く機能であり，国や自治体の活動に限らず，「会社行政」「学校行政」といったふうに，組織一般の管理業務を指して使用される場合もある。

マネジメントが意思形成と決定を重視した働きであるのに対して，アドミニストレーションは決定事項をスムーズに執行するための働きである。19世紀末に本格的な研究がはじまるまで，マネジメントの諸問題は，実はこのアドミニストレーションの問題の一部として研究されていたのである。組織の意思を権限や規則によって統治することが古くから求められていたことは少しも不思議なことではなく，現在でもトップマネジメントの職能である「経営」に対して，アドミニストレーションという語を用いることがある。また，意思決定から分離した「事務部門」の活動をあらわす語にも使われることがある。

スポーツ組織のような場合でも，それ自体が権力機構としての性格が強い場合や，外部組織に対するパワー依存が明白な場合には，その組織を動かしている中心機能をアドミニストレーションと呼ぶことができる。国や自治体の組織のみならず民間のスポーツ統轄団体の業務も明らかにそうである。そのほか，学校体育の経営，総合型地域スポーツクラブの経営なども，「学校教育法」や「スポーツ振興法」に依拠した業務という点ではスポーツマネジメントよりはスポーツアドミニストレーションといったほうがいい。

【スポーツ行政のネットワーク】 わが国で一般的にいわれるスポーツ行政は，個々のスポーツ組織内部で働くアドミニストレーションではなく，組織間の利害の調整と行動の統合を図って全国的なスポーツの振興を達成しようとする機能を意味する。それは右図に示すような巨大なネットワークを形成している。ネットワークは本来ヒエラルキーとは異なり，ゆるやかな結びつき（ルース・カップリング）によるものではあるが，現状はタイトな組織機構としての性格が強い。パワーが文部科学省に集中する「官僚制」であり，補助金の分配を中心に「温情主義」に立脚した制度となっていることなどが問題である。

スポーツ行政のクライアント（依頼人）は，普通はスポーツ実践者である。しかし，実際には行政機構を構成している各組織単位がクライアントとして位置づけられているという現実がある。つまり，スポーツ行政のしくみというのは，ある面では「パトロン－クライアント」という組織間の関係が幾層にもわたって築かれており，それがネットワークの網の目をタイトにしているということである。各組織単位が，本来のクライアントであるスポーツ実践者の利益代表として，主体的に政府をコントロールできるシステムづくりこそが，これからのスポーツ行政に課せられた重要課題であり，その意味では，各組織単位はクライアントではなく「ネットワーカー」であることを強く自覚すべきであろう。

第2章 スポーツマネジメントのための基礎知識

■ わが国の体育・スポーツ振興体制

27

【スポーツ振興基本計画】 スポーツ振興法第4条に「文部科学大臣は，スポーツの振興に関する基本的計画を定めるものとする」とあり，2000年9月に告示された基本計画では，①地域におけるスポーツ環境の整備充実，②国際競技力の総合的な向上，③生涯スポーツ・競技スポーツと学校体育との連携推進，の3つの方策が示された。

①の政策目標としては，「成人の週1回のスポーツ実施率が2人に1人（50%）となることを目指す」といった数値目標も掲げられ，達成のための具体的な施策として，10年間で全国の各市区町村において少なくとも1つは「総合型地域スポーツクラブ」を育成し，各都道府県において少なくとも1つは「広域スポーツセンター」を育成するという。

②の政策目標には，わが国のメダル獲得率が1996年のオリンピック（アトランタ）で1.7%まで低下していることを踏まえ，「早期にメダル獲得率が3.5%（倍増）になることを目指す」が掲げられ，そのために，ジュニア期からトップレベルに至るまでの「一貫指導システム」の構築，ナショナルレベルの「トレーニング拠点」の整備，「ナショナルコーチアカデミー制度」の創設などの具体的な施策が盛り込まれている。

③では数値目標はないが，「生涯にわたる豊かなスポーツライフの実現」と「国際競技力の向上」という両スタンスでの学校体育の充実が謳われており，多様なニーズに応えるため，「学校と地域」「学校とスポーツ団体」の組織間協力を促進するという。

【スポーツ指導者の資質管理】 スポーツ組織にとっては，スポーツ指導者の育成と能力開発は経常的でかつ重要な投資である。これを効率的に支援するのもスポーツ行政の重要な役割である。文部科学省は上述の基本計画に先立って，「スポーツ指導者の知識・技能審査事業の認定に関する規定」を定めている。これは，一定の基準のもとに民間スポーツ団体が実施する指導者養成事業を国が認定し，指導者の資質を保証するシステムであり，標準講習内容および講習時間のほか，指導者の大まかな活動領域が定められている。日本体育協会ではこれを受け，実際のスポーツ活動の場に即したスタッフとして指導者を独自に分類（役割と活動拠点を明示）し「公認スポーツ指導者制度」をスタートさせている。

日本体育協会が養成するスポーツ指導者は，右表のとおり，①スポーツ指導基礎資格，②競技別指導者資格，③フィットネス系資格，④メディカル・コンディショニング資格，⑤マネジメント資格の5つに分類される。これまでのスポーツ指導者には，どちらかというと自らが身につけた「身体スキル」のみを売り物にするイメージが強かったが，そこに示された資格内容を見てみると，いずれの指導者も何らかのかたちで「マネジメントスキル」が必要とされ，かつ，ランクが上がるにつれそれが複雑化するのがわかる。

なお，厚生労働省も独自の認可システムを持っている。健康増進施設のスタッフとして「健康運動指導士」「健康運動実践指導者」，企業フィットネスの担当スタッフとして「運動指導担当者」「運動実践担当者」の資格があり，認定のための事業は健康・体力づくり事業財団および中央労働災害防止協会などが実施している。

■ 日本体育協会の指導者養成事業

コーチングスタッフ

分類	資格名	役割	認定により備えられる知識と能力
スポーツ指導基礎資格	スポーツリーダー	・地域におけるスポーツグループやサークルなどのリーダーとして、基礎的なスポーツ指導や運営にあたる。	・スポーツに関する基礎的知識 ・ボランティアに関する基礎的知識
競技別指導者資格	指導員	・地域スポーツクラブ等においてスポーツに初めて出会う子どもたちや初心者を対象に、競技別の専門的知識を活かし、個々人の年齢や性別などの対象に合わせた指導にあたる。 ・特に発育発達期の子どもに対しては、総合的な動きづくりに主眼を置き、遊びの要素を取り入れた指導にあたる。 ・地域スポーツクラブ等が実施するスポーツ教室の指導にあたる。 ・施設開放において利用者の指導支援を行う。	・スポーツに関する基礎的知識 ・ボランティアに関する基礎的知識 ・競技者育成プログラムの理念と方法 ・初心者に対する基礎的指導法
競技別指導者資格	上級指導員	・地域スポーツクラブ等において、年齢、競技レベルに応じた指導にあたる。 ・事業計画の立案などクラブ内指導者の中心的な役割を担う。 ・地域スポーツクラブ等が実施するスポーツ教室の指導において中心的な役割を担う。 ・広域スポーツセンターや市町村エリアにおいて競技別指導にあたる。	・競技者育成プログラムの理念と方法 ・多様な能力やニーズに対する指導法 ・スポーツ教室や各種イベントの企画立案 ・組織の育成に関する知識
競技別指導者資格	コーチ	・地域において、競技者育成のための指導にあたる。 ・広域スポーツセンターや各競技別のトレーニング拠点において、有望な競技者の育成にあたる。 ・広域スポーツセンターが実施する地域スポーツクラブの巡回指導に協力し、より高いレベルの実技指導を行う。	・競技者育成プログラムの理念と方法 ・国内大会レベルの競技者に対する高度な指導法
競技別指導者資格	上級コーチ	・ナショナルレベルのトレーニング拠点において、各年代で選抜された競技者の育成強化にあたる。 ・国際大会等の各競技会における監督・コーチとして、競技者が最高の能力を発揮できるよう、強化スタッフとして組織的な指導にあたる。	・競技者育成プログラムの理念と方法 ・国際大会レベルの競技者に対する高度な指導法
競技別指導者資格	教師	・商業スポーツ施設において、競技別の専門的指導者として、質の高い実技指導を行う。 ・会員（顧客）が満足できるよう、個々人の年齢や性別、技能レベルやニーズなどに合わせたサービスを提供する。	・競技者育成プログラムの理念と方法 ・多様な能力やニーズに対応する高度な指導法 ・ホスピタリティに関する知識 ・商業スポーツ施設等の経営に関する基礎的知識
競技別指導者資格	上級教師	・商業スポーツ施設等において、競技別の専門的指導者として質の高い実技指導を行う。 ・会員（顧客）が満足できるよう、個々人の年齢や性別、技能レベルやニーズなどに合わせたサービスを提供する。 ・各種事業に関する計画の立案、指導方針の決定など組織内指導者の中心的役割を担う。 ・地域スポーツ経営のためのコンサルティングならびに経営受託の企画・調整を行う。	・競技者育成プログラムの理念と方法 ・多様な能力やニーズに対応する高度な指導法 ・スポーツ教室や各種イベントの企画立案 ・組織の育成に関する知識 ・商業スポーツ施設等の健全な経営能力
フィットネス系資格	ジュニアスポーツ指導員	・地域スポーツクラブ等において、幼・少年期の子どもたちに遊びを通した身体づくり、動きづくりの指導を行う。	・幼・少年期における活動プログラムに関する知識 ・発育・発達過程の心と身体の特徴を踏まえた指導法
フィットネス系資格	スポーツプログラマー	・主として青年期以降のすべての人に対し、地域スポーツクラブなどにおいて、フィットネスの維持や向上のための指導・助言を行う。	・フィットネスの維持や向上のための指導能力 ・フィットネスの維持や向上に関するプログラムを企画する能力 ・スポーツ相談に関する能力 ・体力測定に関する能力

メディカル・コンディショニングスタッフ

分類	資格名	役割	認定により備えられる知識と能力
メディカル・コンディショニング資格	スポーツドクター	・スポーツマンの健康管理、スポーツ障害、スポーツ外傷の診断、治療、予防研究等にあたる。 ・競技会等における医事運営ならびにチームドクターとしてのサポートにあたる。 ・スポーツ医学の研究、教育、普及活動等をとおして、スポーツ活動を医学的な立場からサポートする。	・スポーツ医科学に関する専門的知識 ・アンチドーピングに関する専門的知識 ・運動処方に関する専門的知識
メディカル・コンディショニング資格	アスレティックトレーナー	・スポーツドクター及びコーチとの緊密な協力のもとに、競技者の健康管理、障害予防、スポーツ外傷・障害の応急処置、アスレティックリハビリテーション及び体力トレーニング、コンディショニング等にあたる。	・機能解剖・運動学的な知識 ・スポーツ外傷の応急処置に関する知識と技能 ・スポーツ傷害の予防対策に関する知識と技能 ・競技者のスポーツ現場復帰への援助に関する知識と技能 ・競技者のコンディショニングに関する知識と技能

マネジメントスタッフ

分類	資格名	役割	認定により備えられる知識と能力
マネジメント資格	アシスタントマネジャー	・地域スポーツクラブにおいて、クラブ員が充実したクラブライフを送ることができるよう、組織経営のための諸活動をサポートする。	・スポーツに関する基礎的知識 ・地域スポーツクラブのマネジメントに関する基礎的知識を有し、協働できる能力
マネジメント資格	クラブマネジャー	・地域スポーツクラブにおいて、クラブ会員が継続的に快適なクラブライフを送ることができるよう健全なクラブ経営を行う。 ・地域スポーツクラブの活動が円滑に行われるために必要な競技別指導者、フィットネス指導者、メディカル・コンディショニング指導者などのスタッフがそれぞれの役割に専念できるような環境を整備する。	・スポーツに関する基礎的知識 ・地域スポーツクラブ創設のためのマネジメント能力 ・地域スポーツクラブの健全な経営のためのマネジメント能力 ・事業の計画立案能力、各種資源の調達活用能力、情報収集・分析能力

第3章 スポーツ組織の仕事

1 スポーツ資源を活かす(スポーツビジネス)

【スポーツビジネスという仕事】 スポーツ組織のトップが負う責任体制(スポーツ経営といっていい)とは,スポーツ活動を効果的に生産し,それを担う組織の経済的基盤を確保することである。そのためには,スポーツ資源を適切に運用し,そこから確実に収益を上げることができなければならない。この収益活動の全体がスポーツビジネスであり,スポーツ組織を存続・発展させていく上での重要な仕事である。したがって,まずはどのスポーツ組織においても,実際にスポーツ活動を生み出す「スポーツオペレーション部門」とは別に,必ず「ビジネスアドミニストレーション部門」を確立しておく必要がある。このビジネスアドミニストレーション部門には,後述するスポーツマーケティング関連の具体的な収益業務(チケットやグッズの販売,スポンサー獲得など)のほか,財務,経理,総務,法務,コンピューター業務,広報,等々の事務的な活動も含まれる。

しかし,そうしたビジネスアドミニストレーションがスポーツビジネスという仕事のすべてではない。安定した環境下においてはいざ知らず,変動の激しい環境下においては適切なかじ取りが必要である。スポーツビジネスとは環境条件にうまく対応して収益性を導き出す働きであり,基本的にはトップマネジメントの「戦略」なのである。

【スポーツ資源のいろいろ】 スポーツ組織にとって「ヒト」は最大の資源である。いい指導者が採れるか,いいサービス要員を育てられるか,競技者や演技者の能力を十分に引き出せるかどうかが,スポーツ組織の業績を大きく左右することはいうまでもない。一方,スポーツ活動はすべて「モノ」に関わっている。グランドやコートなどのスポーツ施設がなければ人は集まってくれない。スポーツ実践者や観戦者の求めに応じた設備の品揃えも考慮しなければならない。ときにクラブハウスやレストランなどの付帯施設も必要となる。もちろん,運転資金,設備資金という「カネ」は欠かせない。そのため,さまざまな資金繰りの道と収入源(入会金,会費,入場料,使用料,コーチ料など)が開拓される。

さらに,もう1つの資源として「情報」がある。今日のような情報社会では,スポーツコンシューマーが何を求めているのかという情報を先に入手できるかどうかがスポーツ組織の業績を大きく左右するようになる。そのほか,顧客の記憶に蓄積されたブランド資産や,従業員の忠誠心やホスピタリティなどの組織文化も重要な情報資源である。

スポーツ組織というものは,いうなれば,これら4つのスポーツ資源を乗せた船のようなものであり,この船のかじを取るのがトップ経営陣である。風を受けて船が沈没しないようにするにはどうしたらよいのか,その方向を示す羅針盤がビジネス戦略である。

第3章 スポーツ組織の仕事

■ MLBチームの機構モデル図

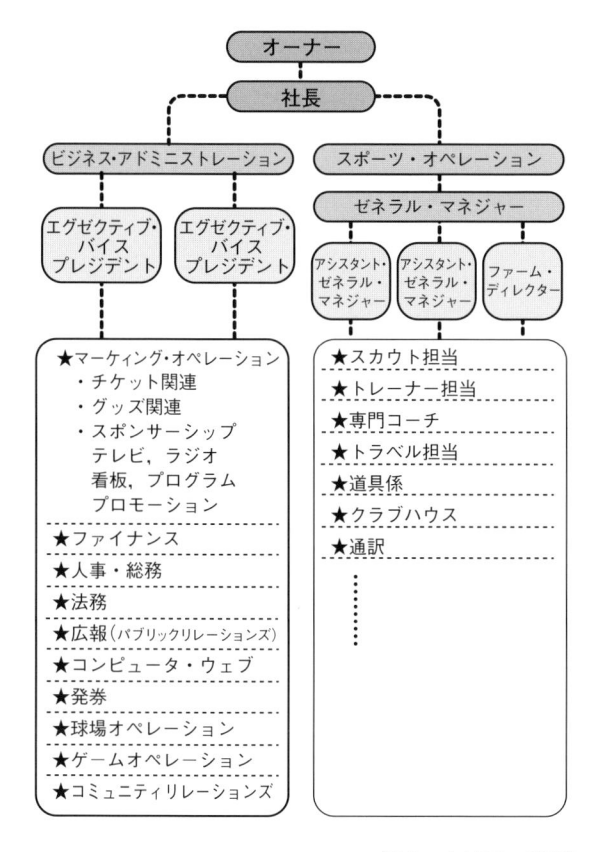

```
                    オーナー
                     社長
        ┌─────────────┴─────────────┐
  ビジネス・アドミニストレーション      スポーツ・オペレーション
                              ゼネラル・マネジャー
  ┌─────────┬─────────┐    ┌─────────┬─────────┬─────────┐
エグゼクティブ・  エグゼクティブ・  アシスタント・  アシスタント・  ファーム・
バイス        バイス        ゼネラル・    ゼネラル・    ディレクター
プレジデント    プレジデント    マネジャー    マネジャー
```

- ★マーケィング・オペレーション
  - ・チケット関連
  - ・グッズ関連
  - ・スポンサーシップ
    テレビ, ラジオ
    看板, プログラム
    プロモーション
- ★ファイナンス
- ★人事・総務
- ★法務
- ★広報（パブリックリレーションズ）
- ★コンピュータ・ウェブ
- ★発券
- ★球場オペレーション
- ★ゲームオペレーション
- ★コミュニティリレーションズ

- ★スカウト担当
- ★トレーナー担当
- ★専門コーチ
- ★トラベル担当
- ★道具係
- ★クラブハウス
- ★通訳

（ヨシ・オカモト，2002）

■ スポーツ組織のかじ取り

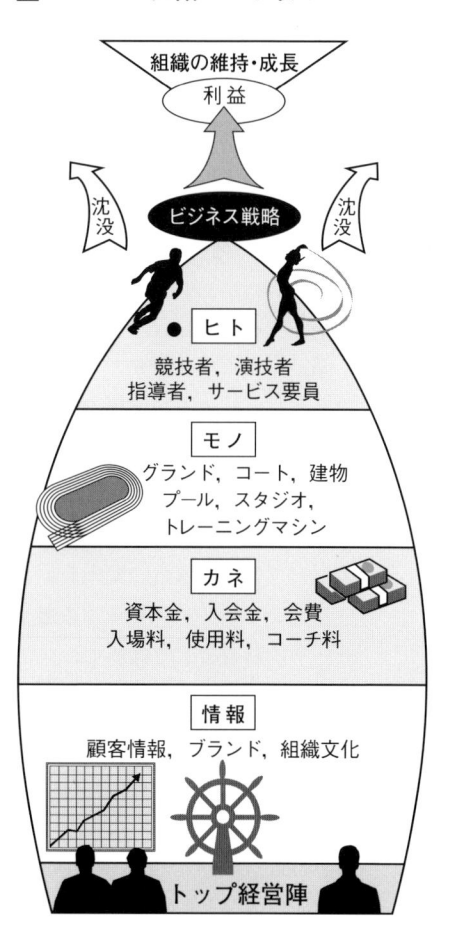

- 組織の維持・成長
- 利益
- ビジネス戦略（沈没／沈没）

ヒト
競技者，演技者
指導者，サービス要員

モノ
グランド，コート，建物
プール，スタジオ，
トレーニングマシン

カネ
資本金，入会金，会費
入場料，使用料，コーチ料

情報
顧客情報，ブランド，組織文化

トップ経営陣

31

【スポーツビジネスの基本戦略】 1970年代に定着した戦略分析の手法に，PPM（プロダクト・ポートフォリオ・マネジメント）というものがある。これはボストン・コンサルティング・グループによるアイディアであり，市場成長率を縦軸に，相対的市場シェアを横軸に取り，企業が持っているブランドや事業をそのグラフにプロットし，資源配分を見極めるためのものである。これに習えば，スポーツ組織が実際に扱っているスポーツは，「花形スポーツ」「金のなるスポーツ」「問題児スポーツ」「負け犬スポーツ」のいずれかにポジショニングされることになる。資金の流れは，金のなるスポーツで稼いだ資金を問題児に投資することによって，問題児を花形へ移行させ，花形はライフサイクルと共に市場成長率が小さくなり，金のなるスポーツになるという図式になる。ただ，スポーツ組織はすべてが複数のスポーツで事業を行っているわけではないし，短期間での市場成長が頻繁に見込まれるわけでもない。しかも公共性が強い。となると，特定のスポーツを他への資金源にするとか，負け犬だから撤退するとかいった戦略は非現実的ともいえる。

　スポーツ組織の戦略構築には2つの道がある。①まず組織を鍛え，魅力あるビジネス分野との遭遇を待つか，②魅力あるビジネス分野を他に先んじて見つけ出し，安定した収益を得るために組織能力をさらに拡大するか，の2つである。この選択は，自組織のスポーツが他組織と比べて有利な位置を確保しているかどうかの判断による。企業チームとしての存在意義を失ったバレーボール，バスケットボール，ハンドボールなどの球団がNPO法人を目指したり，異種目球団の連携組織をつくったり，花形スポーツ組織の傘下（系列）に入ったりするのは①の戦略例である。一方，Jリーグやプロ野球の球団などはゲームオペレーション以外からもさまざまなビジネスの機会を得ようとしている。これは②の例である。

【権利ビジネス】 自組織が扱うスポーツをすべて，金のなるスポーツに変えるという快挙を成し遂げた人物に，ピーター・ユベロスという人がいる。1984年のロサンゼルス五輪組織委員長であった彼は，当時開催都市の負担増大によって人気が著しく低下し，淘汰の危機にさらされていたオリンピックから巨大な収益を上げることに成功した。彼の用いた革新的なビジネス手法は，①独占放送権販売，②公式スポンサー・サプライヤー制度，③商品ライセンシングによるマーチャンダイジング，の3つである。いずれも実際のスポーツから二次的に派生する「権利」を取引対象としたものである。

　以後，これらはスポーツの魅力あるビジネス分野として急成長し，今では放送権料やスポンサー契約料なくしては多くのスポーツイベントが成り立たない。個々のスポーツチームの名称やロゴの使用権，さらには選手個人の肖像権すら重要な収入源とされる時代である。また，近年の新たな傾向としては，球団やスポーツ施設に企業名などを付与する権利（ネーミング・ライツ）を販売したり，個人の肖像権を「証券化」して出資を募るなどのベンチャービジネスも出始めている。こうなると，もはや1スポーツ組織の能力だけでは限界がある。現代はさまざまな「代理店」がスポーツビジネスを仲介する時代であり，それら代理店との関係維持や交渉が重要なマネジメント課題として浮上してきている。

第3章 スポーツ組織の仕事

■ スポーツPPMの概念と戦略選択

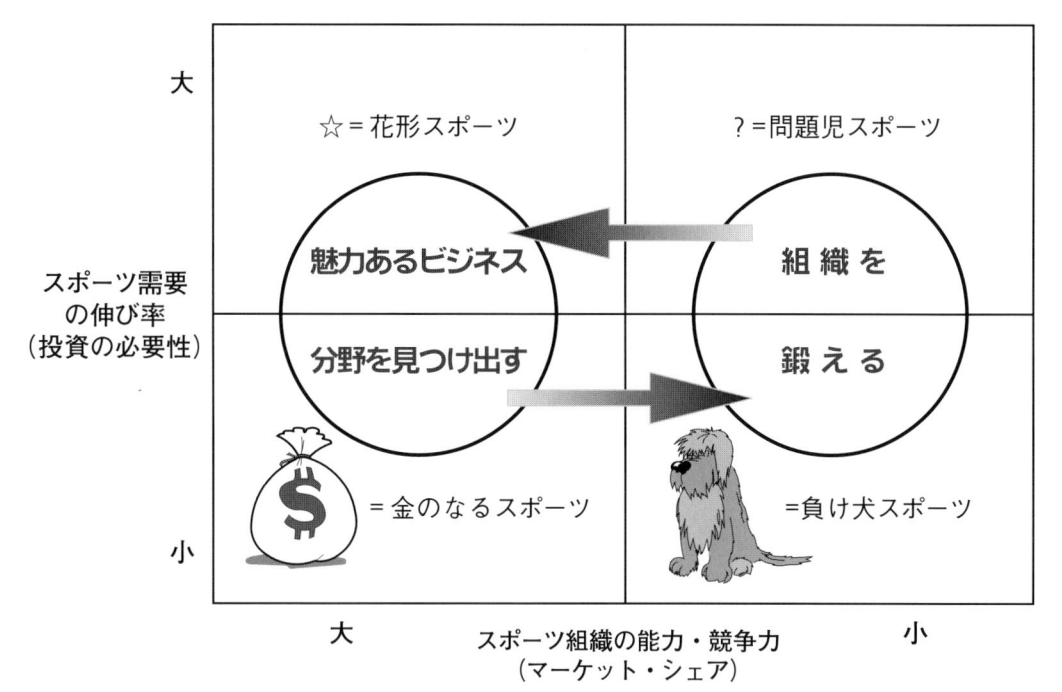

大 ← スポーツ需要の伸び率（投資の必要性） → 小

☆ = 花形スポーツ　　　　　？ = 問題児スポーツ

魅力あるビジネス分野を見つけ出す　　　組織を鍛える

＝金のなるスポーツ　　　　＝負け犬スポーツ

大 ← スポーツ組織の能力・競争力（マーケット・シェア）→ 小

（野中，1980を利用）

■ 肖像権ビジネスのお金の流れ

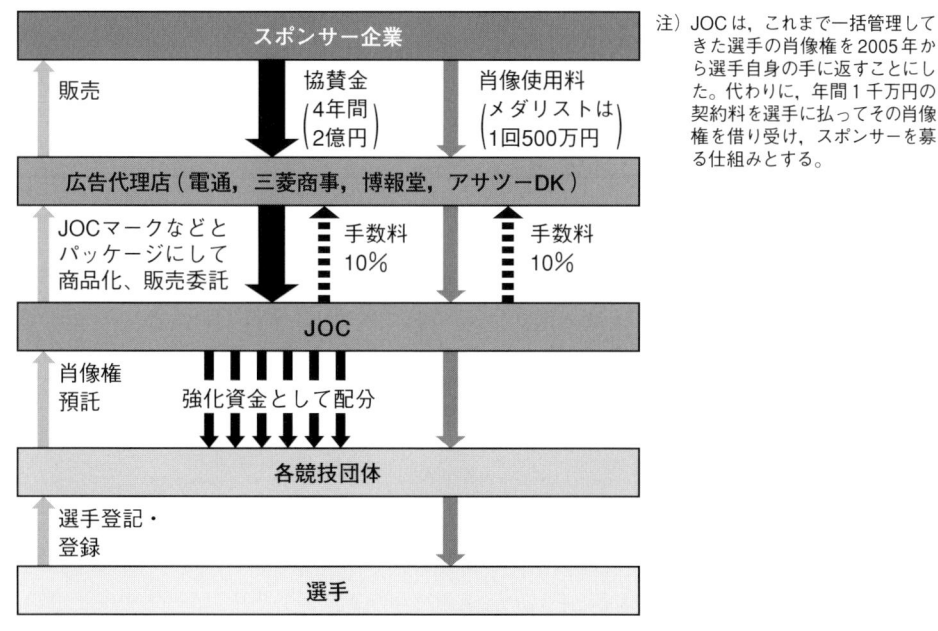

スポンサー企業
　↓ 協賛金（4年間2億円）　　肖像使用料（メダリストは1回500万円）
　販売 ↑
広告代理店（電通，三菱商事，博報堂，アサツーDK）
　↑ JOCマークなどとパッケージにして商品化、販売委託
　　手数料10%　　手数料10%
JOC
　↑ 肖像権預託
　強化資金として配分 ↓↓↓↓↓↓
各競技団体
　↑ 選手登記・登録
選手

注）JOCは，これまで一括管理してきた選手の肖像権を2005年から選手自身の手に返すことにした。代わりに，年間1千万円の契約料を選手に払ってその肖像権を借り受け，スポンサーを募る仕組みとする。

（肖像権：JOCが一括管理，2004年まで）

33

2 スポーツサービスを供給する（スポーツマーケティング）

【マーケティングの考え方】 人が誰かと交際を始めると,「あの人は何が欲しいかな」,「あの人はどこへ行きたいかな」と考える。自分本位でプレゼントやデートの行き先を決めるよりも,相手の希望を考慮したほうが喜ばれるであろう。この「第一に相手が何を求めているのかを考える」のがマーケティングの考え方である。マーケティングはけっして難しいことではなく,その基本的な考え方はこのような日常生活の中にも存在している。

スポーツマーケティングとは,この顧客のニーズを第一とする考え方をベースとして,スポーツサービスの交換関係を創造することである。つまり,スポーツ消費者のニーズに合致したスポーツサービスを提供し,その対価を得るという関係をより効率よく,より多く築くことが目的である。しかしながら,スポーツイベントや教室においては,「毎年やっているから」,「これしかできないから」とサービスを供給する側の都合だけで事業を進めている場合が多い。これこそサービスの交換相手をまったく無視した「既存のプログラムありき」の販売志向である。顧客のニーズの理解に始まり,ニーズに合ったサービスを開発し,それを伝え,顧客のニーズを満たすのがマーケティング志向である。マーケティング＝販売というように誤解されることもあるが,マーケティング志向と販売志向はまったく異なった概念である。そして顧客のニーズをよりよく理解するには,顧客との強い関係を構築しなければならない。恋愛でも,交際が進み,交際相手がパートナーともなれば,相手の考えていることがよくわかるようになるのではないだろうか。

【交換パラダイム】 マーケティングの学術的な定義はどこか堅苦しく（p.106参照）理解が困難であるが,わかりやすく言えば「売れる仕組みをつくる」ことである。プロ野球やJリーグの観戦チケットが売れる仕組み,スポーツクラブの会員数が増える仕組み,そしてスポーツ施設が多くの人に利用される仕組みをつくれば,スポーツ組織からスポーツ消費者へのスポーツサービスの供給がスムーズに行われるようになる。このような仕組みをつくるためのさまざまな活動が,すべてスポーツマーケティングという仕事である。

従来のスポーツマーケティングは,スポーツ組織と顧客の間でのスポーツサービスとその対価として支払われる会費,参加費や入場料の交換関係のみに焦点が当てられていた。しかし,効率よく売れる仕組みをつくるためには,右図に示されているように,「顧客」,「スポーツ組織のマーケティングスタッフ」,「コンタクトパーソン（C・P）」という3者それぞれの間で,スポーツサービスをめぐって起こる独自の交換関係を理解し,それらが常に連動しているシステムを構築しなければならない。

つまり,スポーツマーケティングという仕事は,①顧客のニーズにあったスポーツサービスを提供すること（外部マーケティング）のほかに,②顧客とC・Pとの良好な関係（カスタマー・リレーション）の構築および維持すること（関係性マーケティング）,そして③スポーツ組織が十分な量のC・Pを確保するために,従業員やボランティアをリクルートするなどの活動（内部マーケティング）も含めて幅広く考えることができる。

第3章 スポーツ組織の仕事

■ マーケティングと販売のちがい

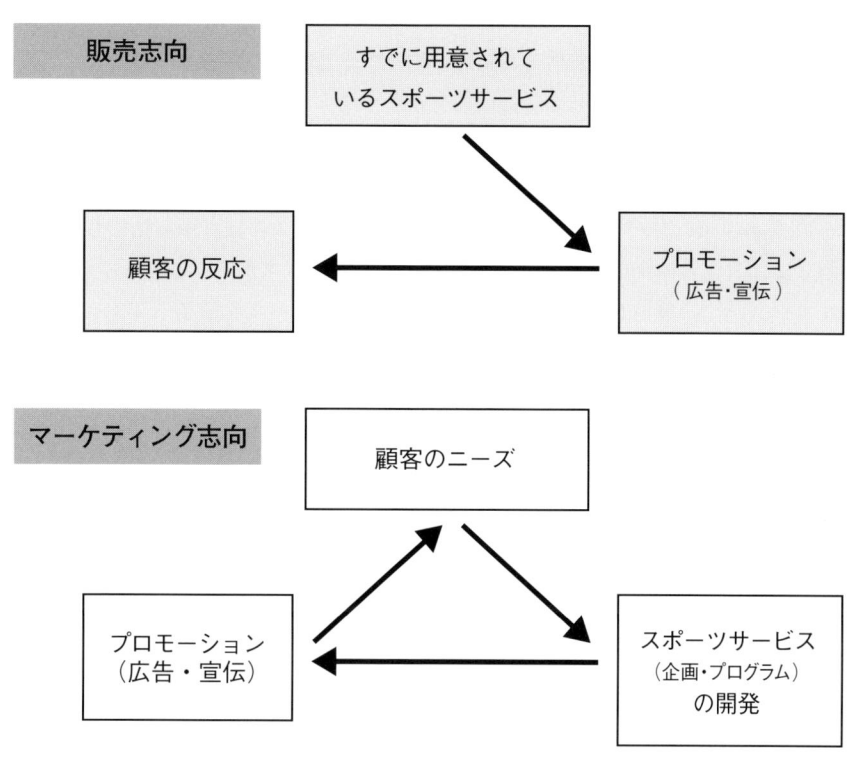

販売志向

すでに用意されているスポーツサービス → プロモーション（広告・宣伝） → 顧客の反応

マーケティング志向

顧客のニーズ ⇄ スポーツサービス（企画・プログラム）の開発 ⇄ プロモーション（広告・宣伝） ⇄ 顧客のニーズ

（クロンプトンとラム，1991に加筆）

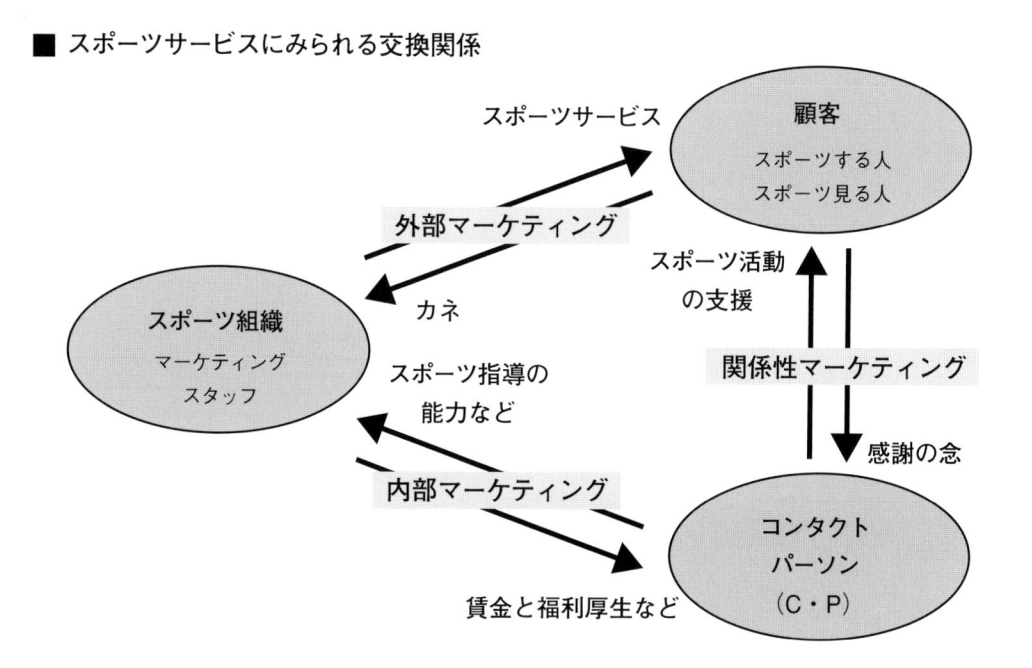

■ スポーツサービスにみられる交換関係

- スポーツ組織（マーケティングスタッフ） → スポーツサービス → 顧客（スポーツする人、スポーツ見る人）：**外部マーケティング**
- 顧客 → カネ → スポーツ組織
- 顧客 ⇄ スポーツ活動の支援／感謝の念 ⇄ コンタクトパーソン（C・P）：**関係性マーケティング**
- スポーツ組織 → 賃金と福利厚生など → コンタクトパーソン
- コンタクトパーソン → スポーツ指導の能力など → スポーツ組織：**内部マーケティング**

35

【ニーズの創造とソーシャルマーケティング】　顧客のニーズを満たすことがマーケティングの最重要目標であるが，ニーズがなければどうするのであろうか。右の図は，日本人のスポーツ実施頻度を世代別に示したものである。国民の約１／３が定期的にスポーツをしている一方で，約１／３がまったくスポーツをしていないことがわかる。この中にはスポーツをしたくてもできない人もいるが，「したいと思っていない人」も多く含まれている。このようなニーズがない層にスポーツサービスを供給する必要はあるのだろうか。

　ニーズがないのにニーズを満たすことはできず，ビジネスの観点から見てもマーケティング努力のわりには消費者の反応がなく，効率が悪い。しかし，スポーツは決して悪いことではなく，むしろ良いことで，興味のない人々に興味を持たせてニーズを創造してもよいのではないか。人々の心身の健康を考えてスポーツ振興に取り組んでいる組織であれば，なおさらのこと，スポーツに対するニーズを創出するような社会的責任があるはずである。ニーズがなければニーズをつくることも必要である。

　では逆に，顧客のニーズはどのようなことでも満たす必要があるのだろうか。たとえば，スポーツ少年団へ子どもを通わせる親のニーズが，「全国大会に出場できるように厳しくコーチングして欲しい」としよう。このニーズに応えるために，小学生にハードなレーニングを課し，勉強時間も削って連日５時間の練習をさせることは良いことであろうか。子どもの発育発達，人間としての成長を考えればけっして良いこととはいえない。親のニーズを満たすためには何をしてもよいというわけではなく，子どもの将来を考えたコーチングが社会的には求められる。このようなスポーツ組織の社会的責任をマーケティングの意思決定に反映させることをソーシャル・マーケティングといい，スポーツサービスの供給においては欠かせない概念である。

【メディアと代理店が関わるマーケティング】　スポーツサービスの供給は，基本的にはスポーツ組織とスポーツ消費者の間で起こる交換関係で成り立っている。しかし，オリンピックやサッカーのワールドカップのようなメガ・スポーツイベントとなれば，単純な交換関係だけではマーケティングは成り立たず，メディアや代理店（エージェンシー）の介在が必要になる（右図）。

　小さなイベントであれば，スポーツ消費者がスポーツ組織から直接チケットを購入することができるが，イベントの規模が大きくなれば代理店を通してチケットを購入するようになる。プロ野球やＪリーグのチケットも，「チケットぴあ」やコンビニエンス・ストアで購入できるようになっている。また，商品価値の高いスポーツイベントはテレビ放映されるなど，メディアを通してスポーツ消費者に供給される。右図のように，スポーツ組織とテレビ局の間で放映権が取引され，テレビ局とスポーツ消費者の間で視聴取引が生じる。ワールドカップなどさらに大きなスポーツイベントであれば，代理店自体が独立したスポーツ組織の様相を呈するようになる。

　見る対象となるスポーツイベントだけでなく，ホノルルマラソンやニューヨークシティーマラソンのようなイベントへの参加にも代理店は欠かせない存在である。スポーツマーケティングを行う主体はスポーツ組織であるが，大規模イベントになればなるほど，メディアや代理店がマーケティングを行い，スポーツサービスを供給する仕事に関わることが多くなるのである。

第3章 スポーツ組織の仕事

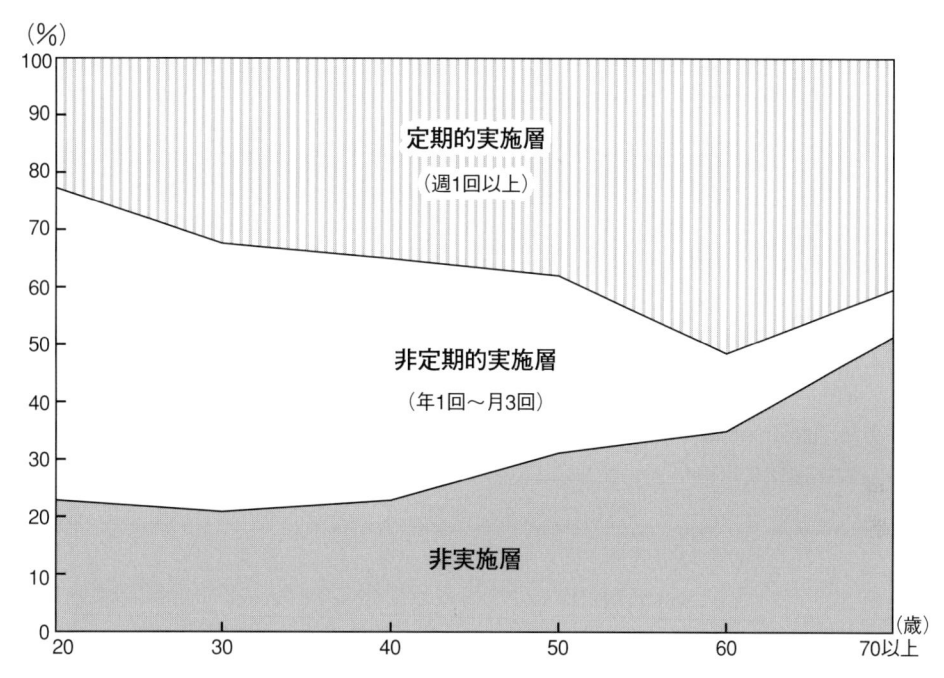

■ 世代別スポーツ実施頻度

定期的実施層
（週1回以上）

非定期的実施層
（年1回〜月3回）

非実施層

（長ヶ原，2003〔総理府：平成12年体力・スポーツに関する世論調査から作成〕）

■ スポーツイベントのマーケティング構造

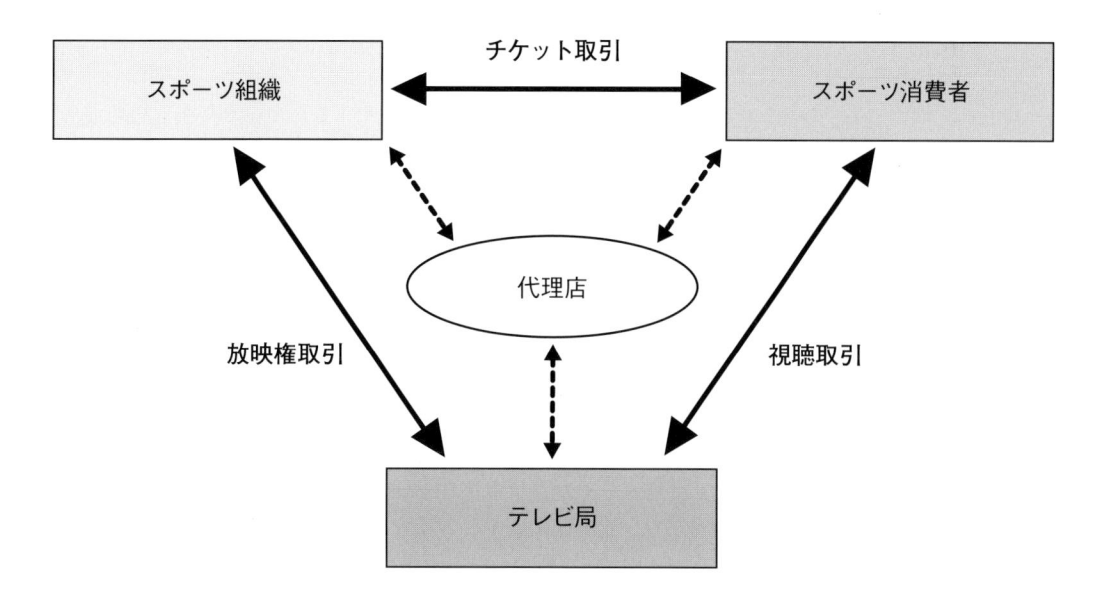

スポーツ組織 ←チケット取引→ スポーツ消費者

代理店

放映権取引　視聴取引

テレビ局

3 スポーツ活動をつくる（スポーツオペレーション）

【するスポーツのプロデュース】 スポーツ組織にはコンシューマーに直接作用する働きとして，「スポーツ活動をつくる」という仕事がある。まず，「するスポーツ」というプロダクトがつくられる過程に焦点を当ててみよう（右図）。

するスポーツでは，スポーツ実践者が活動の生産者と消費者の両方の役割を兼ねている（p.8参照）。したがって，自ら計画を立ててジョギングをするように，自分ひとりでスポーツ活動をつくる場合もある。一方でスポーツクラブのように，活動がつくられる過程でのさまざまなサポートがサービスという形で提供されているケースも多く，そこではより質の高いスポーツ活動がつくられる。水泳やダンスのインストラクターのように指導する仕事があれば，会員のコンディションを管理するトレーナー，健康や栄養などについて助言するアドバイザーのような仕事もある。また，会員が心地よく，効率よくスポーツ活動を行えるようにサポートするための受付業務，そして施設・設備のメンテナンスに関わる仕事もある。会員のデータやスケジュールの管理，施設内の清掃や点検も，質の高いスポーツ活動をつくるためには欠かせない。そしてこれらすべての人材および業務を管理するクラブのマネジャーおよびマネジメントスタッフの存在と，彼らによるプロデュースがなければ，スポーツクラブにおいて質の高いスポーツ活動を効率よくつくることはできない。こうしたクラブのカスタマーたちは消費者としての意識が強い。

【見るスポーツのプロデュース】 次に「見るスポーツ」がどのようにつくられ，その過程にどのような仕事が含まれているのかを考えてみよう（右図）。プロ野球，Ｊリーグ，大相撲，プロゴルフなど，そのプロダクトを直接的につくり出しているのはプレイヤーにほかならない。また，プレイヤーのパフォーマンス自体がプロダクトになっているため，プレイヤー自身がプロダクトの一部であると考えることもできる。

プレイヤーのパフォーマンスを生み出すには，監督，コーチやトレーナーの存在も必要であり，チームメイクや指導，トレーニングに関する仕事が含まれる。さらに，このようなスタッフやプレイヤーを雇用し，管理しているゼネラルマネジャー（GM）やその配下のマネジメントスタッフも間接的にスポーツ活動をつくっている。またGMはプロダクトであるゲームを演出したり，裏で支えたりするイベントスタッフも抱えており，試合会場での音響，照明，設備，案内，そして警備などに関わる仕事も見るスポーツのプロデュースには欠かせない。さらに組織外部からの関わりであるが，多額の運営資金の源となるスポンサーやさまざまな受動的観戦者（p.9参照）向けにスポーツをプロデュースするメディアの存在もある。

このようにしてつくられたプロダクトを消費するのがスペクテイター（観戦者）である。しかし，この種のプロダクトはモノと違ってその生産と消費が同時に行われる。スペクテイターがスタジアムへ足を運ぶ，あるいはテレビの前に座るというアクションを起こさない限り見るスポーツは生まれない。つまりスペクテイターたちは，彼ら同士の関わり合いも含めて，見るスポーツのプロデュースの一翼を無意識のうちに担っていると考えることもできる。

第3章 スポーツ組織の仕事

■ スポーツクラブのスポーツ活動づくり

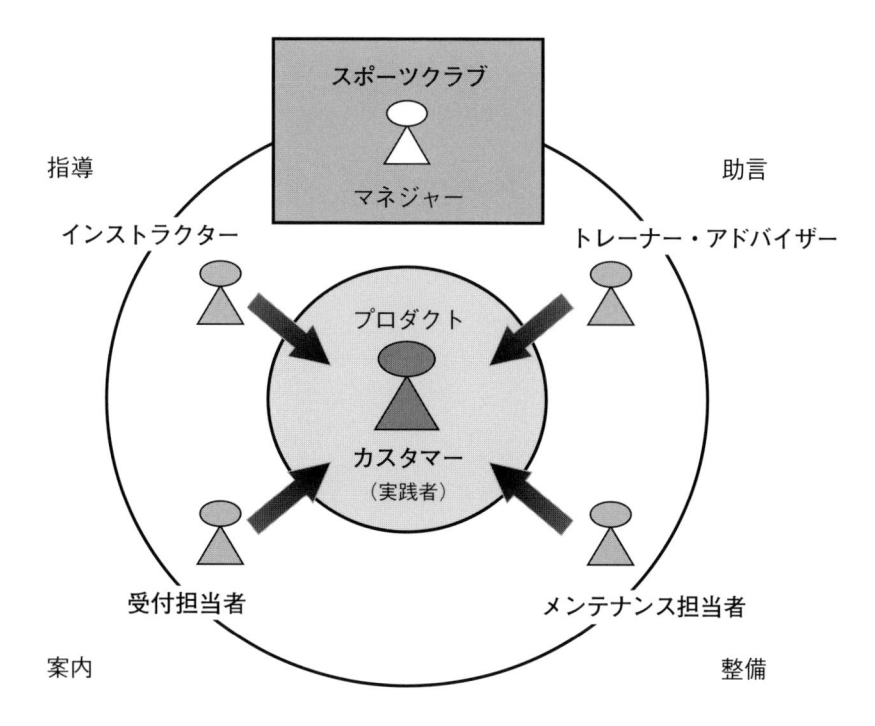

指導　　　　　　　スポーツクラブ　　　　　　助言
　　　　　　　　　　マネジャー

インストラクター　　　　　　　　　トレーナー・アドバイザー

　　　　　　　　　プロダクト
　　　　　　　　　カスタマー
　　　　　　　　　（実践者）

受付担当者　　　　　　　　　　　　メンテナンス担当者

案内　　　　　　　　　　　　　　　整備

■ プロスポーツのスポーツ活動づくり

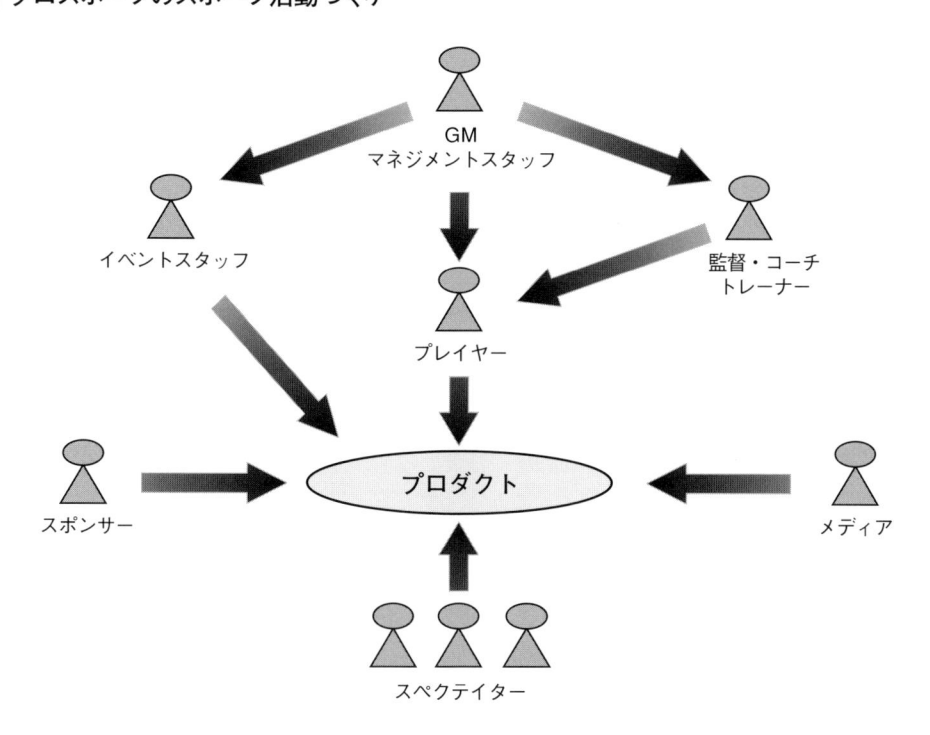

　　　　　　　　　　GM
　　　　　　　マネジメントスタッフ

イベントスタッフ　　　　　　　　　監督・コーチ
　　　　　　　　　　　　　　　　　トレーナー

　　　　　　　　　プレイヤー

スポンサー　　　　プロダクト　　　　メディア

　　　　　　　　スペクテイター

39

【スポーツオペレーションに必要なHRM】 プロスポーツ選手やインストラクターなど，サービスを供給する者のパフォーマンスを高めると，そのサービスを享受する顧客の満足度が高まる。つまり，このような人的資源はスポーツオペレーションにおけるキーパーソンであり，彼らのジョブ・パフォーマンスを高めることはスポーツ組織の最重要課題のひとつである。そして，そのためには効果的なヒューマンリソース・マネジメント（HRM）の実践が必要である。

スポーツ組織で仕事をする専門スタッフやボランティアのジョブ・パフォーマンスの向上には，「職務満足」と組織に対する「コミットメント」を高める必要があるが，そのためにはさまざまなHRM活動が実行される。右図のように，①仕事の内容や特性を明示すること，②適切に人員を配置すること，③組織全体が効率よく動けるようにリーダーシップを発揮すること，④仕事の成果を適切に評価しフィードバックすること，⑤モチベーションを喚起するように報酬システムをつくること，そして⑥スタッフへの対応を公正に保つことなど，すべてが組織とその人的資源の生産性を高めるための活動である。

ただ，人的資源には個人差が存在する。つまり，HRM活動を通してどのような成果が出るかは，スタッフの能力，パーソナリティー，価値観，そして動機などによっても異なる。チームの所属選手全員に同じタスクを与え，同じように扱っても，パフォーマンには差があり，不平不満もさまざまに出てくるであろう。したがって，個人差を考慮し，その集団や個人に応じたスタッフィングやリーダーシップなどのHRM活動が欠かせない。

【スポーツの大量生産から一品生産】 野球は素振りから，バレーボールはレシーブから，サッカーはリフティングからというように，基礎練習の積み重ねが続くだけで，なかなかゲームに至らないのがこれまでのスポーツ活動ではなかっただろうか。「生涯スポーツ」や「みんなのスポーツ」という言葉で表現されるように，それぞれに楽しむスポーツ活動をプロデュースするには，基礎練習はそこそこにして，まずは完成品をつくる，つまりゲームやレースを楽しむ必要があるのではないだろうか。

車のようなモノの製造では，以前はフォード・システムと呼ばれたベルトコンベヤーを用いた大量生産が主流であった。が，しかし近年では，つくりかけの製品やつくりすぎという無駄を省くために，「必要なものを，必要なときに，必要なだけ生産する」という合理的なトヨタ方式の一品生産システムが注目されている。スポーツ活動も同様に，個々のレベルに応じた楽しみ方に必要なスキルと知識だけを身に付ければ十分であって，無駄な練習は必要ないのではないか。運動部に入ったはいいが，球拾いと基礎練習だけで，結局試合に出ることなくやめたというように，つくりかけのスポーツ活動がこれまでは多く残されてきた。

この生産方式はトップアスリートにもあてはまるのではないだろうか。国立スポーツ科学センターは，個々の選手の必要に応じて，スポーツ科学，医学，情報の３つの研究部が利用される。選手がベルトコンベヤーに乗せられて作られるのではなく，選手が自ら最適のスポーツ活動をつくる。2004年のアテネオリンピックでの日本のメダル獲得数が飛躍的に増えた要因も，このスポーツの生産方式の変化に関連があるのかもしれない。

第3章 スポーツ組織の仕事

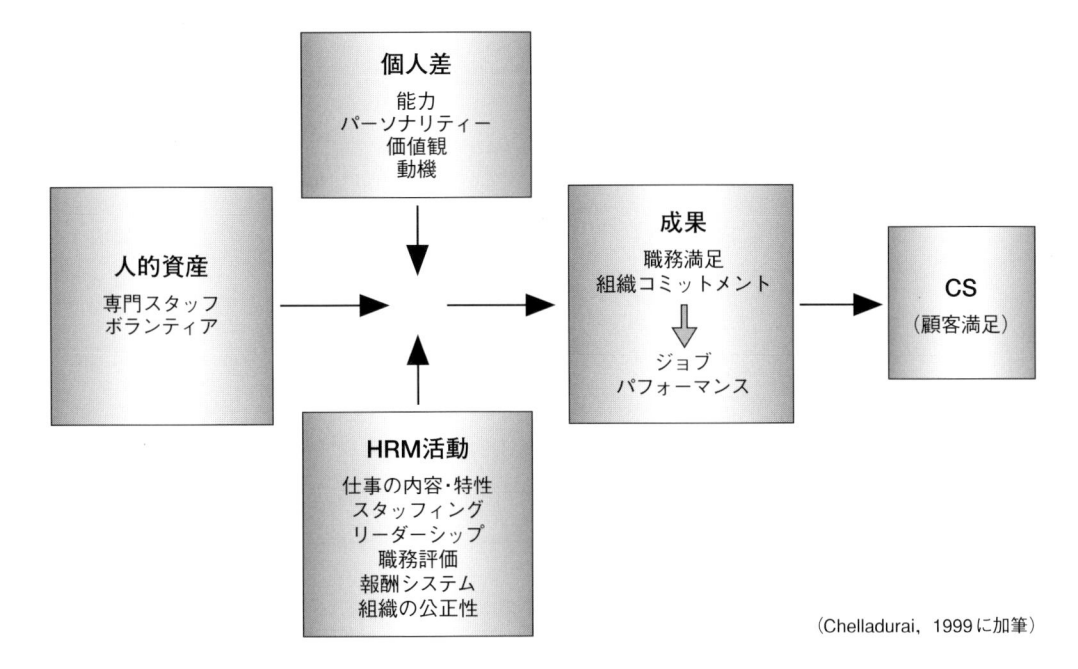

■ ヒューマンリソース・マネジメント（HRM）のモデル

個人差
能力
パーソナリティー
価値観
動機

人的資産
専門スタッフ
ボランティア

成果
職務満足
組織コミットメント
↓
ジョブ
パフォーマンス

CS
（顧客満足）

HRM活動
仕事の内容・特性
スタッフィング
リーダーシップ
職務評価
報酬システム
組織の公正性

（Chelladurai，1999に加筆）

■ 国立スポーツ科学センターの構造

トップレベル競技者の競技力向上および育成

競技活動（試合）

スポーツトレーニング

サービス事業
トレーニングキャンプ事業
スポーツ科学研究部
スポーツ診療事業
スポーツアカデミー支援事業
スポーツ医学研究部
トータルスポーツクリニック事業
スポーツ医・科学研究事業
スポーツ情報研究部
スポーツ情報サービス事業
運営部

（資料：国立スポーツ科学センターホームページより）

第4章 スポーツ市場のメカニズム

Part 1

1 スポーツコンシューマー，ユーザー，カスタマー

【スポーツ市場に含まれる人びと】 スポーツを「する人」や「見る人」のことをよく知ることが，スポーツ市場のメカニズムを解明するための第1歩である。そして，どのようなタイプが存在するのかを把握するために，市場に含まれる人びとを分類して理解する必要がある。その1つの方法としては，消費や購買のレベルを指標として，「コンシューマー（消費者）」「ユーザー（利用者）」「カスタマー（顧客）」というように大きく分類することができる（右図）。

コンシューマーは，自分の欲求を満たすためにサービスを消費するという視点に立った「人たち一般」を指し，スポーツ観戦市場やフィットネス市場というように大枠でとらえられ，この中にユーザーもカスタマーも含まれる。ユーザーは，自分の目的のためにサービスを利用するという視点に立った「1人ひとりの個人」で，スポーツ種目別の市場に存在する人びととしてとらえることができる。つまり，「プロ野球観戦の買い手」や「水泳の買い手」というように見ることができる。そしてカスタマーは，自分のところをひいきにしてサービスを購入してくれる，あの人，この人と特定できる「お得意様」のことを指す。つまり，「阪神タイガースのファン」，「コナミスポーツクラブの会員」というように特定のサービスを購買・消費する人びとである。このようなカスタマーの創造がマネジメントの目的であり，さらには購買頻度の低い一時の「ビギナー」ではなく，繰り返し継続して購買してくれる「リピーター」の確保が最大の目標となる。

【コンシューマー・エスカレーター】 市場に存在する人々を分類する方法として，さらには購買の頻度を具体的な数字で表した「コンシューマー・エスカレーター」と呼ばれるモデルがある。右図を用いてスポーツ観戦の例を説明すると，まず，あるチームのゲームを消費していない「ノンコンシューマー」の中にも，そのゲームの存在を認識している人びとと，していない人びととがいる。次に，テレビ観戦のようにメディアを通して2次的にサービスを消費している「メディアコンシューマー」が存在する。そして，スタジアムで観戦経験のあるコンシューマーはその頻度に合わせて，「ライトカスタマー」「ミディアムカスタマー」そして「ヘビーカスタマー」に分類される。

ここでは，コンシューマーをワンステップでも上へ進めるために，マネジメント努力を行うことを表現するためにエスカレーターが用いられている。つまり，不認識の人には気づかせ，テレビ観戦させる。観戦経験がない人には，まずはスタジアムへ足を運ばせ，年に1試合の人を2試合，3試合，そして5試合，10試合，最終的にはシーズンチケットの購入というようにエスカレーターを昇らせることが目的である。このように，市場を細分化していく中で多様なマネジメント，マーケティング努力が生まれる。

第4章 スポーツ市場のメカニズム

■ スポーツ市場の分類

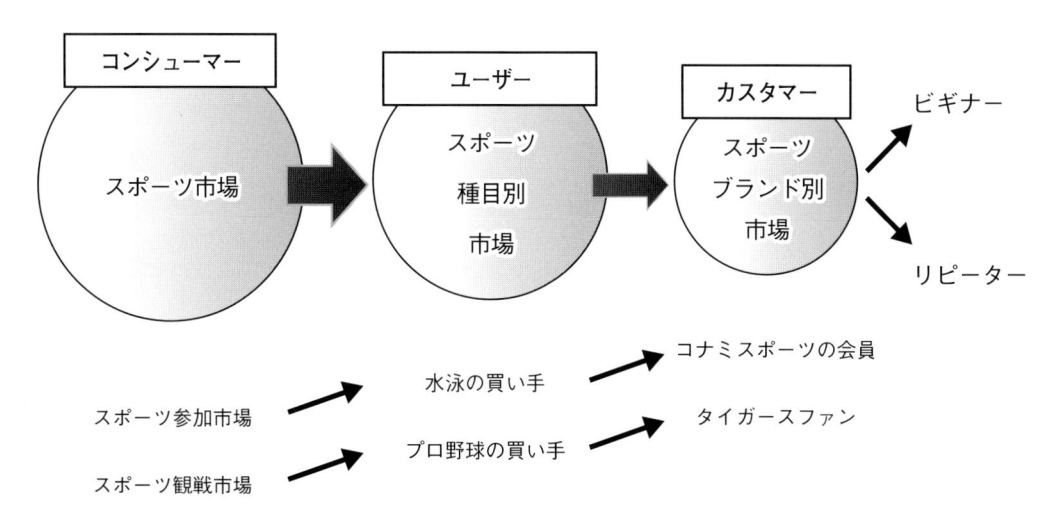

```
[コンシューマー]          [ユーザー]           [カスタマー]      → ビギナー
  スポーツ市場      →    スポーツ種目別市場  →  スポーツブランド別市場
                                                              → リピーター
```

スポーツ参加市場   →　水泳の買い手　　→　コナミスポーツの会員
スポーツ観戦市場   →　プロ野球の買い手　→　タイガースファン

■ コンシューマー・エスカレーター

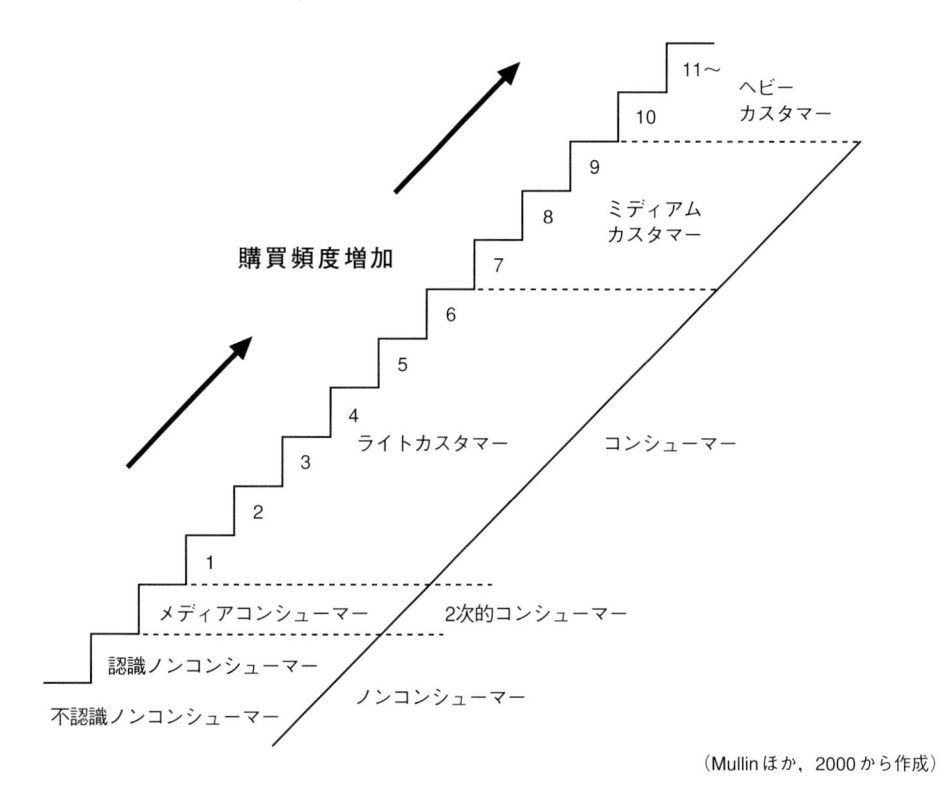

購買頻度増加

11〜／10　ヘビーカスタマー
9／8／7　ミディアムカスタマー
6／5／4／3　ライトカスタマー
2／1
メディアコンシューマー　　2次的コンシューマー
認識ノンコンシューマー
不認識ノンコンシューマー　　ノンコンシューマー

コンシューマー

（Mullinほか，2000から作成）

43

【コンシューマーが求めるもの】 化粧品を購入する人は，その化粧品自体を求めているのではなく，化粧品を使って美しくなることを求めている。高性能カメラを購入する人は，より高画質の写真を撮ることを求めている。つまり，コンシューマーはそのプロダクトから得られるベネフィットを求めており，スポーツをする人，見る人も，スポーツ活動を通して得られる何らかのベネフィットを求めている。このような欲求を理解するためのヒントとしては，「マズローの欲求階層説」がある（Maslow, 1943）。右図のように，人間の欲求は5つの階層で構成されていると考えられ，低次から高次へとその欲求が満たされるごとに，より上の欲求を目指す。

スポーツに対するニーズも，マズローの欲求階層に重ね合わせることができる（Milne & McDonald, 1999）。スポーツをすることに「健康の維持」や「病気や怪我からの回復」，そして「ストレスの解消」を求めるケースは，生理的欲求や安全の欲求という階層に位置づけられる。また，多くの人が友人，恋人，そして家族とともにスポーツを楽しむように，スポーツに社会的なベネフィットを求めることもある。

人はさらに高次の欲求をスポーツに求めることも少なくない。スポーツにおける勝利や好記録は，周囲の人々から認められ，高く評価される。一流ゴルフクラブやフィットネスクラブのメンバーシップは社会的地位の高さを表現する。また，スポーツをしていることで，「健康的」や「さわやか」という印象を持たれることも尊厳欲求を満たす。さらに，スポーツをする人はその活動を通して，新しい自分の能力や魅力を発見する機会を得ることもできる。スポーツで自分の能力を最大限に発揮したり，向上させたり，自己が設定した目標を目指してトレーニングを積み重ねることは，まさに自己実現欲求である。

【スポーツを見る人のユニークな欲求】 見るスポーツに対するニーズは，主に高次の欲求に位置づけられる。スポーツを見る人の多くはトップアスリートに自己移入し，代理経験を求める。自分ができない「あこがれのプレイ」を選手がすることによって，実感し，達成感を得る。つまり，代理経験を通して自己実現欲求が満たされるのである。また，特定のチームのファンは，自己をチームと同一化させることによって，チームの勝利や選手の成功を自分の勝利や成功のように位置づけ，自尊心や自己イメージを向上させる。

スポーツファンのユニークな行動として，バーギング（BIRGing：basking in reflected glory）とコーフィング（CORFing：cutting off reflected failure）がある。バーギングは，成功している他者との関係を強めようとする習性で，一方コーフィングは，失敗している他者から離れようとする習性である。この両方の習性をスポーツファンは顕著に持ち合わせている（Cialdiniほか，1976；Snyderほか，1986）。右図に示されているように，お気に入りのチームが勝ったときには周囲に対してファンであることをアピールし，チームを利用して自己を高める。逆に，負けたときにはファンであることを表現せず，チームから離れることによって自己イメージの低下を防ぐ。阪神タイガースが優勝したシーズンに，「自分はファンだ」と言い出す人が多く出現したのも，このファンの特性をよく表している。このように容易に尊厳欲求を満たすことができる購買行動は，スポーツ以外のプロダクトではあまり見られない。

第4章 スポーツ市場のメカニズム

■ マズローの欲求階層説

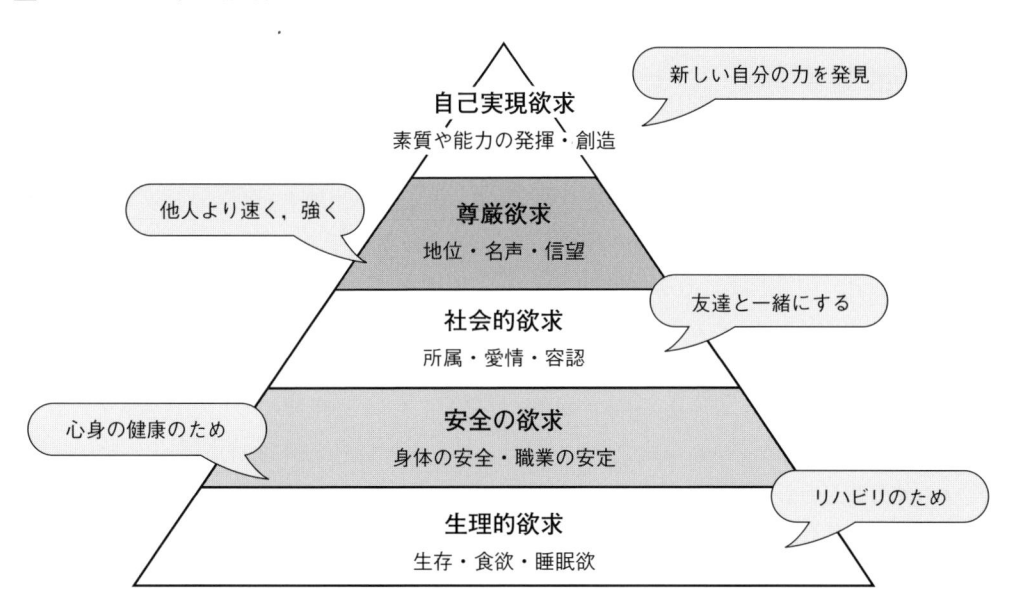

自己実現欲求
素質や能力の発揮・創造
（新しい自分の力を発見）

尊厳欲求
地位・名声・信望
（他人より速く，強く）

社会的欲求
所属・愛情・容認
（友達と一緒にする）

安全の欲求
身体の安全・職業の安定
（心身の健康のため）
（リハビリのため）

生理的欲求
生存・食欲・睡眠欲

■ チームの勝敗とファンの反応

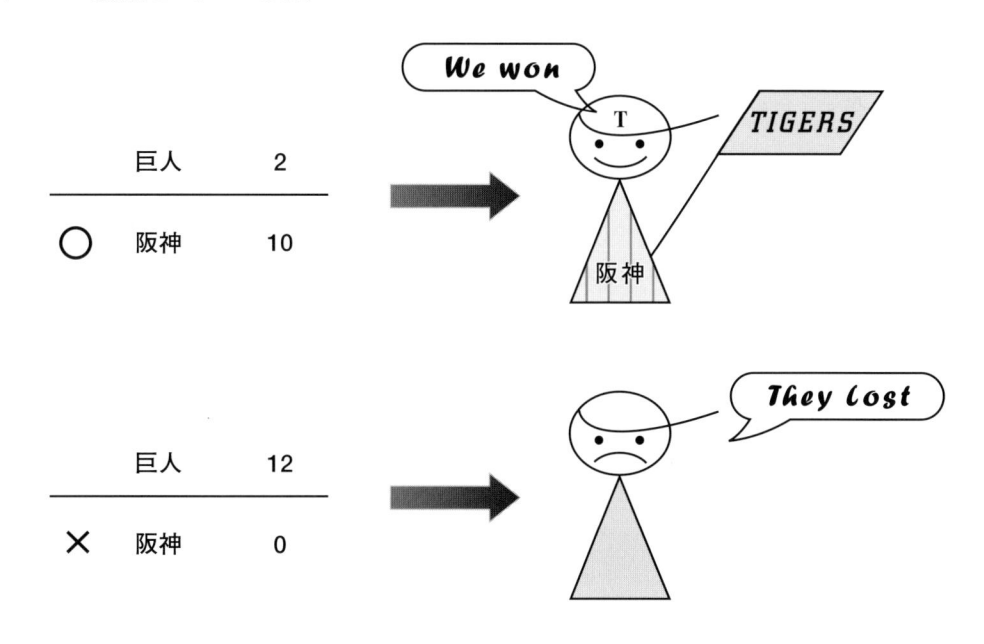

	巨人	2
○	阪神	10

→ We won / TIGERS / 阪神

	巨人	12
×	阪神	0

→ They lost

45

2 スポーツの購買プロセス

【スポーツ購買行動】 人びとがスポーツを「する」あるいは「見る」に至るパターン，つまりスポーツ購買行動の過程は，実にさまざまである。ただ，ある程度は購買へ至るプロセスを理解しない限り，さまざまなマネジメント活動が計画できない。この購買行動のパターンを理解するために，「AIDMA 理論」を用いることができる。これは，消費者があるプロダクトのプロモーション（広告・宣伝等）に気づいてから，購買行動へ至るまでのステップに含まれる，「Attention：注意」「Interest：興味」「Desire：欲求」「Memory：記憶」そして「Action：行動」の頭文字をとったものである。

スポーツクラブにおけるスポーツ消費を例にしてこの一連のプロセスを考えてみると，まず新聞に入っていたあるスポーツクラブのチラシに目が止まる。次にチラシに記載されているクラブが提供しているプログラムを見て，クラブでスポーツをすることに興味を持つ。そして，「入会金や月会費も手頃だし，アクセス，スケジュールの都合もよいので入会してみたい」という欲求が生じ，クラブの名前や場所，開館時間などを記憶して，実際にクラブへ足を運び，入会手続きをする。しかし，実際にはこのようにスムーズに事が運ぶことはなく，クラブは新規会員の獲得に苦労している。プロスポーツの各クラブの集客においても同様である。多くの消費者はこの「AIDMA」のどこかのステージで止まり行動まで至っておらず，それぞれの段階で適したマーケティング活動が必要になる。「広告には気づいたが，興味は持たなかった」場合はプロダクト開発に問題があるだろうし，「興味は持ったが，欲求がわかない」場合には，価格戦略に工夫が必要なのかもしれないと考えることができる。

【購買における意思決定のプロセス】 AIDMA理論ではプロモーションへの気づきから購買行動がスタートしているのに対して，消費者のニーズからスタートし，消費者の情報処理に焦点を当てて購買行動を分析したものとして，「購買意思決定プロセス」がある。

この購買行動への流れは，まず消費者が「何かほしい」ということに気づく「ニーズの認知」というステージ，つまり見るスポーツの購買においては，「スポーツがライブで見たい」と思うところから始まる。次にスポーツ観戦に関する情報を探索し（情報探索），集めた情報をもとにいくつかの候補を比較し評価する（購買前の代案評価）。その評価の結果，選択したゲームのチケットを購入し（購買決定），スタジアムへ足を運んでスポーツを観戦する（スポーツ経験）。

購買，消費に至るプロセスはここまでであるが，リピーターの獲得をめざすには，これ以降の過程も重要である。スポーツを観戦し終えた消費者は，その購買および消費について自己のなかで評価を行う。その結果，事前の期待，価格なども考慮して「満足」または「不満足」という反応を示す。満足は次回以降の購買意思決定プロセスにおいて，事前の代案評価の段階でポジティブな影響を与えるが，不満足は逆にネガティブな影響を与える可能性が高い。また，満足はダイレクトに次回の購買決定に影響を与える可能性があり，このようにしてリピーターが生まれるのである。

第4章 スポーツ市場のメカニズム

■ AIDMA理論

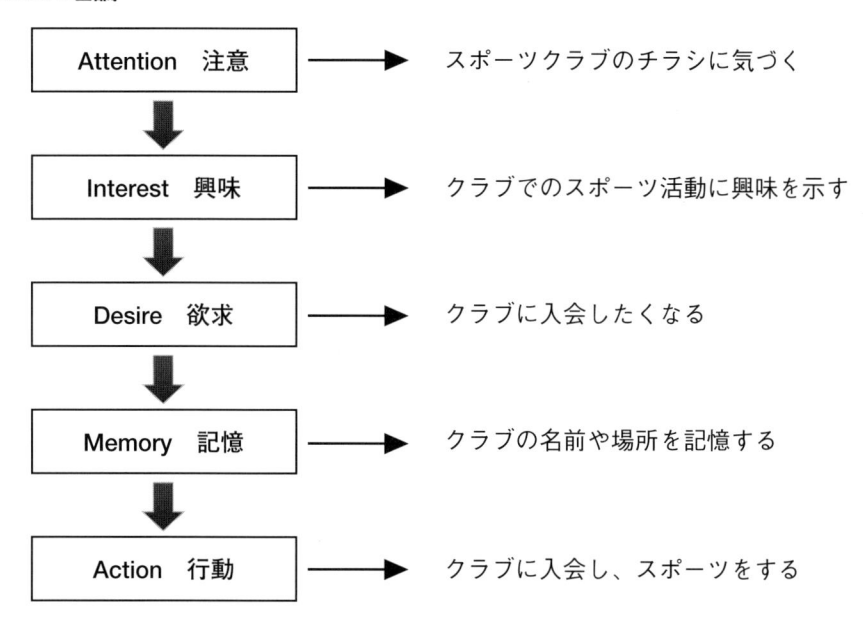

Attention　注意 → スポーツクラブのチラシに気づく

Interest　興味 → クラブでのスポーツ活動に興味を示す

Desire　欲求 → クラブに入会したくなる

Memory　記憶 → クラブの名前や場所を記憶する

Action　行動 → クラブに入会し、スポーツをする

■ 購買意思決定プロセス

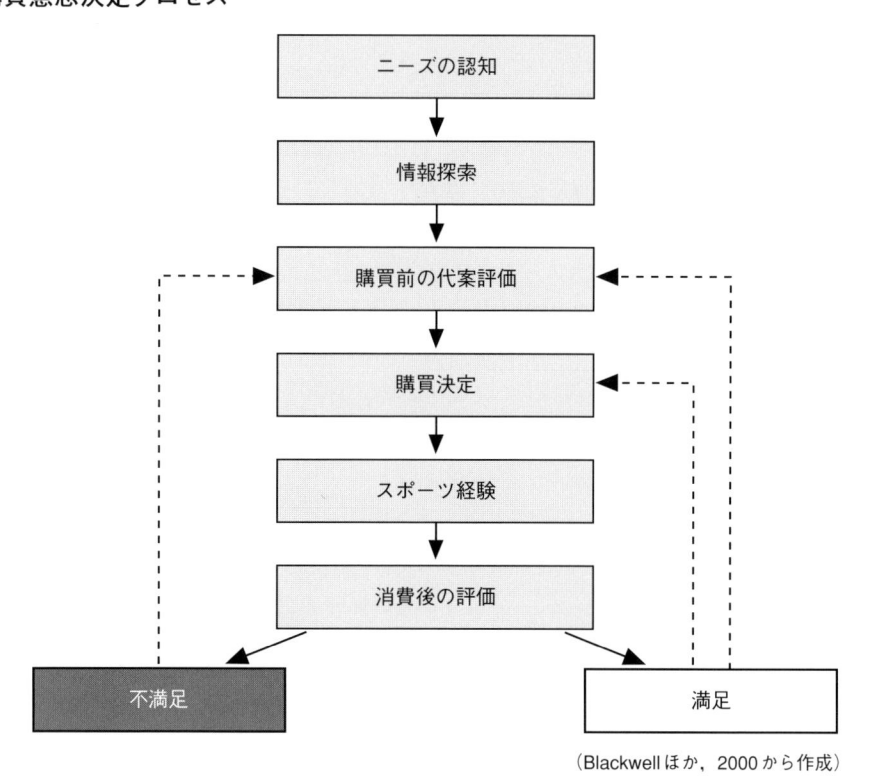

ニーズの認知
↓
情報探索
↓
購買前の代案評価
↓
購買決定
↓
スポーツ経験
↓
消費後の評価
↓
不満足　／　満足

（Blackwellほか，2000から作成）

【スポーツ情報の探索】 スポーツ実施の主な阻害要因として，「情報不足」がよく取り上げられる。プロダクトに関する情報が入手できないと購買に至らないのは当然であり，この点を改善，工夫することが，現在のスポーツ組織の大きな課題の1つである。

消費者がスポーツサービスに関する情報を探索するときには，まずは自らの記憶に留められている情報を利用する（内的探索）。そこでの情報が不十分であれば，外部の情報を求めて，印刷物やインターネットで調べたり，知人に聞いたり，直接現場へ足を運んだりする（外的探索）。この段階で，いかに効果的なプロモーション活動を通して，消費者に刺激を与えるかが重要なポイントになる。スポーツ組織のマーケティングスタッフは，サービス（イベントやプログラム）の存在を消費者に気づかせ，理解させ，記憶に留めさせるために，広告・宣伝活動を行う。まずは選択肢の1つとして取り上げられないと，購買される可能性はゼロに等しくなる。

また，ある特定の購買のために情報を集める「購買直前探索」に対してだけでなく，日常的な情報探索（オンゴーイング・サーチ）に対してもプロモーション活動は効果的である。消費者は，とくに欲しいものがなくても，日頃から広告，情報誌，インターネットなどで，さまざまな情報を収集している。このような外的探索で刺激を与えることができれば，情報が保持され，将来の購買意思決定における内的探索の段階で活用される可能性がある（右図）。さらに，消費者の記憶に保持される情報は，プロモーションによる刺激だけでなく，過去の購買・消費における良い経験や悪い経験も強く記憶に留められる。ここでもやはり，顧客満足の向上が重要であることがわかる。

【心理的コミットメントの役割】 消費者はある購買行動を通して得られる満足を何度も経験すると，累積満足を持つようになる。つまり，「今日の試合観戦には満足した」から「このチームには満足している」という感覚に変わっていく。すると，そのサービスあるいはサービスを提供しているスポーツ組織に対して愛着を持ち，心理的にコミットするようになる。マーケティングスタッフの目標は，消費者にスムーズに意思決定させて，クラブに来てスポーツをしてもらう，あるいはスタジアムへ来て試合を観戦してもらうことであるが，ここでキーとなるのが心理的コミットメントである。

消費者がコミットメントを持つと，次回の購買においては代案を探さずに即座にそのお気に入りのプロダクトを購入する可能性が高くなる。つまり，購買プロセスの一部が省略され，「スポーツがしたい ⇒ ○○スポーツクラブへ行く」というように，消費者の意思決定がスムーズになる。また，コミットメントはリピーターの創造においても大きな働きを持っている。右図はJリーグの観戦者を対象に行われた調査研究（Matsuokaほか，2003）から明らかにされたものであるが，チームに対してあまりコミットしていない観戦者は，試合観戦後に満足しているとまた次回も見たいと思うが，満足しないと次も見たいとは思わない。しかし，強くコミットしているファンは各試合観戦に対する満足の高低に関係なく，コンスタントに次の試合も見に来たいと思う。つまり，コミットメントは購買直後の満足・不満足が再購買意図に与える影響をもコントロールするのである。

第4章 スポーツ市場のメカニズム

■ 情報探索とマーケティングの関係

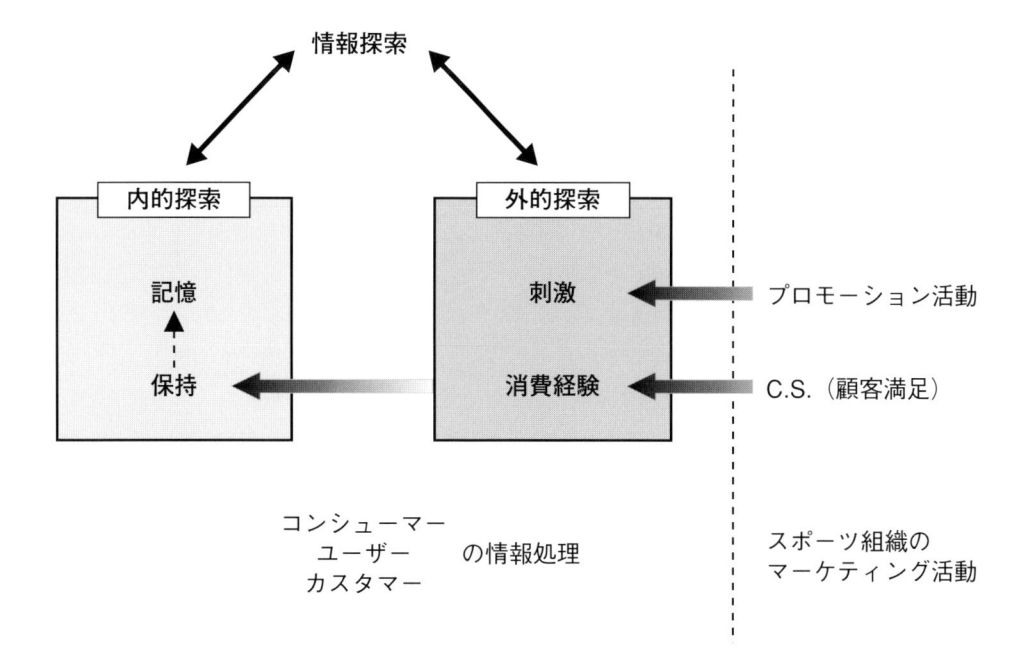

```
                    情報探索
              ↙              ↘
        ┌─────────┐      ┌─────────┐
        │ 内的探索 │      │ 外的探索 │
        │         │      │         │
        │  記憶   │      │  刺激   │  ← プロモーション活動
        │   ↑    │      │         │
        │  保持   │ ←──  │ 消費経験 │  ← C.S.(顧客満足)
        └─────────┘      └─────────┘

      コンシューマー                    スポーツ組織の
      ユーザー   の情報処理             マーケティング活動
      カスタマー
```

■ コミットメントと満足と購買意図の関係

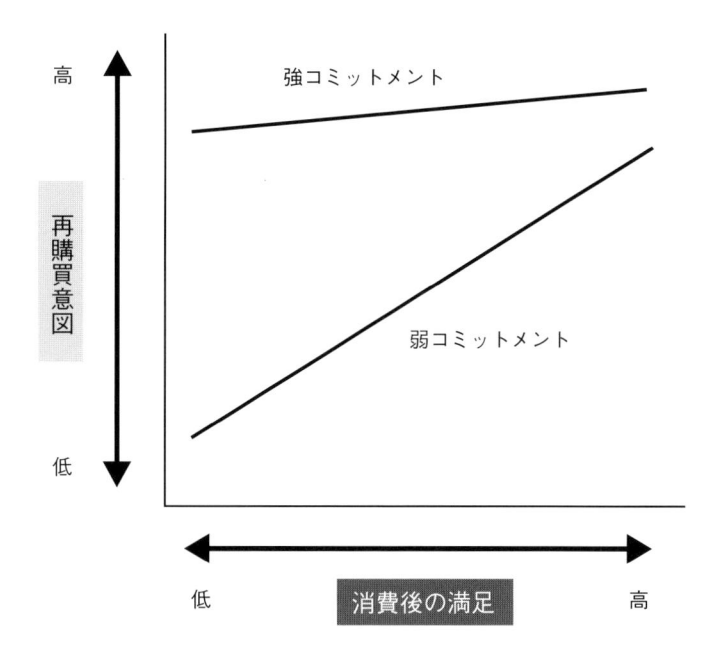

```
 高 ↑
    │        強コミットメント
 再 │    ─────────────────
 購 │
 買 │                    弱コミットメント
 意 │              ────
 図 │         ────
    │    ────
 低 │
    └──────────────────────→
       低    消費後の満足    高
```

(Matsuokaほか,2003から作成)

49

3 現代の消費心理とスポーツブランド

【スポーツへのこだわり】　人びとは消費したモノやサービスの質が悪く，嫌な経験をすると，次回はそのモノやサービスの購買を控える。たとえば，レストランで出てきた食事がまずく，店員の態度も悪かったとなれば，二度とそのレストランには行かないであろう。さて，この一般的な消費心理がスポーツ消費にもあてはまるであろうか。

　ある一般的なゴルファーを例にとって考えてみよう。日曜日の早朝から2時間もかけてゴルフ場へ行ったが，OBや池ポチャを連発し，スコアはまとまらず，最後は疲れ果てて空振りまでしてしまった。このゴルファーは多大なエネルギーと時間，そして多額のお金を費やした。しかし，たいへん嫌な経験をしたのでゴルフをやめるのかと思いきや，また次の日曜日もゴルフへ出かける。不思議だが，スポーツをする人たちの間ではよくあることである。ある試合で4打数無安打，3エラーとまったくいいところがなかった野球少年も，次の日からサッカーやバレーボールを始めることなどなく，また野球をする。嫌な経験を繰り返してもスポーツを消費し続ける。

　右図は，ラグビー愛好者のスポーツ嗜好をクラスター分析した結果で，さまざまなスポーツに対して「もっとも好きなスポーツに入る」から「おそらくやる気にならない」までの9段階尺度を用いたデータをもとにスポーツ種目が分類されている。この結果を見るといかにラグビー愛好者がラグビーを他のスポーツ種目と区別し，特別なものとして位置づけているかということがわかる。このようなスポーツへの何らかのこだわりが，スポーツの消費心理の特徴であり，人をスポーツ参加や観戦へと突き動かすのである。

【スポーツにおけるブランド形成】　スポーツへのこだわりは，スポーツを見る人も持っている。特定のチームや選手を応援しているファンの多くは，たとえ成績不振が続いても常に応援し続ける。熱狂的な阪神タイガースファンに至っては，1985年以来，2003年に優勝するまでの18年もの長い間，たいへん苦い経験を続けてきたが，応援を続けてきた。また，翌日の仕事への影響を顧みずに深夜のオリンピック中継を視聴するという行動には，何か強いスポーツへのこだわりがあるのではないだろうか。

　このこだわりの対象がブランドであり，それはスポーツ全般であったり，特定のスポーツ種目，スポーツチームやクラブであったりする。しかし，これらのスポーツブランドには，はじめからこだわりが感じられるような付加価値があるわけではない。さまざまな経験が積み重ねられて，スポーツブランドが形成される。右図に示されている一般的なブランドの進化と同じように，スポーツも身体能力の向上や健康維持のためのスポーツ（機能としてのブランド）から，好きなスポーツになり，さらに周囲からも広く評価されるスポーツになる。そして，人がスポーツに対して特別な愛着を感じ，スポーツを自己表現できるものとして位置づけ，かけがえのないものであると感じるに至れば，スポーツはその人にとって「意味的価値としてのブランド」となる。そうなれば，嫌な思いをしても，失敗しても，何かを犠牲にしても，そのスポーツをしたり，見たりするようになるのであろう。

第4章 スポーツ市場のメカニズム

■ ラグビー愛好者のマイ・スポーツへのこだわり

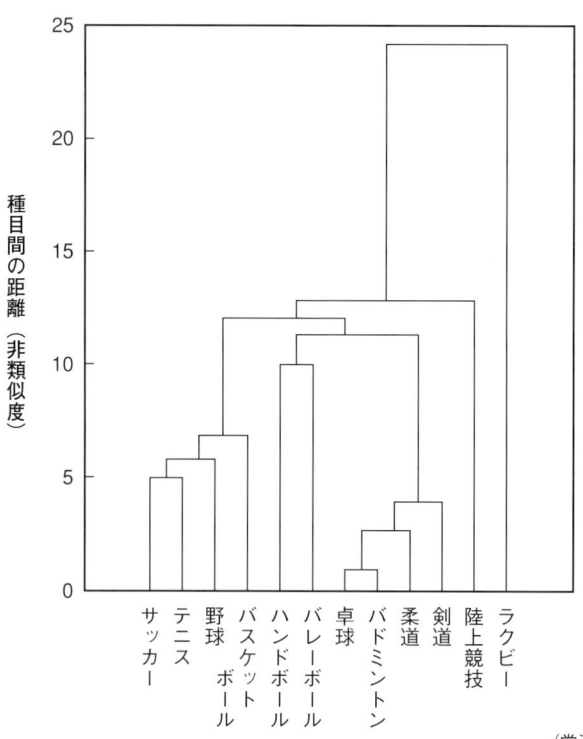

種目間の距離（非類似度）

サッカー／テニス／野球／バスケットボール／ハンドボール／バレーボール／卓球／バドミントン／柔道／剣道／陸上競技／ラグビー

（堂浦，1995）

■ ブランドの進化

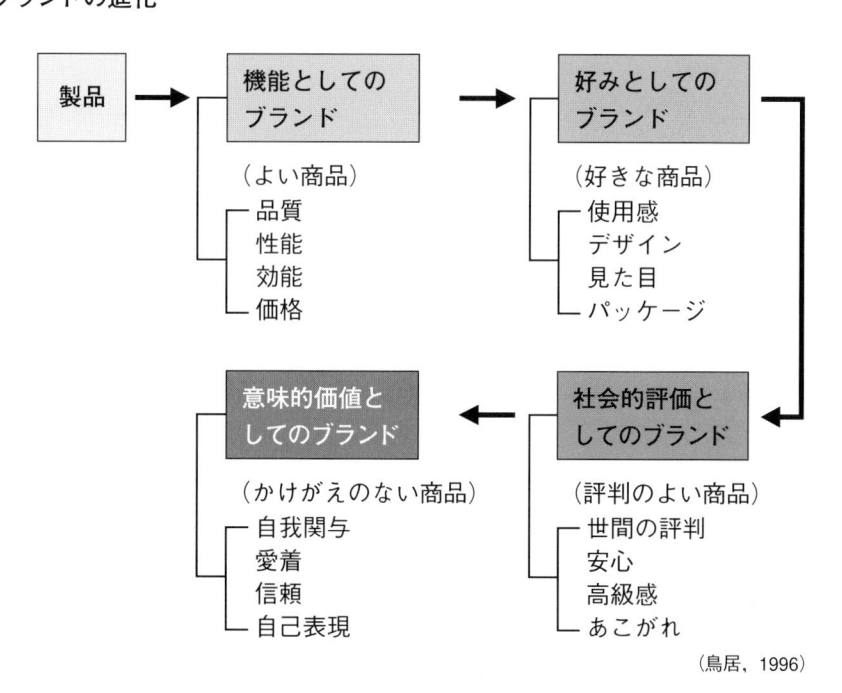

製品 → 機能としてのブランド
（よい商品）
- 品質
- 性能
- 効能
- 価格

→ 好みとしてのブランド
（好きな商品）
- 使用感
- デザイン
- 見た目
- パッケージ

→ 社会的評価としてのブランド
（評判のよい商品）
- 世間の評判
- 安心
- 高級感
- あこがれ

→ 意味的価値としてのブランド
（かけがえのない商品）
- 自我関与
- 愛着
- 信頼
- 自己表現

（鳥居，1996）

【スポーツチームへのコミットメントとロイヤルティ】 ブランドとしてのスポーツチームやクラブへのこだわりは，「ロイヤルティ」という言葉で表現される。スポーツファンはひいきのチームに対して，スポーツクラブ会員はクラブに対して，好意，忠誠や愛着を感じる。このロイヤルティがベースとなって，人はチームやクラブにコミットするのだが，この「コミットメント」の理由には他にもさまざまな要因が存在する。

右に示されているスポーツファンのチームに対するコミットメントの構成因子の中では，感情的コミットメントがロイヤルティに一致するが，それ以外に4つのコミットメント因子が存在すると考えられている（Matsuoka, 2001）。たとえば，スポーツファンはお気に入りのチームと同化することによって，チームを自己のアイデンティティの形成に利用する。また，居住地や出身地，そして職場や学校がある地域をホームタウンとするチームに対してコミットメントを持ち，応援するファンも少なくない。

ロイヤルティも含めた上記3つのような積極的な理由ではなく，どちらかというと仕方なくコミットしている場合もある。たとえば，あるチームを長年応援していると今さらやめるわけにはいかないという場合もある。「これまでこのチームのために費やしてきた時間，エネルギー，お金などを無駄にしたくない気持ち（サンク・コスト：sunk cost）」というのもコミットし続ける理由の1つである。さらには，「友人または家族がそのチームを応援しているから」というケースのように，社会的な義務感からそのチームのファンであり続けている場合もある。同じコミットメントでも，その背景にはさまざまな要因が存在する。

【ブランド・ロイヤルティと継続購買】 スポーツやスポーツ組織へのこだわりや愛着などの情動的要因は，そのスポーツや組織に対するポジティブな態度を生み出す（Dick & Basu, 1994）。このポジティブな態度を伴う一貫した購買行動が，ブランド・ロイヤルティと呼ばれる。つまり，ブランド・ロイヤルティには態度的側面（忠誠心，愛着心，一体感などの好意的な態度）と行動的側面（繰り返し継続された購買行動）とが存在する。

これに対して，情動的な要因もポジティブな態度形成もなしに，スポーツクラブへ通い続けたり，プロスポーツチームの試合を繰り返し観戦したりすることもある。たとえば，「このスポーツクラブが家から近いから」，「この地域には他に応援するチームがないから」など，物理的な条件を理由に購買を繰り返している場合がある。あるいは「新しいスポーツクラブを探すには，時間とエネルギーが必要で，しかも新しいクラブに慣れるまではストレスも多い」というように，クラブをスイッチすることによって発生する金銭的および心理的コストを考慮して，今のクラブでの会員を継続している場合もある。前述のサンク・コストや社会的義務も，意図的な購買理由にはなっているが，そこにはチームやクラブに対する好意的な態度は存在しない。これらの行動は単なる継続購買であって，条件の良い代替商品が出現すれば，スイッチする可能性が高い。ただ，このような継続購買者は必要ないというわけではない。購買のきっかけはアクセスや価格，そして義務感であったとしても，できるだけ早くそのような購買者にこだわりや愛着を持たせられるようなクラブづくり，チームづくりをすることが重要なのである。

■ スポーツファンのチームに対するコミットメント

コミットメントの構成因子	定　義
パーソナル・アイデンティティ (personal identity)	ファンのパーソナル・アイデンティティを定義する チームに対する同一性や帰属の意識
感情的コミットメント (affective commitment)	チームに対する好意やチームと結びつきたいとい う欲望が根拠になっている感情的な愛着
打算的コミットメント (calculative commitment)	チームから離れることによって発生する金銭的，また 心理的なコストが根拠になっているコミットメント
社会的義務 (social obligation)	社会的規範や重要な他者からのプレッシャーに対 する追従が根拠になっているコミットメント
地域的仲間意識 (regional tribalism)	ファンが所属している場所（市，地域，大学など） とチームの関係が根拠になっているコミットメント

(Matsuoka, 2001)

■ ロイヤルティと継続購買の比較

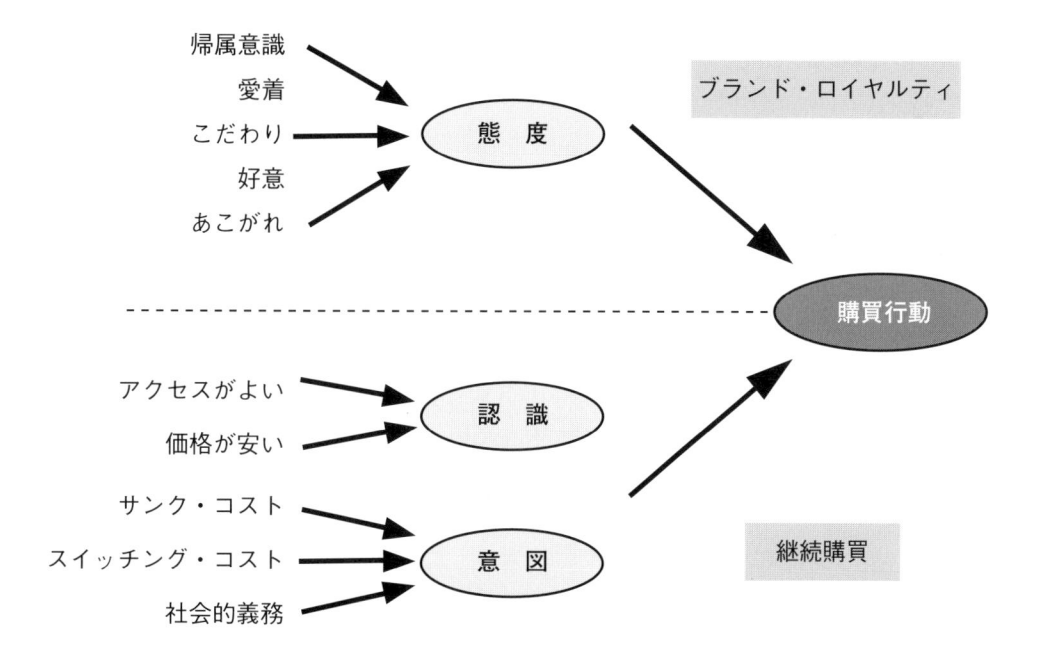

帰属意識
愛着
こだわり → 態　度 → 購買行動　　ブランド・ロイヤルティ
好意
あこがれ

アクセスがよい
価格が安い → 認　識 → 購買行動

サンク・コスト
スイッチング・コスト → 意　図　　継続購買
社会的義務

マネジメント探訪 ①

【 竜馬と信長 】

　「日本で最初に経営をやったのは坂本竜馬である」という説がある（司馬遼太郎『竜馬がゆく』文春文庫）。坂本竜馬が活躍したのは幕末の頃であり，世界に目をやれば，ちょうどその頃は産業革命という経済・社会面での大変革が起きた時期である。浦賀に黒船がやってきて開国（貿易）を迫ったわけであるが，当時の日本は稲と麦と大根ばかりが生えている百姓国で，近代産業などは何もなく，諸外国に仲間入りできる金がない。徳川政府というのは，米を国税として取り上げることによって成り立っていたわけであり，百姓に食料品をつくらせ，それを武士に配って食わせるだけで三百年すごしてきた素朴単純な農業政府（米経済）である。したがって，幕府も大名も自らの資本を拡大する手立てを知らない。「尊皇攘夷」という思想はこうした状況から生まれたのである。すなわち，「剣術」という，いわば中世のスポーツ文化によって諸外国に対抗しようとしたわけである。そこに，勝手に（プライベートに）貿易をやって利潤を上げ，徳川政府を倒してしまおうと考えた人物がいる。それが坂本竜馬である。

　坂本竜馬は北辰一刀流の剣客として名高い（当時の日本を代表するスポーツ選手といっていい）が，彼はその技をもって事を成そうとしたのではなく，日本で初めて「カンパニー」（のちの海援隊）をつくったのである。竜馬は土佐藩を脱藩した浪人であるから，資本がない。そこでまず，京都に集まっている勤王浪人や諸藩の下級武士を海軍学校（幕府の勝海舟がつくったもの）に入れて，軍艦や商船の操法を身につけさせ，同時に「商い」を学ばせた。つまり，京都で刃物三昧に明け暮れている連中を集めて，「利益」を生むことを考えたわけである。資金はどうしたかというと，長州，薩摩，土佐，越前福井といった強藩から出させた。金はただもらうのではなく「投資」である。今風にいえば「株主」にしたのである。要するに，金のあるやつは金を出し，仕事ができるやつは仕事をする，そういう組織をつくったのである。

　ところで，組織づくりという点では，戦国時代の覇者織田信長も非常に高い評価を得ている。信長には竜馬とは違って，父親から引き継いだ地盤（尾張の豊かな経済力）があり，竜馬のようにわざわざカンパニーをつくる必要性はなかった。羽柴秀吉，明智光秀，柴田勝家といった名だたる武将が配下にいたが，彼らを仕事のできる従業員に育てようと考えたわけではなく，また出資者と考えたわけでもない。織田軍団を動かす「機関」と考えていたのである。秀吉は，調略，対外交渉，人心掌握といった面でまれにみる才能を持っていたし，光秀は兵法に関する知識にすぐれ，朝廷や公家との太いパイプも持っていた。勝家は武門の誉れが高く，軍団を統率する力は抜群であった。信長は，そうした彼らに備わっていたマネジメント機能をうまく取り出し，天下布武という大偉業を成し遂げたのである。

　経営という発想にはカンパニーの存在が前提となる。スポーツ経営も本来はそうであろう。しかし，スポーツを動かすという目的達成の手段は，そうした前提以前の人間の能力とも考えることができる。マネジメントとはそうしたものではなかろうか。本書の主題を「スポーツ経営」とはせず，あえて「スポーツマネジメント」としたゆえんである。

Part 2

スポーツビジネスのマネジメント

Part 2

第5章 **スポーツビジネスの発展**

1 スポーツイベントの経済性

【スポーツイベントの種類】 スポーツイベントの種類は，草の根スポーツからプロスポーツ，そしてメガ・スポーツイベントまで多種多様である。Gratton (2004) によれば，スポーツイベントは，①大規模な経済活動とメディアの関心が強いオリンピックのような開催都市が固定化されていない国際的な観戦型イベント，②大規模な経済活動とメディアの関心をともなう，FAカップ・ファイナルやロンドン・マラソンのような毎年行われる国内（英国）の大規模イベント，③陸上グランプリのような不定期的に行われる1回限りの大規模な観戦型・競技型イベント，④各種スポーツ競技団体が定期的に開催する，国内選手権のような大きな経済的活動をともなわない主要な競技型イベントの4つに分類することができる。この分類は，経済規模の大きさによるものであるが，右図に示すように，参加形態（「するスポーツ」と「見るスポーツ」）と大会規模（国際レベル，全国レベル，地方・地域レベル）によって，スポーツイベントを6分類することも可能である。

【ワールドカップの経済効果】 メディア価値のともなうスポーツイベントには，大きな経済波及効果が期待され，メガ・スポーツイベントが開催されるごとに銀行の調査部や大手広告代理店が数字を発表する。右図は，2002年FIFAワールドカップ大会の直前に電通が試算したものである。すなわち，開催地スタジアム等の公共投資や関連施設，そしてキャンプ地やホテルなどの開催地民間施設の建設投資を含む「建設投資」（5,711億円）と，運営費や警備費などの「主催者支出」，観戦客の移動や宿泊にともなう支出やハイビジョンTVや関連グッズの購入を含む「家計消費支出」，そして広告制作費などの「スポンサー企業等の支出」を含む「消費支出」（8,478億円）である。合算した数字が「直接効果」（1兆4,189億円）となる。

　ここまでは実際に使われた金額の合計であるが，次に産業連関表を用いた経済波及効果の数字が加わることになる。産業連関表とは，一定の期間内に，1国の産業・経済部門間で行われた相互取引の連関を表にまとめたもので，この表を使った産業連関分析によって，ある最終需要が与えられた場合，産業間波及を通じてどの程度の域内生産が生まれるかを知ることが可能となる。分析の結果，「建設生産額」の5,771億円は，一次波及効果によって5,681億円の生産を誘発し，「財別消費増加額」（消費支出）は同じく1兆5,139億円の生産を誘発した。また，これらの直接効果と一次波及効果を合計すると2兆6,531億円の生産誘発額が得られた。さらに，ここから得られた雇用者所得誘発額の7,464億円から生じた国内産品需要増加額の二次波及効果は，6,518億円の生産を誘発し，最終的に総合評価としての3兆3,049億円という大きな数字が予測された。

第5章 スポーツビジネスの発展

■ スポーツイベントの分類

		参加形態	
		するスポーツ	見るスポーツ
大会規模	国際レベル	ホノルルマラソン	ワールドカップ オリンピック
	全国レベル	全国スポーツ・レクリエーション祭 全国健康福祉祭	大相撲の本場所 プロ野球 Jリーグ
	地方・地域レベル	宮古島トライアスロン大会	大相撲の地方巡業 選抜高校野球地区大会

■ ワールドカップ開催の経済波及効果のフロー（日本代表がベスト8進出していた場合）

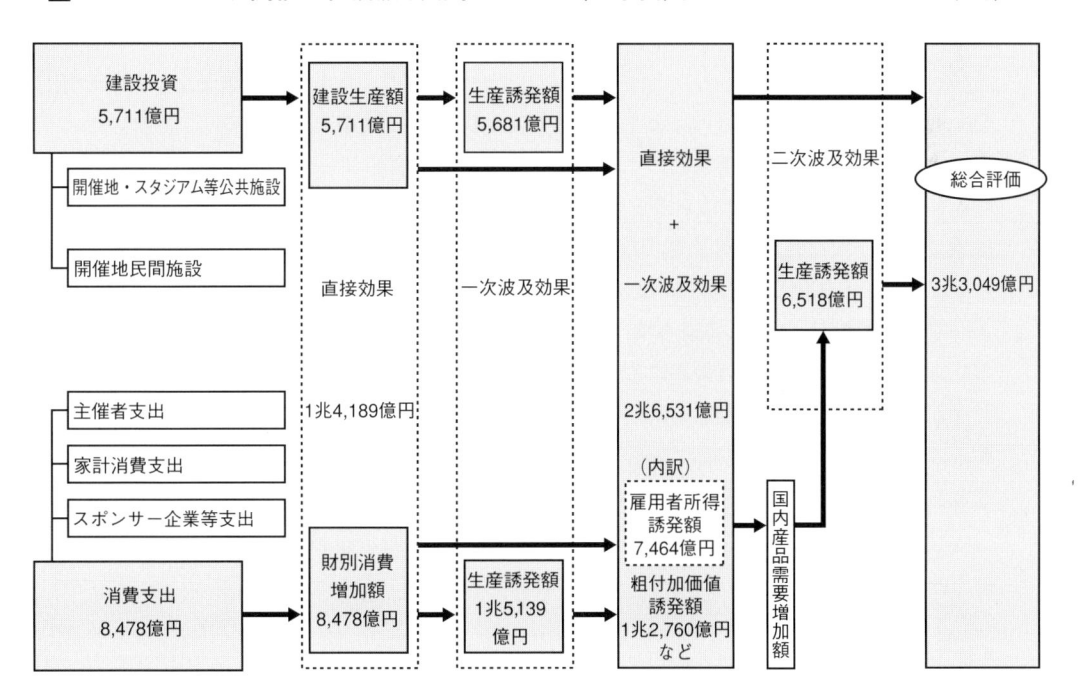

```
建設投資            建設生産額         生産誘発額
5,711億円    →     5,711億円    →    5,681億円    ─┐
                                                    │
開催地・スタジアム等公共施設                         ↓
                                              直接効果
開催地民間施設                                    ＋
                                          一次波及効果
                    直接効果      一次波及効果              二次波及効果       総合評価
主催者支出                                                                    
家計消費支出                                   2兆6,531億円      生産誘発額
スポンサー企業等支出  1兆4,189億円                              6,518億円    → 3兆3,049億円
                                              （内訳）
                                           雇用者所得
                                           誘発額
消費支出           財別消費        生産誘発額    7,464億円    国内産品需要増加額
8,478億円    →   増加額      →   1兆5,139億円  粗付加価値
                 8,478億円                    誘発額
                                           1兆2,760億円
                                              など
```

57

【阪神タイガースの経済効果】 経済効果の2つめの事例として右図に示したのは，2003年の阪神タイガースの活躍にともなって増加すると考えられた直接的な消費需要額の試算内容である。前述のワールドカップの試算と同様，すべて仮定の数字に基づいている。これらの合計は，観客動員数の増加にともなう交通費，入場料，飲食費，グッズ購入などの拡大や街中での飲食等の増加等で，その合計は688億円となる。この当初消費需要額から，産業連関分析を用いて他産業への生産誘発効果を測定すると，その額は1,133億円になると試算された。ワールドカップに比べると小さな数字であるが，これに付随する社会心理的な効果を考えると地域社会へのインパクトは大きい。

図（下）に示したのは，スポーツイベントを誘致・開催することや，プロスポーツ・クラブ・球団を所有することが，地域にもたらす4つの社会・経済的インパクトである。すなわち，①社会資本の蓄積，②消費の誘導，③地域連帯感の向上，④都市イメージの向上，である。

【経済波及効果の数字に潜む問題点】 スポーツイベントの経済効果に関して発表される数字には，多くの期待が込められ，それが過大な評価を生み出すことがある。2002年のワールドカップで試算された数字がその典型で，期待のかたまりが数字という客観的指標に置き換えられ，それが1人歩きしてしまうケースが多い。また得られた数字に対して，イベント後に検証が加えられることはほとんどなく，主催者側の都合を数字に反映できる事務的なセルフサービス・リサーチと揶揄されることもある。

スポーツイベントの経済効果測定において留意すべき点として，そのひとつに経済的な波及効果は短期間しか続かず，揺り戻しがあるという事実である。たとえばワールドカップの場合，スタジアム建設を国債や地方債の発行でまかなうということは，将来の公共事業を前倒しして，借金を背負いながら何年間分の波及効果をイベント開催年に集中させているにすぎないという考え方である。第2は，関連施設の工事やイベント時の混雑によって，イベント前後に行われるべき本来の経済活動が阻害されるという問題がある。第3は，イベント時にいずれにせよ，他の用事で開催地域を訪問する予定であった「カジュアル」や，別の時期に開催地を訪れる予定だったがイベントに合わせて訪問を変更した「タイム・スイッチャー」と呼ばれる域外からのビジターの除外である。なぜなら彼らは，イベントに関係なくその地域を訪問する可能性があったからである。第4に「過大評価される乗数係数」がある。たとえば，アメリカの大部分の地域における乗数係数は0.4から0.8（ビジターが100ドル使うと地元の収益が40から80ドル増える）だが，スポーツイベントは地域に関係なく経験的に0.8の乗数係数を用いる傾向が強い。そして第5として「コストを差し引いた正味便益（ネット・ベネフィット）ではなく，便益の総体（グロス・ベネフィット）だけを報告する傾向」といった問題が指摘されている（Howard and Crompton, 1995）。

第5章 スポーツビジネスの発展

■ 阪神タイガースの活躍に伴う当初消費需要額等の試算(関西地域)

項　　　　目	金額	想　定　の　主　な　内　容
球場への観客動員数の増加に伴う、交通費・入場料・飲食費・グッズ購入などの拡大	32	・1試合当たりの平均入場者数の増加6,800人の増加 　(過去5年年平均@34,168人 (NPB-BISのデータ) の約20%増、1985年優勝時をやや上回る水準) ・関西における試合数72試合 　(公式戦：69、日本シリーズ：3) 　(甲子園：63、大阪ドーム：8、西京極：1) ・試合観戦に伴う一人当たりの消費支出額@6,500円 　(日本観光協会の調査を参考) 　6,800人×72試合×@6,500円=3182百万円
街中における飲食等の増加	254	成人ファン約146万人のうち半数*×7回 (4〜10月に月1回*)×@約5,000円*
街中におけるグッズ、企画商品、雑誌の販売等の増加	128	成人ファン約146万人*のうち半数×7ヵ月 (4〜10月)×@約2,500円 (月平均)
新聞販売の増加	25	スポーツ紙の売り上げ増加24.7億円*
百貨店などの優勝セール	250	百貨店など複数の大型小売店が実施
合　　　　計	688(億円)	

(*) 大阪府立大学経済学部宮本研究室の資料による

(株式会社日本総合研究所、2003)

■ スポーツの社会経済的インパクト

スポーツイベントがもたらす社会・経済的インパクト　→

■社会資本の蓄積
スポーツイベントの開催にともなう社会資本としてのスポーツ施設や道路・公園・鉄道などの関連施設の整備

■消費の誘導
イベント開催時に、域外からのビジターの消費によって生じる新たな経済的インパクト

■地域連帯感の向上
スポーツイベントの開催にともなって生じる地域住民の連帯感

■都市イメージの向上
スポーツイベントの開催や、プロスポーツの本拠地であることから生まれる情報発信によって向上する都市イメージ

2 スクールビジネスとクラブビジネス

【スクールビジネスとクラブビジネスのちがい】 スクールビジネスとクラブビジネスの基本的な違いは事業形態にあり，前者では期間が限定された教室プログラムへの登録制度によって生徒を募集するのに対して，後者ではメンバーの一定期間の囲い込みを狙った会員制度によって，幅広いプログラムを提供する点にある。たとえば，スイミングスクール，ゴルフ教室，テニス教室，スキー教室などがスクールビジネスの典型で，受講者は週に1回のレッスンや，午後の講習を受けるために受講料を支払う。それに対してクラブビジネスの場合，会員はクラブに入会し，定められた期間に対して会費を支払うことによって会員にのみ使用を許された施設を利用し，クラブの行事に参加する権利を享受する。期間限定で受講料さえ支払えば参加できるスクールに対して，クラブは入会審査もあり，入会金や会費などの金銭的負担が大きい一方，クラブへの帰属意識や心理的なコミットメントも高くなる。しかしながら，右図に示した日本スイミングクラブ協会のように，事業主体はスイミングスクールであるが，協会の名称をスイミングクラブとするケースもある。

【スクールビジネスの現状】 スイミングと並んで人気の高いテニススクールに関しては公共施設と民間施設があり，運営母体も公共組織と民間組織に区分される。たとえば○○市の公共施設を使用して，公共組織である○○市スポーツ振興財団が主催する＜公－公＞のスクールや，公共施設を民間に委託して民間組織がスクールを開設する＜公－民＞のスクール，そして民営テニスクラブが自社施設を利用して行う＜民－民＞のスクールといった形態がある。テニススクールは通常，初心者，中級者，上級者クラスに別れているが，その他に中級クラス以上を対象としたゲームクラスや戦術面に重点を置いたゲーム実戦クラスなどがあるほか，コーチとマンツーマンのプライベートレッスンが用意されている。また，対象を小学生に限定した，能力別のジュニアクラスもある。テニスコートの数については，図に示すように公共屋外は微増傾向にあるが，民間屋外は減少傾向にあり，とくに平成11年から13年にかけて2年間で200面近いコートが廃止されてしまうなど，＜民－民＞形式のテニススクールは苦しい経営を強いられている。

【クラブビジネスのチェック機構】 クラブビジネスが，スポーツリーグという運命共同体の中で展開されるような場合，その経営をチェックする専門的な機構が必要となる。Jリーグ経営諮問委員会の例では，①クラブの経営に関する調査・分析，②クラブ経営についてのJクラブへのコンサルティング，③Jクラブの経営状態についてのチェアマンへの報告，④健全でないクラブ経営に関する是正方法のチェアマンへの答申，⑤スポーツ振興投票対象試合安定開催に関わる貸付および特別交付金の取扱いについてのチェアマンへの答申，⑥J1昇格クラブおよびJ2入会クラブの経営面からの入会審査という6つの仕事を任されている。とくに④に関しては，チェアマンの指導にかかわらず経営改善が見られないクラブに対しては，リーグからの降格や勝ち点の没収，時期シーズンチケット販売の中止，といった罰則が科せられる。

■ 社団法人日本スイミングクラブ協会組織図

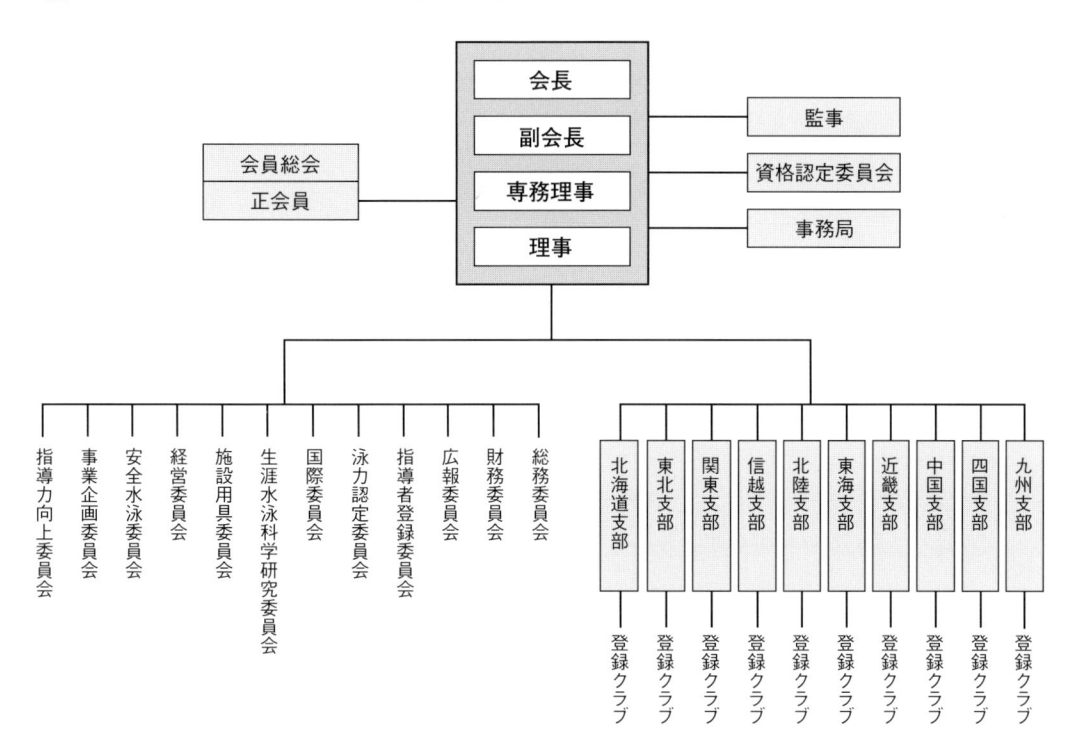

組織図:
- 会員総会・正会員 → 会長・副会長・専務理事・理事
- 監事
- 資格認定委員会
- 事務局

委員会:
- 指導力向上委員会
- 事業企画委員会
- 安全水泳委員会
- 経営委員会
- 施設用具委員会
- 生涯水泳科学研究委員会
- 国際委員会
- 泳力認定委員会
- 指導者登録委員会
- 広報委員会
- 財務委員会
- 総務委員会

支部（各支部に登録クラブ）:
- 北海道支部
- 東北支部
- 関東支部
- 信越支部
- 北陸支部
- 東海支部
- 近畿支部
- 中国支部
- 四国支部
- 九州支部

■ テニス施設数の推移

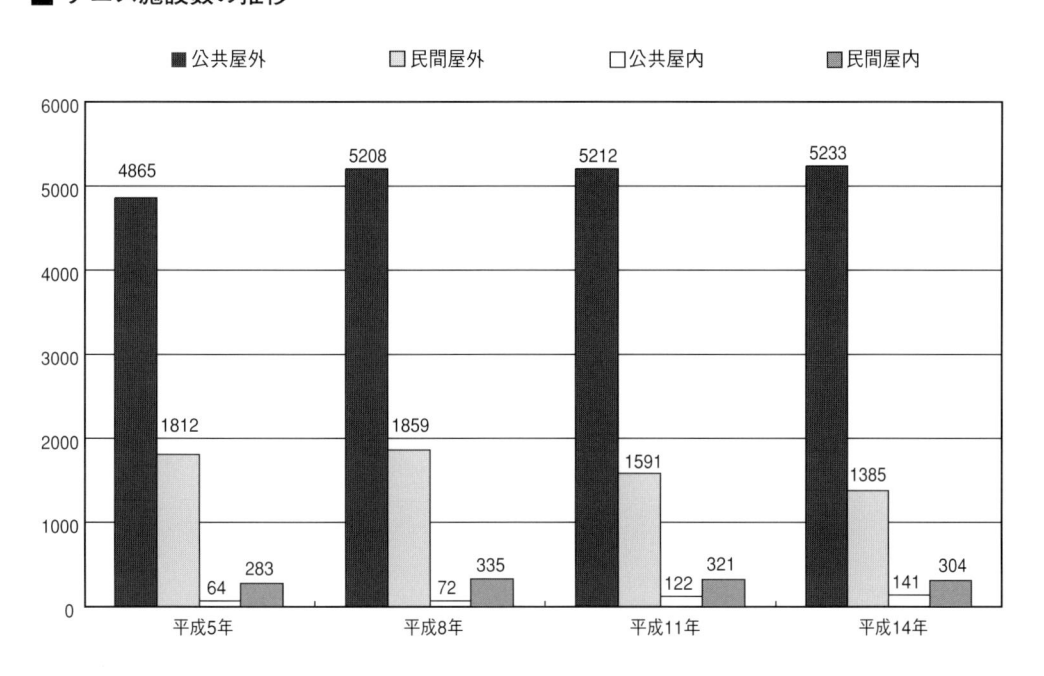

年	公共屋外	民間屋外	公共屋内	民間屋内
平成5年	4865	1812	64	283
平成8年	5208	1859	72	335
平成11年	5212	1591	122	321
平成14年	5233	1385	141	304

【フィットネスクラブ】　フィットネスクラブはクラブビジネスの代表的なもので，会員制を基本とし，スイミング，スタジオ，マシンエクササイズを三種の神器とする。

　図に示すように，店舗数は80年代初めの導入期から第一次成長期を経て，1984年から1993年にかけて毎年100を超える開業数が続いた。しかし，バブル崩壊による不況で1994年以降の開業数は激減し，市場は成熟期から飽和期に移行した。しかしながら1997年以降，クラブ側は積極的なリニューアルと広告宣伝の強化等のマーケティング力を強化し，市場は徐々に回復傾向を強めている。

　1994年以降3,000億円の前後でほぼ横ばい状態であった年間売上高も，2002年には3,259億円に増加し，現在は第二次成長期への移行が期待されている。フィットネス業界の2002年度の売り上げは，コナミスポーツが667億円で第1位，それにセントラルスポーツ（329億円），ルネサンス（210億円），ティップネス（200億円）が続き，大手企業が上位を占めているが，近年の成長率で見れば，年間売り上げ74億円のメガロス（1997年度比：395%）や28億円のリーヴ・スポーツ（1997年度比：227%）といった中堅・準大手が急成長を遂げており（Fitness Business, 2004），今後の業界地図を塗り替える可能性を秘めている。

【Jリーグにおけるクラブビジネス】　クラブビジネスのもうひとつの代表例が，Jリーグにおけるビジネスとしてのクラブの運営事業である。Jリーグの場合，プロスポーツリーグに所属するプロチームの運営を主体とする組織で，通常チケット売り上げ，（リーグ配分金としての）放送権料，ファンクラブ会費，そしてスポンサー契約等が主たる収入源である。図はJ1の所属する16チームとJ2に所属する12チームの，2002年度の営業収入内訳を比較したものである。J1の収入が約28億円で，約10億円弱のJ2収入に比べて3倍の規模であることがわかる。また両リーグとも広告料が収入の約半分を占めている。

　しかしクラブ経営は，ハイリスク・ローリターンの厳しいビジネスである。たとえばJ2クラブである「ヴァンフォーレ甲府」は，山梨県甲府市や韮崎市など25の地域をホームタウンとするが，J2がスタートした1999年は財政難，そして1999年と2000年は最下位と出だしから存続の危機に直面した。同クラブは2000年12月山梨県に対し追加支援を要請し，それに呼応した山日YBSグループ，山梨県，甲府市，韮崎市が支援を決定した。条件は平均観客動員数3,000人，サポーター会員数5,000人，広告料収入5,000万円という厳しいもので，2000年度の1,850人，2,698人，2,500万円という実績を考えると，達成が困難な高い目標でもあった。そこで2001年2月に，山梨県を中心に広告事業を展開しているアドブレーン社から社長を迎え，再建に乗り出した。同社は山日YBSグループの企業であり，広告事業のノウハウやグループのメディアを駆使することで宣伝活動とスポンサー集めに成功を収めた。その結果，サポーター会員数は伸び悩んだものの，1,874万円の単年度黒字を達成した。

第5章 スポーツビジネスの発展

■ フィットネスクラブの新規店舗数と累積新規店舗数

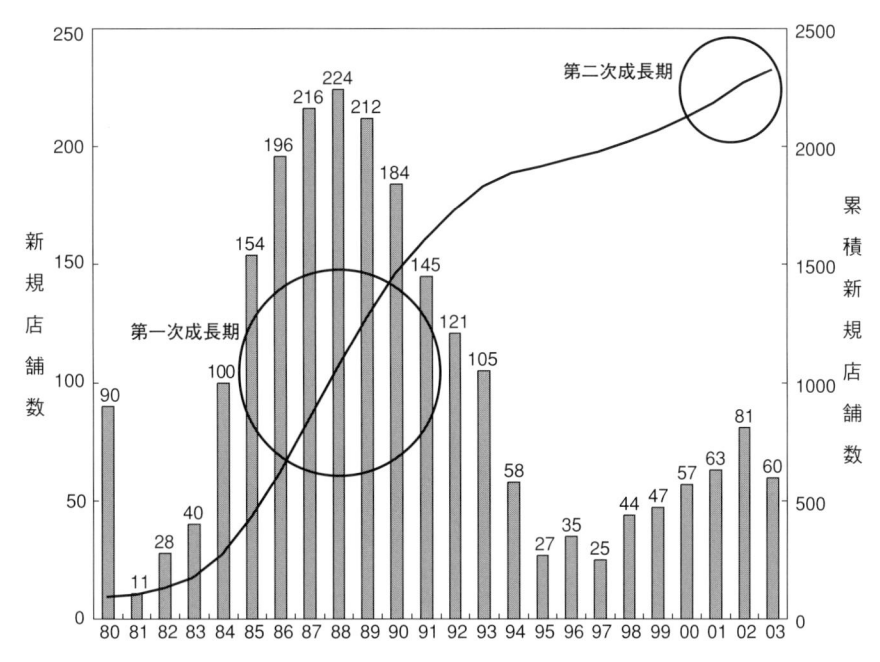

（参考：フィットネスオンライン）

■ 2002年度のJ1クラブとJ2クラブの営業収入の比較（億円）

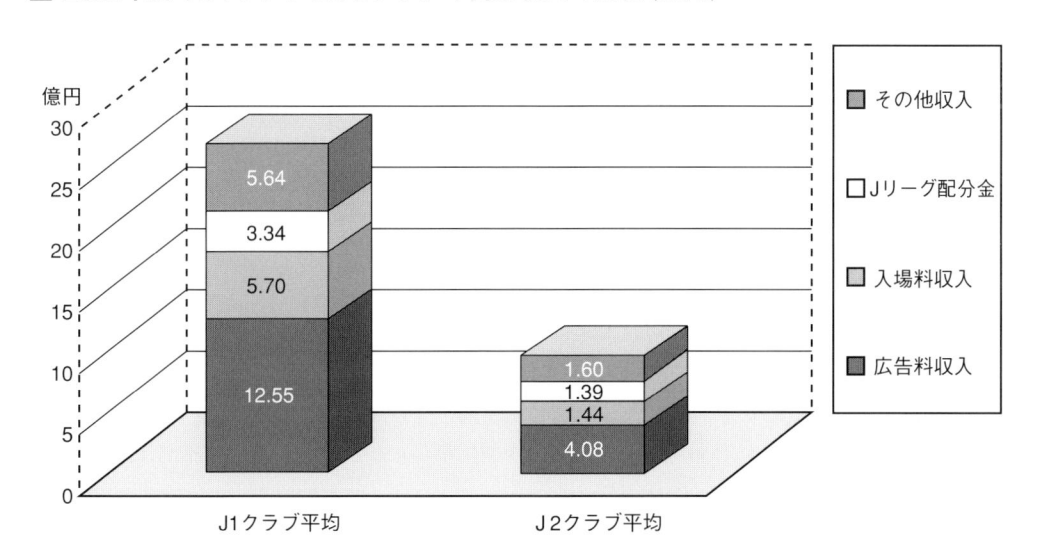

3 プロフィット・チェーン

【プロフィット・チェーンとは】 プロフィット・チェーンとは，企業の収益性を向上させるために，多面的な価値観の因果関係を，オペレーション上の戦略フレームへと焼きなおした循環モデルのことを意味する。優れたプロセスは，優れた結果をもたらすという考えに沿って，優れた業績という＜結果＞を導くための＜工程＞が，因果モデルとして概念化されたものである。図に示すように，米大手小売業のシアーズ社は，従業員の行動が商品とサービスの価値を高め，それらが顧客の新規開拓と維持を導き，売上高やROA（Return on Asset：総資本利益率）の向上に結びつくプロフィット・チェーンを経営に導入し，低迷していた業績を立て直した。

【サービス・プロフィット・チェーン】 ハーバード大学ビジネス・スクールのJ・ヘスケット（1994）は，会社が顧客と従業員の双方を満足させたときにもたらされる好循環が，顧客サービスの質的向上に及ぼす因果プロセスを「サービス・プロフィット・チェーン」として概念化した。すなわち，従業員が満足を感じて仕事をしている職場では，従業員の生産性が高く，離職率が低い。そして提供されている外部へのサービス価値が高く，それが高い顧客満足度を引き出し，ロイヤルティの高い顧客の比率を増やす。そして最終的に，高い顧客ロイヤルティが，企業の売上と成長，そして収益性に寄与するのである。

このようなサービス・プロフィット・チェーンの考え方は，典型的なサービス産業に位置づけられるフィットネスクラブ等の経営に有効である。フィットネスクラブのクラブビジネスにおいて，スタッフの仕事満足と高品質なサービス提供が，会員の満足とリテンション（継続）にポジティブな影響を与えることは明らかである。サービス産業は，別名人間産業と呼ばれるほど，人が重要な役割を果たすが，クラブビジネスにおいては，顧客ニーズに応えられるスタッフづくりは，ロイヤルカスタマーを創る上での最優先課題とされている（富樫，2003）。

【従業員満足と業績】 しかしながら，従業員の満足が企業の業績に直結するという単純な図式は，現実を正確に反映するものではない。重要なことは，従業員が何に満足を感じるのかといった，＜満足の源泉＞を考える必要である。すなわち，人は「作業条件」や「給与」「福利厚生」「職場の雰囲気」や「人間関係」といった職場環境（衛生要因）が満たされても，それは不満足でない状態に達するだけで，そのことが直接職務満足に結びつく訳ではない。それに対して，「達成」「承認」「仕事そのもの」「責任」「昇進」などの要因は，仕事への動機づけに関わるモチベーターであり，これらの動機づけ要因が満たされたとき，積極的な職務満足を得ることができる（ハーズバーグ，1968）。

すなわち，「働きやすさ」を意味する環境衛生要因よりも，「働きたさ」にかかわる動機づけ要因のほうが重要であり，仕事に対する意欲が生まれるような職場環境づくりが必要とされる。この意味からも，プロフィット・チェーンの成功には，従業員のエンパワーメントを含めた組織活性化のマネジメントが鍵となる。

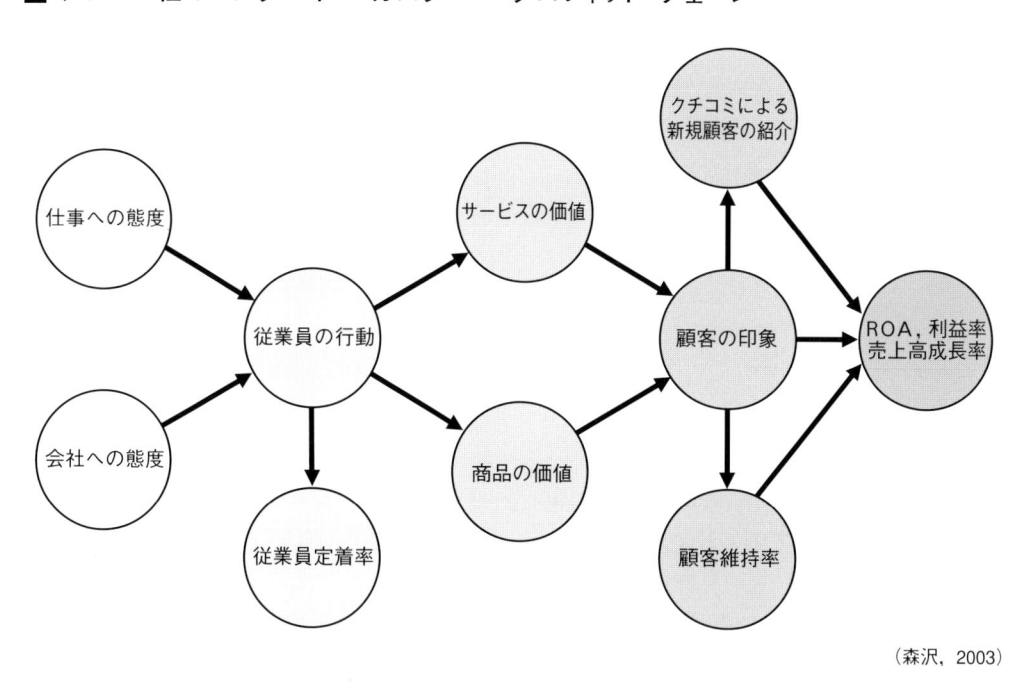

■ シアーズ社のエンプロイー・カスタマー・プロフィット・チェーン

(森沢，2003)

■ J.ヘスケットらによるサービス・プロフィットチェーン

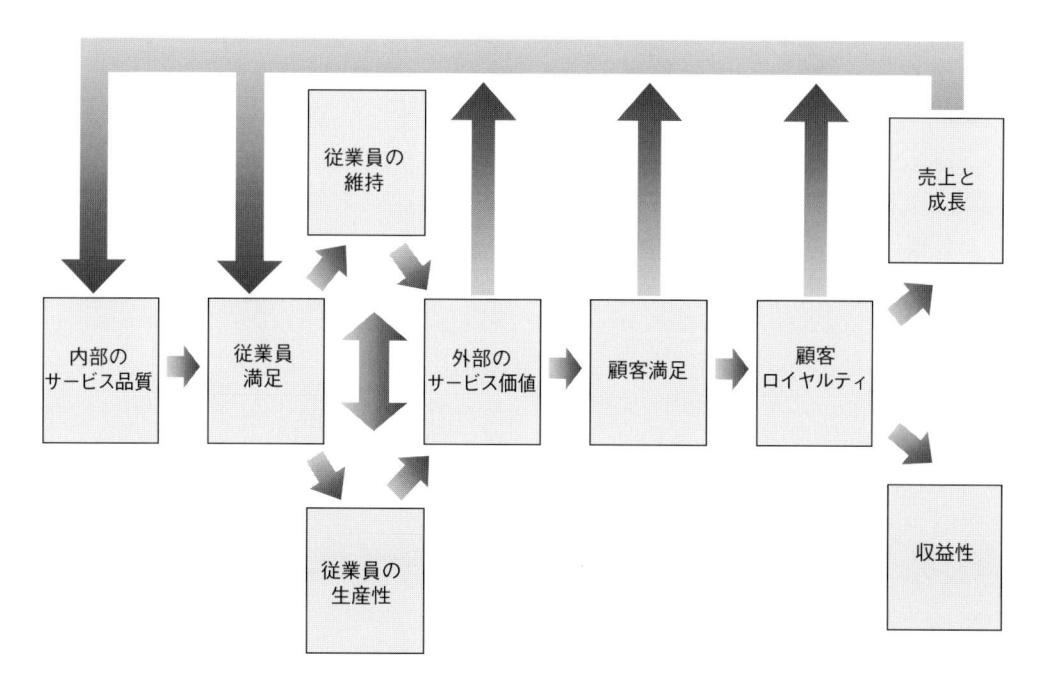

【プロスポーツ・ビジネスにおけるプロフィット・チェーン】 図に示したのは，クラブマネジメントとチームマネジメントを根幹とする，プロスポーツ・クラブにおけるマネジメント・プロフィット・チェーンである。すなわち，クラブマネジメントにおいては，スタッフの満足度と「働きたさ」を強化することによって，地域とファンとの関係性を強化するとともに，クラブビジネスの商品である高品質のチーム・パフォーマンスを生み出す。その一方，チームマネジメントにおいては，選手のモチベーションと帰属意識を高め，チームが一丸となって勝利を目指す倫理観と目標を定着させる。そして，優れたチームマネジメントによって得られた優れたチーム・パフォーマンスは，ファンに感動を与え，それが顧客満足度を生み，高いファンロイヤルティを導くとともに，売り上げと成長，ならびに利益率の改善に結びつくのである。実際，成功しているプロクラブは，強いチームづくりとともに，チケット販売やマーチャンダイジング，後援会やサポーターグループとの関係づくりなど，クラブ事業全体のマネジメントをバランスよく行い，売り上げ増に貢献している。

【バランス・スコアカードの考え方】 バランス・スコアカードは，サービス・プロフィット・チェーンと同じく，優れた財務業績を導くための工程にマネジメントの焦点を合わせたものであるが，後者が，問題解決の源を従業員の生産性と定着率に求めているのに対して，前者は，それらに加えて，社内インフラ，スキル，企業風土といった幅広い視点を用意している。バランス・スコアカードとは，「ビジョンと戦略を明確にし，それらを経営トップのものだけにするのではなく，従業員1人ひとりまで落とし込み，組織の末端まで浸透させ，部門や個人の目標とビジョンおよび戦略との整合性をとり，経営トップから従業員1人ひとりに至るまで組織全員のチームワークと結束力を強化する」ことを目的とするとともに，「自分たちの夢であり目標であるビジョンと戦略の実現に向けて，果敢に挑戦させる戦略経営時代の革新的マネジメントシステム」（吉川，2001）と定義される。

　通常，バランス・スコアカードには，図に示したように，「顧客の視点」「業務プロセスの視点」「人材と変革の視点」「財務的業績」の視点の4つがあるとされており，それぞれの中に，戦略目標，重要成功要因，業務評価指標，ターゲット，戦略プログラムとアクション・プログラムが用意されている。

　ただサービス・プロフィット・チェーンにしても，バランス・スコアカードにしても，財務成果は，プロセスがもたらす帰結であるという点において同じ考えであり，サービス・デリバリー・ポイント（サービスが生まれるスタッフと顧客の接点）の活性化は，従業員や社内プロセスの活性化であるという共通の視点を持っている（森沢，2003）。

第5章 スポーツビジネスの発展

■ プロスポーツ・クラブにおけるマネジメント・プロフィット・チェーン

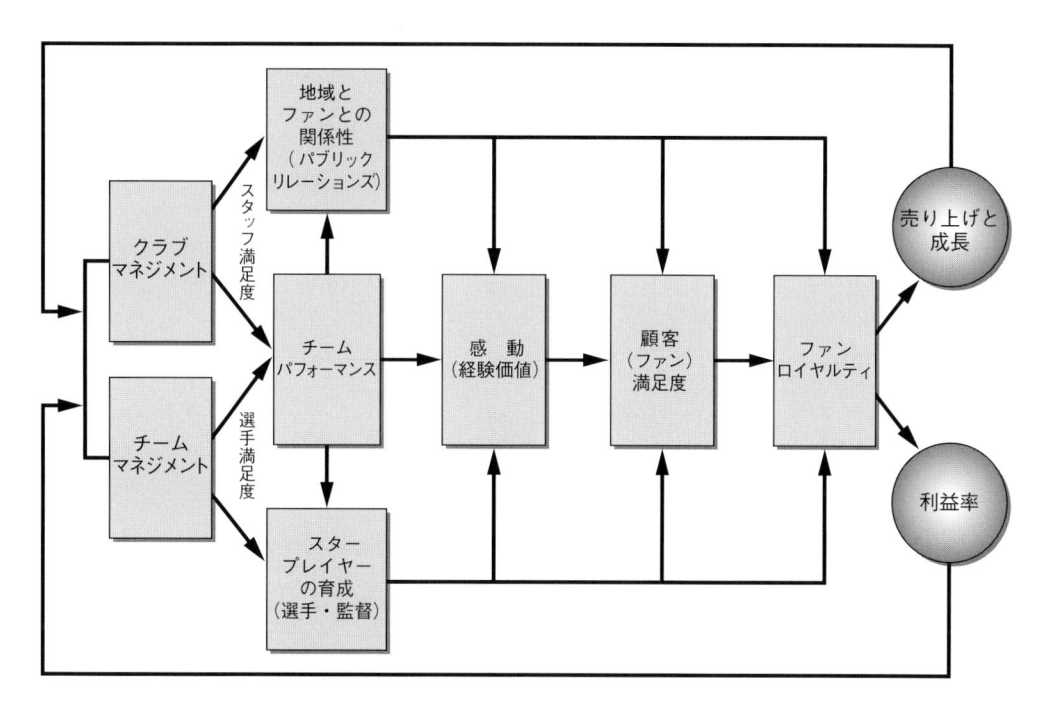

```
クラブマネジメント ──スタッフ満足度──→ 地域とファンとの関係性（パブリックリレーションズ）
                                    ↓
              ──→ チームパフォーマンス ──→ 感 動（経験価値）──→ 顧客（ファン）満足度 ──→ ファンロイヤルティ ──→ 売り上げと成長
チームマネジメント ──選手満足度──→                                                                              → 利益率
              ──→ スタープレイヤーの育成（選手・監督）
```

■ バランス・スコアカードの4つの視点

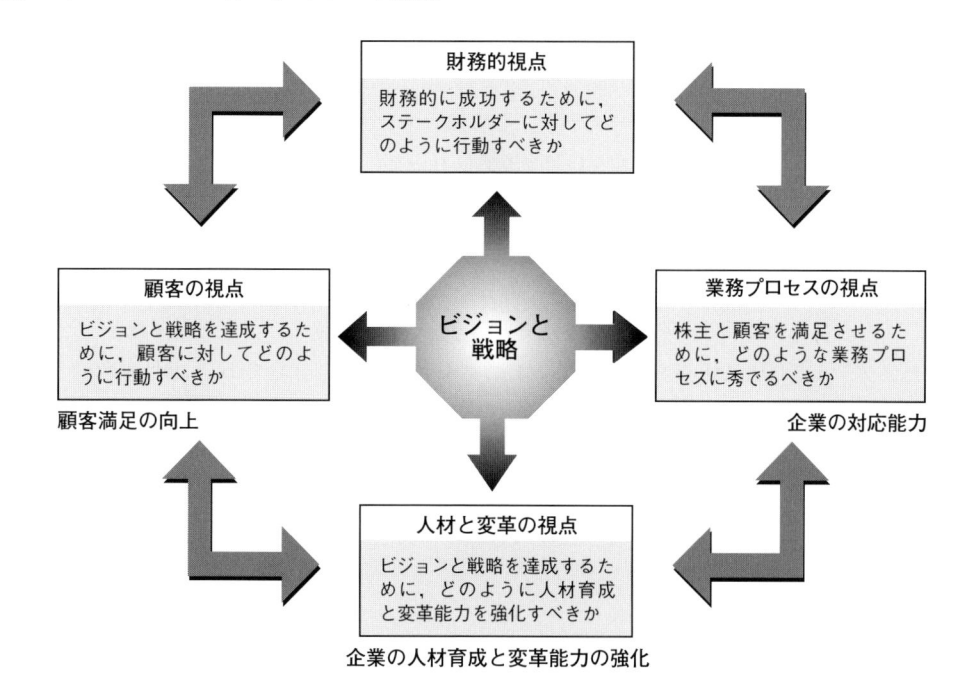

財務的視点
財務的に成功するために，ステークホルダーに対してどのように行動すべきか

顧客の視点
ビジョンと戦略を達成するために，顧客に対してどのように行動すべきか
顧客満足の向上

ビジョンと戦略

業務プロセスの視点
株主と顧客を満足させるために，どのような業務プロセスに秀でるべきか
企業の対応能力

人材と変革の視点
ビジョンと戦略を達成するために，どのように人材育成と変革能力を強化すべきか
企業の人材育成と変革能力の強化

第6章 プロスポーツの組織化

1 ヨーロッパのサッカー市場

【ヨーロッパにおける巨大産業】 ヨーロッパには，世界に名だたるサッカーリーグが集中している。その中でもイングランドのプレミアリーグ，イタリアのセリエA，スペインのリーガ・エスパニョーラ，ドイツのブンデスリーガ，フランスリーグが5大リーグ（ビッグ5）として知られている。右図に示すように，2001/02シーズンのヨーロッパのサッカー市場は71億ユーロ（約9,300億円）であり，5大リーグが収入の80％を占め，残りの17％をオランダやベルギーを含む10か国がシェアし，最後の3％を他のUEFA所属の36か国が占める。ヨーロッパにおける5大リーグの大きさは圧倒的で，プレーする選手の質も高い。

5大リーグの収入規模の時系列変化を示した図によれば，過去6年間（95/96シーズンから01/02シーズン）の平均成長率は，イギリスが22％，イタリアが16％，ドイツが19％，フランスが15％となっているが，スペインに関しては，98/99シーズンまでのデータしかなく，3年間で24％の成長を見せている（p.71参照）。

【各国リーグの収入構造の比較】 ヨーロッパの5大リーグと日本のJリーグにおける収入の内訳を示した図を見てみると，もっとも規模が大きく，経営が安定しているのが英国のプレミアリーグであり，2001/02シーズンにおいて17億4,800万ユーロ（約2,300億円）の収入がある。BスカイBによる巨額の放映権料を一括管理して，実績に応じてクラブに配分するというレベニューシェアリング（収入配分）を行っており，その額は全収入の42％を占める。

後述するが，イタリアのセリエAは，プレミアリーグに匹敵するほどの巨額な放送権料を得ているが，その交渉はクラブまかせの状態で，人気クラブは収入を増やすことができる反面，そうでないクラブは人件費の高騰によって苦しい経営を強いられている。さらにプレミアリーグに比べ，入場料収入の総額も半分以下という苦しい状況である。プレミアリーグの場合，スタジアムの座席占有率は全クラブの平均で92.7％という高い割合である。すなわち，ほとんどのゲームのチケットは売り切れ状態であり，試合によっては空席の目立つセリエAとは対照的である。

Jリーグに関しては，2001/02シーズンの営業収入（J1，J2）が531億円であることを考えると，同リーグはヨーロッパの市場の約5.7％程度であることがわかる。これは小野伸二（フェイエノールト）が活躍するオランダリーグ（4％）よりも大きく，フランスリーグ（9％）よりも小さいが，経営規模でいうと，ヨーロッパでも6番めに大きなリーグであることがわかる。

■ 2001/02シーズンのヨーロッパにおける主要サッカーリーグの市場シェア

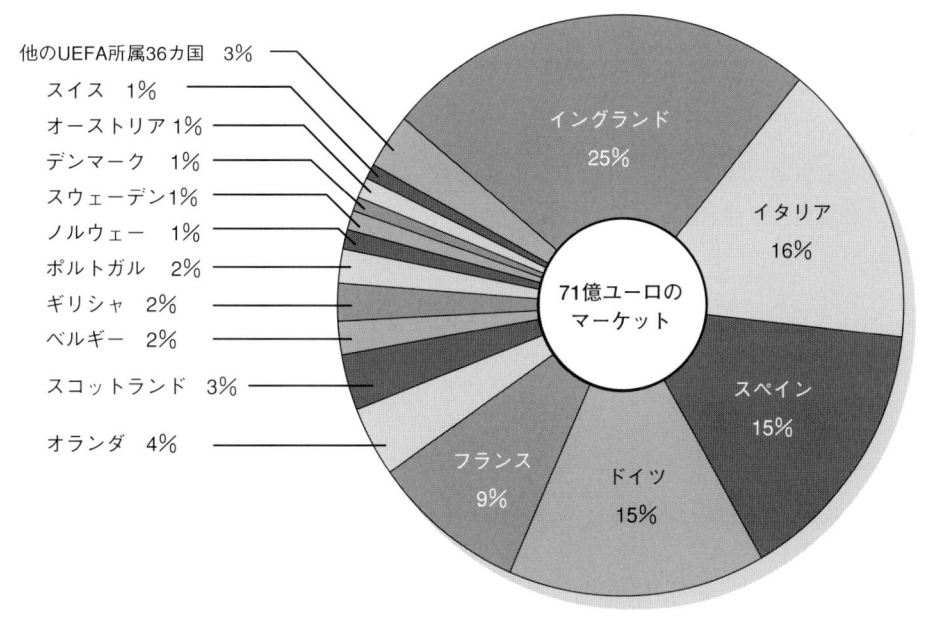

- 他のUEFA所属36カ国 3%
- スイス 1%
- オーストリア 1%
- デンマーク 1%
- スウェーデン 1%
- ノルウェー 1%
- ポルトガル 2%
- ギリシャ 2%
- ベルギー 2%
- スコットランド 3%
- オランダ 4%
- イングランド 25%
- イタリア 16%
- スペイン 15%
- ドイツ 15%
- フランス 9%

71億ユーロのマーケット

(Deloitte & Touche Sport, 2003)

■ 2001/02シーズンの各国クラブの総収入と内訳（トップリーグのみ）

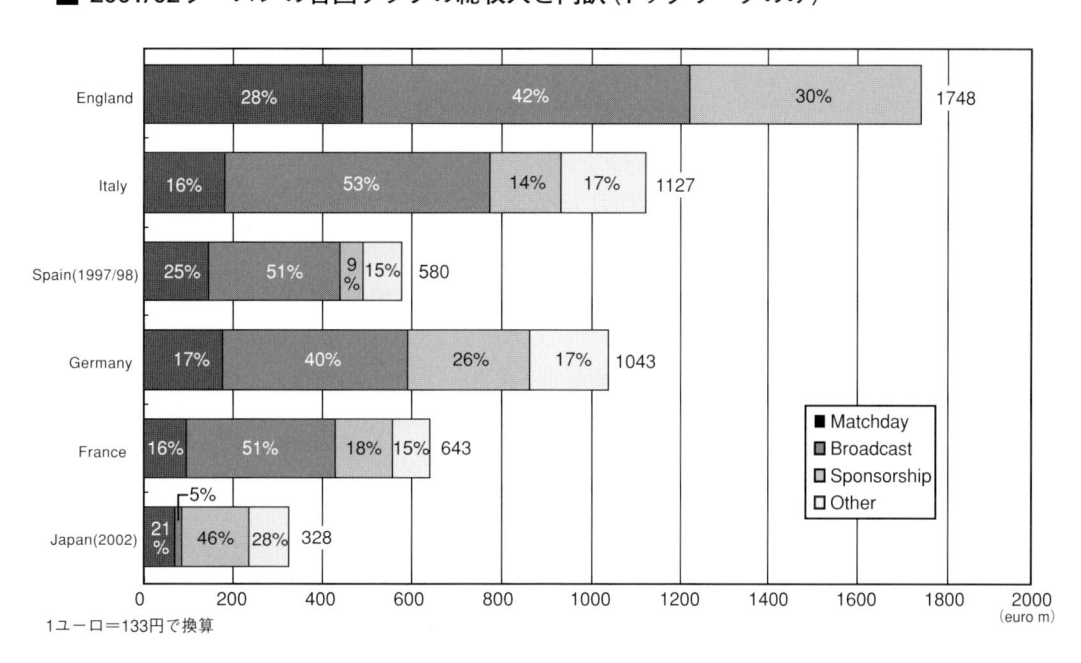

国	Matchday	Broadcast	Sponsorship	Other	総収入
England	28%	42%	30%		1748
Italy	16%	53%	14%	17%	1127
Spain(1997/98)	25%	51%	9%	15%	580
Germany	17%	40%	26%	17%	1043
France	16%	51%	18%	15%	643
Japan(2002)	21%	5%	46%	28%	328

1ユーロ＝133円で換算 (euro m)

【セリエAの苦悩】 次に各リーグの収益であるが，残念ながらこれらのリーグがすべて収益を上げている訳ではない。ビッグ5の中で，継続して黒字を出しているのは，プレミアリーグとブンデスリーガだけで，2001/02シーズンには，それぞれ1億3,000万ユーロと1億ユーロの利益を計上した。その一方，フランスリーグは9,800万ユーロのマイナスで，セリエAに至っては4億400万ユーロという巨額の赤字を計上している。イタリアでは，1997年に初めてPPV（pay-per-view）の有料放送を導入し，リーグが放映権を一括管理して，各チームに平等に分配したが，赤字の解消にはならなかった。その一方で，選手年棒とスタッフの人件費を加えたクラブ人件費の総額はプレミアリーグと同じ割合で増加し続け，2001/02シーズンには10億ユーロ（約1,300億円）を超えた。収入に占める人件費の割合（人件費比率）は，2001/02シーズンで，プレミアリーグが62％なのに対して，セリエAでは90％という常識を超えた数字になっており，とても健全なリーグ運営ができる状態ではない。ちなみに，ブンデスリーガは49％，フランスリーグは69％である。

　収益面において，プレミアリーグとセリエAの経営が明暗を分ける形になったのは，前述のように放送権収入の分配方式の違いと，入場料収入の格差が原因である。1997年に実現した放送権の一括管理であるが，2年後の1999年7月には，放送権料の平等配分に不満を持つビッグクラブの意向を汲む形で，クラブが独自に放映権の交渉を行うシステムを採用した。その結果，ちょうど日本のプロ野球のように，金持ちクラブが栄え，弱小クラブとリーグが赤字経営に陥った。現在は，インテル，ユベントス，ミランといったビッグクラブが，70億円以上の放映権料を得ているのに対し，弱小クラブは放映権料に依存できない厳しい経営を強いられている。最近では，2002年に180億円の負債を抱えて経営破綻し，セリエAから一気に3ランク下のリーグ（セリエC2）に降格したフィオレンティーナや，2004年8月に81億円の負債を出し，破産宣告を受けたナポリなど，経営危機にあるクラブは枚挙に暇がない。

【プレミアリーグの繁栄】 プレミアリーグは，1992年にルパード・マードック率いる衛星放送BスカイBが，人気の高いサッカーチーム20を集めて発足したリーグである。その直前の1991/92シーズンのディビジョン1（22チーム）最後の収入は1億6,200万ポンドであったが，プレミアリーグがスタートした92/93シーズン以来，BスカイB（BskyB）の放映料による人気・実力の上昇によって，01/02シーズンのリーグ収入は11億3,200万ポンドと10倍近く増加した。

　リーグの収益増は，同時にクラブの収益増を生み，わずか740万ポンドであったディビジョン1最後の年の平均的なトップクラブの収入が，プレミア初年度の92/93シーズンには920万ポンドになり，BスカイBとの3度目の契約時にはその額が5,660万ポンドにまで跳ね上がった。このような成功について，プレミアリーグのチェアマンであるデビッド・リチャードは，「リーグの成功によって，約10億ポンドがフットボールのインフラ整備に使われ，最高級のエンターテイメントを安全に提供できるスタジアムの建設や改装を促した」と，プレミアリーグの年次報告書で誇らしげに述べている。

■ ヨーロッパの「ビッグ5」リーグにおける収入規模の時系列変化

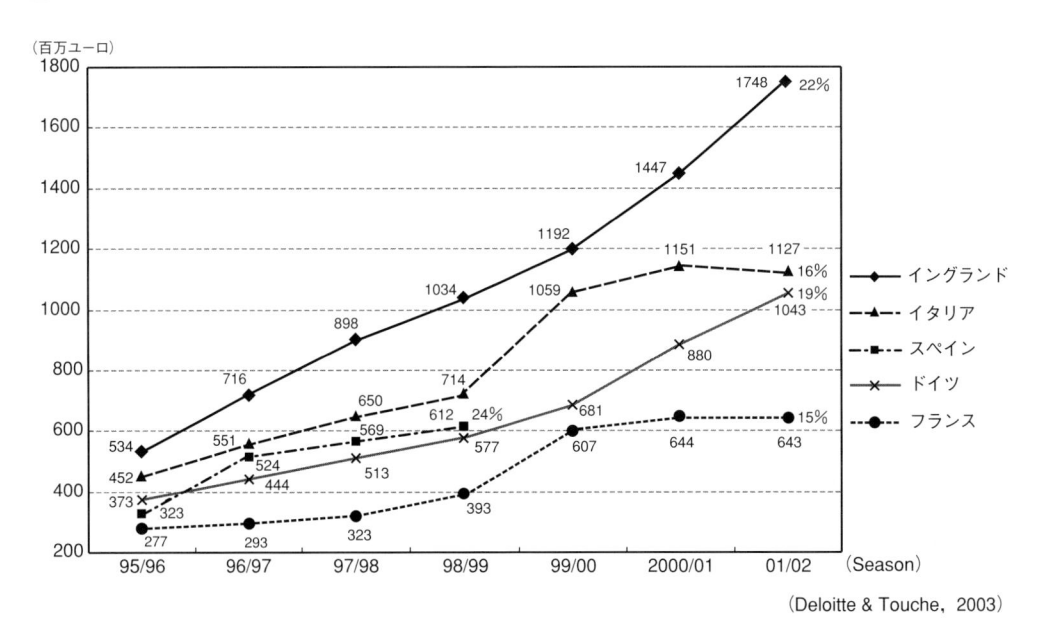

(百万ユーロ)

Season	イングランド	イタリア	スペイン	ドイツ	フランス
95/96	534	452	277	373	323
96/97	716	551	293	524	444
97/98	898	650	323	569	513
98/99	1034	714	393	612	577
99/00	1192	1059	607	681	—
2000/01	1447	1151	880	644	—
01/02	1748 (22%)	1127 (16%)	1043 (19%)	643 (15%)	—

98/99 24%

(Deloitte & Touche, 2003)

■ ヨーロッパの「ビッグ5」リーグにおける運営収支：1995/96－2001/02

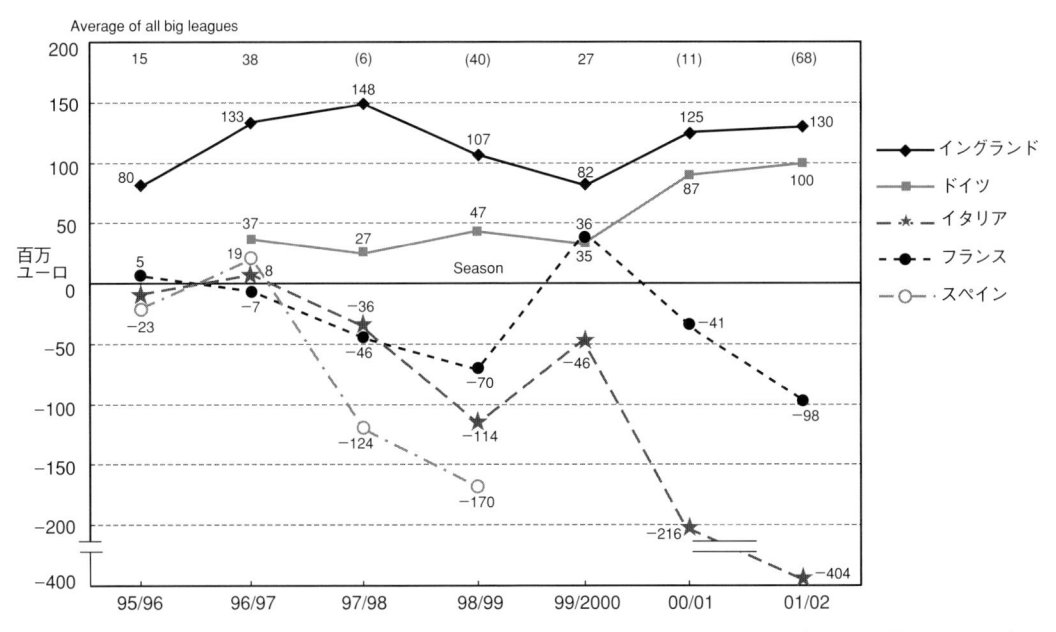

Average of all big leagues

| | 15 | 38 | (6) | (40) | 27 | (11) | (68) |

Season	イングランド	ドイツ	イタリア	フランス	スペイン
95/96	80	—	—	5	−23
96/97	133	37	8	−7	19
97/98	148	27	−46	−36	—
98/99	107	47	−114	−70	−124
99/2000	82	35	36	−46	−170
00/01	125	87	−216	−41	—
01/02	130	100	−404	−98	—

(百万ユーロ)

(Deloitte & Touche, 2003)

2 北米プロリーグの運営組織

【リーグ経営のキーワード】 プロリーグの基本は，まずリーグ制覇に向けたチームやクラブ間の＜競争＞と，リーグとしての繁栄を目指すためのチームやクラブ間の＜協力＞にある。近代的なプロリーグは，リーグの繁栄なくしてはチームの繁栄なしという理念のもと，チームの戦力均衡（コンペティティブ・バランス）を根幹においたリーグ経営を行っている。具体的には，放映権料やマーチャンダイジング（商品化）などの集中管理を行い，その上で，各チームの実績に応じてリーグ収入を配分するレベニューシェアリング制度や，チーム人件費に上限を設けるサラリーキャップ制度，そしてドラフトにおいて，前年度の最下位球団から順番に選手を指名できるウェーバー制度である。これらの制度の活用によってチーム間の戦力均衡を図り，どのチームも優勝を狙える力が維持できるようにして，エキサイティングなゲームによる集客を行うと同時に，落ちこぼれチームを出さない（チームとリーグとの）共存共栄の仕組みをつくりあげている。

　図に示したMLB（メジャーリーグ・ベースボール）も同様に，リーグ運営に関する権限をコミッショナー事務局に集中させるとともに，機構をビジネス・アドミニストレーションとベースボール・オペレーションに分けて，リーグ機構としての収益拡大を試みている。なお，コミッショナー事務局は，球団オーナーがつくった非営利の合弁会社で，球団から委託された諸権利を最大限ビジネス化することが義務づけられている。参考のため，下表には同事務局の収入・支出項目を示した。

【権利のアクティベーション】 リーグ経営で重要なことは，権利のアクティベーション（活性化）を目的とするスポーツマーケティングの最大活用である。プロスポーツ・ビジネスは宝の山であり，活性化することによって金を生む権利が多く埋まっている。スポーツマーケターに必要なのは，アクティベートできる権利の鉱脈を発見し，それらを掘り出して活用する知恵と，ビジネス化するためのアイディアの創出力である。また，創出された権利は，チームやクラブの知的財産として保護されなければならない。ただし，権利の価値を増大するには，チームやクラブのブランド力の向上が不可欠で，価値のないブランドに大きな権利は発生しない。

　ともあれ，リーグには，権利の活性化を実際に行うマーケティング機能の強化が求められる。魅力あるビジネス分野を他に先んじて見つけ出すためには，何よりも，マーケティング全般を広告代理店に外注するようなことはせず，組織の中にそのための専門的な部門を取り組む，インハウス化が促進されなければならない。こうしたリーグ経営の考え方は，MLB，後述するNFL（ナショナル・フットボール・リーグ）やNBA（ナショナル・バスケットボール・アソシエーション），さらにはNHL（ナショナル・ホッケー・リーグ）といった，いわゆる4大プロスポーツに限らない。北米のプロスポーツ組織には，スポーツマーケターが活躍できる場所がどこかに必ず保証されているといってもいい。

■ MLBリーグの機構モデル図

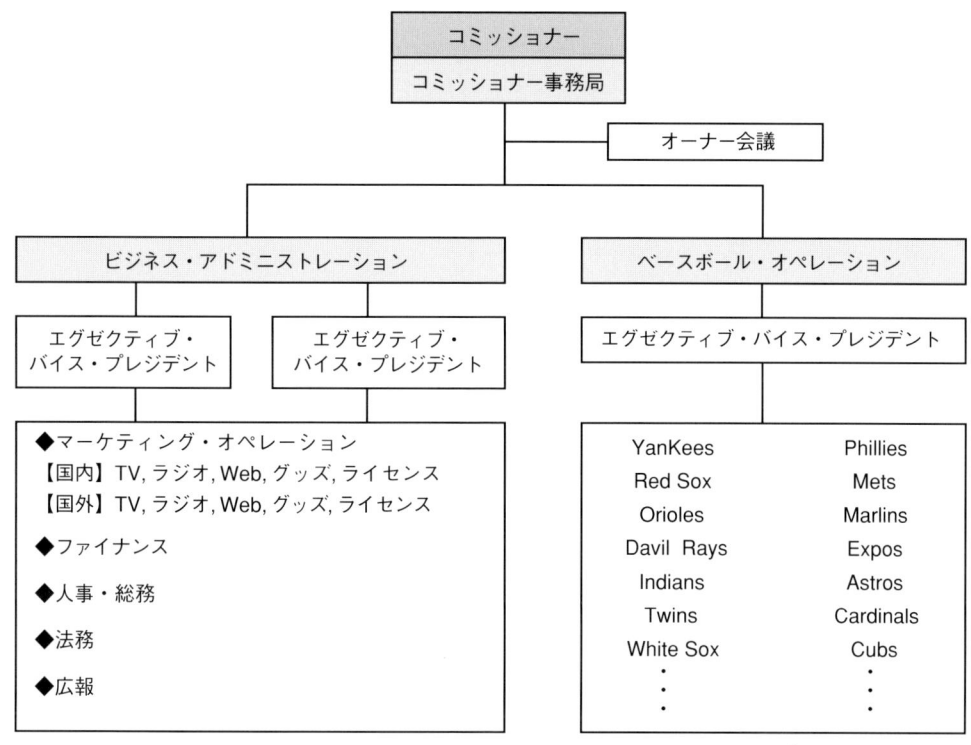

```
                    コミッショナー
                  コミッショナー事務局
                          │
                          ├────── オーナー会議
          ┌───────────────┴───────────────┐
   ビジネス・アドミニストレーション      ベースボール・オペレーション
   ┌──────────────┬──────────────┐     エグゼクティブ・
   エグゼクティブ・   エグゼクティブ・         バイス・プレジデント
   バイス・プレジデント バイス・プレジデント
```

ビジネス・アドミニストレーション	ベースボール・オペレーション
◆マーケティング・オペレーション 【国内】TV, ラジオ, Web, グッズ, ライセンス 【国外】TV, ラジオ, Web, グッズ, ライセンス ◆ファイナンス ◆人事・総務 ◆法務 ◆広報	YanKees　　Phillies Red Sox　　Mets Orioles　　Marlins Davil Rays　Expos Indians　　Astros Twins　　　Cardinals White Sox　Cubs 　⋮　　　　　⋮

（ヨシ・オカモト，2002）

■ MLBの収入・支出項目

収入項目	支出項目
全国ネットテレビ・ラジオ放送権	事務局維持・管理費
ホームビデオロイヤリティ	事務局人件費
マーチャンダイジングロイヤリティ	訴訟・商標登録等関連費用
スポンサー料	PR・プロモーション費用
フッテージ販売・写真貸出料	ビデオライブラリー維持・管理費
スペシャルイベント収益	写真ライブラリー維持・管理費
出版事業収益	球団への均等収益配分
上記に関わる世界各国からの収入	

【NFLとNBAのリーグ経営】　北米のプロリーグで最強の経営を誇るのがNFLであり，1963年にNFLのライセンス事業を一括で管理するNFLプロパティーズを設立し，リーグのブランド力の向上に乗り出した。また，1964年にはNFLフィルムズを設立し，リーグ資産としてのNFL関連映像の独占化を狙った。これによって，迫力あるNFLの映像が記録されるとともに，貴重な資産として多額の収益を生み出すようになった。1998年から2006年にかけては，FOX，CBS，ABC，ESPNの4社で，年間22億ドルの放映権料がNFLに支払われている。これはアメリカのスポーツ史上最高額である。ちなみに2002/03シーズンにおいては，総観客数は全256試合で16,968,313人，1試合あたりの平均は66,282人，スタジアムの座席占有率は94.7％と，全試合がほぼ満席となっている。

　一方，NBAでは，2002/03シーズンはトータル1,189試合が行われ，20,074,217人の観客を動員した。1試合当たりの平均観客数は16,883人であり，アリーナの座席占有率は88.5％に達している。これだけの規模を誇るリーグの活動は多様で，右図に示した組織図にあるように，理事会とコミッショナーの下に，「リーグオフィス」と，「NBAエンターテイメント」が存在する。前者は，大会運営や渉外の仕事，そして法務，総務，財務，人事といった管理機能を持つセクションである。それに対して後者は，主にマーケティングと国内と海外向けのメディア戦略，そして番組制作する部署が含まれている。NBAは，第三者と放送権契約を交わすのではなく，独自に設立したスポーツチャンネルで一部の試合を放送するなど，NFLとは違ったメディア戦略を選択した（佐野，2002）。

【シングル・エンティティ】　財政が豊かな米国の4大プロスポーツのリーグ経営は比較的安定しているが，規模の小さいリーグでは，リーグの集中管理が重要な経営課題となる。そこで考案されたのが，図に示したリーグ全体を有限責任会社として経営する「シングル・エンティティ」と呼ばれるリーグ経営組織である。たとえばMLS（メジャーリーグ・サッカー）は，デラウェア州法のもとで合法的に設立された有限会社であり，各チームを運営する投資家兼経営者の責任および権限は制限され，リーグ収益あるいは損益は持分に応じて配分されている。川井（2003）によれば，シングル・エンティティのメリットとしては，①単一実体により市場をコントロールし，運営コストの抑制が可能になるとともに，②チーム戦力のバランスを維持することで，弱小チームの破綻を阻止することができ，③給与統制を通じて，投資家にかかるコストを抑制するとともに，リーグが単一であるがゆえに各チームによる「共謀」や「共同行為」が不可能になるという主張のもとで，④反トラスト訴訟の回避ができるという，4つを掲げている。

　図からもわかるように，シングル・エンティティでは，インベスターであるリーグへの投資家と，インベスター・オペレーターと呼ばれるチームへの投資家が重要な役割を果たす。アメリカでは，MLS以外にWNBA（Women's National Basketball Association），メジャーリーグ・ラクロス，ナショナル・ラクロスリーグ，WUSA（Women's United Soccer Association），CBA（Canadian Basketball Association）など，シングル・エンティティを採用するプロリーグが多く存在する。

第6章 プロスポーツの組織化

■ NBAの組織図

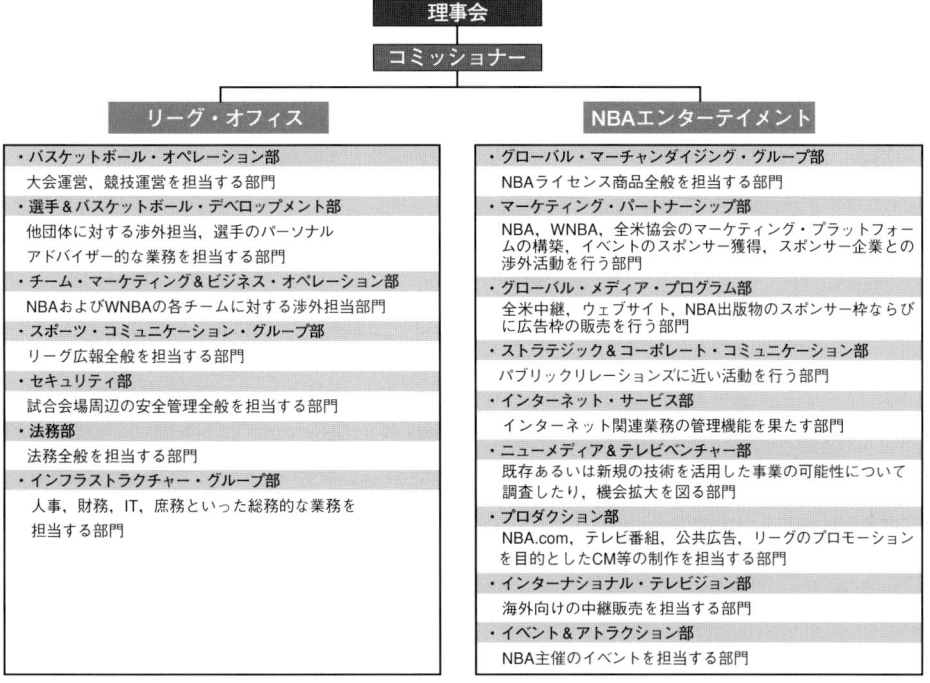

```
                    理事会
                  コミッショナー
         ┌───────────┴───────────┐
    リーグ・オフィス            NBAエンターテイメント
```

リーグ・オフィス
- バスケットボール・オペレーション部
  大会運営，競技運営を担当する部門
- 選手＆バスケットボール・デベロップメント部
  他団体に対する渉外担当，選手のパーソナルアドバイザー的な業務を担当する部門
- チーム・マーケティング＆ビジネス・オペレーション部
  NBAおよびWNBAの各チームに対する渉外担当部門
- スポーツ・コミュニケーション・グループ部
  リーグ広報全般を担当する部門
- セキュリティ部
  試合会場周辺の安全管理全般を担当する部門
- 法務部
  法務全般を担当する部門
- インフラストラクチャー・グループ部
  人事，財務，IT，庶務といった総務的な業務を担当する部門

NBAエンターテイメント
- グローバル・マーチャンダイジング・グループ部
  NBAライセンス商品全般を担当する部門
- マーケティング・パートナーシップ部
  NBA，WNBA，全米協会のマーケティング・プラットフォームの構築，イベントのスポンサー獲得，スポンサー企業との渉外活動を行う部門
- グローバル・メディア・プログラム部
  全米中継，ウェブサイト，NBA出版物のスポンサー枠ならびに広告枠の販売を行う部門
- ストラテジック＆コーポレート・コミュニケーション部
  パブリックリレーションズに近い活動を行う部門
- インターネット・サービス部
  インターネット関連業務の管理機能を果たす部門
- ニューメディア＆テレビベンチャー部
  既存あるいは新規の技術を活用した事業の可能性について調査したり，機会拡大を図る部門
- プロダクション部
  NBA.com，テレビ番組，公共広告，リーグのプロモーションを目的としたCM等の制作を担当する部門
- インターナショナル・テレビジョン部
  海外向けの中継販売を担当する部門
- イベント＆アトラクション部
  NBA主催のイベントを担当する部門

(提供：佐野毅彦)

■ シングル・エンティティの構造

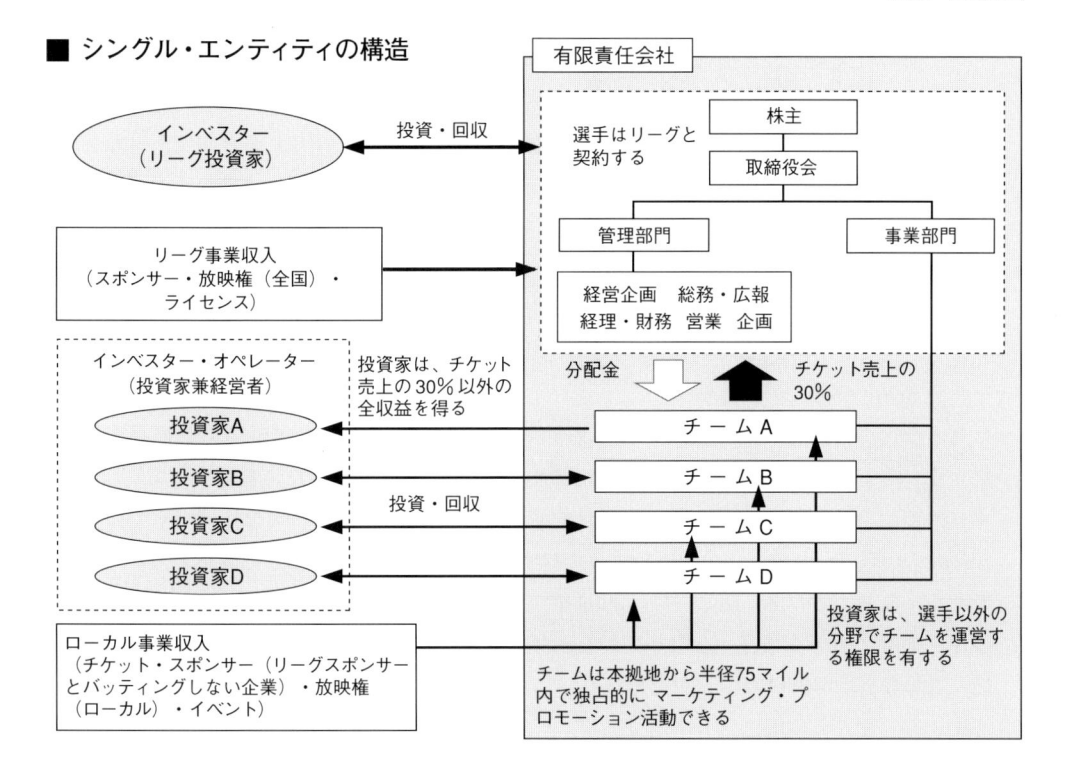

有限責任会社
- 選手はリーグと契約する
- 株主 → 取締役会
- 管理部門：経営企画，総務・広報，経理・財務，営業，企画
- 事業部門

インベスター（リーグ投資家）⇔ 投資・回収

リーグ事業収入（スポンサー・放映権（全国）・ライセンス）

インベスター・オペレーター（投資家兼経営者）
- 投資家A → チームA
- 投資家B → チームB
- 投資家C → チームC
- 投資家D → チームD

投資家は、チケット売上の30％以外の全収益を得る

分配金 ／ チケット売上の30％

投資・回収

ローカル事業収入（チケット・スポンサー（リーグスポンサーとバッティングしない企業）・放映権（ローカル）・イベント）

チームは本拠地から半径75マイル内で独占的にマーケティング・プロモーション活動できる

投資家は、選手以外の分野でチームを運営する権限を有する

3 プロ野球とJリーグにみるマネジメント体系のちがい

【プロ野球界の再編にまつわる問題点】 プロ野球の歴史は古く，戦前から各地でプロ野球興行が行われてきた。戦争で一時中断した後，1950年にセ・パ両リーグに分かれた現在の2リーグ制がスタートした。形はリーグの形態を整えているが，セ・リーグにおいては，読売ジャイアンツを核とする一極集中型のリーグ経営が定着しており，これまで1億円といわれるジャイアンツ戦の放送権料に依存する形でセ・リーグのチームは経営を行ってきた。その一方，パ・リーグにおいてはダイエー（現ソフトバンク）以外の球団はすべて赤字という具合に，リーグの経営が危ぶまれている状態である。2004年には大阪近鉄バファローズが球団経営から手を引き，オリックス・ブルーウェーブと合併して新球団を組織するとともに，プロ野球史上初の選手ストを契機として，新しい球団参入の動きが加速化した。このようなプロ野球再編の動きは，仙台を本拠地とする楽天イーグルスの参入で一応の決着を見せたが，現在の企業主導型のチーム経営とリーグ運営方式の基本が変わらない限り，球団の赤字体質を払拭することは困難であろう。

【プロ野球のマネジメント】 現在のプロ野球では，放送権の交渉は各球団まかせであり，球団の人気によってその額が変わる。セ・リーグのチームがジャイアンツ戦を主催する場合，1試合につき約1億円（2003年度の推計）の放送権料とチケット売り上げが収入となる。セ・リーグでは巨人戦のホームゲームが14試合あるため，それだけで14億円の収入が保証されることになる。阪神タイガースや他のセ・リーグのチームが1リーグ制移行に強硬に反対したのは，ジャイアンツ戦の収入減が大きな理由のひとつである。

さらにプロ野球は閉鎖的で，これまでリーグに加盟するには日本プロ野球機構の許可を得た上で，60億円のリーグ加盟金を支払う必要があり，新規参入は事実上不可能であった。球団の数を増やす，いわゆるエクスパンションの動きもなく，それがリーグ自体の停滞を招いていたともいえる。2004年9月には，労働組合日本プロ野球選手会によるストがきっかけとなり，加盟金が撤廃されて新規参入の障壁は取り除かれたが，新規参入球団が黒字化するには，Jリーグのように，プロ野球全体で一括して放送権料を獲得して各チームに分配するレベニューシェアリングや，リーグ全体で商品ライセンスを管理し，プロ野球全体のブランド力を高めるスポーツマーケティングの導入が求められる。

もうひとつの問題点は，右図で示すように，プロ野球とアマチュア野球の間に存在する目に見えない壁であり，互いの自由な交流が抑制されている。これまで長い歴史の中で培われた，スポーツで金を稼ぐプロを不浄なものと見なす前近代的な思想がこの壁を強固なものにしてきたが，今の時代に，プロとアマを区別するのはナンセンスで，制度自体が形骸化しているのも事実である。なお，この件に関しては，2004年1月にプロ野球コミッショナーと高野連会長が「ドラフト制度に関する覚書」を取り交わし，プロ野球関係者による高校球児への一時的指導が可能になるなど，雪解けの兆しが見られる。

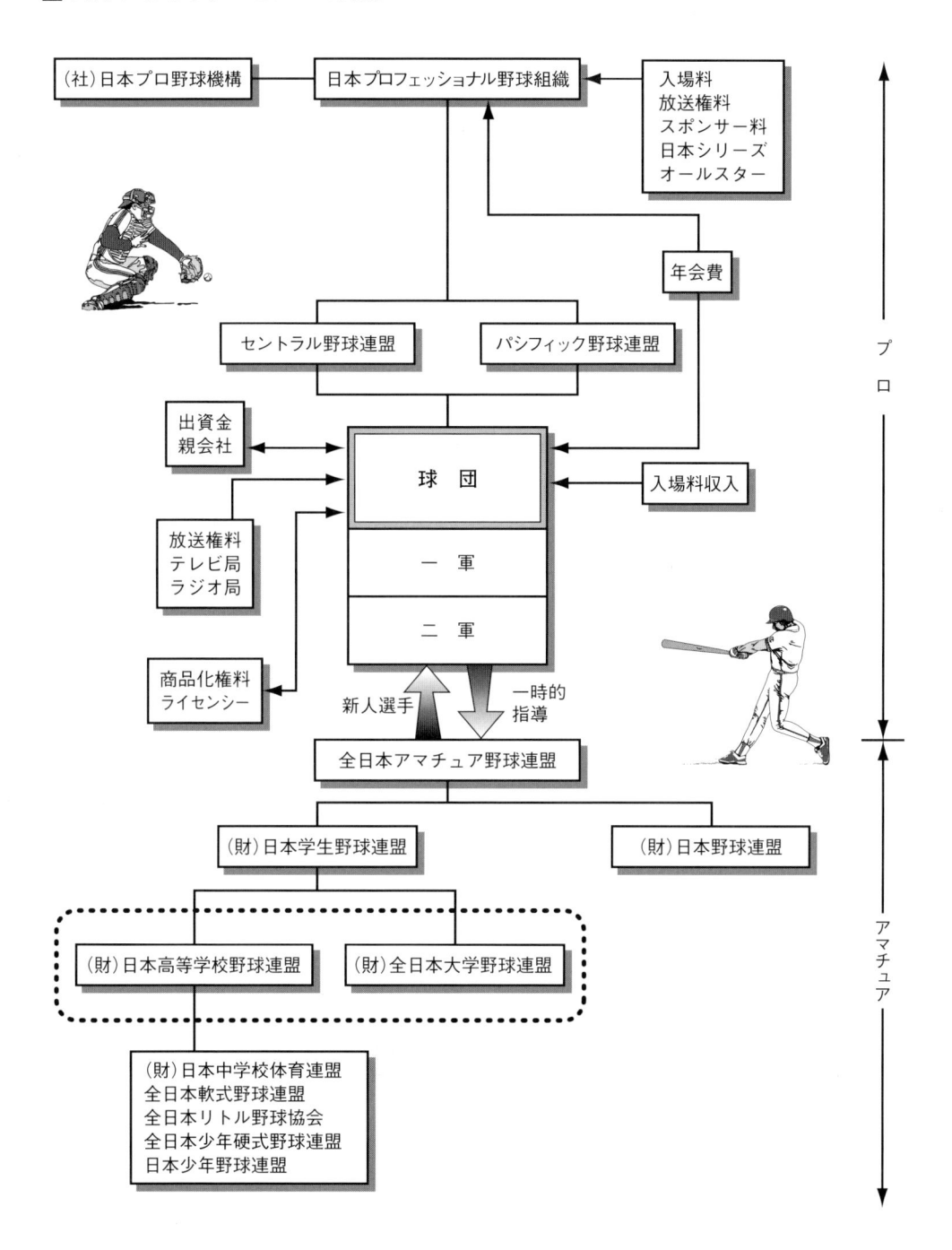

第6章 プロスポーツの組織化

■ 野球におけるプロとアマの関係

```
(社)日本プロ野球機構 ── 日本プロフェッショナル野球組織 ←── 入場料
                                                 放送権料
                                                 スポンサー料
                                                 日本シリーズ
                                                 オールスター

                                          ↑ 年会費

     セントラル野球連盟    パシフィック野球連盟

出資金           球 団        ← 入場料収入
親会社         ┌───────┐
              │ 一 軍 │
放送権料        ├───────┤
テレビ局        │ 二 軍 │
ラジオ局        └───────┘
                 ↑      ↓
商品化権料    新人選手  一時的指導
ライセンシー
          全日本アマチュア野球連盟

     (財)日本学生野球連盟        (財)日本野球連盟

  (財)日本高等学校野球連盟  (財)全日本大学野球連盟

(財)日本中学校体育連盟
全日本軟式野球連盟
全日本リトル野球協会
全日本少年硬式野球連盟
日本少年野球連盟
```

プロ / アマチュア

77

【Jリーグのマネジメント】　Jリーグは，海外のプロリーグを参考にして構築され，「サッカーの普及と向上」「スポーツ文化の振興および国民の心身の発達」「国際社会における交流」を3つの理念として掲げる地域密着型プロスポーツである。プロ野球と異なり，行政，企業，住民の三位一体のスポーツ振興を目指すという目標と，地域リーグからJFL（以上アマチュア），そしてJ2，J1へと，クラブの実力とともに昇格できる「一気通貫」のシステムは，Jリーグの公共性の高さと，風通しの良さが強調されている。しかし，リーグ運営の違いから，プロ野球に比べて，クラブが独自に行うことのできるビジネスはかなり制限されている。すなわち，プロ野球のリーグ・マネジメントが，チームがテレビ・ラジオ放送権料やライセンス商品を管理する「地方分権型」とすれば，Jリーグの場合は，リーグがテレビ・ラジオ放送権料や商品化に関するライセンス事業を集中管理し，一定の比率にしたがって分配する「中央集権型」で，シングル・エンティティ的な発想が基盤になっているからである。

　図に示すように，Jリーグでは，リーグが獲得した放送権料（2004年時で年間約50億円）は一定の比率に従ってJクラブに配分される。同様に，商品化権の行使による収入も配分されることになる。なお商品化権とは，JリーグまたはJクラブの名称，ロゴ，マーク，マスコット，エンブレム，意匠，商標その他JリーグまたはJクラブを表示するものを使用して，商品を製造・販売する権利のことである。

【これからのリーグ経営】　アメリカ型のプロスポーツの場合，リーグは各チームの戦力が均衡するように，選手年俸の上限を定める「サラリーキャップ制度」と，前年度最下位のチームから順に人気の高いドラフト対象選手を指名できる「ウェーバー制度」，そして各チームの収入を平準化するための「レベニューシェアリング制度」の3つのシステムが導入されている。それによって戦力の均衡を図り，選手年俸の高騰を抑え，弱小チームの落ちこぼれを防ぐことによって，NFLやNBAのように成功を収めているプロリーグが存在する。これに対して，イタリアのセリエAのようなリーグは，各クラブが放送権料やマーチャンダイジングを管理する完全自由競争のリーグであり，裕福なクラブはますます裕福に，そして貧しいクラブは破産の危険性を抱えてリーグを戦っている。

　リーグで優勝するクラブの数は限られており，弱小クラブがリーグ優勝を果たすことはほぼ不可能に近い状態である。アメリカ型のリーグ運営では，たとえばレアルマドリード（スペインのリーガ・エスパニューラ）やチェルシー（イングランドのプレミアリーグ）のように，金に飽かせて高額選手を集め，常に優勝を狙うようなチームを編成することは（絶対不可能ではないが）困難である。ただ，リーグの魅力という点では，戦力均衡によって，各チームが同じレベルで競い合うのがよいのか，常に優勝争いに絡む，リーグを代表するビッグクラブが存在する，完全自由競争のリーグがよいのか，議論が分かれるところであろう。このことはすなわち，Jリーグとプロ野球の制度は，どちらがすぐれているのかという議論にも結びつくが，経営的な安定性という点からは，前者に軍配が上がるであろう。

第6章 プロスポーツの組織化

■ キャッシュ・フロー（Jリーグ）

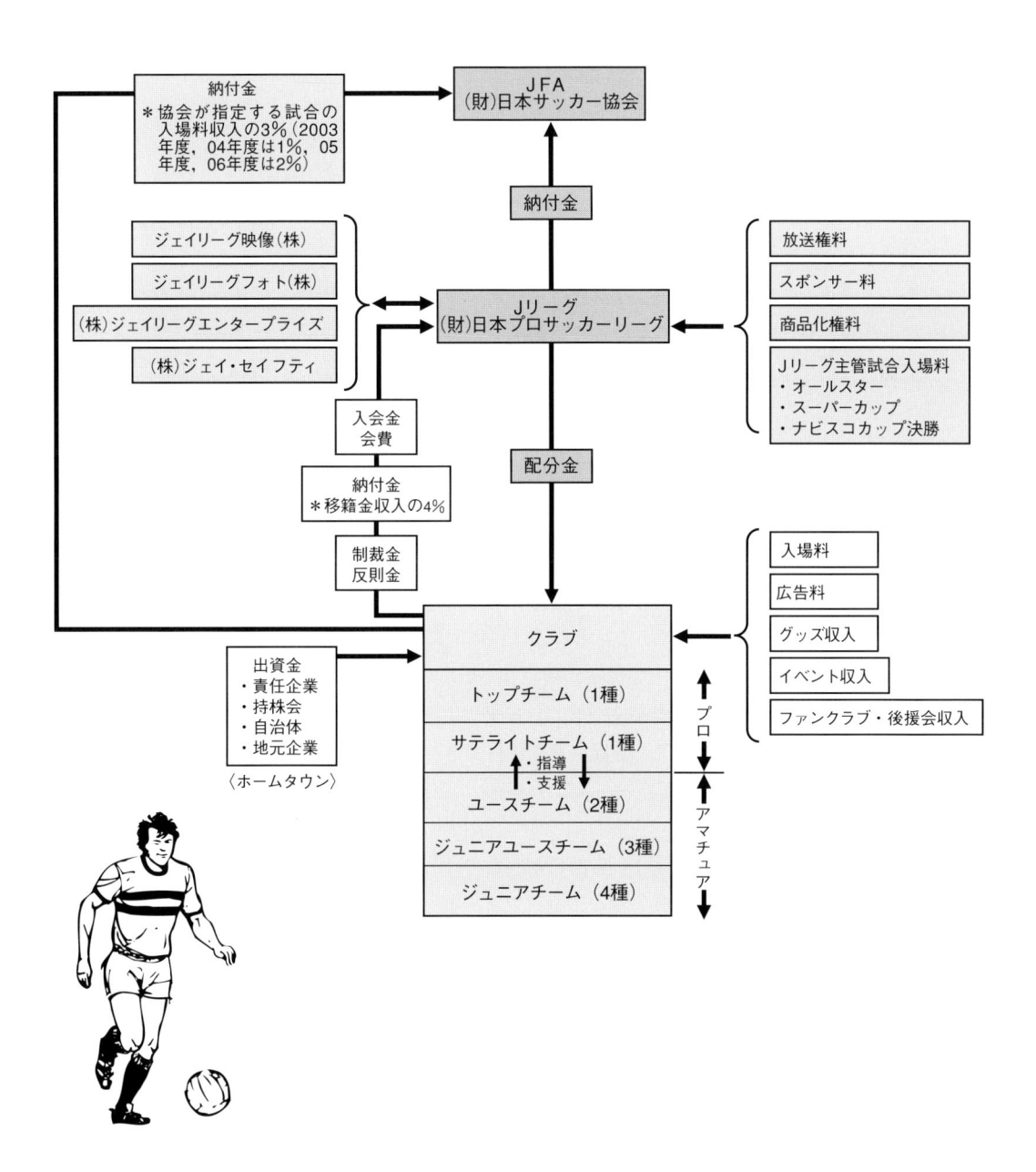

```
                                    ┌─────────────────┐
                                    │   JFA           │
                                    │ (財)日本サッカー協会│
                                    └─────────────────┘
┌──────────────────┐                         ▲
│ 納付金           │──────────────────────────┤
│ ＊協会が指定する試合の│                      │
│  入場料収入の3%（2003│                     納付金
│  年度，04年度は1%，05│                      │
│  年度，06年度は2%）  │                     │
└──────────────────┘                         │
                                              │
┌──────────────────┐                ┌─────────────────┐    ┌──────────┐
│ ジェイリーグ映像(株) │                │                 │    │ 放送権料  │
├──────────────────┤                │                 │    ├──────────┤
│ ジェイリーグフォト(株)│ ◄────►        │ Jリーグ         │ ◄──│ スポンサー料│
├──────────────────┤                │(財)日本プロサッカー│    ├──────────┤
│(株)ジェイリーグ   │                │  リーグ          │    │ 商品化権料 │
│ エンタープライズ   │                │                 │    ├──────────┤
├──────────────────┤                │                 │    │Jリーグ主管試合入場料│
│ (株)ジェイ・セイフティ│                └─────────────────┘    │・オールスター │
└──────────────────┘                         │            │・スーパーカップ│
              │                              │            │・ナビスコカップ決勝│
         入会金│                           配分金          └──────────┘
         会費 │                              │
              ▼                              │
         ┌─────────┐                         │
         │ 納付金   │                         │
         │＊移籍金収入の4%│                   │
         └─────────┘                         │
              │                              │
         ┌─────────┐                         │
         │ 制裁金   │                         │
         │ 反則金   │                         │
         └─────────┘                         │
              │                              ▼
              │                    ┌─────────────────┐    ┌──────────┐
              │                    │ クラブ          │ ◄──│ 入場料    │
              │                    ├─────────────────┤    ├──────────┤
┌──────────┐ │                    │ トップチーム（1種）│    │ 広告料    │
│ 出資金    │─┘                    ├─────────────────┤    ├──────────┤
│・責任企業 │──────────────────►    │ サテライトチーム（1種）│    │ グッズ収入 │
│・持株会   │                      │    ↑指導 ↓支援   │    ├──────────┤
│・自治体   │                      │ ユースチーム（2種）│    │ イベント収入│
│・地元企業 │                      ├─────────────────┤    ├──────────┤
└──────────┘                      │ジュニアユースチーム(3種)│    │ファンクラブ・後援会収入│
 〈ホームタウン〉                   ├─────────────────┤    └──────────┘
                                  │ ジュニアチーム（4種）│
                                  └─────────────────┘
                                     プロ／アマチュア
```

Part 2
第7章 スポーツ組織のビジネス環境

1 スポーツスポンサー

【スポーツスポンサーとは何か】 スポーツの世界におけるスポンサーとは，スポーツイベント，チームやクラブ，そして選手を，資金や用具用品，施設面から援助することによって，企業や商品の知名度アップやイメージの向上，そして流通網の拡大を狙うための企業活動である。スポーツは，スポンサー投資の対象として人気が高く，世界でスポンサーに使われる資金の3分の2近くがスポーツに流れ込む。

かつて企業がスポンサーになる理由は，社長が趣味であった，社員に人気があった，昔からそうだった等，論理的というよりもむしろ情緒的な理由が支配的であったが，スポーツのメディア価値が高まるにつれて，ROI (Return on Investment：投資効果) を見極めた積極的な投資事業へと姿を変えた。今やスポンサーシップは単なる広報・宣伝活動と異なり，マーケティングでいう4つのP (Product, Promotion, Price, Place) と組み合わさった戦略的，包括的な活動であり，「気づき・認知度の向上」「ブランドロイヤルティの向上」「ホスピタリティ機会の提供」「メディアによる露出効果」「サンプリングや直接販売の機会」等，他の芸術やエンターテイメントへのスポンサードからは得られない効用が期待されている。

右図に示したのは，あるJクラブが，協賛企業に提示したスポンサーシップ獲得に向けたスポンサーシップ・プロポーザルである。そこには，企業に対するブランド認知の向上とブランドイメージの向上について，具体的な提案が項目化されている。このプロポーザルはひとつの例で，企業の業種や製品，あるいは企業文化によってプロポーザルの中身は大きく異なる。また，クラブのマーケティング責任者には，協賛企業が納得できるスポンサーメリットの開発・提案ができる創造的な能力が求められる。

【スポンサーシップの効果測定】 右図に示したのは，スポンサーが顧客に向けて発信したメッセージが，受容され，購買行動に結びつき，フィードバックされるというコミュニケーション・プロセスと，それぞれの段階で測定されるスポンサーシップの効果評価である。図中に示した矢印上のギザギザの線はノイズ（雑音）で，コミュニケーション時に起きる他のメッセージの侵入やメッセージの誤った解釈などが含まれる。「メッセージ・チャネル」においては，印刷媒体やテレビにおけるメディア露出の測定が可能である。ここでは新聞紙上に露出したスポンサーロゴの大きさや回数，あるいはテレビでの露出時間などを経済価値に換算することができる。「受容」においては，顧客の認知度の高まりや購買意図などが測定される。「購買行動」では，スポンサーシップ効果としての実際の商品販売量の増加が測定される。スポンサーシップの効果測定は，これからのスポーツスポンサーの獲得に向けて，重要な役割を果たすものである。

第7章 スポーツ組織のビジネス環境

■ Jリーグクラブが提案するスポンサーシップメリットの例

ブランド認知の向上	その他
・国内公式試合使用ユニフォーム（試合用・練習用）へのロゴ掲出 　ユニフォームスポンサー（背中）の試合放映における露出料金試算額…約１億円 　さらに、ニュース・スポーツ番組を含めると露出効果は１億円以上 ・スタジアム内常設看板×４枚 　試合以外のイベントでも使用されるため、安定した露出が見込まれる	・協賛企業の冠がついたマッチデイの開催（年１回） 　協賛企業従業員のご家族の方を試合にご招待 　協賛企業主催親子サッカー教室を選手も参加して、前座におこなう 　試合当日の来場者全員にサンプリング 　観戦者全員に協賛企業ロゴ（製品名）の入ったチアースティックをプレゼント ・小学生年間５万人の招待を、協賛企業からの招待としておこなう ・ハーフタイム時、センターサークルにバナーを掲出 ・Jクラブ所属選手出演のCMを制作し、競技場内電光掲示板で試合前やハーフタイム中に放映 ・Jリーグアカデミーの特別スポンサーとして、ビブスにロゴを掲出
ブランドイメージの向上	
・ブランド資産の増加 　協賛企業×Ｊクラブ・メインスポンサーによる相乗効果 　協賛企業×地元チームによる相乗効果 　協賛企業×スポーツによる相乗効果 ・ブランド同化による心理的メリット 　ファン心理上のメリット…親近感，信頼感 　社員心理上のメリット…一体感 ・ブランド資産の質的向上 　Ｊクラブ・サッカー・スポーツイメージによる寄与 　協賛企業＝「健全」「明るい」「フェアー」「挑戦」「グローバル」など	

■ スポンサーシップが測定されるコミュニケーション・プロセスの段階

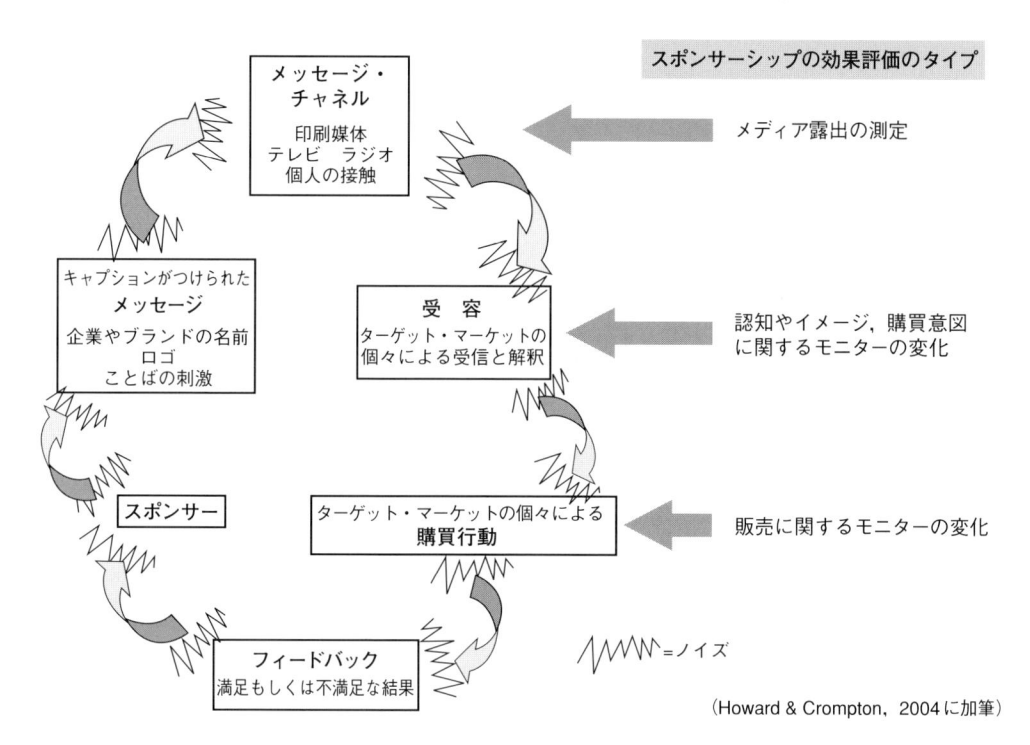

スポンサーシップの効果評価のタイプ

- メッセージ・チャネル（印刷媒体、テレビ、ラジオ、個人の接触）← メディア露出の測定
- キャプションがつけられたメッセージ（企業やブランドの名前、ロゴ、ことばの刺激）
- スポンサー
- 受容（ターゲット・マーケットの個々による受信と解釈）← 認知やイメージ，購買意図に関するモニターの変化
- ターゲット・マーケットの個々による購買行動 ← 販売に関するモニターの変化
- フィードバック（満足もしくは不満足な結果）

〰〰＝ノイズ

（Howard & Crompton, 2004に加筆）

【代表的なスポンサーシップ・プログラム】　現在，行われているオリンピックのスポンサーシップ・プログラムの中でもっともよく知られているのがTOP（The Olympic Partner）と呼ばれるプログラムである。TOPは，商品カテゴリーごとに最強のスポンサーを募るワールドワイド・パートナーの仕組みのことであり，IOCのオリンピック・ムーブメントに賛同する，限られた数の国際的企業が名前を連ねている。夏と冬の五輪がセットになったTOPは，最初がソウル大会（1988）とカルガリー大会（1990）が対象とされた。これがTOP I であり，コカコーラ，コダック，VISA，3M，フェデラルエクスプレス，Time，フィリップス，ブラザー工業，松下電器産業の10社が最初のワールドワイド・パートナーになった。その後，TOP II は，バルセロナ大会（1992）とアルベールビル大会（1994），TOP III はリレハンメル大会（1994）とアトランタ大会（1996），そしてTOP IV が長野大会（1998）とシドニー大会（2000）を対象とした。TOP IV では，コカコーラ，コダック，VISA，Time，松下電器産業の5社が残り，新たにXerox，ジョンハンコック，マクドナルド，UPS，IBM，三星電気の6社が加わり11社となった。そして，TOP V がソルトレーク五輪（2002）とアテネ五輪（2004）であり，TOP IV からUPS，IBMが抜け，AtosOriginとSwatchの2社が加わった。さらにトリノ（2006）と北京（2008）を対象としたTOP VI には，新しく中国のコンピューターメーカーである連想集団（lenovo）が加わるなど，五輪人気は衰えていない。

【スポンサーシップと戦略的フィランソロピー】　スポンサーシップがROIを期待して行われる利潤を追求した企業活動とすれば，フィランソロピーは，見返りを求めない慈善事業としての寄付活動やボランティア活動等の，企業が社会貢献を目的に行う有形無形の支援のことである。最近では，ビジネスとしてのメリットは生まないが，社会的利益を生む社会貢献活動と，経済的利益を同時に追求する，「戦略的フィランソロピー」という考え方が提唱されている。図に示すように，企業が追求する経済的メリット（株主利益）と社会的メリット（社会的利益）が融和した部分で，フィランソロピーの戦略的活用が可能となる。この考えによれば，社会的に価値ある活動をスポンサードすることによって，企業イメージやブランドを強化し，同時に経済的メリットを獲得することができるようになる。たとえば帝人やトヨタのように，アマチュアスポーツや身障者スポーツへの支援を活性化し，それを企業のブランド強化と経済的利益の向上に結び付ける動きが，今後も企業戦略の中で重要な部分を占めるようになるだろう。

　また，企業の社会的責任を意味するCSR（Corporate Social Responsibility）とスポーツの関係も関心の的になってきた。CSRとは，一般的に「企業が，市民，地域，および社会を利するような形で，経済上，環境上，社会上の問題に取り組む場合のバランスの取れたアプローチ」（中央青山監査法人編，2004）と定義されるが，要は，企業は経済的利益だけでなく，企業のステークホルダーズ（利害関係者）との良好な関係を最大目標にして，経済面だけでなく，環境や社会に配慮した経営をするべしという決意を概念化したものである。スポーツに関しては，たとえば東京海上火災保険株式会社が，JOCジュニアオリンピックカップ水泳競技大会の特別後援やジュニア選手の海外遠征のサポートを行っている。

第7章 スポーツ組織のビジネス環境

■ スポンサーシップのパラダイム

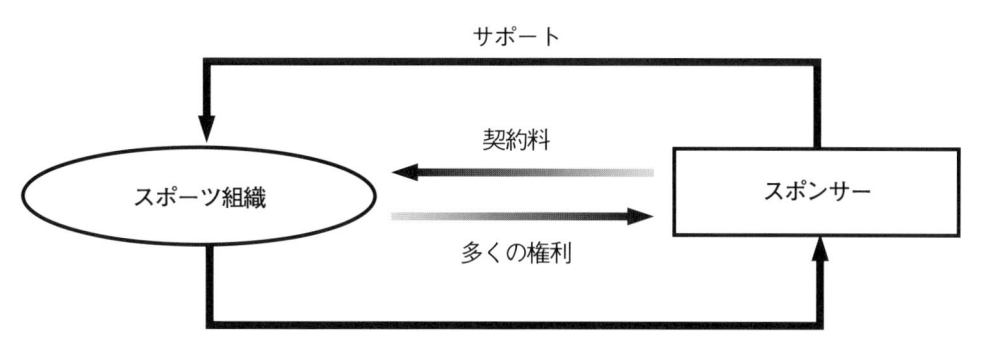

```
              サポート
    ┌──────────────────────┐
    ↓          契約料          │
 スポーツ組織  ←──────────  スポンサー
              ──────────→
              多くの権利      │
    │                          ↑
    └──────────────────────┘
              サポート
```

求めるもの
・資金
・ブランド構築の支援
・スポンサーに与える権利の限定化

求めるもの
・主要計画の転換
・積極的な資産運用
・共に便益を得られるマーケティング・パートナーシップ

(Mullin, 2000)

■ 利害の融和

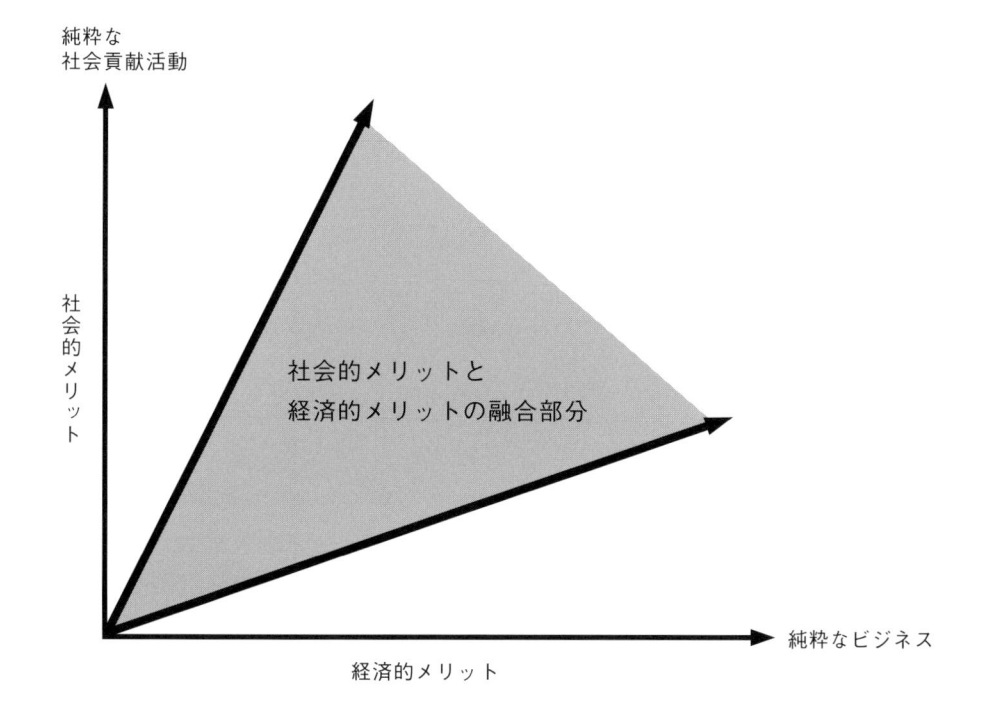

縦軸：社会的メリット（純粋な社会貢献活動）
横軸：経済的メリット（純粋なビジネス）

社会的メリットと経済的メリットの融合部分

2 選手組合とサポーター組織

【Jリーグ選手協会】 Jリーグ選手協会（JPFA）は，選手による選手のための活動母体であり，図に示すように，J1とJ2全チームが支部となり，日本人Jリーガーのほとんどにあたる約800名が加入する組織である。なお，外国人選手の加入は任意である。Jリーグ選手協会の理念は，①サッカー文化の普及と振興を目指す，②社会に貢献する活動を行う，③プロサッカー選手を取り巻く環境の改善に取り組む，の3つになっている。その中でもとくに重要なのが③で，個人事業主である選手の負傷時の保障や将来設計，そして権利の保護まで，多方面にわたる環境改善や後方支援を行うことを目的とする。

Jリーグ選手協会は，現在のところ後述するプロ野球の選手会とは組織の性格が異なり，労働組合的な性格を持つものではない。それよりもむしろ，労使協調路線を維持し，Jリーグ，日本サッカー協会と同じベクトルを共有し，日本のサッカー界の発展に資することを目的としているが，将来的に，リーグの再編によって労働組合的な組織に変貌する可能性は残されている。

【日本プロ野球選手会】 2004年現在，プロ野球12球団に所属する700名を超える現役プロ野球選手によって構成される団体で，社団法人日本プロ野球選手会（1980年に法人格を取得）と，労働組合日本プロ野球選手会という2つの組織が並存する。右に示すように後者は，1985年に東京都地方労働委員会に労働組合としての認定を受けている。

労働組合は，純粋な労働者としての選手による組合のことで，雇用者である球団との間での待遇改善交渉を行うことを目的とする。その一方，社団法人は，全国各地の子どもたちを対象とした野球教室の開催や，さまざまなチャリティイベントの実施を通して，野球界全体の発展を目指している。

2004年シーズンに起きた球団合併問題に際しては，球団数の削減と1リーグ制への移行に向けて動こうとする日本プロ野球組織（NPB）側に対して，労働組合日本プロ野球選手会が，合併指し止めに向けた法的措置を取るなど，労働組合として重要な役割を演じた。その結果，日本のプロ野球史上初のストが決行され，NPBとの交渉が大きく前進し，新球団加盟に向けた動きが加速化した。

プロ野球にはこの他に，プロ野球のOBクラブである社団法人全国野球振興会（1998年発足）があり，とくに選手のセカンドキャリアとしての野球指導者養成セミナーや野球教室の開催等に力を注いでいる。なお，p.87にプロ野球OBに対するキャリアサポートに関するアンケート結果を掲載しておいた。プロ選手のセカンドキャリア形成に向けた貴重な意見が収集されているので，参考にしてもらいたい。

■ Jリーグ選手協会組織図

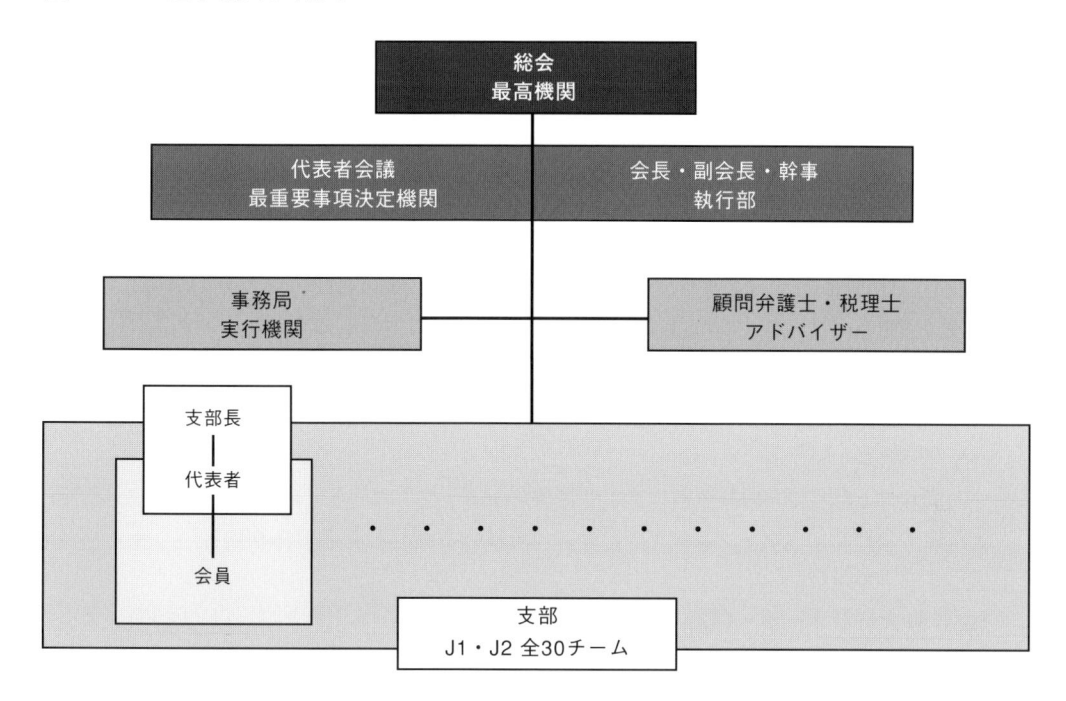

```
                    総会
                  最高機関
        ┌───────────────┴───────────────┐
   代表者会議                    会長・副会長・幹事
最重要事項決定機関                      執行部
        ┌───────────────┬───────────────┐
    事務局・                         顧問弁護士・税理士
    実行機関                           アドバイザー

   ┌─────┐
   │支部長│
   │  ↓  │
   │代表者│   ・ ・ ・ ・ ・ ・ ・ ・ ・ ・ ・ ・
   │  ↓  │
   │ 会員 │
   └─────┘
                      支部
                 J1・J2 全30チーム
```

■ 労働組合「日本プロ野球選手会」誕生までの経緯

1966年	稲尾パ・リーグ選手会長が中心となり，組合規約作成，組合を野球協約の中で規定するよう両連盟会長に申し入れたが，結局コミッショナーの裁定が出され拒否される。
1979年1月26日	「社会法人日本プロ野球選手会」設立発起人総会
2月1日	選手会退団金共済制度 仮発足
1980年8月15日	社団法人日本プロ野球選手会 設立許可，事務局設立
1982年7月26日	臨時総会，事務局より選手会を組合化する提案あり，討議の結果検討を進めることとなった
1983年1月11日	通常総会，ロッテ高橋博選手の不当解雇撤回のため支援活動を行うこととなり，組合結成の気運も高まった
7月23日	臨時総会，組合結成の方針決定，事務局にて規約立案のこととなる
1984年1月7日	総会にて，組合結成準備状況報告了承
2～3月	事務局長他が各球団キャンプ巡回，組合結成の趣旨，規約の内容を選手に説明，組合加入届けを出席全員から徴求
7月21日	臨時総会にて，規約承認，とりあえず法外組合として発足会長・中畑清
1985年7月20日	組合大会にて，東京都地方労働委員会に，組合資格審査請求を行い，正式の組合（法外組合）とすることを決定
9月30日	都労委に組合資格審査請求を提出
11月5日	都労委，選手会を労働組合として認定
11月19日	労働組合として法人登記
2004年9月18日	初のストライキを実施

【サポーター組織】 Jリーグのサポーター組織は，各クラブがファンクラブや後援会として組織するもので，Jリーグが管轄する公的な組織ではない。それゆえJリーグの規約・規定集にも，ファンやサポーターに関する記述は見当たらず，各クラブが経営戦略の一環としてファンクラブや後援会の運営を行う。たとえばJ1のアルビレックス新潟は，アルビレックス新潟サポーターズクラブを所有するが，組織は専務理事（出向）の下に総務・経理担当（契約1名，パート1名）と後援会営業担当（契約3名）を置く任意団体として，株式会社アルビレックス新潟の中に位置づけられている。また，後援会収入の一部は，後援会財政支援金という名目で，会社の収入に計上されている。ファンクラブや後援会からの収入は，毎年発生するフロー所得であり，クラブ運営に対して発言権を持つ株主と異なり，クラブ経営上扱いが楽な収入である。新潟アルビレックスの後援会の場合，個人会員とファミリー会員があり，ホームゲームチケットの割引とともに，会員カードの発行，チームグッズの割引，情報誌，チームフラッグ（ファミリー会員のみ）が特典として与えられる。

　右図に示したのは，同じ新潟でプロバスケットボール・チーム（新潟アルビレックス）を運営する株式会社新潟スポーツプロモーションの後援会事務局の機能である。

【世界最大のサポーター組織】 1989年に創設されたFCバルセロナは，12万5,000人の会員であるサポーターによって所有されるアソシエーション組織であり，特定のオーナーが存在しない特異なクラブである。ヨーロッパのプロクラブで，唯一ユニフォームに広告を出していないチームとしても知られている。同クラブは，サッカー，バスケットボール，ハンドボール，ローラーホッケーの4つのプロチームと，10のアマチュアチームを擁する総合型のスポーツクラブとしても知られている。クラブの運営を担当する理事会のメンバーは，4年に一度，全会員による直接選挙によって選ばれ，クラブ経営を行うが，その仕事にはプロの経営者としての専門的な知識が求められる。クラブはデータベースとして，12万5,000人にもおよぶ会員全員の顔写真と携帯電話の番号を正確に把握するとともに，会員専用のコールセンターであるサポーターズ・オフィスを運営している。同オフィスでは，1日7,000件以上の事務処理をこなし，会員に対して重要なサービスを行っている。

【サポーター組織の拡大】 クラブに対して高いロイヤルティ（忠誠心）を持ち，長期間に渡ってクラブを支援してくれるサポーターを育てるためには，クラブは2つの要素に留意すべきである。ひとつはエンターテイメントとしての楽しさを繰り返し与えることであり，もうひとつはクラブやチームを応援することに誇り（プライド）を持たせることである（Sumino and Harada, 2004）。プライドの醸成は，長期的な観戦行動の形成に重要な役割を果たす。

　スポーツマネジメントにおいて，楽しさの提供は技術的な課題であり，あらゆるエンターテイメントを駆使してファンを楽しませるクラブ経営は，アメリカのマイナーリーグのチームが得意とする戦略である。ただし，ファンに高いプライドを持たせる方法については未知数の部分が多く，今後のファン行動とファン感情に関する研究の発展が待たれる。

■ キャリアサポートに関する調査結果

プロ野球への在籍状況
- 平均入団年齢：20.5歳
- 平均プロ野球在籍期間：9.2年（うち1軍在籍は6.9年）
- 平均退団年齢：29.0歳

引退後に困ったこと（複数回答：上位4位）
1位：現役時代と引退後の収入の格差に困った（35.5％）
2位：気持ちの切り替えに時間を要して困った（32.0％）
3位：自分が適している職業がわからずに困った（29.3％）
4位：新しい目標が見つからずに困った（26.7％）

あればよかったサポートやセミナー（複数回答：上位5位）
1位：会社員としての就職先紹介（35.0％）
2位：野球の指導者としての就職先紹介（34.4％）
3位：野球の指導者としてのノウハウ習得（32.3％）
4位：キャリア（人生）設計に関する相談窓口（26.4％）
5位：独立・開業のノウハウ習得（25.5％）

引退時にあればよかった能力・スキル（複数回答：上位4位）
1位：語学力（英会話等）（28.5％）
2位：独立開業のノウハウ（21.4％）
3位：ビジネススキル（商談方法・ビジネス用語等）（18.5％）
4位：資産運用・管理に関する知識（18.5％）

現役時代に培った能力・特性で引退後に役立ったもの（複数回答：上位5位）
1位：責任感（68.3％）
2位：忍耐力（66.7％）
3位：体力（55.5％）
4位：協調性（チームワーク）（50.0％）
5位：前向きさ（44.4％）

(社団法人全国野球振興会，2003)

■ 新潟アルビレックス後援会事務局の機能

法人会員・個人会員 →（年会費）→ 後援会事務局
後援会事務局 →（特典（会員への情報サービスを含む））→ 法人会員・個人会員

後援会事務局 →
- 各地区における活動支援
- 広報・宣伝事業
- 新潟アルビレックスの活動支援

- 法人会員様を公式HPにてご紹介
- シーズン指定席・シーズンパス優先購入権
- ホームゲームチケット優待販売
- 後援会会員証発行
- チーム情報誌の送付
- チームグッズ優待販売
- 後援会主催の各種イベントへの優待他

3 スポーツ・エージェント

【エージェントとは】 梅田（2000）の著書「スポーツ・エージェント」（文春新書）には，トム・クルーズが出演した「ザ・エージェント」の冒頭のシーンからの引用で，アメリカの「大学生の間で行われた職業人気投票により，我々の仕事，スポーツ・エージェントはロック・スターに次ぐ2位にランクインされた」という一節が紹介されている。これは映画のワンシーンにすぎないが，スポーツ・エージェントという仕事の魅力と人気が示されている。この現象を追うように，わが国においてもスポーツ・エージェントの人気が高まりを見せている。

エージェント（代理人）は選手の契約交渉業務を行うほか，選手が本業のスポーツに専心できるような生活の環境整備を重要な仕事とする。図に示すように，現在アメリカではMLB，NBA，NFL，NHLの4大プロスポーツにおいてエージェント登録の制度があるが，登録先はリーグ事務局ではなく選手組合である。近年では，ヤンキースの松井秀喜の代理人が所属するSFXグループが有名である。米国と欧州において選手マネジメントとマーケティングを行う同社は，マイケル・オーウェン（サッカー）やアンドレ・アガシ（テニス）など，500人以上の著名選手を抱える。ほかにタイガー・ウッズ（ゴルフ）を顧客とするインターナショナル・マネジメント・グループ（IMG）などがよく知られている。

エージェントになる条件がもっとも厳しいのがサッカーであり，各国協会で認定を受けなければ代理人業務をすることはできない。2004年3月に日本サッカー協会が行った試験では，34人が受験したが合格者はわずか4人だった。Jリーグ規約・規定集の第95条には，「Jクラブと選手との契約に関し，弁護士，FIFA加盟国協会が認定する選手代理人以外の者は，代理人，仲介人等名称の如何にかかわらず，かつ，直接であると間接であるとを問わず，一切関与してはならない」と述べられており，エージェント資格を持つことの重要性が述べられている。

その一方で，球界再編に揺れる日本のプロ野球においても，球団経営の透明化にともなって選手の権利意識が高まり，代理人の存在がますます重要となるだろう。ただ現在の野球協定には，代理人を拒否する条項はないが，球界ではその存在が無視されているのが現状である。とくに企業スポーツの色彩を色濃く残すプロ野球界において，企業の社員的扱いを受けてきた選手の側でも代理人に対する認識は低い。こうした事情は，右図に示すような日米のスポーツチームの人事制度のちがいにも起因するのであろう。代理人ビジネスも結局は，「スポーツ経営のスペシャリストを常に人材市場から調達する」といった土壌の中でしか育っていかないのである。

実際，チームにとって，選手と直接交渉を行うよりは，エージェントと交渉するほうが，時間や煩雑な契約手続きを簡便化することができる。しかし，メジャーリーグやヨーロッパのサッカー市場のように，法外な移籍条件を設定することによって選手年俸をいっきに上昇させ，チーム経営を窮地に陥らせるようなケースは，結局選手の活躍場所に制限を加えることになりかねない。

第7章 スポーツ組織のビジネス環境

■ 4大プロスポーツにおけるエージェントに対する規制のまとめ

	MLB選手組合 (MLBPA)	NFL選手組合 (NFLPA)	NBA選手組合 (NBPA)	NHL選手組合 (NHLPA)
規制対象となる エージェントの類型	MLB所属球団の40名の支配下選手名簿に掲載された選手を代理するエージェント	NFL所属球団の支配下選手及び入団予定の新人選手を代理するエージェント	NBA所属球団の支配下選手及び入団予定の新人選手を代理するエージェント	NHL所属球団の支配下選手及び入団予定の新人選手を代理するエージェント
登録認可	必要 (但し,選手から代理人指定書の提出が必要)	必要*	必要	必要
年間登録料	不要	1200ドル	1500ドル	900ドル
倫理研修セミナーの開催	有	有	有	有
学歴,経験等の個人情報の開示	必要	必要	必要	必要
標準代理契約書式による契約	不要	必要**	必要	必要
代理人報酬の上限	無	選手が受領する報酬の4%	選手が受領する報酬が 1. 最低報酬額のとき —2000ドル 2. 最低報酬を経過するとき —4%	無
保証金の拠出	無	無	無	無

* 1989年11月6日以降は任意的な認可登録
** 1989年11月6日以降は任意(但し,標準代理契約書書式は有り)

(升本,2001)

■ 日米のスポーツチームの人事制度のちがい

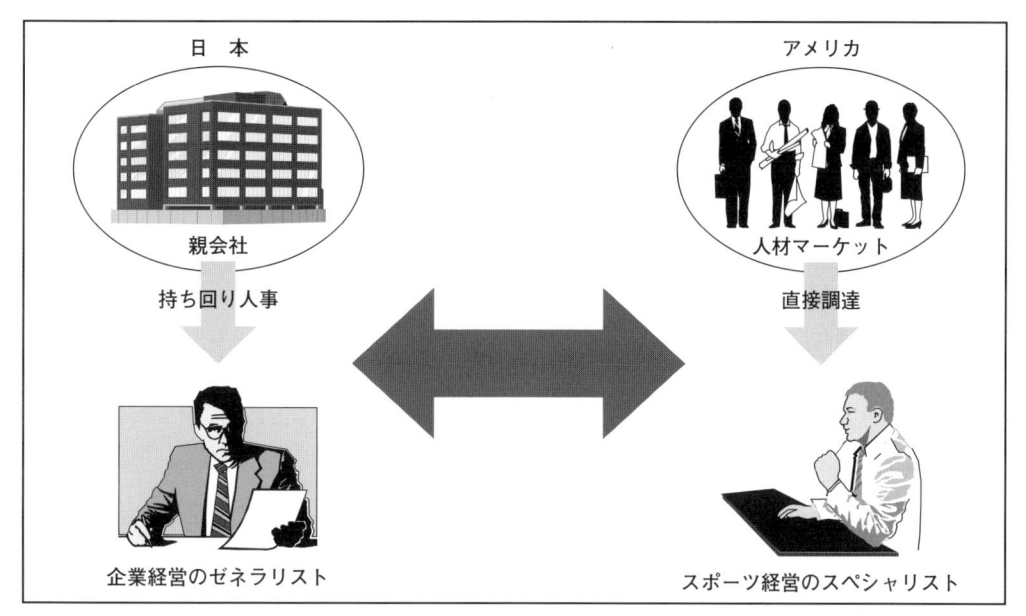

日本:親会社 → 持ち回り人事 → 企業経営のゼネラリスト

アメリカ:人材マーケット → 直接調達 → スポーツ経営のスペシャリスト

(三原・鈴木,2003)

【エージェントの仕事】 高井（2003）は，スポーツ選手の代理人が行う仕事を＜選手が競技に集中できる環境づくり＞にあると考え，その業務を①競技に直結するマネジメント，②競技周辺のマネジメント，③選手の個人価値向上のマネジメント，④選手の著作権利のマネジメント，⑤ライフプラン・マネジメントの5つの領域に分類した。①の場合，チームスポーツは所属チームとの契約，そして個人スポーツは出場試合の選択と条件交渉がエージェントの仕事である。②では，用具やウェアの提供やアドバイザリー契約を交わすスポンサーとの交渉，選手のトレーニング環境の整備，そしてファンとの関係づくりが含まれる。③については主にメディアとの対応であり，ウェブ上での選手個人サイトも重要な役割を果たす。④では，選手の肖像権の保護と活用が主な内容で，効果的なイメージングのためのメディア側との交渉調整も業務のひとつである。最後の⑤については，選手の財務管理や資産運用，そして人生設計の相談などが仕事とされる。

ただ高井（同上）が述べるように，マネジメント会社やエージェントがどの範囲までを業務とするかは，選手の知名度や活躍の度合いによって大きく異なる。また仕事の内容も，図に示したように，選手個人の契約業務から，選手のマーケティング，そしてライフデザインに至るまで多岐にわたっている。ただし，すべてのエージェントがすべての業務に精通することは困難であり，選手の側も必要に応じて複数のエージェントと契約するケースもある。

【代理人ビジネスのこれから】 巨額マネーが動くことで知られる欧州の移籍市場では，代理人の存在が不可欠である。これまでは代理人個人の情報やルートが頼りだったが，欧州各国に太いパイプを持つ有力代理人がグループを結成する動きもあり，代理人ビジネスの情報量や移籍ルートが飛躍的に拡大される可能性もある。

今後，リーグやチーム側の姿勢として，代理人をプロスポーツが持つ機能のひとつとして認め，プロ同士の関係の中で彼らを有効に活用するのか，あるいは必要悪としてその存在を渋々認め，対立構造の中で互いの利益を追求するのかによって，代理人の存在意義は大きく異なる。アスリートにとっては，代理人の評判の良し悪しは関係なく，自分の価値を最大化してくれる代理人こそがよい代理人なのである。

ただし，隆盛を極める代理人ビジネスの世界において，代理人の資格を持たない悪質な代理人もどきの存在が問題視されており，若いアフリカのサッカー選手を人身売買のような形で欧州のクラブに紹介し，移籍金から法外な手数料をかすめ取るケースも頻発している。

では，これからのスポーツの発展において，エージェントは必要なのだろうか？これまでの欧米の事例では，エージェントは選手側の権利擁護者として，チームやリーグとの対立構造の中で存在価値を高めてきたが，チームやリーグの存在を危うくするほど高騰した移籍金や選手年俸を見てもわかるように，一方的な選手価値の最大化だけでは仕事が立ち行かなくなってきているのも事実である。今後は，チームやリーグとの協働作業を目標に，パートナーとしての地位を築く必要性に迫られている。そのためには，代理人ビジネスに対するよりマクロな視点からの「環視体制」が正常に機能するようにしておかなければならない。

■ エージェントの役割

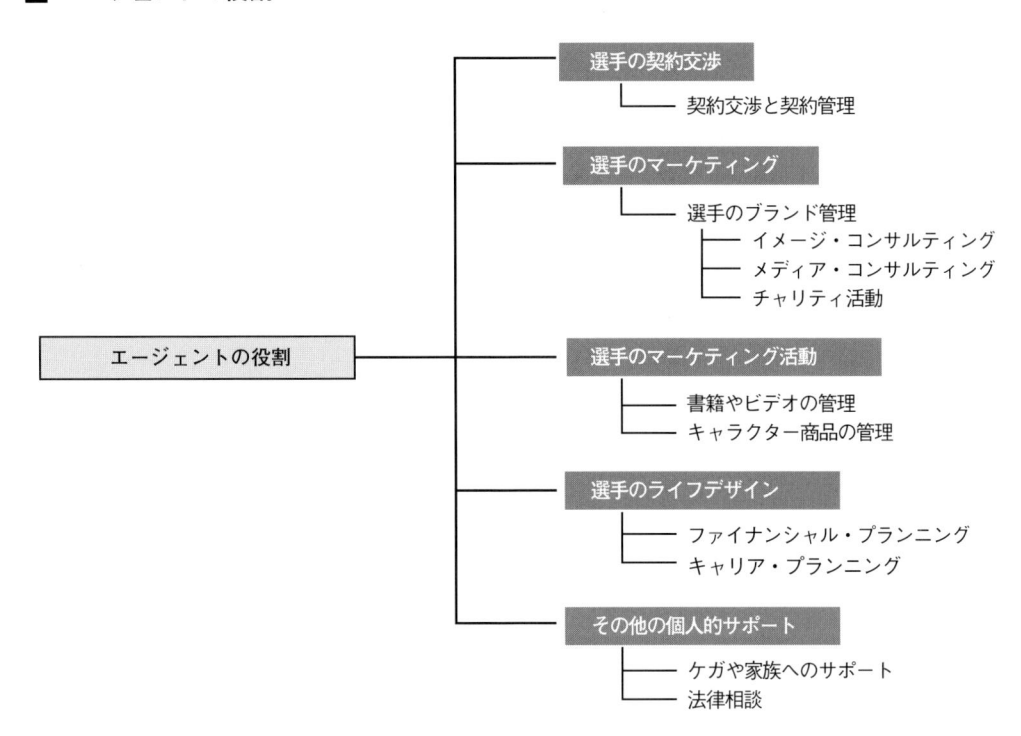

エージェントの役割
- 選手の契約交渉
  - 契約交渉と契約管理
- 選手のマーケティング
  - 選手のブランド管理
    - イメージ・コンサルティング
    - メディア・コンサルティング
    - チャリティ活動
- 選手のマーケティング活動
  - 書籍やビデオの管理
  - キャラクター商品の管理
- 選手のライフデザイン
  - ファイナンシャル・プランニング
  - キャリア・プランニング
- その他の個人的サポート
  - ケガや家族へのサポート
  - 法律相談

■ 代理人ビジネスの「環視体制」

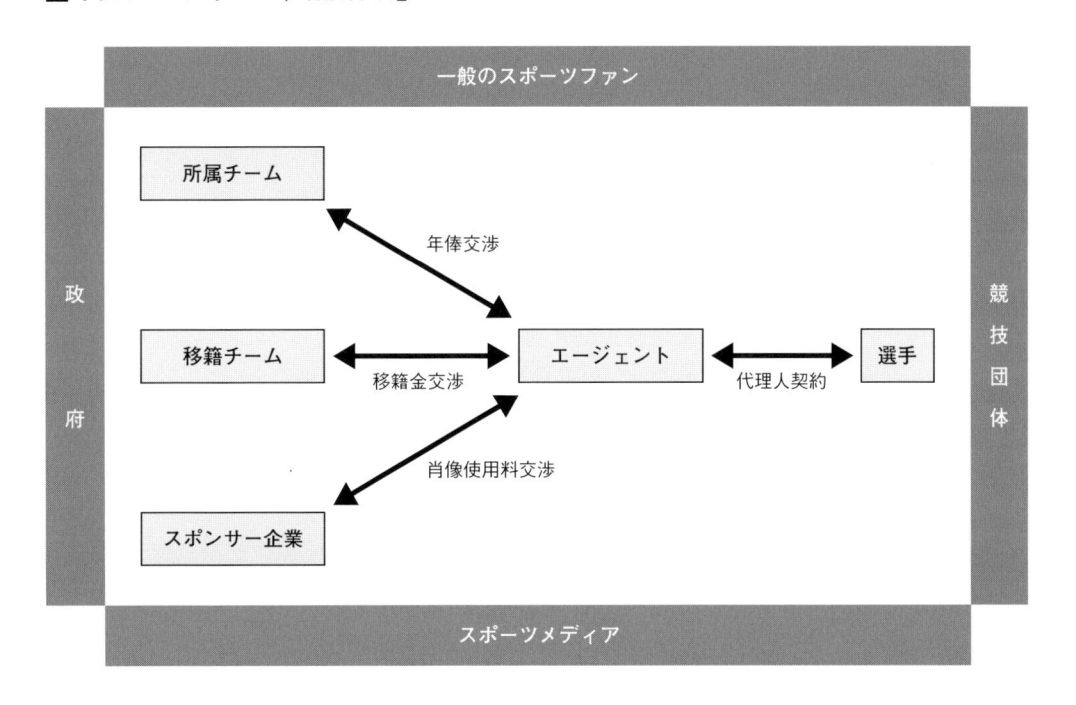

外枠:
- 上: 一般のスポーツファン
- 左: 政府
- 右: 競技団体
- 下: スポーツメディア

関係図:
- 所属チーム ⇔ エージェント（年俸交渉）
- 移籍チーム ⇔ エージェント（移籍金交渉）
- スポンサー企業 ⇔ エージェント（肖像使用料交渉）
- エージェント ⇔ 選手（代理人契約）

第8章 スポーツ組織のコントロールシステム

1 スポーツビジネスをめぐる法務的問題

【遅れている日本の法制度】 米会計事務所のプライスウォーターハウス・クーパーズが分析した各国の法制度ランキングによれば，契約と所有権を重視する「開かれた法廷」を持つ優良国として，アメリカ，イギリス，シンガポール，ハンガリー，そしてチリといった国々が選ばれた。しかしその反対のワースト6として，中国，チェコ，インドネシア，ロシア，韓国に続いて日本がランキング入りしている（NEWSWEEK，2004.9.29）。法制度が完備された北米に比べると，わが国では訴訟件数も少なく，弁護士の数も限られている。この傾向はスポーツにおいても顕著で，多くのスポーツロイヤーが活躍し，専門家集団（たとえばSport Lawyers Associationなど）を形成するアメリカとは法整備の状況が大きく異なり，スポーツにまつわる訴訟の数もきわめて少ないのが現状である。

【プロスポーツの法務的問題】 スポーツビジネスの現場において，法務の問題が顕著にあらわれるのがプロスポーツである。右図に示すように，プロスポーツをめぐる法務的問題は，すべてそれに関与するステークホルダーズ間の関係の中で生起する。まずリーグとクラブ，そしてリーグと選手は，リーグの関係者だけに適用される規約によって関係を保っている。その一方，選手とクラブは，日本サッカー協会が定めたプロ契約書によって結びついている。三者の関係はまた，それを取り巻くスポンサー，ライセンシー，後援会，株主，観戦者（ファン），放送局，エージェントといったステークホルダーズとの間で，さまざまな法務的関係を結んでいる。また今後，権利保有者である選手の権利意識の高まりにともない，右図に示したように，クラブ，リーグ，管理者との間で，選手のパブリシティ権の管理範囲（許諾と再許諾）をめぐる衝突が起きることが予想される。

スポーツ組織であるリーグの規定・規約は，その組織に固有であるがゆえに＜固有法＞と呼ばれ，リーグの会員やリーグに所属する選手・監督・コーチ・審判は，すべてこれらを遵守しなければならない。たとえばJリーグには，Jリーグ組織の内部で効力を持つ「社団法人日本プロサッカーリーグ規約・規定集」があり，Jクラブの資格要件から試合実施要項，そして選手登録および移籍に関する事項まで，A4版で200ページにも及ぶ規約や規定が定められている。Jリーグ規約によれば，規約の目的は「Jリーグの組織および運営に関する基本原則を定めることにより，Jリーグの安定的発展を図ること」（第2条）であり，「Jリーグの会員および役職者ならびにJリーグに所属する選手，監督，コーチ，審判その他関係者は，Jリーグの構成員として，本規約および財団法人日本サッカー協会の寄付行為ならびにこれらに付随する諸規定を遵守する義務を負う」と規約の遵守義務（第3条）を定めている。

第8章 スポーツ組織のコントロールシステム

■ プロスポーツ組織を取り巻くステークホルダー

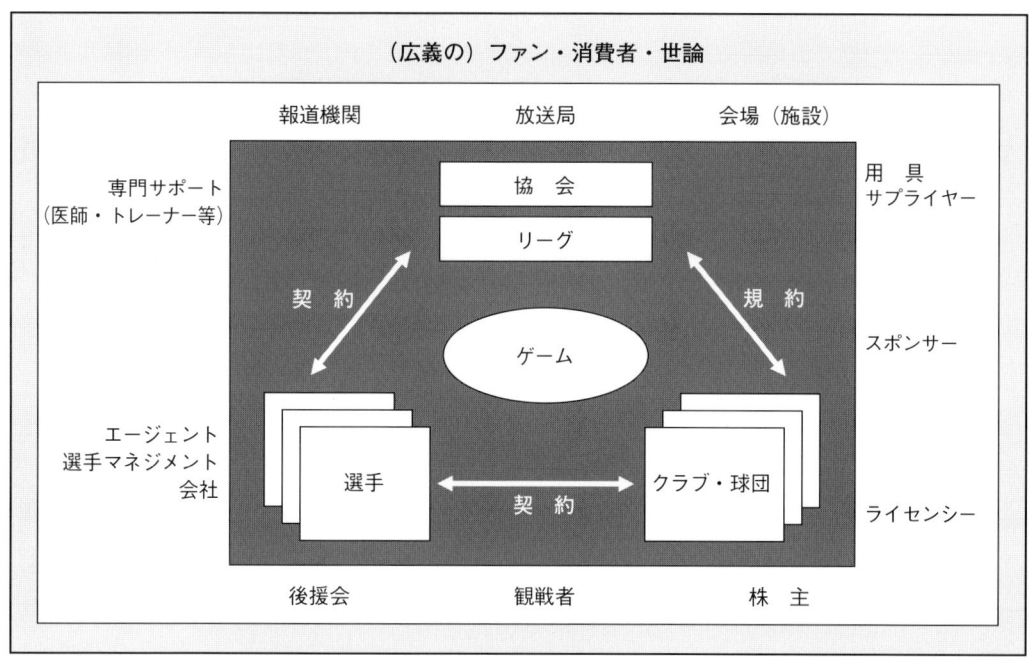

```
(広義の) ファン・消費者・世論

報道機関    放送局    会場(施設)         用 具
                                      サプライヤー
専門サポート      協 会
(医師・トレーナー等)
              リーグ
        契約              規約          スポンサー
              ゲーム

エージェント                                ライセンシー
選手マネジメント  選手    契約  クラブ・球団
会社

後援会    観戦者    株 主
```

(水戸, 2004 から作図)

■ 選手からのパブリシティ権に基づく権利処理の流れ

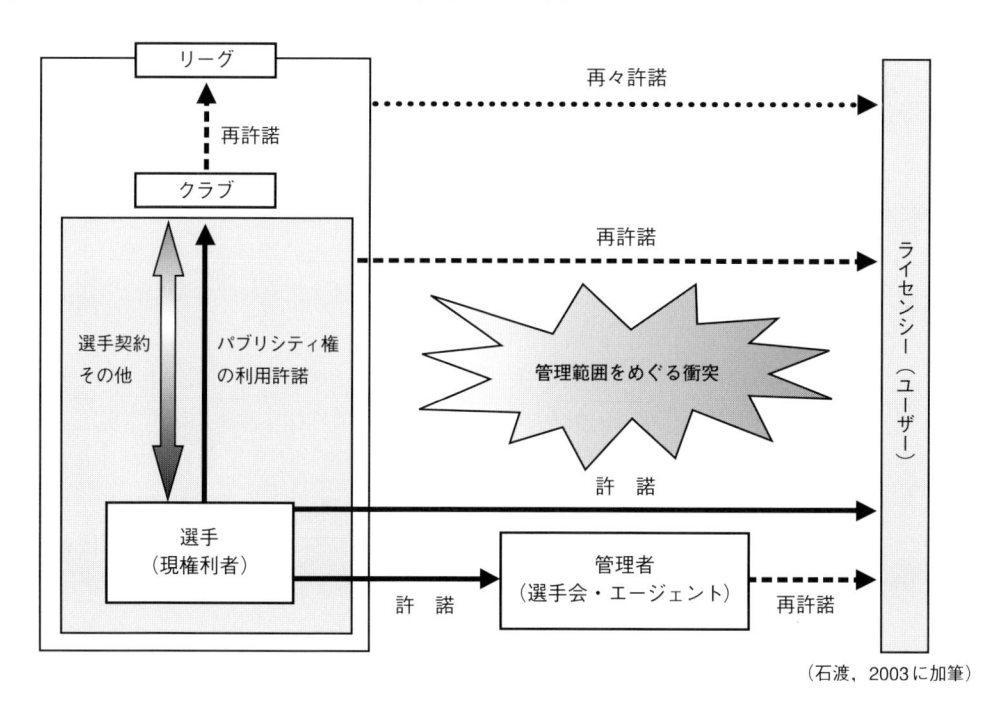

```
リーグ          再々許諾
 ↑
 再許諾
クラブ          再許諾              ライセンシー
                                   (ユーザー)
選手契約  パブリシティ権    管理範囲をめぐる衝突
その他    の利用許諾

                 許諾
選手
(現権利者)    許諾    管理者          再許諾
              (選手会・エージェント)
```

(石渡, 2003 に加筆)

【Jリーグの法務環境】 プロスポーツをめぐる法務の問題は，ビジネスの規模と国際的なマーケットの拡大とともに，今後ますます注目が集まる領域である。右図に示したのは，Jリーグクラブを取り巻く法務環境を図式化したもので，2つの固有法（点線）と6つの国家法（実線）における法務関係を示したものである（武田，2004）。まずJクラブとJリーグ，そして選手と日本サッカー協会の間には，固有法としての＜1．規約関係＞と＜2．選手登録関係＞が存在する。Jクラブはリーグ規約に縛られ，Jリーガーはすべて日本サッカー協会の所属となり，その規約に従うことになる。国家法に関しては，組織内における法律事務である＜1．組織内関係＞，選手とクラブ間の法律事務である＜2．選手関係＞，クラブと取引先企業あるいは少なくとも一方の当事者を事業者とする取引に関係する法律事務である＜3．取引関係＞，企業（Jクラブ）の第三者（市民）に対する責任に係る法律事務である＜4．企業責任関係＞，主に権利侵害に係る法律事務である＜5．紛争処理関係＞，法律情報の管理に関する法律事務である＜6．法律情報管理関係＞が存在する。

　Jリーグではこれまで多くの法的問題が生起してきたが，法的紛争として裁判沙汰になったものはなく，話し合いや協議によって解決されているのが現状である。これは相互の信頼関係をベースにして，誠実に協議を重ねるという日本的な取引慣行が，プロスポーツにも反映されている事実を示すものである。

【スポーツと仲裁裁判】 スポーツがビジネス化され，アスリートの権利に対する認識が強まるにつれ，スポーツにまつわる法務的問題が表面化するようになってきた。たとえば，現在のアスリートにとって，オリンピックに参加できるかどうかは，本人の名誉とともに，将来のキャリア形成や収入に影響を及ぼす重要な機会であり，代表選手決定の方法をめぐり，これまで競技団体との間にトラブルが頻発してきた。

　しかしながら，このような紛争の多くは，法令を適用して解決すべき権利義務や法律に関係する争いではなく，法律上の訴訟として扱うことが難しいケースが多いとされている（道垣内，2003a）。さらに裁判には長い時間としかるべき費用がかかり，けっして長いとはいえない選手の競技生活を考えた場合，法律上の解決が望ましいとは言えない場合が多い。それゆえ，スポーツ紛争の処理を行う仕組みが必要となり，2003年4月に日本スポーツ仲裁機構（Japan Sports Arbitration Agency：JSAA）が設立されたのである。

　JSAAは，「競技団体の決定に不満を持つ競技者が，その競技団体を相手方としてする仲裁申立事件についての規則を作成し，個々のケースごとに選任される仲裁人により構成される仲裁パネルのための事務処理を行うことを目的とする機関」（道垣内，2003b）のことを意味する。なお仲裁裁判は公開されるが，これは仮に競技団体が敗れた場合，仲裁裁断の履行が目に見える形で行われることを期待するからである。なお右図に示したのは，競技団体と競技者・支援者の間で起きた紛争について，仲裁合意から仲裁判断に至るまでの一連の流れである。

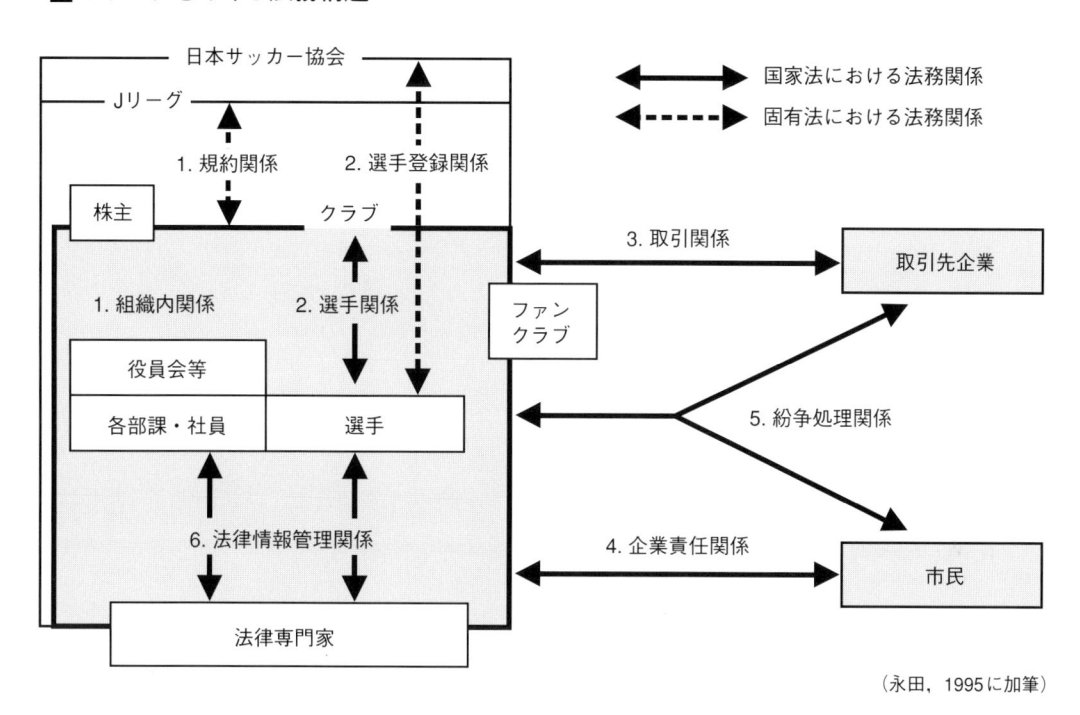

第8章 スポーツ組織のコントロールシステム

■ Jリーグをめぐる法務構造

凡例:
- ⟷ 国家法における法務関係
- ⟵----⟶ 固有法における法務関係

日本サッカー協会
- Jリーグ
  - クラブ
    - 株主
    - 1. 規約関係
    - 2. 選手登録関係
    - 1. 組織内関係
    - 2. 選手関係
      - 役員会等
      - 各部課・社員
      - 選手
    - ファンクラブ
    - 3. 取引関係 ⟷ 取引先企業
    - 5. 紛争処理関係
    - 4. 企業責任関係 ⟷ 市民
    - 6. 法律情報管理関係
      - 法律専門家

（永田，1995に加筆）

■ 日本のスポーツ仲裁のしくみ

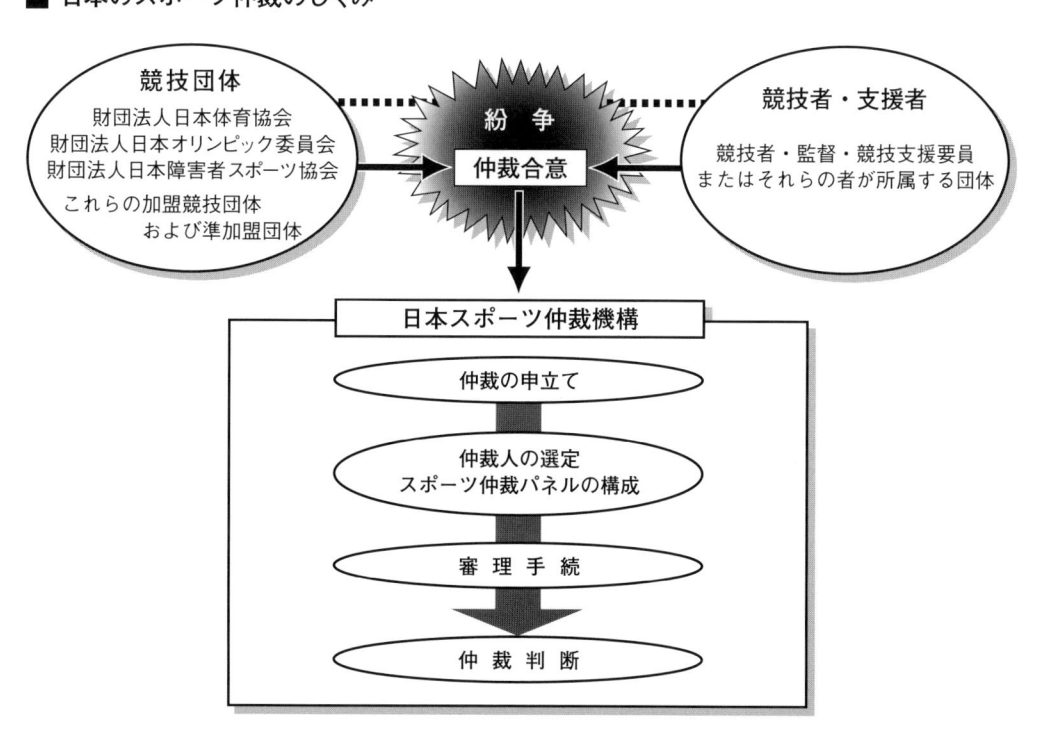

競技団体
- 財団法人日本体育協会
- 財団法人日本オリンピック委員会
- 財団法人日本障害者スポーツ協会
- これらの加盟競技団体および準加盟団体

紛争 / 仲裁合意

競技者・支援者
- 競技者・監督・競技支援要員またはそれらの者が所属する団体

日本スポーツ仲裁機構
- 仲裁の申立て
- 仲裁人の選定 スポーツ仲裁パネルの構成
- 審理手続
- 仲裁判断

2 スポーツビジネスの長期ビジョンとアクション・プログラム

【長期ビジョンの意味】 一般に長期ビジョンは，何年か先を見据えた組織の展望や構想を意味する。ただし，長期ビジョンの「長期」が100年先か10年先か，あるいは3年から5年の期間なのかは，ビジョンの解釈にもよる。たとえばJリーグが掲げる「スポーツでもっと幸せな国へ」や「Jリーグ百年構想」などは，まさに何十年にわたる長い期間を見据えたビジョンである。ただビジョンという言葉には「未来像」や「理想像」といった意味を含んでおり（岩波国語辞典），組織の将来的なあるべき姿を表現した言葉としてとらえるのが妥当であろう。よってその内容は具体性を欠くが，一般に夢や希望を含む明るい展望を反映したスローガンであり，それが成員のモチベーションやモラールを高め，組織を成長に導く原動力となる。ただしビジョンには，「幻影」や「まぼろし」といったネガティブな意味も含まれており，それが実態を伴わない言葉で終わるケースも散見される。

長期ビジョンについては，図に示したJリーグの百年構想のように，期間が定まったものではなく，組織の進むべき進路を示す「航路図」のようなものであろう。Jリーグクラブの場合，これはクラブの基本理念に通じるもので，たとえば鹿島アントラーズは，2000年に「Football Dream」（常に優勝を目指し，ゲームを通してサポーターとともに感動を共有すること），そして川崎フロンターレは，「目指せ！ 価値創出No.1 フットボールクラブ」という長期ビジョンを掲げた。

【長期プランとアクション・プログラム】 実際の組織運営においては，長期ビジョンだけがあっても組織は動かない。長期ビジョンの下には，具体的な事業目標を定めた長期プランと短期プラン（アクション・プログラム）が必要である。長期プランは，現在の変動の激しい社会環境を鑑みても，大体3年から5年の期間が適切とされ，組織に影響を及ぼす比較的広範囲な戦略的問題に焦点があてられる。

長期プランに比べてアクション・プログラムの場合は，通常1年間という短い期間に実現可能な目標を掲げることが多い。それゆえ，長期プランに描かれたプロジェクトを実現するために，具体的なアクション・プログラムを順番に積み上げていくというのが通常のやり方である。アクション・プログラムに含まれるものは，「何を行うべきか」（What）「どの部局で行うべきか」（Who）「どのようにして行うべきか」（How）「完了期日」（When）そして「業務に責任を持つ個人名」（A responsible person）といった「3W1H」プラス「責任者」といった具体的な項目である。アクション・プログラムは，単なる文字の羅列ではなく，結果を志向したものである。それゆえ，中身は具体的な言葉で述べられていなければならないし，誰が計画達成を目指すのかが明確化されていなければならない。実際，スポーツ組織の行動計画の中には，仕事の種類も中身も具体化されておらず，抽象的な表現に終始しているものがある。

■ Jリーグが掲げる長期ビジョン

スポーツで、もっと、幸せな国へ
百年構想
J.LEAGUE

百年構想とは
● あなたの町に、緑の芝生におおわれた広場やスポーツ施設をつくること。
● サッカーに限らず、あなたがやりたい競技を楽しめるスポーツクラブをつくること。
● 「観る」「する」「参加する」。スポーツを通して世代を超えた触れあいの輪を広げること。

■ 事業戦略に含まれる具体的なアクション・プログラムのステップ

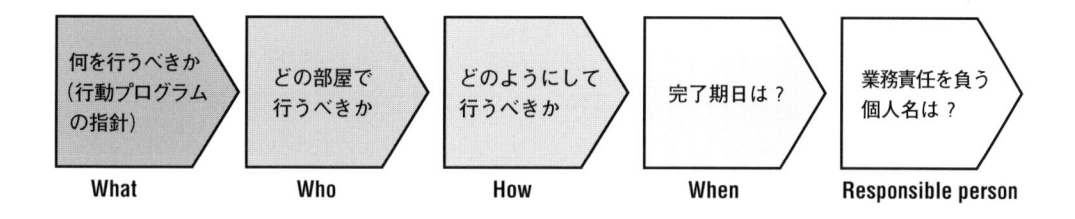

何を行うべきか (行動プログラムの指針)	どの部屋で行うべきか	どのようにして行うべきか	完了期日は？	業務責任を負う個人名は？
What	Who	How	When	Responsible person

（クロンプトンとラム，1991 から作成）

【スポーツ組織のアクション・プログラム】　たとえば，あるJクラブの場合，長期ビジョンを具体化した中期目標として，「基本理念のたゆまぬ追求」「シーズン制，リーグ戦方式の改革を念頭に置いた経営改善と効率的実行」「スポーツくじ実施後の諸問題への対応」の3つを示し，2001年度のアクション・プログラムとして，「入場料収入増加策の実施」「チーム強化方針の継続的追及」「基本理念実現のためにテニスクリニックの継続的実施と新規案件への積極的対応」「新スタジアム完成後のセキュリティ管理体制の確立」といった4つの具体的な計画を提示した。

　ここで問題となるのは，中期目標とアクション・プログラムの連動性と，具体化されていないアクション・プログラムの中身である。たとえば「入場料収入増加策の実施」の項目には，年間指定席，一般席での価格体系の見直し及び販路拡大，新規販売手法の開発，ファンクラブ会員の拡大（目標5万人）の5項目が並んでいるが，どの部局で行うべきか，どのようにして行うべきか，完了期日は，そして業務責任を負う個人名がまったく記載されておらず，単なる努力目標にとどまっている感が強い。もちろん，これらのプランが達成されたかどうかは不明であるが，現在ファンクラブが5万人まで広がったという話は聞いていない。むしろ，同クラブの年間順位は下降気味で，それが微妙に観客動員数に影響を及ぼしているのが現状である。

【長期か短期か？】　スポーツ組織の監督やゼネラルマネジャーは，常に長期か短期かという問題で頭を悩ませている。チームを任された監督としては，ユースチームでじっくりと選手を育ててトップチームに引き上げ，長期的な展望で強いチームをつくりたいと願っている。しかしながら，現実は明日のゲームに勝つために，長期的な視点を犠牲にするケースが多く存在する。金井ら（1996）は，「スポーツに学ぶチームマネジメント」（ダイヤモンド社）の中で，理想は長期的視点での販売の展開だが，現実には短期的視点で販売を行っているセールスマネジャーの葛藤について，次のように述べている。

　「この理由は様々だろう。今日の売上や業績をあげることに汲々としているのに，なぜ1年後や2年後のことを考えることができるのだ。あるいは，自分が長期的視点を持ち，それなりのビジョンを持ち，チームを育てていこうと思っても，組織変更は例年の行事のように行われる。よってメンバーの顔ぶれも変わる。それならまだしも，昨今のリストラの動きで人員削減だ。こんな中でどうして長期的なビジョンが持てるのか，持ったとしても無駄ではないか」，など。

　プロスポーツの世界においても，現実には，明日の勝利を求めるあまり，即戦力の補強で無駄な支出を行い，成績が少し落ちただけで監督の首をすげ替え，長期的な視点が欠落したまま，泥沼にはまりこんでしまうチームは少なくない。これは短期的な目標を達成するには，長期的な目標を犠牲にしなくてはならないからで，長期的な視点から，リスクをおかしてでも若手に試合経験を積ませることが大事なのに，次の試合に勝つために，ベテランや補強した即戦力の選手を使い続け，若手の成長の芽を摘んでしまうのである。

　セールスもスポーツも，チームメイクのあり方は，その将来を大きく左右する。戦略と経営計画の全体構造を的確に理解した上で意思決定がなされるべきであろう。

■ 行動プログラムの作成時に考慮すべき項目

項　目	内　容
ターゲット市場	ターゲット市場を人口統計的に，地理的に，そして人々の態度や行動が明確になるように定義する。もし同一プログラムが異なるターゲット市場に提供されたり，異なるプログラムが同一市場に投入されるならば，それぞれの市場を個別に定義する。
プログラム	計画期間中に提供されるべきプログラムを記述し，そのプログラムの必要性を明確にする。
満たすべきニーズ	各プログラムで満たすべき各ターゲット市場のニーズを文章化する。その中には，様々なプログラムの中で強調される点が含まれる。
目　標	各ターゲット市場と各プログラムの目標を特定化する。ターゲット市場と各プログラムの目標は，適切で明瞭かつ優先順位が明らかであり，詳細かつ達成できる可能性があり，便益が明確にされたものである。
価格戦略	価格政策（無料，補助金，競合価格，その他）を記述する。価値／価格の関係（競合者と同じかもしくは価値があるか）を論議し，価格設定における適切な法律／規制や，コスト／利益を考慮する。これらは各プログラムごとに記述される。
流通戦略	各プログラムもしくはサービスに対する流通システムにおける質的，量的側面を記述する。
プロモーション	各ターゲット市場及び各プログラムのプロモーション戦略を文章化し，その必要性を正当化する。
サービスの質的基準	サービスのどの要素が最も重要か？サービス・パフォーマンスに対しどのような基準を設けるのか？サービスの「質」の評価は可能か？
成功の鍵となる要素	成功の鍵となる戦略や実行の要素を強調する。

（クロンプトンとラム，1991）

■ 戦略と経営計画の全体構造

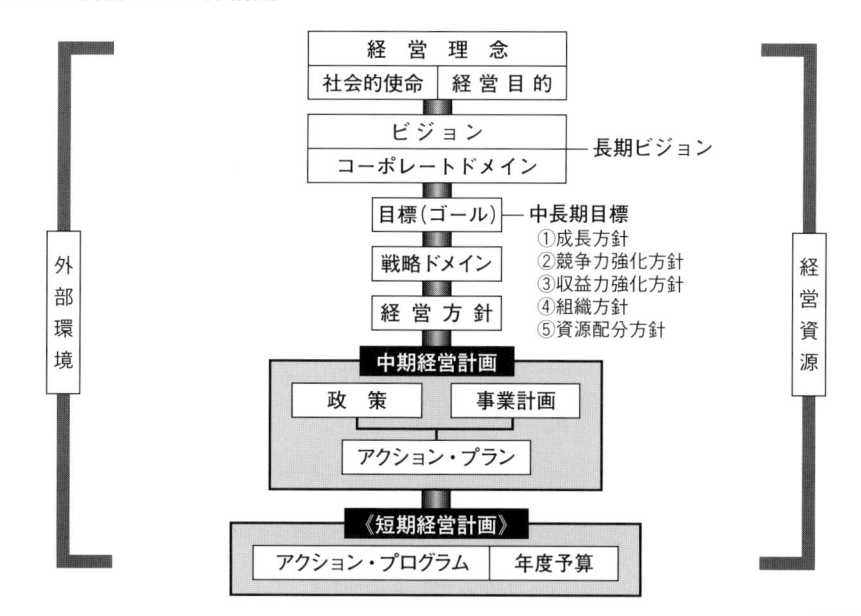

（高梨，1995）

3 スポーツ組織の業績をどう読むか

【企業における業績評価】　業績評価とは，ある複数の評価指標を定めて，企業や行政等の問題点を測定・評価することであり，日本では昭和40年代からこの言葉が使われ始めた。企業の評価においては，一般に安全性（企業の借入金の依存度を示す自己資本率），収益性（経常利益など），発展性（売上高伸び率など），企業力（従業員平均年齢など）といった指標が用いられる。現在ではこれらの指標に加え，総合的な経営管理システムとしての業績評価手法が用いられることがある。たとえば，第5章でも触れたバランススコア・カード（BSC）がその一例である。BSCは，評価で明らかになった問題点に基づき，PDCA（Plan-Do-Check-Action）サイクルを循環させ，企業や行政等の継続的な変革を促して業績の向上を図る経営手法である。

【行政における業績評価】　行政の業績評価については，企業が用いる評価方式に加え，公共性への貢献度を図る指標などが必要とされる。たとえば，スポーツ行政の中心となっている外郭団体（財団・社団法人や公社など）においては，右図のような4つの大きな区分が必要とされる（高寄，1991）。とくに指定管理者制度のような民活論が活発化する中で，外郭団体にも事業継続の理由として，収益性の問題がクローズアップされてきた。補助金だのみの経営や放漫経営によって外郭団体の事業を行き詰まらせないためにも，企業と同じ財務経営分析が必要とされる。

　組織業務分析とは，人事・労務，事業内容，経営能力，経営形態などが適正であるかどうかであるが，これらは外郭団体に特有な内部経営要素の分析となる。たとえば人事については，官庁OBの数とか任期が短すぎるといった問題が生じる場合がある。あるいは経営責任のあいまいさや，経営者の事業意欲等なども対象となる。

　公共性の高い外郭団体の場合，社会貢献度を評価する視点として自治体貢献分析と公共性貢献分析の2つの視点がある。内部経営分析が経済性に関する分析であったとすれば，外部経営分析は公共性に関する分析である。割高な行政サービスのひとつであるスポーツ施設の運営では，人件費コストのかかる直営か財団からの再委託か，あるいは完全民営化かという問題がついてまわる。

【スポーツ行政の業績評価】　公共経営で用いられる行政評価の視点に，結果だけを見る「アウトプット」（output）と，結果がもたらした影響を見る「アウトカム」（outcome）の2つがある。たとえば，公共スポーツ施設の主催する高齢者の健康づくり教室の参加者総数がアウトプットであり，その結果地域の＜寝たきり率＞が3％改善されたというのがアウトカムである。アマチュアスポーツの場合，組織の業績評価には，アウトプットよりもアウトカムの視点が必要である。単にプログラム参加者や施設利用者の数に固執するのではなく，その結果どのような地域イノベーションが起きたのかを知る必要があるだろう。

■ PDCAサイクル

```
        Plan
   目標・評価方法設定
  各組織の具体的行動計画へ展開

Action                    Do
改善・指導                 実施
目標達成のための調整      目標に向け活動

         Check
          評価
    活動を目標と対比し
      達成度を評価
```

■ 外郭団体業績評価項目

区　分		項　目
内部経営	財務経営分析	安全性，収益性，生産性，発展性
	組織業務分析	人事構成，業務状況，経営形態，経営環境
外部経営	自治体貢献度分析	財源還元，組織活性化，行政補完，民主統制
	公共性貢献度分析	公共経済，都市建設，市民生活，地域経済

【競技団体の業績評価】 スポーツ振興基金が行う競技団体への助成金配分においては，全競技団体に「公平」に配分するのではなく，各競技団体をランク付けして，ランクに応じた額にバイアスをかけることによって「公正」な配分を心がけている。図に示したのは，平成15年度に実施した競技団体をランク付けする際の評価項目であり，JOCの評価基準とスポーツ振興基金が独自に設定した評価項目が含まれている。

　JOCの評価項目としては，「オリンピックの実績，エリート指定選手得点」（50pt）「世界選手権，アジア大会等の実績」（10pt）「競技者（ジュニア）育成システム（の整備状況）」（10pt）「団体の選手強化体制」（10pt）「国際統括組織（IF，AF）への人材配置と活用」（10pt）の5つがあり，基金評価項目として「事務処理能力」（8 pt）と「研修会参加状況」（2 pt）の2つがある。これらの項目にはポイントとして重みづけがなされており，団体の総合的なマネジメント能力が数値で評価できるようになっている。

　総合点でもっとも高いポイントを獲得したのが水泳（95pt）で，柔道（93pt），スケート（74pt），スキー（65pt）がそれに続く。反対に，別の助成金のある自転車（要望なし）や，権力争いで団体運営に空白の生じたテコンドーなどのように，ポイントのつかない団体も存在する。

【スポーツリーグの業績評価】 同じくJOCが行うリーグ活性化プランで用いられている運営組織・リーグに対する個別評価では，「組織基盤の強化の観点」（たとえばマネジメント専門家の外部登用），「国際競技力向上の観点」（たとえばジュニアチーム保有の義務化など），「ジュニアの育成の観点」，「競技の普及の観点」（クリニックや指導者講習会の開催），「実行の可能性」（リーグ活性化委員会の設置），そして「オリンピック競技種目であることの評価」といった項目が用意されており，それぞれの項目に「(a) 特に優れている」「(b) 優れている」「(c) 優れていない」という3段階の評価基準があり，(a) 評価が3つ以上あり，(c) 評価がないリーグが総合評価でAランクに位置づけられる。平成15年度では，バスケットボール女子日本リーグ機構（WJBL），㈶日本バレーボール協会のVリーグ男子とVリーグ女子がAランクを獲得した。

【スポーツクラブの業績評価】 チーム型のスポーツクラブであれば，もちろん，そのチームの強さ（戦績）で評価される。その際，ゲーム戦術，監督・コーチの統率力，メンバーの身体資源，選手層の厚さ，等々，との兼ね合いが問題視されなければならない。

　一方，一般市民の日常的なスポーツの場として機能することが目的である総合型地域スポーツクラブのような場合には，その成果と問題点の把握には別の視点が必要であろう。良好な人間関係の樹立，ボランティアなど，幅広い地域活動への協力・参加，といったようなことも業績の対象であってしかるべきである。また，普及途上である現状からすれば，クラブが地域住民にとって「目に見える存在」になっていたかどうか，どれだけスポーツ活動の選択肢を広げることができたか，さらには，どこまで自立したマネジメントができたか，なども重要である。

第8章 スポーツ組織のコントロールシステム

■ 競技団体の評価に用いられる項目（平成15年度）

競技団体名	評価項目							計	15年度ランク	14年度ランク
	JOC評価項目					基金評価項目				
	オリンピック実績、エリート指定選手得点	世界選手権、アジア大会等の実績	競技者（ジュニア）育成システム	団体の選手強化体制	国際統括組織（IF,AF）人材配置と活用	事務処理能力	研修会参加状況			
	50pt	10pt	10pt	10pt	10pt	8pt	2pt	100pt		
A										
B										
C										
D										
E										
F										

■ 運営組織・リーグの評価に用いられる項目

区分	個別評価						総合評価
	リーグ活性化プランの評価					オリンピック競技種目であることの評価	
運営組織リーグ名	組織基盤の強化の観点	国際競技力の向上の観点	ジュニアの育成の観点	競技の普及の観点	実行の可能性		
A							
B							
C							
D							
E							
F							

マネジメント探訪 ②

【 一滴の汗と百円硬貨 】

　スポーツ経営，スポーツマネジメント，スポーツアドミニストレーション，スポーツビジネス……，似通った言葉が飛び交っているが，一度交通整理をしておこう。

　スポーツ経営とは，スポーツをさせたり，見せたりするために人を集め（スポーツ組織をつくり），その組織を維持していくために必要な財貨を効率よく生産することである。集まった人々がそこでどうしたらよいのかを指揮できなければならないし，安定した利潤を生み出していける仕組みを設置できなければならない。それらは明らかにスポーツ組織のトップに位置する人々の行為を指したものであり，"conduct" ないしは "establish" という機能である。広い意味の管理（management）ではあるが，コンシューマーに対しては間接的なものとなる。

　スポーツの分野における "manage" を幅広く考えた場合，上述した意味の管理（＝経営）とは別に，スポーツ組織に集まった人々の労働サービスを確実に得ることができるようにし，かつ，コンシューマーに効果的に作用するようにするための具体的な管理（＝経営管理）が必要である。そればかりか，スポーツの現場では，スポーツ実践者との対面的な関係における管理（＝作業管理）の問題も生じてこよう。こうなると，それらさまざまな管理のすべてを表現する言葉が必要である。それがスポーツマネジメントである。いってみれば，スポーツをめぐっての人間と人間の関係をつくり出す機能を総称したものである。

　ところで，そうした管理の働きは，スポーツ組織の内部につくられた「規則」や外部機構の「権威」を実行するためのものと，対等な「利害関係」を工夫するものとに，大きく2分される。前者がスポーツアドミニストレーション，後者がスポーツビジネスである。これまでのスポーツにはどちらかというと，福祉・行政上のサービスとして「上から与えられるもの」という考え方が支配的で，それを支える管理の実情は "administration" という色彩が非常に濃いものであった。また，スポーツは歴史的にみても，「アマチュア」がやるものであって，元来そこに利害関係の入り込む余地などなかったのである。したがって現在でも，スポーツを "business" と結びつけて考えることに嫌悪感を抱く人が少なくない。

　たしかにスポーツを投機の手段と考え，暴利をむさぼるような行為がまかり通れば，スポーツ文化の正常な発展はゆがめられてしまう。スポーツ倫理に反する行為（貪欲の罪）のそしりは免れまい。しかし，コンシューマーが本当に必要とし，手に入れたいと思っている楽しみ，それを生産して市場に出す。ただその場合，流通過程で安く買って高く売る式の商人的な金儲けとしてではなく，スポーツ実践者がかく「一滴の汗と百円硬貨との交換」，つまり，それが正常価格であるとするならば，そういうやり方で市場に出す。そして適正な利潤を手に入れる。これはウェーバーにいわせれば，貪欲の罪どころか「隣人愛の実践の証明」である（大塚久雄訳『プロテスタンティズムの倫理と資本主義の精神』岩波文庫）。スポーツを正常価格で売ったり買ったりするのを原則とするような市場メカニズムをつくり上げ，合理的な原価計算の上に立つビジネスを定着させること，それがスポーツマネジメントの今日的課題である。

Part 3

スポーツマーケティングのマネジメント

第9章 スポーツマーケティング・アプローチ

1 マネジリアル・マーケティングと関係性マーケティング

【マネジリアル・マーケティング】 マーケティングは，伝統的に「売り手と買い手の間で相互に有益な交換関係を創造すべく，売り手が展開する一連の諸活動」と定義されてきた。細部にわたってはさまざまな議論があるが，一般的には「経営者マーケティング」と呼ばれるマネジリアル・マーケティングの考え方が主流である。それは，企業の存続・発展とカスタマー満足の実現をめざした，企業の最高経営者の意思決定に基づくマーケティングである。

もちろん，マネジリアル・マーケティングも「売り手からの市場に対する有益な働きかけ」であることに変わりはないが，企業の論理が優先される。本質的には「売れる仕組みづくり」「成長の仕組みづくり」「顧客基盤の仕組みづくり」を基本とする市場需要調整活動である。そうしたマネジリアル・マーケティングは，①マーケティング目標の設定，②市場ターゲットの明確化，③マーケティング・ミックス（4P）戦略の策定といった3つのステップで構成され，現在の代表的なマーケティング教科書が金科玉条とする基本枠組みとなっている。スポーツマーケティングも，当初は同様の発想から出発した（山下，1985，1988）。

【関係性マーケティングの出現】 Christopherら（1991）は，1950年代を消費財マーケティングの時代，1960年代を産業財マーケティングの時代，1970年代をノンプロフィット＆ソサイエタル（非営利的・社会志向的）マーケティングの時代，1980年代をサービス・マーケティングの時代，1990年代を関係性マーケティングの時代と位置づけている。

1950年代には，既存の販売概念とは異なる，本格的な顧客志向のマーケティング理念が台頭し始め，4P論を中心とするマネジリアル・マーケティング（4Pマーケティング論）が消費財部門で発展し，1960年代には生産財市場にその活動範囲が拡大し，現在に至っているという。1970年代には，不正・不当販売，欠陥商品，公害告発運動などのコンシューマリズムの台頭により，企業経営のコンプライアンス（法的・倫理的遵守）を基本とするソサイエタル・マーケティングが展開される一方，非営利組織へのマーケティング・テクノロジーの適用化を創意工夫するノンプロフィット・マーケティングが重視された。1980年代は，人々のサービス産業部門への興味・関心の高まりとともに，そうしたサービス経済化に対応するサービス・マーケティングが登場した時代である。1990年代以降，市場の成熟・不透明・不確実化と豊かな生活水準の一般化が進み，マーケティングの潮流は，新規カスタマーの創造をめざす従来の4Pマーケティング論から，企業を取り巻くさまざまな集団（市場）との密なインタラクション型コミュニケーションによる長期的・持続的な関係性（とくに，既存のロイヤル・カスタマーとの関係性）を構築する「関係性マーケティング」へと，大きく変化してきたのである。

第9章 スポーツマーケティング・アプローチ

■ マネジリアル・マーケティングの基本枠組み

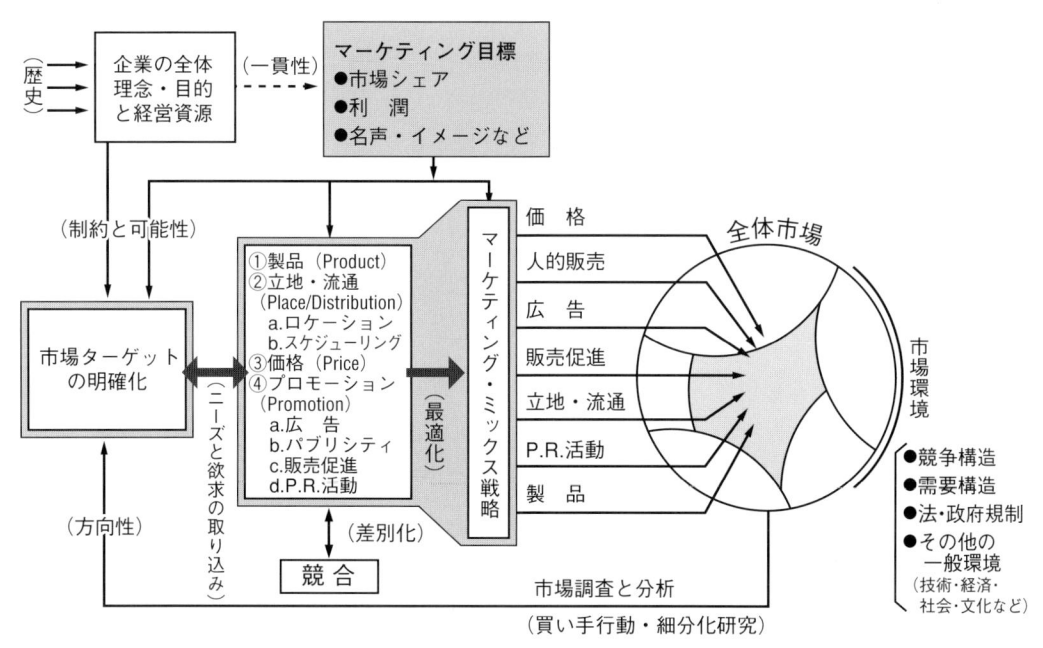

(歴史)→ 企業の全体理念・目的と経営資源 →(一貫性)→ マーケティング目標
- 市場シェア
- 利潤
- 名声・イメージなど

(制約と可能性)

市場ターゲットの明確化

①製品 (Product)
②立地・流通 (Place/Distribution)
  a. ロケーション
  b. スケジューリング
③価格 (Price)
④プロモーション (Promotion)
  a. 広告
  b. パブリシティ
  c. 販売促進
  d. P.R.活動

(ニーズと欲求の取り込み) (最適化) (差別化)

マーケティング・ミックス戦略

価格／人的販売／広告／販売促進／立地・流通／P.R.活動／製品 → 全体市場

市場環境
- 競争構造
- 需要構造
- 法・政府規制
- その他の一般環境（技術・経済・社会・文化など）

競合

市場調査と分析（買い手行動・細分化研究）

(方向性)

（嶋口・石井，1995に加筆修正）

■ マーケティング・パラダイムの潮流

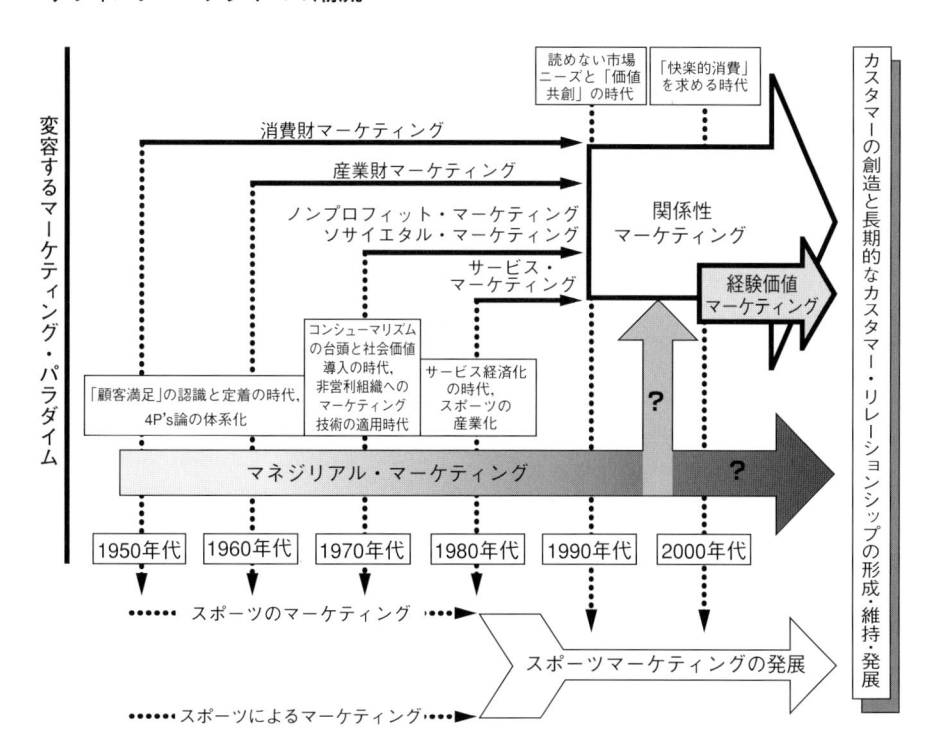

変容するマーケティング・パラダイム

- 消費財マーケティング
- 産業財マーケティング
- ノンプロフィット・マーケティング
- ソサイエタル・マーケティング
- サービス・マーケティング
- 関係性マーケティング
- 経験価値マーケティング

読めない市場ニーズと「価値共創」の時代／「快楽的消費」を求める時代

カスタマーの創造と長期的なカスタマー・リレーションシップの形成・維持・発展

「顧客満足」の認識と定着の時代，4P's論の体系化／コンシューマリズムの台頭と社会価値導入の時代，非営利組織へのマーケティング技術の適用時代／サービス経済化の時代，スポーツの産業化

マネジリアル・マーケティング

1950年代 ／ 1960年代 ／ 1970年代 ／ 1980年代 ／ 1990年代 ／ 2000年代

……スポーツのマーケティング……→

スポーツマーケティングの発展

……スポーツによるマーケティング……→

107

【関係性マーケティングの構図】 養殖，アフター，ワン・トゥ・ワン，カスタマイズド，インタラクティブ，マキシ，データベースなどの接頭語のついたマーケティングは，いずれも従来の4Pマーケティング論の限界を指摘し，そのパラダイム転換を迫っているが，それらはすべて，関係性マーケティングのもとに一括することができる。

前述した潮流の中では，関係性マーケティングに多様な定義づけがなされているが，一般的には「カスタマーやステークホルダーなどの利害関連市場との長期的・継続的な関係性を形成・維持・発展させるための仕組みづくりと組織づくりを，多様なマーケティング・テクノロジーの活用によって実現しようとする一連の諸活動」と定義することができる。

こうした関係性マーケティングは，通常，組織内部の従業員間（内部市場）の良好な関係づくりを促すインターナル・マーケティングから始まる。なぜならば，その善し悪しがスポーツコンシューマー市場や地域社会市場，政府や自治体，マスコミなどの影響者・世論市場，マーケティング会社やスポーツ・エージェントなどの紹介者・委託市場，スポンサーなどの供給者市場，そして適切な人材を採用し確保する労働市場といった6つの利害関連市場との関係性向上の決め手となるからである。スポーツ組織におけるより具体的な関係づくり活動としては，既存の4P以外にも，①提供プロセス（$\dot{P}$rocess），②人的資源（人材：$\dot{P}$eople），③物理的環境（$\dot{P}$hysical evidence），④カスタマー・サービス（$\dot{C}$ustomer service），⑤コンプライアンス（$\dot{C}$ompliance）といった3P＋2Cの要素が必要不可欠である。

【カスタマー・エボリューションの梯子モデル】 関係性マーケティングでは，カスタマーを「ライフ・タイム・バリュー（顧客の生涯価値）」という観点からとらえることが重要である。生涯価値とは「1人のカスタマーがある特定の商品・サービスに一生涯を通じて，または特定の期間に支出する総額」を示すもので，米国のある自動車ディーラーは米国人1人当たりの潜在的生涯価値を30万ドル（約3,300万円）以上と推定している。

ここで重要なのは，当該企業が顧客の生涯価値の何％を確保できるかという「カスタマーシェア（顧客シェア）」の発想である。つまり，カスタマーシェアの増加がそのカスタマーの当該企業に対する生涯価値を最大化するという認識こそ，関係性マーケティングの重要な戦略目標なのである。しかし，残念なことに，大半の米国企業が既存カスタマーとの関係づくりに失敗し，毎年25％以上の既存カスタマーを失っているという。

関係性マーケティングの成果を把握するためには，「カスタマー・エボリューションの梯子モデル」をその指標として活用することが重要である。この梯子モデルは，新規カスタマーの獲得も含めて，既存カスタマーとの①基本的関係性，②反応的関係性，③責任的関係性，④積極的関係性，⑤共創的関係性といった関係性の段階が進むにつれて，当該企業へのロイヤルティや親密感・信頼感がまし，既存カスタマーが顧客から「得意客」へ，そして「支持客」から「贔屓客・擁護者」を経て，最終的には「パートナー」へと質的な顧客進化を遂げるという展望を描いている。全顧客の20％（顧客進化したカスタマー）が全体売上の80％を占めるという経験則として有名な「パレートの法則（80対20の原則）」を見極める重要な視点である。

第9章 スポーツマーケティング・アプローチ

■ 関係性マーケティングと7つの市場モデル

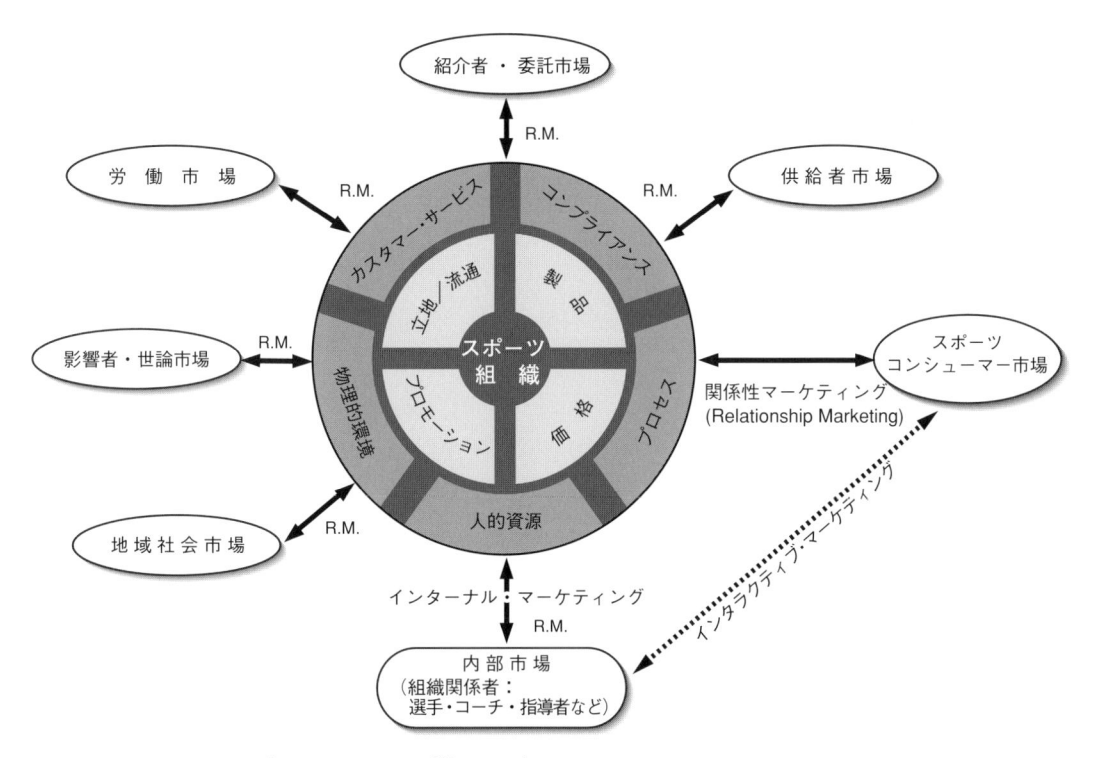

■ カスタマー・エボリューションの梯子モデル

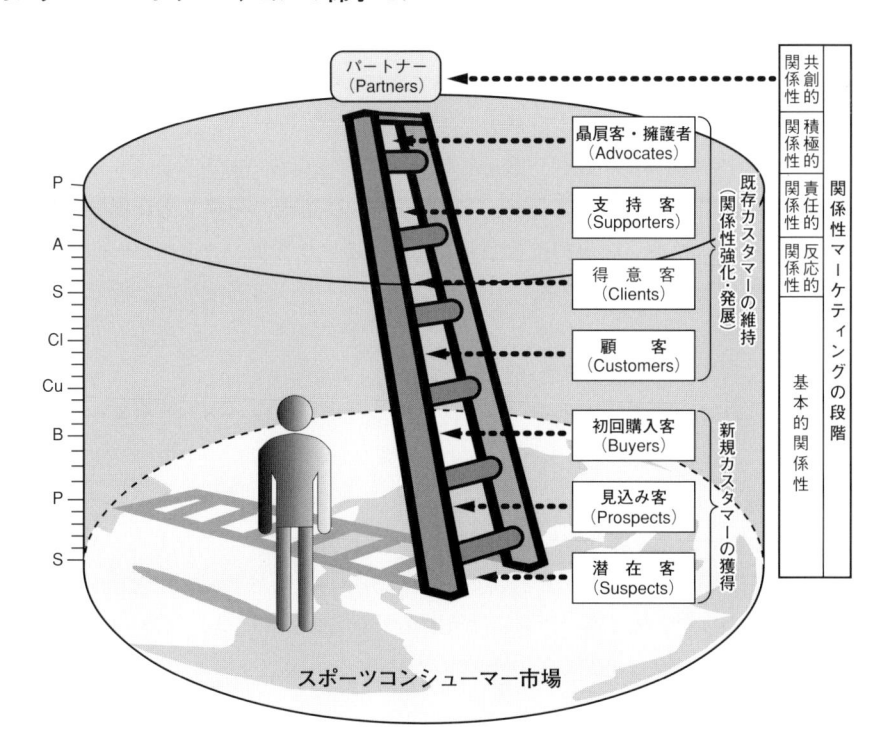

2 スポーツ市場における競争対応

【競争対応】 スポーツ組織は，多岐にわたる，不安定な環境のもとで，ビジネスを展開している。それゆえに，スポーツ組織は，そうした不安定な環境への適応化を図るために，複雑なマネジメント課題をもたざるを得ない。具体的には，「①いかにして，流動化する市場（需要）環境に適応していくのか？」，「②カスタマーの獲得をめぐって，いかにして競合組織との差別化を図っていくのか？」，「③社会全体に対して，どのような社会的責任を果たしていくのか？」といった3つの課題に分けることができる。

①はスポーツ組織の市場環境への適応行動であり，前述したマネジリアル・マーケティング論ないしはマーケティング・マネジメント戦略の問題である。②はスポーツ市場におけるスポーツ組織間のカスタマー獲得競争であり，スポーツ組織の競争対応行動である競争（優位）戦略の問題である。スポーツ組織は，その存続・発展をめざして，スポーツ市場というたえず流動的な環境の中で，競合組織よりも常に競争優位性を確保できるようマーケティング努力をしなければならない。③は社会対応の問題であり，スポーツ組織は，社会の一員であるという自覚のもとに，「スポーツは人々の暮らしや生活，および人間性を豊かにしてくれる」というスポーツの文化的価値や公共性を損なわないように，スポーツ組織対社会の好ましい対応関係を確立するソサイエタル・マーケティング（社会志向的マーケティング）についても考慮しなければならない。これら①～③を統合化する考え方が，「戦略的スポーツマーケティング」である。

【SWOT分析】 SWOT分析とは，主に競争対応戦略や事業戦略の策定に活用されるフレームワークで，スポーツ組織の強み（$\dot{S}$trength），弱み（$\dot{W}$eakness），機会（$\dot{O}$pportunity），脅威（$\dot{T}$hreat）の4つの軸からマトリックスを作ることによって，自スポーツ組織を取り巻く環境を客観的かつ総合的に分析・判断する方法である。

SWOT分析は，外部環境（機会－脅威）の分析と内部環境（強み－弱み）の分析に分けることができる。外部環境の分析では，スポーツ組織の目標達成力や事業力に影響を与えるマクロ環境（経済，技術，政治，法規制，社会，文化）とミクロ環境（カスタマー，競合組織）の変化を観察し，機会と脅威を見極めなければならない。一方，内部環境の分析では，魅力的な機会を獲得し，脅威を回避するだけのコンピタンスや経営資源（ヒト・モノ・カネ・情報）がスポーツ組織内にあるか否かを強みと弱みとして評価する必要がある。

こうしたSWOT分析を経て，スポーツ組織は事業目標の設定や競争対応戦略の策定を行っていくのである。具体的には，①自スポーツ組織の強みで取り込むことができるビジネス・チャンスは何か（攻撃戦略），②自スポーツ組織の強みで脅威を回避できないか，あるいはビジネス・チャンスにできないか（差別化戦略），③自スポーツ組織の弱みでビジネス・チャンスを取りこぼさないためには何が必要であるか（段階的改善戦略），④外的脅威と自スポーツ組織の弱みが合わさって最悪の事態を招かないためには何が必要か（防御戦略または撤退戦略），といった戦略課題と方向性が明確になってくるのである。

■ 戦略的スポーツマーケティングの3つの領域

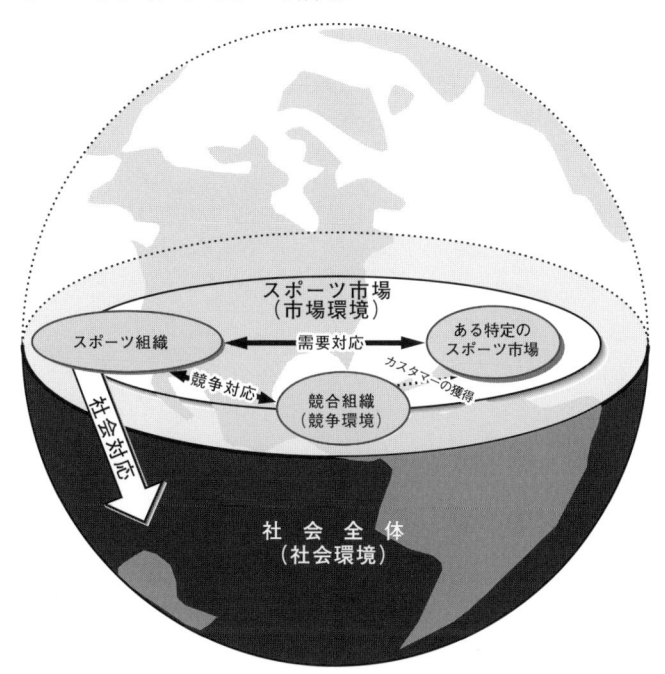

■ SWOT分析と競争対応戦略

民間スポーツ・フィットネスクラブのSWOT分析例と競争対応例	外部環境の分析	
	機会（Opportunity）	脅威（Threat）
	①スポーツ志向や健康・フィットネスへの関心の増大でスポーツ・フィットネス消費が伸びている。 ②新しいスポーツ・フィットネス市場の創造と開拓で、先行者利益を得られる可能性が高い。 ③リーダー企業は存在しない。	①チェーン展開している大手民間スポーツ・フィットネスクラブも、この分野に力を入れ始めている。 ②カスタマーは入会金や年会費・施設利用料などの価格に、より敏感になりつつある。

自スポーツ組織の分析	強み（Strength）	Ⅰ．攻撃戦略	Ⅱ．差別化戦略
	①スポーツサービス開発力がある。 ②専門的知識やホスピタリティ精神をもった優秀な人材がいる。 ③支配人の人的ネットワークが広い ④地域社会への貢献活動が徹底している。 ⑤財務的資源に余裕がある。	○自スポーツ組織の強みで取り込むことができるビジネス・チャンスは何か？ 1. スポーツサービス開発力を生かし、新規スポーツサービスを創造する。 2. 人的ネットワークと地域貢献活動を利用し、新規カスタマーの開拓とPR活動を展開する。	○自スポーツ組織の強みで脅威を回避できないか、あるいはビジネス・チャンスにできないか？ 1. 専門性やホスピタリティを前面に押し出すことで、イメージによる差別化を図る。 2. 財務的資源に余裕があるので、価格による差別化を図る。
	弱み（Weakness）	Ⅲ．段階的改善戦略	Ⅳ．防御戦略または撤退戦略
	①人件費や施設・設備維持費等のコストが高い。 ②年会費や施設利用料がやや高い。 ③支配人任せで、スタッフ間に戦略情報が共有されていない。 ④知名度やイメージが低い。	○自スポーツ組織の弱みでビジネス・チャンスを取りこぼさないためには何が必要であるか？ 1. コスト削減を図り、低価格化へと移行する。 2. 新規スポーツサービスの開発にコストをかける。	○脅威と自スポーツ組織の弱みが合わさって最悪の事態を招かないためには何が必要か？ 1. コスト削減と低価格化 2. 他クラブとの提携 3. 株式の上場

【ファイブフォース分析】　たえず流動的なスポーツ市場において，競争優位性を構築するためには，スポーツ組織が競争を仕掛けたり仕掛けられたりしている業界構造を的確に把握しておくことが重要である。業界構造は，スポーツ組織のマーケティング戦略に影響を与えることはもちろんであるが，スポーツ・ルールと同じように，競争ゲームのルールをも大きく変えてしまう可能性をもっている。

　ファイブフォース（5つの競争要因の）分析は，ポーター（1985）によって提示されたもので，業界の魅力度を測定するためのフレームワークである。このフレームワークでは，スポーツ市場における競争状況を決める要因が総合的にどう作用するかによって，業界の魅力度や競合状況が規定される。

　そうした競争要因は，①競合組織の敵対関係の強さ（熾烈なマーケティング競争の生起），②新規参入の脅威（新規参入による収益性の減少），③代替スポーツサービスの脅威（代替スポーツサービスの競合化による収益性の減少），④現場スタッフの交渉力（スタッフの待遇改善要求から起こるスポーツサービス・クオリティの低下と人件費増加），⑤ユーザーやカスタマーの交渉力（価格値下げ要求とスポーツサービス・クオリティの向上要求から起こる収益性の減少）といった5つの側面から分析される。

【競争地位と競争戦略】　スポーツ市場が成熟すると，市場の限られたパイをスポーツ組織同士で奪い合う形になり，よりいっそう厳しい競争にさらされることとなる。こうした競争に勝ち残っていくための基礎は，相撲の場合と同じように，スポーツ市場（角界）における自スポーツ組織（力士各人）の競争地位（番付）を把握することによって，身の丈にあった競争戦略（取り口）を採用することにある。

　嶋口・石井（1995）は，経営資源の量（力）と質（技）の2軸からマトリックスを作成し，市場における相対的な競争地位を4つに分類することによって，各地位に応じた競争戦略を提示している。①リーダー（横綱）型スポーツ組織は，質，量ともに優れる組織であるため，あらゆる方面への事業展開と戦略展開が可能であり，横綱相撲を取ることになる。②チャレンジャー（三役）型スポーツ組織は，リーダーに準ずる量的経営資源を有しているが，質的経営資源では相対的に劣るため，スポーツサービス，価格，イメージなど何らかの面で，リーダーと異質な差別化戦略を打ち出すことが必要である。③フォロワー（下位力士）型スポーツ組織は，質，量ともに（現在は）恵まれない組織であるため，他組織とは競合せず，さほど魅力的でない市場（土俵）で，模倣戦略を打ち出すことが重要である。④ニッチャー（三賞候補）型スポーツ組織は，経営資源の独自性には優れるが，量的経営資源では相対的に劣るような組織であるため，質的経営資源を優位に生かせる特定市場ニッチにおいて参入障壁を高め，ミニ・リーダー戦略を展開する必要がある。競争地位の把握には，「競合組織のパワーに対する自スポーツ組織の競争行為パターン」を主観的に判断する方法（上原，1990）を用いるとよい。つまり，自スポーツ組織は，競合組織の戦略パワーに対して，①同質的，もしくは異質的に対応するのか，②攻撃的，あるいは受動的に対応するのか，を自問自答するのである。

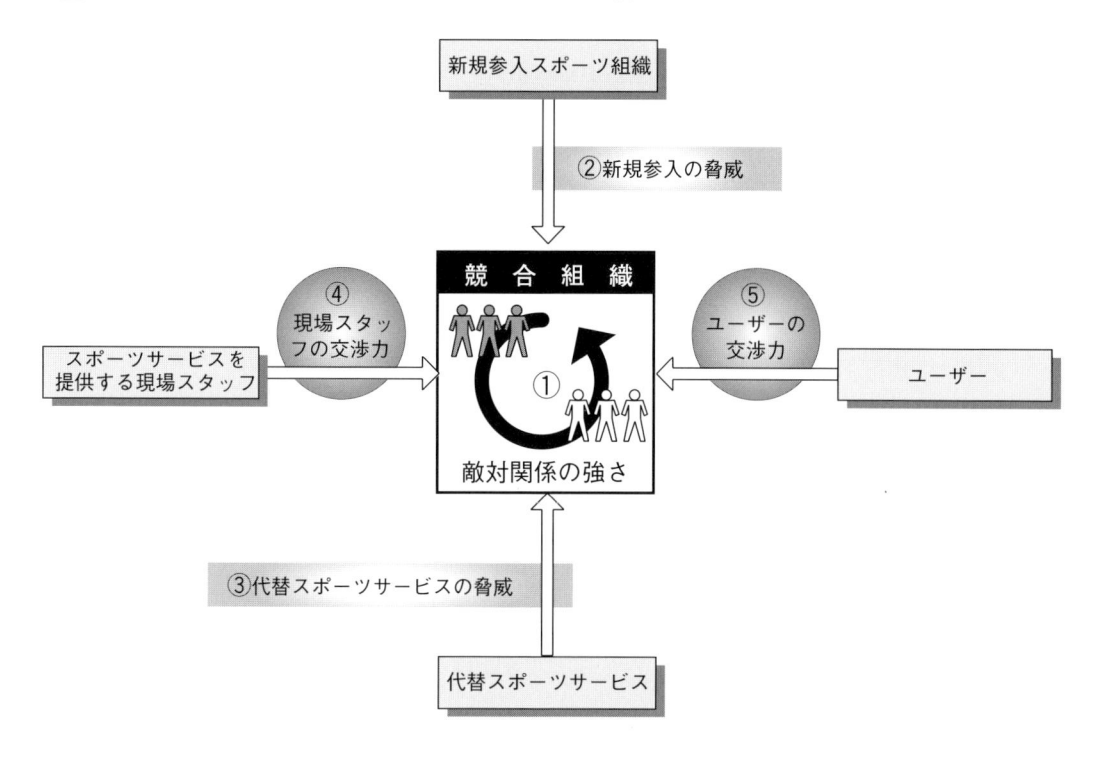

第9章 スポーツマーケティング・アプローチ

■ 業界の魅力度をつかむためのファイブフォース分析

```
                    新規参入スポーツ組織
                            │
                    ②新規参入の脅威
                            ↓
                     ┌──────────────┐
         ④          │  競 合 組 織  │        ⑤
      現場スタッフ    │              │    ユーザーの
      の交渉力       │      ①       │    交渉力
  スポーツサービスを → │              │ ← ユーザー
  提供する現場スタッフ │  敵対関係の強さ │
                     └──────────────┘
                            ↑
                    ③代替スポーツサービスの脅威
                            │
                    代替スポーツサービス
```

■「身の丈」にあった競争戦略構築のための「競争地位」のつかみ方

競争地位の簡単な判断指標

経営資源	経営資源力（量）	
	大	小
経営資源独自性（質） 高	**Ⅰ.リーダー** 市場目標： ○市場シェア ○最大利潤 ○名声・イメージ 戦略方針： 全方位型戦略 （周辺需要拡大、同質化、非価格対応、最適市場シェア）	**Ⅳ.ニッチャー** 市場目標： ○利潤 ○名声、イメージ 戦略方針： 集中化戦略 （特定市場内でのミニ・リーダー戦略）
経営資源独自性（質） 低	**Ⅱ.チャレンジャー** 市場目標： ○市場シェア 戦略方針： 革新的差別化戦略 スポーツサービス差別化、価格差別化、イメージ差別化）	**Ⅲ.フォロワー** 市場目標： ○生存利潤 戦略方針： 模倣戦略 （低価格対応、コスト軽減、経済性重視）

競争行為によるパターン	競争行為 ①	
	同質的	異質的
競争行為 ② 攻撃的	Ⅰ リーダー	Ⅱ チャレンジャー
競争行為 ② 受動的	Ⅲ フォロワー	Ⅳ ニッチャー

3 スポーツマーケティングとスポーツ倫理

【スポーツ倫理】 スポーツは，人々の人生や暮らし（生活）をより豊かにし充実したものとする，世界共通の人類の「文化」である。こうした「文化としてのスポーツ」は，身体を動かすという人間の本源的な欲求に応え，身体的・精神的欲求充足に寄与するといった「①個人的価値」や，新たな人間関係の形成と紐帯，および社会統合化という「②社会的価値」を有している。また，スポーツは「人間の可能性の極限を追求する営み」であり，先端的な学術研究や芸術活動と同等の「③鑑賞的価値」を有し，オリンピックなどのメガ・スポーツイベントの招致・誘致による鑑賞的価値の創造は，スポンサーシップの獲得や新たな雇用創出，および施設関連産業の活性化などの「④経済的価値」とも関連が深い。さらに，スポーツは言葉の壁や生活習慣の違いを超えたインタラクション型コミュニケーション・ツールであり，世界の人々との相互理解を促す「⑤国際的価値」をも有する。

ところで，日本水連の2000年シドニー・オリンピック代表選考過程の不公正・不透明性をめぐる，女子自由形の千葉すず選手による国際スポーツ仲裁裁判所への提訴は，スポーツの鑑賞的価値の創造をめぐる倫理的問題と，スポーツ組織の「説明責任の原則」に関する倫理的問題を提起した判例であり，スポーツ倫理が厳しく問われねばならない。

倫理の出発点は人間の共同生活にあり，その共同生活を維持するために共同生活者全員で決めて自発的に守られる規則や人間の内部からくる規範，つまり「良心の命ずる行動基準」が倫理なのである。そうした心や意識のルールは，いつの時代にも，どんな集団にも求められ，それらを考究するのが「倫理学」の役割である。したがって，「スポーツ倫理学」とはスポーツの文化的価値を創造し多くの人々に享受させていく上での倫理はどうあるべきかを問う学問だと言うことができよう。友添・近藤（1992, 2000）によれば，こうしたスポーツ倫理研究は，①スポーツの人格陶冶機能に関する賛否を問う領域と，②スポーツの倫理的逸脱現象を規範的に問題とする領域といった2つに分類することができるという。

【コンプライアンス】 コンプライアンス（Compliance）とは，一般的に「法令遵守」と訳されるが，法律や規則を遵守することはもとより，広く社会的規範・倫理を遵守することをも意味している。その語源であるComplyとは「人の期待，願い，要望に応える」ことであり，企業のコンプライアンスの本質は「消費者をはじめとする様々なステークホルダーや社会の期待に応える，誠実かつ公正な経営の実践」にあると言ってもよい。

そのためには，スポーツ組織が自らを社会の中の「倫理主体」として位置づけ，スポーツコンシューマーをはじめとするさまざまなステークホルダーや社会との信頼関係において，守るべき各種法令やさまざまな倫理規範を自主的に遵守できるような経営ビジョン（社会的使命，組織理念，行動規範）と組織体制を制度化することが求められる。こうしたコンプライアンス重視の責任ある経営を「コンプライアンス経営」と呼び，スポーツマーケティングの社会的存在意義や倫理観を高めるためには必要不可欠な経営実践である。

第9章 スポーツマーケティング・アプローチ

■「スポーツ倫理学」という学問領域

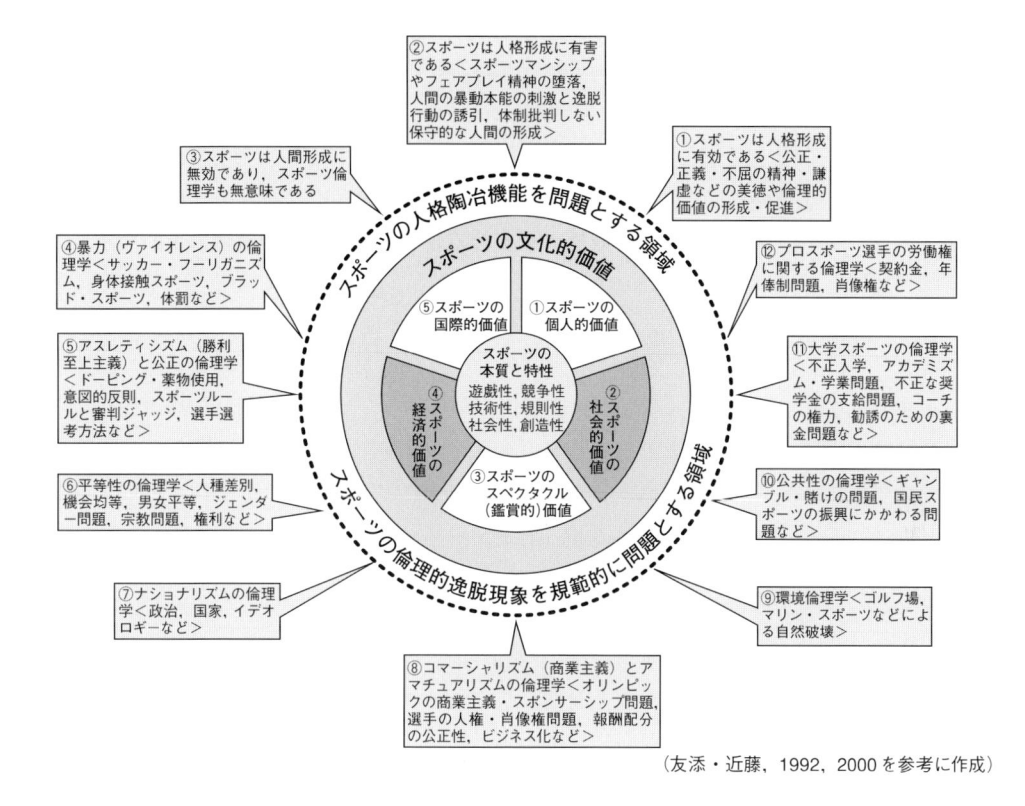

スポーツの人格陶冶機能を問題とする領域

スポーツの文化的価値
- ⑤ スポーツの国際的価値
- ① スポーツの個人的価値
- ④ スポーツの経済的価値
- ③ スポーツのスペクタクル（鑑賞的）価値
- ② スポーツの社会的価値

スポーツの本質と特性
遊戯性、競争性、技術性、規則性、社会性、創造性

スポーツの倫理的逸脱現象を規範的に問題とする領域

② スポーツは人格形成に有害である＜スポーツマンシップやフェアプレイ精神の堕落、人間の暴動本能の刺激と逸脱行動の誘引、体制批判しない保守的な人間の形成＞

① スポーツは人格形成に有効である＜公正・正義・不屈の精神・謙虚などの美徳や倫理的価値の形成・促進＞

③ スポーツは人間形成に無効であり、スポーツ倫理学も無意味である

⑫ プロスポーツ選手の労働権に関する倫理学＜契約金、年俸制問題、肖像権など＞

④ 暴力（ヴァイオレンス）の倫理学＜サッカー・フーリガニズム、身体接触スポーツ、ブラッド・スポーツ、体罰など＞

⑪ 大学スポーツの倫理学＜不正入学、アカデミズム・学業問題、不正な奨学金の支給問題、コーチの権力、勧誘のための裏金問題など＞

⑤ アスレティシズム（勝利至上主義）と公正の倫理学＜ドーピング・薬物使用、意図的反則、スポーツルールと審判ジャッジ、選手選考方法など＞

⑩ 公共性の倫理学＜ギャンブル・賭けの問題、国民スポーツの振興にかかわる問題など＞

⑥ 平等性の倫理学＜人種差別、機会均等、男女平等、ジェンダー問題、宗教問題、権利など＞

⑨ 環境倫理学＜ゴルフ場、マリン・スポーツなどによる自然破壊＞

⑦ ナショナリズムの倫理学＜政治、国家、イデオロギーなど＞

⑧ コマーシャリズム（商業主義）とアマチュアリズムの倫理学＜オリンピックの商業主義・スポンサーシップ問題、選手の人権・肖像権問題、報酬配分の公正性、ビジネス化など＞

（友添・近藤、1992、2000 を参考に作成）

■ スポーツマーケティングにおける「コンプライアンス」の考え方

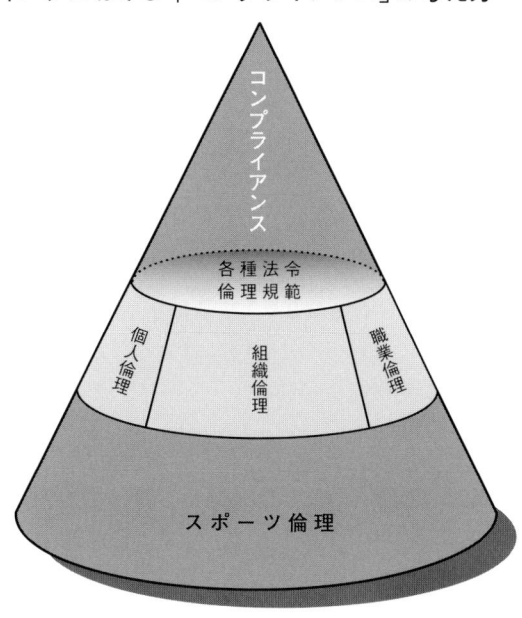

コンプライアンス
- 各種法令・倫理規範
- 個人倫理／組織倫理／職業倫理
- スポーツ倫理

【社会的責任】 スポーツマーケティングやスポーツビジネスの社会的存在意義は、社会構成メンバー間に「『文化としてのスポーツ』の価値交換」を促進させるとともに、そうした交換にかかわる多くの人々や社会全体の福利や利便を向上させることにある。

そのため、スポーツ組織は、スポーツコンシューマーをはじめとする社会構成メンバーや地球環境に対して、「文化としてのスポーツ」の価値供給主体としての社会的責任を果たさなければならない。嶋口（2000）によれば、マーケティングに関わる社会的責任はかなり多岐にわたるが、主として①基本責任、②義務責任、③支援責任といった3つの領域に集約でき、いずれも「社会的満足」追求の重要なテーマになるという。

第1は「基本責任」領域で、いわばスポーツマーケティングの社会的存在意義や社会的役割に関わる本質的責任である。具体的には、売り手と買い手双方の「自由意思」による「自己利益追求」を基礎にした相互同意型の価値交換を促進することで、当事者双方の認知価値を高め、社会全体の価値（社会的満足）を高めていくという固有な責任である。

第2の責任は基本責任の遂行から生じる各種の社会的不利益（不経済性）に対する責任であり、「義務責任」領域である。たとえば、公害や地球資源破壊などのような外部不経済性や、不公正取引や欠陥商品提供、および誇大広告などの内部不経済性への責任がある。

第3の責任領域は、メセナ活動やフィランソロピー、および1％クラブなどの文化・芸術・社会支援や経済支援、およびボランティア活動などに代表される自主的な社会貢献活動であり、スポーツ組織の長期継続的な存続基盤づくりに役立つ「支援責任」である。

【ソーシャル・マーケティング論の2つの流れ】 ソーシャル・マーケティングは、コンシューマリズムや環境保護運動などが活発化し始めた1970年代の米国を中心に発展してきた、組織の社会的かかわりを考えるマーケティング領域である。今日、こうしたソーシャル・マーケティングには、2つの潮流があると言われている。

第1の潮流は、4Pを中核とするマネジリアル・マーケティング、いわゆる伝統的なマーケティング・マネジメント活動の中に、上述した社会的責任や社会倫理などの社会価値概念を導入し浸透させていこうとする、レイザーとケリー（1976）に代表される「ソサイエタル・マーケティング」領域である。この領域では、コンシューマーを自らが主体的にその生活を維持・発展させる「生活者」としてとらえ直し、社会的責任論や新しい社会価値と生活の質向上への支援努力について検討することに主眼を置いている。第2はKotler and Levy（1969）の「マーケティング概念の拡張」に代表される流れで、社会的に意味のある非営利組織やアイデアなどをより効果的かつ効率的に運用・遂行するために、マーケティング・マネジメント戦略の基本枠組や思想・ノウハウ・技術などを積極的に活用・援用するという、一種の伝統的マーケティング・テクノロジーの社会応用化をめざす「ノンプロフィット・マーケティング」領域である。

この2つの潮流は互いに支流がなく独立的に理論化が進められているが、両者とも、「基本的には、マーケティングの持つ社会的役割や社会性を強調し、大枠として社会やパブリック（公共）に貢献しうるマーケティングの追求を目ざすものである」（嶋口，1984）。

第9章 スポーツマーケティング・アプローチ

■ スポーツマーケティングに求められる「社会的責任」の範囲

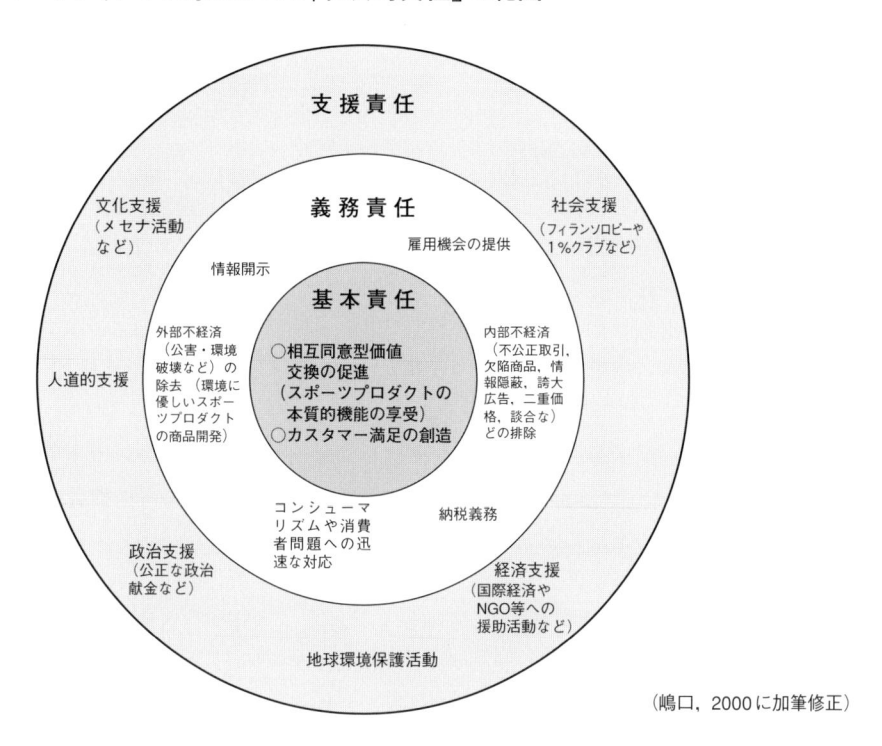

支援責任
- 文化支援（メセナ活動など）
- 社会支援（フィランソロピーや1％クラブなど）
- 人道的支援
- 政治支援（公正な政治献金など）
- 経済支援（国際経済やNGO等への援助活動など）
- 地球環境保護活動

義務責任
- 情報開示
- 雇用機会の提供
- 外部不経済（公害・環境破壊など）の除去（環境に優しいスポーツプロダクトの商品開発）
- 内部不経済（不公正取引、欠陥商品、情報隠蔽、誇大広告、二重価格、談合な）どの排除
- コンシューマリズムや消費者問題への迅速な対応
- 納税義務

基本責任
- ○相互同意型価値交換の促進（スポーツプロダクトの本質的機能の享受）
- ○カスタマー満足の創造

（嶋口，2000に加筆修正）

■ 社会やパブリックに貢献しうるマーケティングの発展

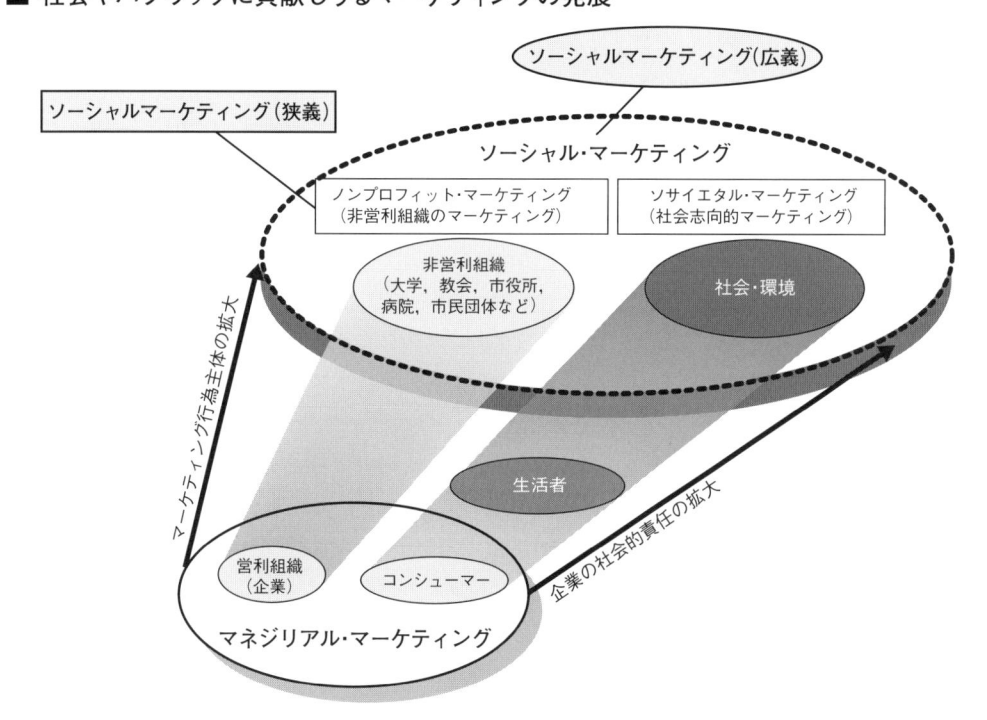

- ソーシャルマーケティング（広義）
- ソーシャルマーケティング（狭義）
- ソーシャル・マーケティング
  - ノンプロフィット・マーケティング（非営利組織のマーケティング）
    - 非営利組織（大学，教会，市役所，病院，市民団体など）
  - ソサイエタル・マーケティング（社会志向的マーケティング）
    - 社会・環境
    - 生活者
- マネジリアル・マーケティング
  - 営利組織（企業）
  - コンシューマー

マーケティング行為主体の拡大
企業の社会的責任の拡大

117

Part 3

第10章 スポーツマーケティング・プロセス

1 ターゲッティング

【ターゲット・マーケティング】 ターゲット・マーケティングとは,「ある一定の基準に従って,スポーツ市場全体をいくつかの市場セグメントに分類し,その中から1つあるいは複数の市場セグメントを選択してターゲット(標的)を定め,そうした標的市場セグメントのニーズや欲求などにあったスポーツサービスやマーケティング・ミックスを開発していこうとするアプローチ」のことである。

こうしたターゲット・マーケティングは,①セグメンテーション,②ターゲッティング,③ポジショニングといった3つのプロセスで構成されており,適切な市場機会の発見と効果的なマーケティング戦略の策定に役立つと言われている。

【セグメンテーション】 セグメンテーションとは,「スポーツ市場の細分化」のことをいう。スポーツ市場は,多様な年齢,ライフスタイル,スポーツニーズや欲求などを持った多数の「スポーツコンシューマー」から構成されている。スポーツ組織は,こうしたスポーツ市場全体をターゲットとして画一的なスポーツサービスの開発を進めるよりも,かかるスポーツ市場を一定の基準に従ってうまく分類し,かなり同質的なスポーツコンシューマー・グループ(市場セグメント)ごとに最適なマーケティング・ミックスを開発し,的確なマーケティング戦略を展開する方が明らかに合理的である。

このように,セグメンテーションとは,ある一定の基準に基づいて,全体としては本来異質なスポーツ市場を比較的同質性の高い市場セグメントに分割するプロセスのことをいうのである。したがって,それぞれの市場セグメント間においてはその特性やスポーツニーズなどが異質であるように,逆に,各市場セグメント内ではそれらがかなり同質であるように細分化するのが,セグメンテーションの基本原理である。つまり,「違って同じ」ということである。いうまでもなく,スポーツ市場を構成する多種多様なスポーツコンシューマーをただ無意味に区別するのではなく,いくつかの同質的なスポーツコンシューマー・グループに分割することによって,各グループの特性やスポーツニーズなどにきめ細かく対応したマーケティング活動を効率的かつ効果的に実践できるという点に,「セグメント・マーケティング」の戦略的な意義がある。

しかし,すべてのセグメンテーションが効果的であるとは言い難い。セグメンテーションが有用であるためには,①市場セグメントの規模,購買力,プロフィールが簡単に測定できること(測定可能性),②市場セグメントに効果的に到達し,マーケティング活動が実行できること(到達・実行可能性),③スポーツ組織にとって価値があり,収益性のある市場セグメントであること(実質性)といった3つの条件が満たされなければならない。

第10章 スポーツマーケティング・プロセス

■ ターゲット・マーケティングの考え方

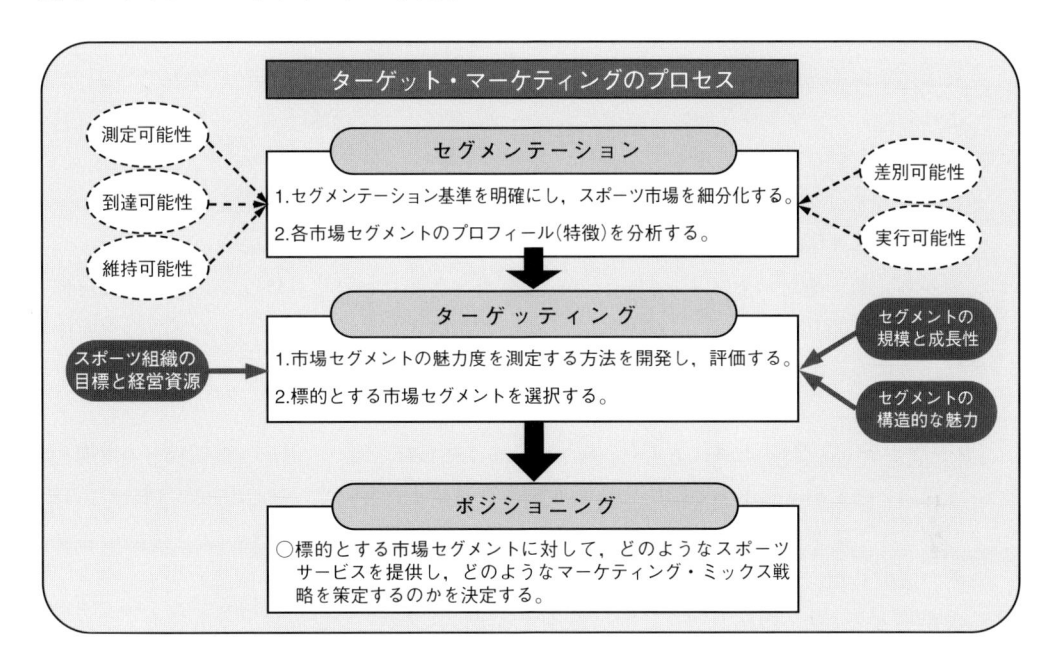

```
┌─────────────────────────────────────────────────────────┐
│            ターゲット・マーケティングのプロセス            │
│                                                           │
│  測定可能性 ┐       ┌──セグメンテーション──┐   ┌ 差別可能性 │
│  到達可能性 ┼──→  │1.セグメンテーション基準を明確にし，スポーツ市場を細分化する。│ ┼ 実行可能性 │
│  維持可能性 ┘       │2.各市場セグメントのプロフィール(特徴)を分析する。│   └           │
│                     └──────────────────┘                │
│                              ↓                            │
│   スポーツ組織の  ┌──ターゲッティング──┐  セグメントの   │
│   目標と経営資源 →│1.市場セグメントの魅力度を測定する方法を開発し，評価する。│← 規模と成長性 │
│                   │2.標的とする市場セグメントを選択する。│  セグメントの   │
│                   └──────────────────┘  構造的な魅力   │
│                              ↓                            │
│                     ┌──ポジショニング──┐                │
│                     │○標的とする市場セグメントに対して，どのようなスポーツ│
│                     │ サービスを提供し，どのようなマーケティング・ミックス戦│
│                     │ 略を策定するのかを決定する。│                          │
│                     └──────────────────┘                │
└─────────────────────────────────────────────────────────┘
```

■ セグメンテーションの実施手順

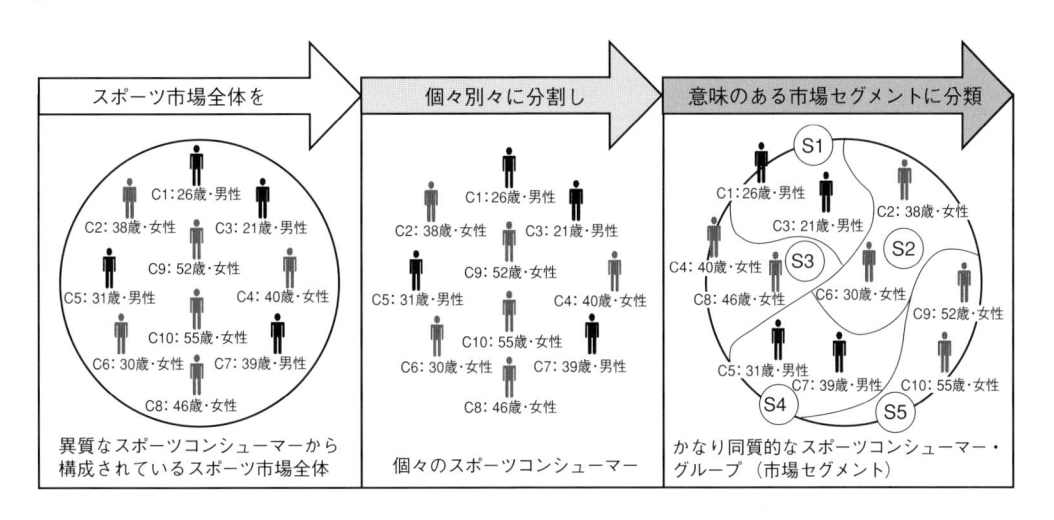

スポーツ市場全体を → 個々別々に分割し → 意味のある市場セグメントに分類

異質なスポーツコンシューマーから構成されているスポーツ市場全体 → 個々のスポーツコンシューマー → かなり同質的なスポーツコンシューマー・グループ（市場セグメント）

C1:26歳・男性　C2:38歳・女性　C3:21歳・男性　C4:40歳・女性　C5:31歳・男性　C6:30歳・女性　C7:39歳・男性　C8:46歳・女性　C9:52歳・女性　C10:55歳・女性

S1, S2, S3, S4, S5

【セグメンテーション基準】 前述のように，セグメント・マーケティングの戦略的な意義を理解できたとしても，セグメンテーションの軸，つまり「ある一定の基準」について学習していなければ，次なる戦略実行はおぼつかない。

こうしたセグメンテーション基準は，スポーツ市場を「虫めがね」でじっくり見れば，自ずと浮かび上がってくる。その基本的な軸は，①地理的変数，②デモグラフィック（人口統計学的）変数，③サイコグラフィック（社会経済・心理学的）変数，④行動変数など，スポーツコンシューマーの購買行動における異質性を把握できる変数で構成されている。

しかし，唯一絶対のセグメンテーション基準など存在しないし，最近では基準それ自体の説明力の低下も指摘され始めているので，スポーツ組織が最善のマーケティング活動を展開するには，複数の基準を組み合わせたセグメンテーションを試してみる必要がある。

【ターゲッティング】 セグメンテーションがうまく終わった後，スポーツ組織はどの市場セグメントに狙いを定めるのかを客観的に判断する「ターゲッティング」を実施しなければならない。ターゲッティングは，「各市場セグメントの魅力度に関する分析・評価」と，「標的市場セグメントの選択」という2段階を経て行われる。

各市場セグメントの魅力度を分析・評価する場合，スポーツ組織は，①市場セグメントの規模の適切性と将来的な成長性の分析，②市場セグメントの短期的・長期的な収益性の分析と自スポーツ組織を取り巻く競争環境（とくに競争相手の強み・弱みや新規参入の脅威，および代替的なスポーツサービスの脅威などの競争要因）の把握，③自スポーツ組織の目標と戦略実行に必要な経営資源の確認，などの3つの要因を吟味する必要がある。

標的市場セグメントの選択とは，上述の分析・評価結果に基づいて，自スポーツ組織のスポーツサービスの販売対象となり得る標的市場を決定することをいう。こうした標的市場選択の方法は，ポジショニングまで含めて，①無差別マーケティング，②差別化マーケティング，③集中化マーケティングといった3つに分類することができる。

無差別マーケティングとは，市場セグメントの存在を無視して，スポーツ市場全体に向けて，単一のスポーツサービスと単一のマーケティング・ミックスでもって，可能な限り多くのユーザーやカスタマーを獲得する方法である。いわゆる，マス・マーケティングであり，経済性メリットはあるが，スポーツコンシューマーの複雑化するニーズを満たすことはできない。差別化マーケティングとは，複数の市場セグメントを狙い，それぞれの市場セグメントに適合したスポーツサービスとマーケティング・ミックスを用意し展開する方法である。販売額の増加は期待できるが，コストの増加も同時に起こるので，適正規模でのセグメンテーションが必要となってくる。集中化マーケティングとは，1つの市場セグメントに狙いを定め，そのセグメントにとって理想的なスポーツサービスとマーケティング・ミックスを開発し展開する方法である。この方法は，通常よりも高いリスクを負うことになるが，小規模のスポーツ組織にはもっとも有効である。

いずれにしても，スポーツ組織は，優れたスポーツサービスを提供し，競争相手よりも優位にマーケティング戦略が実行できる市場セグメントだけに参入するべきである。

第10章 スポーツマーケティング・プロセス

■ スポーツ市場を構成する人びとを見分ける「虫めがね」

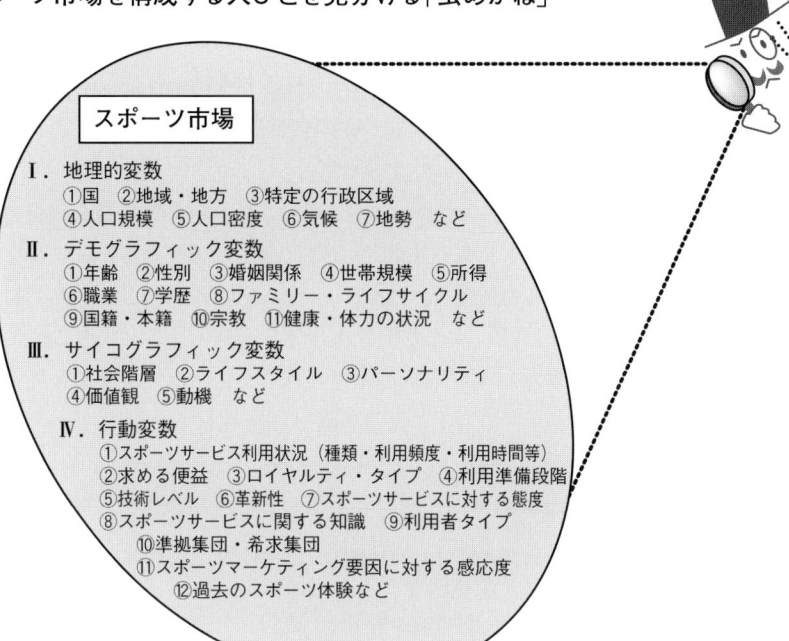

スポーツ市場

Ⅰ．地理的変数
　①国　②地域・地方　③特定の行政区域
　④人口規模　⑤人口密度　⑥気候　⑦地勢　など

Ⅱ．デモグラフィック変数
　①年齢　②性別　③婚姻関係　④世帯規模　⑤所得
　⑥職業　⑦学歴　⑧ファミリー・ライフサイクル
　⑨国籍・本籍　⑩宗教　⑪健康・体力の状況　など

Ⅲ．サイコグラフィック変数
　①社会階層　②ライフスタイル　③パーソナリティ
　④価値観　⑤動機　など

Ⅳ．行動変数
　①スポーツサービス利用状況（種類・利用頻度・利用時間等）
　②求める便益　③ロイヤルティ・タイプ　④利用準備段階
　⑤技術レベル　⑥革新性　⑦スポーツサービスに対する態度
　⑧スポーツサービスに関する知識　⑨利用者タイプ
　⑩準拠集団・希求集団
　⑪スポーツマーケティング要因に対する感応度
　⑫過去のスポーツ体験　など

■ 3つのターゲッティング・アプローチ

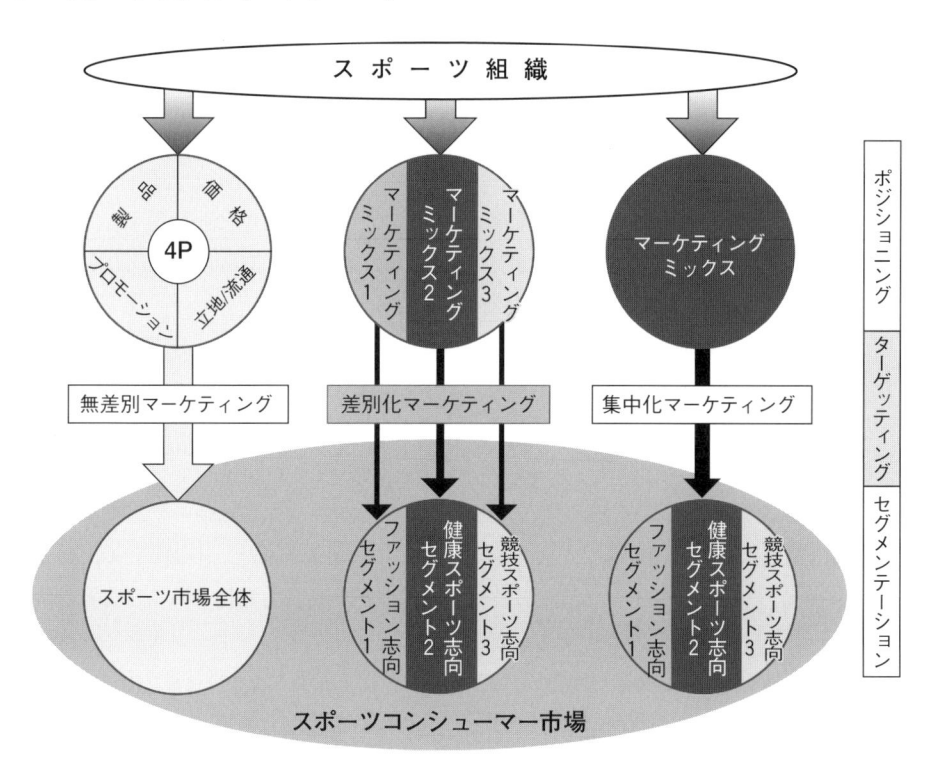

スポーツ組織

4P（製品・価格・プロモーション・立地/流通）
無差別マーケティング
→ スポーツ市場全体

マーケティングミックス1／マーケティングミックス2／マーケティングミックス3
差別化マーケティング
→ ファッション志向セグメント1／健康スポーツ志向セグメント2／競技スポーツ志向セグメント3

マーケティングミックス
集中化マーケティング
→ 健康スポーツ志向セグメント2

スポーツコンシューマー市場

ポジショニング　ターゲッティング　セグメンテーション

2 スポーツ満足ポートフォリオ

【カスタマー満足】 スポーツマネジメントの基本は，何よりもスポーツ組織の永続性を前提として，カスタマー満足を基軸とした顧客の創造と維持を図ることにある。そのためには，カスタマー志向のマーケティングという発想が重要なのである。

この古くて新しいカスタマー満足というキーワードには，いろいろな立場や観点の違いによって，さまざまなとらえ方がある。コトラー（2002）は，「満足とは，ある製品における知覚された成果（あるいは結果）と購買者の期待との比較から生じる喜び，または失望の気持ちである」と理解している。また，佐藤（1992）は「提供された商品・サービス，さらに提供者の理念などについて顧客が自分自身の基準によって納得の得られるクオリティと価値を見いだすこと」，つまり「顧客が（主観的に）満足すること」を顧客満足と定義している。

また，嶋口（1994）は，「不満」という日本語には「満足していない（非満足）」と「怒っている（不満）」という2つの状態が含まれ，満足と不満足という用語は反対語ではなく，もともと異なる軸にあるということを前提に，顧客満足の現状を「マイナス満足（不満状態：dissatisfaction）」－「ゼロ満足（非満足状態：unsatisfaction）」－「プラス満足（満足状態：satisafaction）」といった3つのレベルに分類している。

いずれにしても，カスタマー満足とはカスタマー自身の基準やニーズ・期待などによって主観的に判断されるものであるので，カスタマー自身がスポーツ組織やスポーツサービスに対して納得のできる価値やクオリティを見出し，それがいかに歓喜とロイヤルティ形成へと結びついていくかが，マーケティング対応上の重要な課題となっている。

【カスタマー満足を生み出す決定的瞬間】 上述したようなカスタマー満足は，カスタマーがスポーツ組織やスポーツサービスと接する瞬間に生まれる。カスタマーは，スポーツ組織やスポーツサービス，およびスポーツ組織が行うマーケティング諸活動などと接触する度に，その接点で受けるスポーツサービスの実感（体験・経験）とカスタマー自身の基準との関係で，何らかの感情や印象を持つと同時に，主観的な価値判断を行っている。

こうした接点が「決定的瞬間」ないしは「サービス・エンカウンター（遭遇時点）」と呼ばれるものであり，今後はスポーツマーケティングの基本概念となる必要がある。たとえば，電話でのスタッフの応対やアドバイスは的確で，施設・設備も最新で快適であったとしても，スポーツサービスの利用中に指導者がユーザーへの対応に失敗し致命的な悪印象を与えてしまうと，その後，他の接点でいくらよい印象を与えても，スポーツサービスやスポーツ組織に対するユーザーの感情や印象に相乗効果が働き，カスタマー満足はマイナス満足（不満）となるであろう。そのユーザーは，再びそのスポーツサービスやそのスポーツ組織を利用することなどないかもしれない。このように，接点全体の中でもっとも悪い（マイナスの）スポーツサービス体験が，スポーツサービスやスポーツ組織に対するカスタマー満足を決定することを「最小律の法則」（田内・浅井，1994），ないしは「100－1＝0」（嶋口，2000）の思想というのである。

第10章 スポーツマーケティング・プロセス

■ カスタマー満足とカスタマーロイヤルティの関係

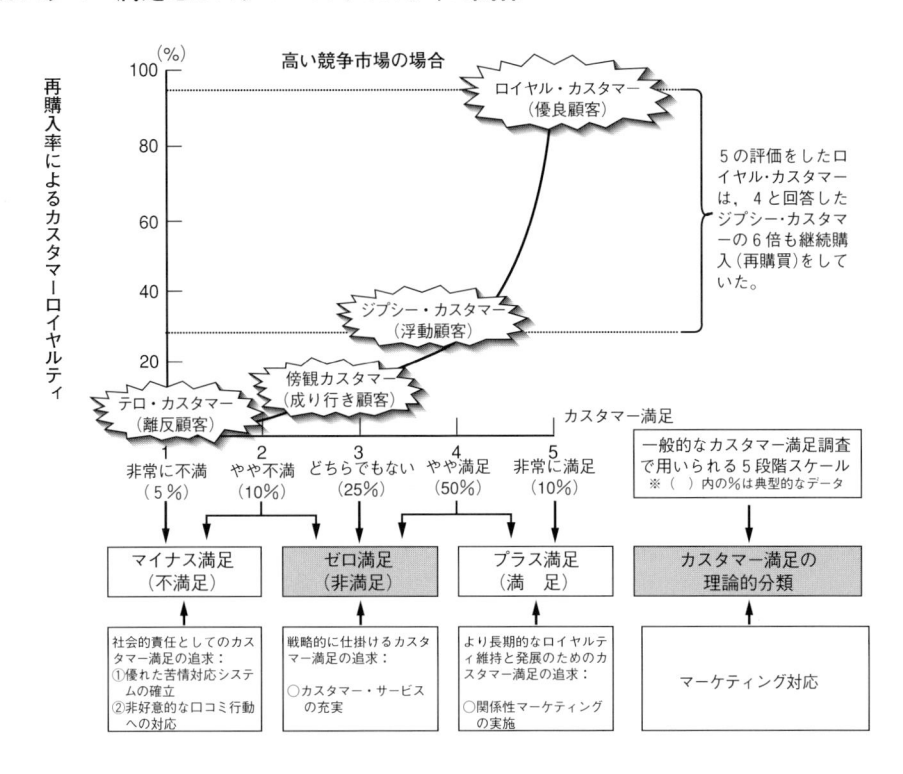

縦軸：再購入率によるカスタマーロイヤルティ（%）
横軸：カスタマー満足

高い競争市場の場合

- ロイヤル・カスタマー（優良顧客）
- ジプシー・カスタマー（浮動顧客）
- 傍観カスタマー（成り行き顧客）
- テロ・カスタマー（離反顧客）

5の評価をしたロイヤル・カスタマーは、4と回答したジプシー・カスタマーの6倍も継続購入（再購買）をしていた。

| 1 非常に不満（5%） | 2 やや不満（10%） | 3 どちらでもない（25%） | 4 やや満足（50%） | 5 非常に満足（10%） |

一般的なカスタマー満足調査で用いられる5段階スケール
※（　）内の%は典型的なデータ

| マイナス満足（不満足） | ゼロ満足（非満足） | プラス満足（満　足） | カスタマー満足の理論的分類 |

- 社会的責任としてのカスタマー満足の追求：
  ①優れた苦情対応システムの確立
  ②非好意的な口コミ行動への対応
- 戦略的に仕掛けるカスタマー満足の追求：
  ○カスタマー・サービスの充実
- より長期的なロイヤルティ維持と発展のためのカスタマー満足の追求：
  ○関係性マーケティングの実施

マーケティング対応

■ カスタマー満足を生み出す「決定的瞬間」のマネジメント

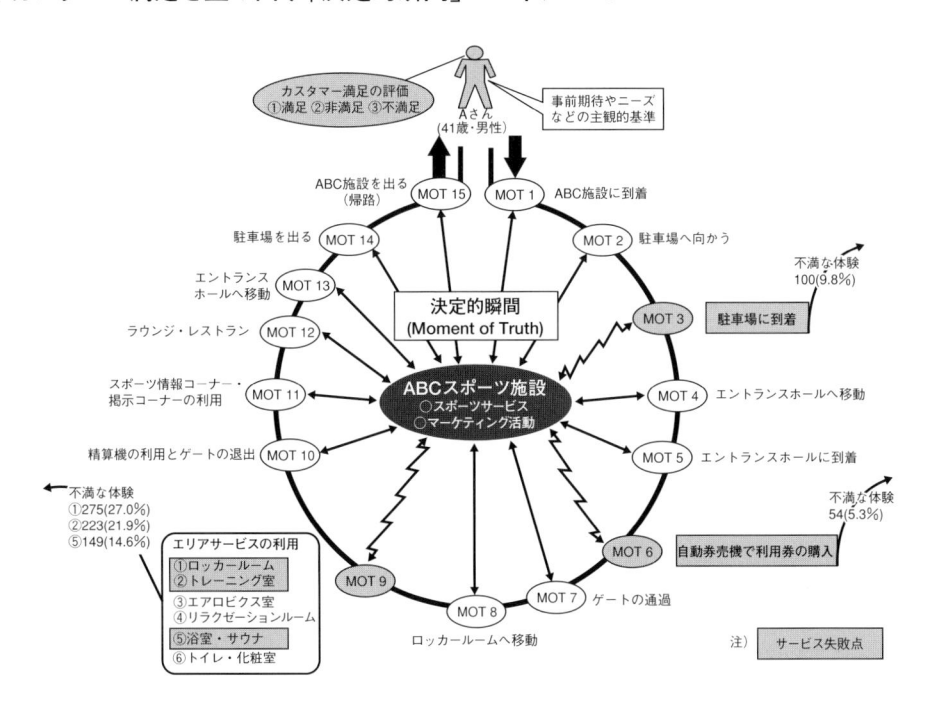

Aさん（41歳・男性）
- カスタマー満足の評価　①満足　②非満足　③不満足
- 事前期待やニーズなどの主観的基準

決定的瞬間（Moment of Truth）
ABCスポーツ施設
○スポーツサービス
○マーケティング活動

- MOT 1　ABC施設に到着
- MOT 2　駐車場へ向かう
- MOT 3　駐車場に到着　不満な体験 100（9.8%）
- MOT 4　エントランスホールへ移動
- MOT 5　エントランスホールに到着
- MOT 6　自動券売機で利用券の購入　不満な体験 54（5.3%）
- MOT 7　ゲートの通過
- MOT 8　ロッカールームへ移動
- MOT 9　エリアサービスの利用
  ①ロッカールーム
  ②トレーニング室
  ③エアロビクス室
  ④リラクゼーションルーム
  ⑤浴室・サウナ
  ⑥トイレ・化粧室
- MOT 10　精算機の利用とゲートの退出
- MOT 11　スポーツ情報コーナー・掲示コーナーの利用
- MOT 12　ラウンジ・レストラン
- MOT 13　エントランスホールへ移動
- MOT 14　駐車場を出る
- MOT 15　ABC施設を出る（帰路）

不満な体験
①275（27.0%）
②223（21.9%）
⑤149（14.6%）

注）サービス失敗点

【カスタマー満足ポートフォリオと戦略対応】 ポートフォリオという言葉を英和辞典で引くと，「紙入れ」「書類入れ」と記されている。これではかえってわかりにくいが，一般的には証券投資家がもつ「中に区分けのある書類鞄」を意味している。

カスタマー満足ポートフォリオとは，カスタマーの製品・サービス属性に対する事前の期待水準とその属性パフォーマンス評価の高低によって，カスタマー満足を4つの空間区分に分類したポートフォリオ・マトリックスのことである。単純なモデルであるが，基本的なマーケティング戦略の策定には有効であり，かなりのコンセンサスが得られている。

期待が高く，パフォーマンス評価が低い「不満足空間」では，パフォーマンスの上昇化を図る改善戦略か，逆に，カスタマーの期待水準を低める無関心化戦略が効果的である。

すでに十分な期待とパフォーマンス評価によって満たされている「満足空間」では，維持戦略が基本路線であるが，より一層の満足化を推進するためにはカスタマー・サービスなどの充実を図る表層機能強化戦略という形を取ることも可能である。

期待水準とパフォーマンス評価がともに低い「潜在的不満足空間」では，パフォーマンスの強化を図り，その後に期待ないしは関心度を高めるというパフォーマンス・期待強化戦略を取ることもできるが，この空間はもともとカスタマーの関心度が低いので，その優先順位を下げる低プライオリティ戦略を取り，資源の再配分を検討することもできる。

実際にはカスタマー満足が得られていながら，カスタマーからあまり期待されていない「潜在的満足空間」では，カスタマーの期待水準を上昇させ，顕在的満足を得てもらう期待上昇化戦略が重要な方向性である。しかし，カスタマーの関心や競争優位性を得にくい属性が多々ある場合は，パフォーマンスをやや下げる過剰削減戦略によって経費削減を果たすこともできる。

【スポーツ満足ポートフォリオ】 山下ら（1985）は，こうしたカスタマー満足ポートフォリオを用いることによって，地域スポーツクラブ成員の満足・不満足構造について分析している。右図のような，複数のスポーツサービス属性効用項目（運動の場としての魅力や価値および運動生活上の便益性）に対するカスタマー満足ポートフォリオのことを「スポーツ満足ポートフォリオ」といい，スポーツコンシューマー満足の概念的空間モデルとして実際に活用されている。

より具体的なイメージを持つために，調査対象となった781名の地域スポーツクラブ成員のスポーツ満足ポートフォリオを見てみることにしよう。たとえば，❺高度の知識・技能，⓬練習の計画性，⓮情報交換といった3つの項目は不満足空間にプロットされているが，とくに⓬は魅力的なクラブづくりの必要条件であるので早急の改善戦略が求められる。満足空間には，❶爽快感，⓭練習の継続性，⓰いろんな仲間の獲得，❾指導者などの10項目がプロットされており，維持戦略で対応していくことが基本であろう。潜在的不満足空間には，❸認められること，❹誇り，⓫練習の組織性，⓯経費負担の軽減，⓱緊張感といった5つの項目がプロットされた。もし仮に，「自分の評価を高めたい」という❸の欲求を大切にしたいと考えるならば，現実にそうした欲求充足の機会を強化し，同時に，その期待（関心度）を上昇化させるパフォーマンス・期待強化戦略が重視されなければならない。

第10章 スポーツマーケティング・プロセス

■ カスタマー満足ポートフォリオ分析の進め方

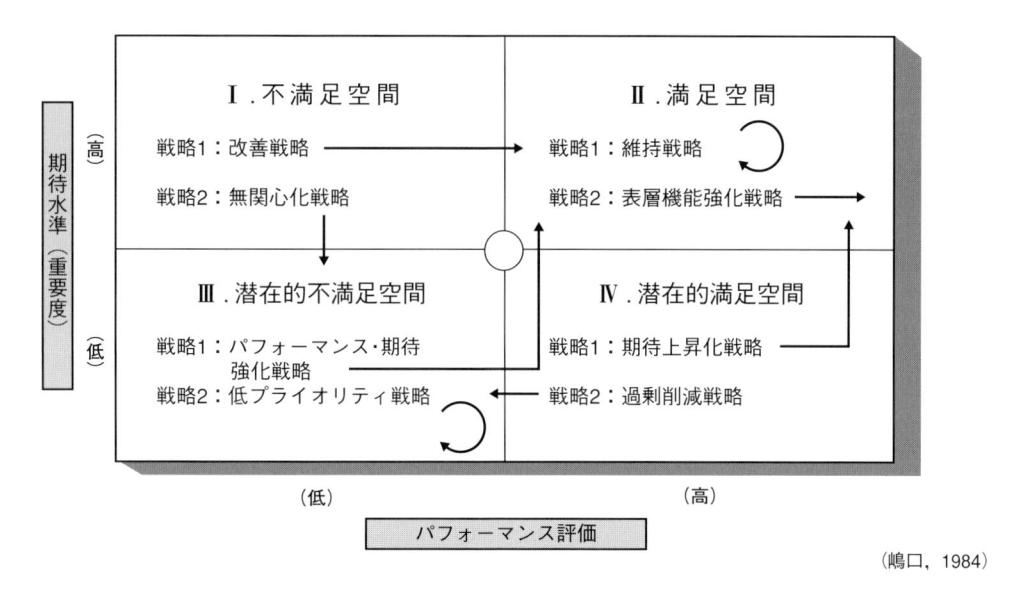

	Ⅰ. 不満足空間	Ⅱ. 満足空間
期待水準（重要度）（高）	戦略1：改善戦略 → 戦略2：無関心化戦略	戦略1：維持戦略 ↻ 戦略2：表層機能強化戦略 →
期待水準（重要度）（低）	Ⅲ. 潜在的不満足空間 戦略1：パフォーマンス・期待強化戦略 戦略2：低プライオリティ戦略	Ⅳ. 潜在的満足空間 戦略1：期待上昇化戦略 戦略2：過剰削減戦略

パフォーマンス評価　（低）←→（高）

（嶋口，1984）

■ スポーツ満足ポートフォリオの実践例

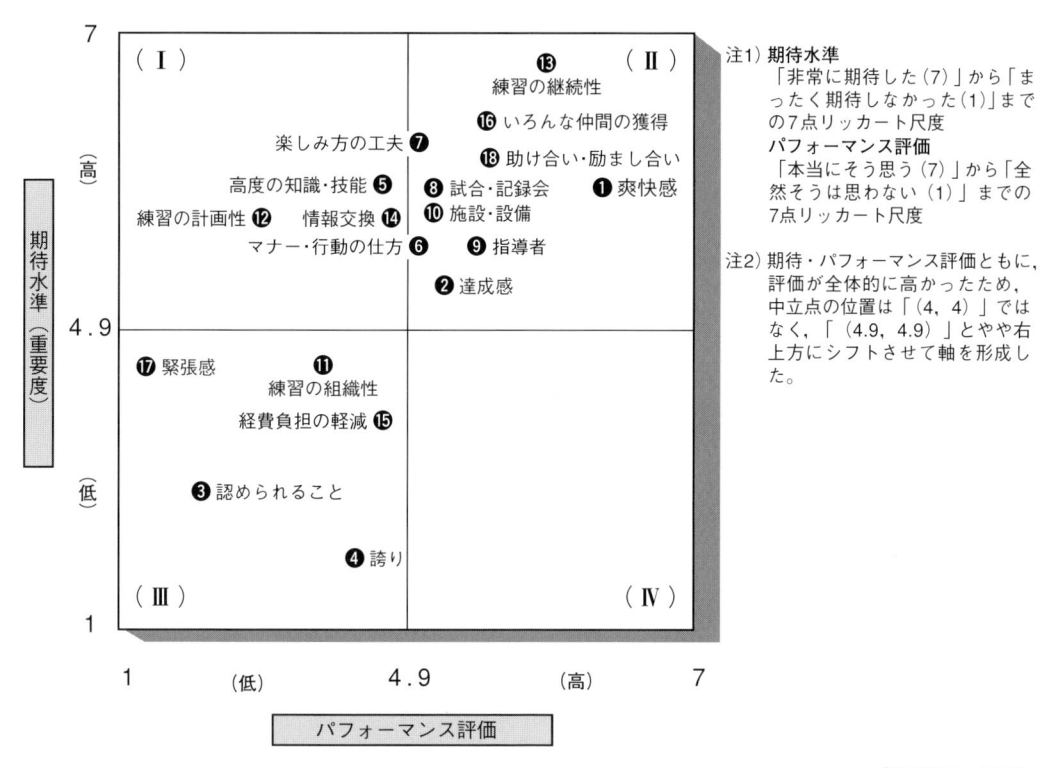

（Ⅰ）
- ❼ 楽しみ方の工夫
- ❺ 高度の知識・技能
- ⓬ 練習の計画性　⓮ 情報交換
- ❻ マナー・行動の仕方

（Ⅱ）
- ⓭ 練習の継続性
- ⓰ いろんな仲間の獲得
- ⓲ 助け合い・励まし合い
- ❽ 試合・記録会　❶ 爽快感
- ❿ 施設・設備
- ❾ 指導者
- ❷ 達成感

（Ⅲ）
- ⓱ 緊張感
- ⓫ 練習の組織性
- 経費負担の軽減 ⓯
- ❸ 認められること
- ❹ 誇り

（Ⅳ）

期待水準（重要度）：（高）7 〜 4.9 〜 （低）1
パフォーマンス評価：（低）1 〜 4.9 〜 （高）7

注1）**期待水準**
「非常に期待した（7）」から「まったく期待しなかった（1）」までの7点リッカート尺度
パフォーマンス評価
「本当にそう思う（7）」から「全然そうは思わない（1）」までの7点リッカート尺度

注2）期待・パフォーマンス評価ともに，評価が全体的に高かったため，中立点の位置は「（4，4）」ではなく，「（4.9，4.9）」とやや右上方にシフトさせて軸を形成した。

（山下ほか，1985）

3 スポーツプロモーションの実際

【プロモーションとコミュニケーション・モデル】　プロモーションとは，製品・サービスに対するスポーツコンシューマーの注目や興味・関心を喚起し，購買を促進するためのあらゆるコミュニケーション努力である。そのため，スポーツ組織が標的市場へ向けて効果的なプロモーション戦略を展開するには，「説得」のための情報プロセッシングという観点から，コミュニケーション・モデルを十分理解しておく必要がある。

こうしたマーケティング・コミュニケーションでは，「送り手」であるスポーツ組織は，「受け手」であるスポーツコンシューマーに対して発信したい情報の「記号化」を行い，写真・イラスト，言語などの「メッセージ」に変換する。そして，スポーツコンシューマーは，新聞，雑誌，テレビなどの「媒体」を通じてそのメッセージを「解読」し，製品・サービスの購買，態度変容，非購買など，何らかの「反応」をする。スポーツ組織はそうした反応やプロモーション全体の効果測定を踏まえた「フィードバック」を行う。しかし，こうしたコミュニケーション・サイクルを妨げる「ノイズ（雑音）」がいたるところに存在しているので，スポーツ組織が意図したメッセージとは異なるメッセージをスポーツコンシューマーが受け取ることも否めないし，それどころか，メッセージがまったく到達しないことも少なくない。こうしたノイズを跳ね飛ばす，優れたメッセージとは，送り手と受け手の両者の経験領域が深く重なり合ったメッセージのことをいうのである。

【PR】　上述したプロモーションもPR（Public Relations：パブリック・リレーションズ）も，ともに経営学，とりわけマーケティングの分野において，頻繁に使用される用語である。しかし，現実的には，両者は峻別されなければならない。

上述したように，プロモーションは明らかに「標的市場に向けられたコミュニケーション活動」であるのに対して，PRという考え方は，スポーツ組織のマーケティング活動が展開されるべき市場環境を，ある特定のスポーツコンシューマー市場（需要構造）のみに限定することなく，競争環境や，さらにはもっと広い意味での社会環境にまで拡大してとらえ，広くコミュニケーションの必要性を認めようとするものである。PRとは，スポーツ組織が社会の諸団体や個人，いわゆる自組織に実際的または潜在的な利益及び影響を与える「パブリック（publics）」ないしは「ステークホルダー」の信頼，理解，受容（好感）を得，長期的な視点から良好な関係を形成・維持・発展させるために行うコミュニケーション活動であり，通常，「広報（活動）」と訳される場合が多い。

スポーツ組織のpublicsは，コトラー（1991）にならえば，スポーツ組織を資源変換装置としてとらえることで，①資源を提供する「入力公衆」，②資源を組織の使命や目標に従って有効なスポーツプロダクトに変換する「内部公衆」，③スポーツプロダクトの流通に協力する「媒介公衆」，④スポーツプロダクトを消費する「消費公衆」といった4つに分類できる。PRとはまさに，massをpublicsにするための働きかけすべてをさしているのである。

第10章 スポーツマーケティング・プロセス

■ メッセージを伝えるための「コミュニケーション・モデル」

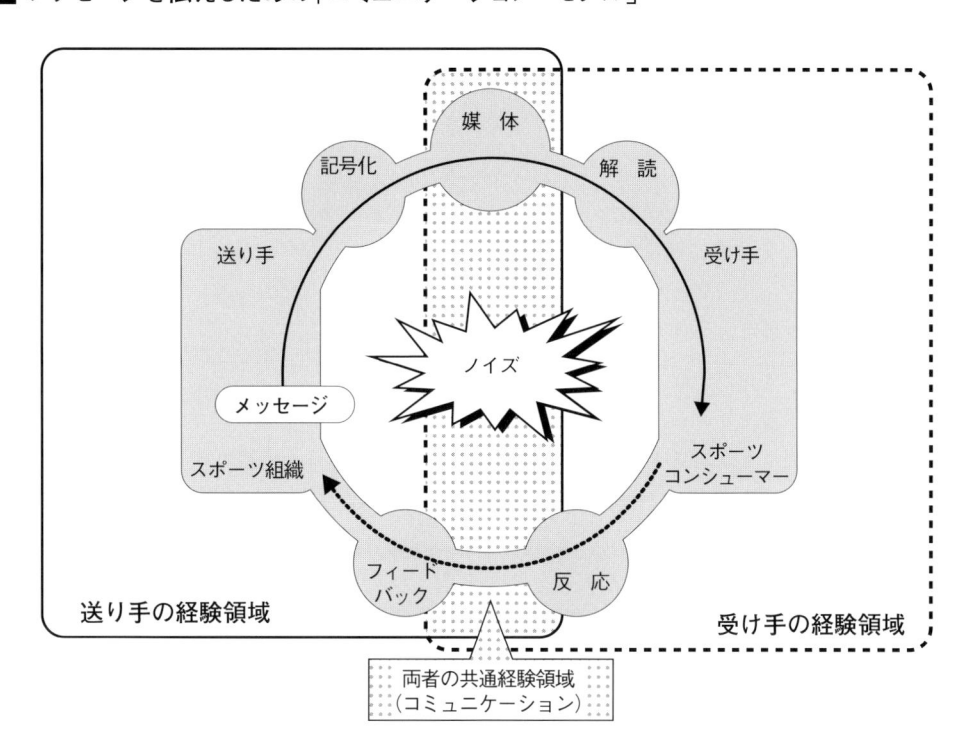

- 媒体
- 記号化 / 解読
- 送り手 / 受け手
- メッセージ
- ノイズ
- スポーツ組織 / スポーツコンシューマー
- フィードバック / 反応
- 送り手の経験領域
- 受け手の経験領域
- 両者の共通経験領域（コミュニケーション）

■ スポーツ組織にとっての主要なパブリック

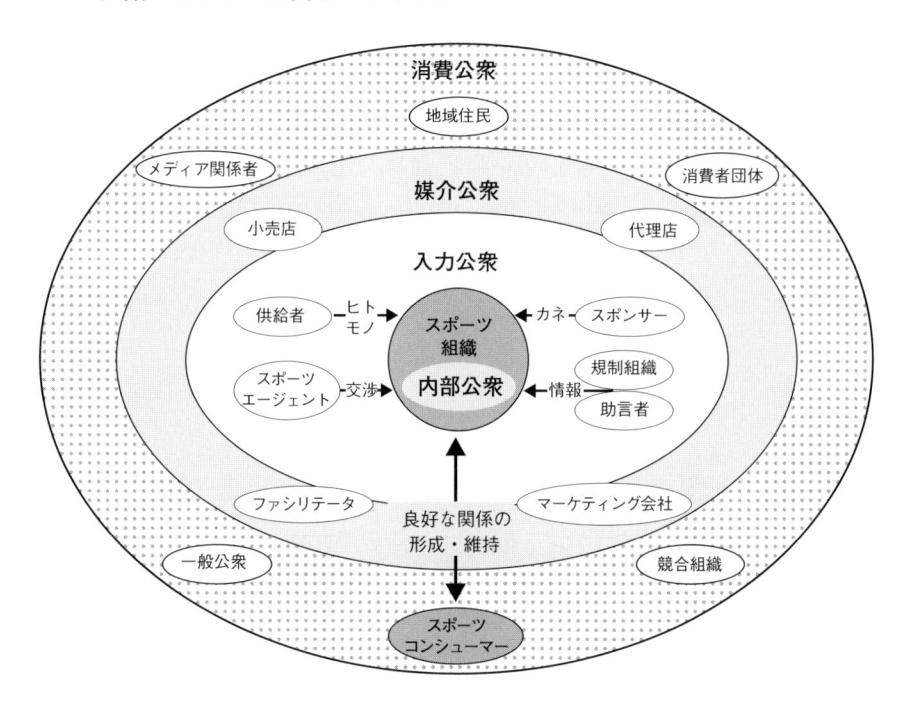

- 消費公衆
  - 地域住民
  - メディア関係者
  - 消費者団体
- 媒介公衆
  - 小売店
  - 代理店
- 入力公衆
  - 供給者 —ヒト・モノ→
  - スポンサー ←カネ—
  - スポーツエージェント —交渉→
  - 規制組織／助言者 ←情報—
  - ファシリテータ
  - マーケティング会社
- 一般公衆
- 競合組織
- スポーツ組織／内部公衆
- スポーツコンシューマー
- 良好な関係の形成・維持

127

【インタラクション型コミュニケーションハブ・モデル】 スポーツコンシューマーの意思決定に影響を与える情報伝播に関する理論は，媒体（メディア）の発展や社会構造により大きく変化してきた。社会階層の違いが大きかった19世紀末に唱えられた，新しい流行やファッションの上層から下層への「トリクル・ダウン現象」をはじめ，マスメディアの情報が受け手に直接的に影響を及ぼすとする「皮下注射モデル」などが，その代表的な理論である。

　これに対して，カッツとラザースフェルド（1965）は，ある特定の意見形成や態度・行動変容に強い影響力を頻繁に行使する「オピニオン・リーダー」の存在を発見し，マスメディアの情報がオピニオン・リーダーからの対人的コミュニケーション（口コミ等）を通してフォロワーに伝達され，フォロワーの「行動感染」を誘発する可能性があるとする「コミュニケーションの2段階フロー・モデル」を提案した。

　しかし，昨今のインターネット普及による新しいメディアの登場はスポーツコンシューマー間での「インタラクション型コミュニケーション」を求めており，オピニオン・リーダーの役割も大きく変わらざるを得ない。つまり，従来までは一元的な情報発信力の強さのみが強調されてきたが，これからの新しいオピニオン・リーダーには，周囲の人々やフォロワーの多様な価値観を受け入れるとともに，こうした人々からの多彩な情報の収集（受信）と調整・処理を十分にこなした上で情報発信していくといった「ネットワーカー」としての役割が期待されているのである（菊池・浦野，1994）。

【プロモーション・ミックス】 スポーツ市場においても，多かれ少なかれ，この人ならばスポーツのことをよく知り，周囲の人のスポーツ観や考え方を理解した上で的確な判断を下してくれるから，尊敬でき，信頼してついていけるというようなネットワーカーがいるものである。スポーツプロモーションの領域においては，こうした人を「説得的コミュニケーションの担い手」として期待した上で，具体的なプロモーション戦略を策定していくことが重要である。

　こうしたプロモーション戦略策定の基本が，通常，「広告」「パブリシティ」「販売促進」「人的販売」の4つで構成される「プロモーション・ミックス」と呼ばれるものであり，スポーツコンシューマーの行動プロセスにおける各購買準備段階に合致した最適な組み合わせを創造することがコミュニケーション効果を高める秘訣である。

　広告とは，テレビ，新聞，雑誌等のマスメディアを中心に，製品・サービスなどの販売促進をめざして，スポーツ組織が行う非人的な有料のコミュニケーション活動である。パブリシティとは，スポーツ組織が事業内容や製品・サービスの情報およびニュース素材を自主的に各種メディアに提供し，報道してもらえるように働きかける活動である。いわば，第三者の推薦を得るための説得活動ともいえる。販売促進とは，懸賞，景品，スタンプ，カスタマー・サービス，クーポン，価格割引，体験入会，スポンサーシップなど，スポーツコンシューマーの行動プロセスを刺激する魅力的なインセンティブを付与する活動である。人的販売とは，直接，スポーツコンシューマーと接する人が中心となって行うプロモーション手段であり，インタラクション型コミュニケーションを狙う活動でもある。

第10章 スポーツマーケティング・プロセス

■ コミュニケーション・モデルのいろいろ

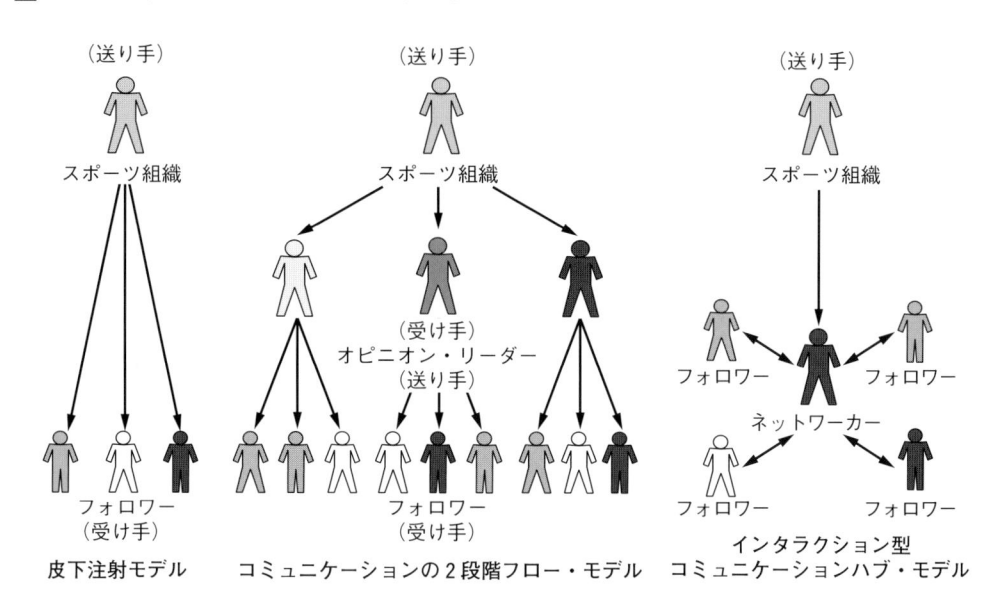

皮下注射モデル　　　コミュニケーションの2段階フロー・モデル　　　インタラクション型コミュニケーションハブ・モデル

■ スポーツコンシューマー行動に合わせたプロモーション・ミックスのつくり方

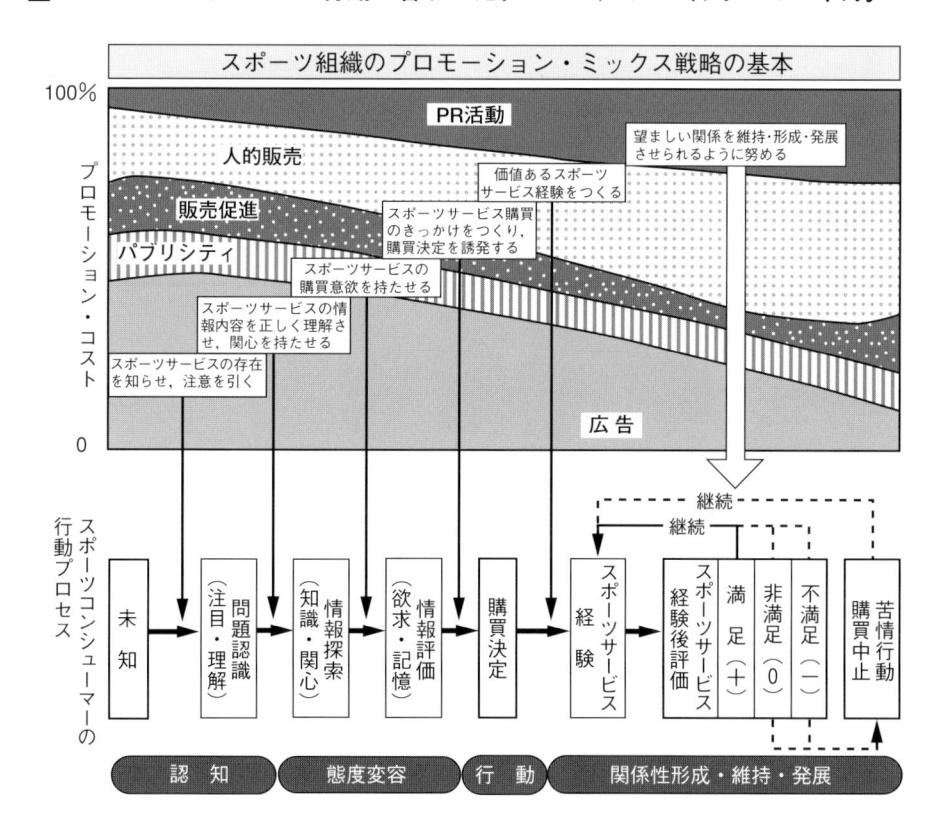

スポーツ組織のプロモーション・ミックス戦略の基本

プロモーション・コスト

- PR活動
- 人的販売
- 販売促進
- パブリシティ
- 広告

- スポーツサービスの存在を知らせ、注意を引く
- スポーツサービスの情報内容を正しく理解させ、関心を持たせる
- スポーツサービスの購買意欲を持たせる
- スポーツサービス購買のきっかけをつくり、購買決定を誘発する
- 価値あるスポーツサービス経験をつくる
- 望ましい関係を維持・形成・発展させられるように努める

スポーツコンシューマーの行動プロセス：
未知 → 問題認識（注目・理解）→ 情報探索（知識・関心）→ 情報評価（欲求・記憶）→ 購買決定 → スポーツサービス経験 → スポーツサービス経験後評価 → 満足（＋）／非満足（0）／不満足（－）→ 苦情行動 購買中止

認知 → 態度変容 → 行動 → 関係性形成・維持・発展

第11章 スポーツプロダクトの概念

1 スポーツプロダクトの構造

【スポーツプロダクトの5階層モデルとクオリティ・レベル】 一般に，プロダクト（製品）とは，「ニーズや欲求を満たすために市場へ提供されるもの」と定義され，実際には有形財，サービス，経験，イベント，人間，場所，資産，組織，情報，アイデアなどの多岐にわたるものが包含されている（コトラー，2001）。そうした意味では，「プロダクト＝市場提供物，価値のパッケージ，便益の束」と考えてもよいであろう。ならば，種々のスポーツ活動もスポーツ組織がプロデュースする「製品」としての意味を持った市場提供物，すなわち「スポーツプロダクト」（山下ほか，2000）と理解できよう。

こうしたスポーツプロダクトを市場に提供する際，マーケターは5つの「顧客価値ヒエラルキー」（コトラー，2001）について考える必要がある。もっとも基本的なレベルは「中核ベネフィット」であり，カスタマーが実質的に求めている基本的なサービスやベネフィットを意味する。これが「コア・プロダクト」（スポーツの楽しさ・面白さ）である。

第2のレベルは，カスタマーに対して中核ベネフィットを具象的に表現する「基本製品」であり，スポーツという「定められた約束ごとの中で，身体的なパフォーマンスの優劣を競い合う装置」を創り上げる基本的な要素（ルール，設備・用具，ゲーム形式，身体的技術等）が含まれている。まさに純粋な意味での「ピュア・スポーツプロダクト」であり，スポーツ組織がプロデュースの対象とするスポーツ種目そのものである。

しかし，こうした第1・第2レベルまでのスポーツプロダクトというものは，いうなれば「マーケターの意のままにならない製品」であり，何の色（飾り）づけもされていない。したがって，製品化という観点からすれば，マーケターは以下に示す「期待製品」「膨張製品」「潜在製品」に多くのマーケティング努力を傾注しなければならない。第3の期待製品レベルでは①スポーツクラブ，②スポーツ施設，③スポーツスクール，④スポーツイベントなどの形式をとって，カスタマーがピュア・スポーツプロダクトを購入するときに通常期待する属性や条件を用意し，スポーツのコア・プロダクトの実現につながる，快適な「するスポーツ」，感動できる「見るスポーツ」を創造してやる必要がある。これが「アクチュアル・プロダクト」である。第4の膨張製品ではカスタマーの通常の期待を上回るような付加的なサービス，すなわちスポーツ組織が統制可能な「マーケティング・ミックス」をさまざまに用意する。さらに，第5レベルでは製品に将来行われる可能性のあるサービス機能の拡張や転換等の潜在製品も考慮しておく。こうしたスポーツプロダクトの全体は，後述する「クオリティ」という観点からすれば，スポーツ活動の質を示す「スポーツ・クオリティ」と，その製品化に必要なマーケティング・ミックスの質を問う「サービスクオリティ」といった2つの要素を含んでいる。

第11章 スポーツプロダクトの概念

■ スポーツプロダクトの顧客価値ヒエラルキーとクオリティの分類

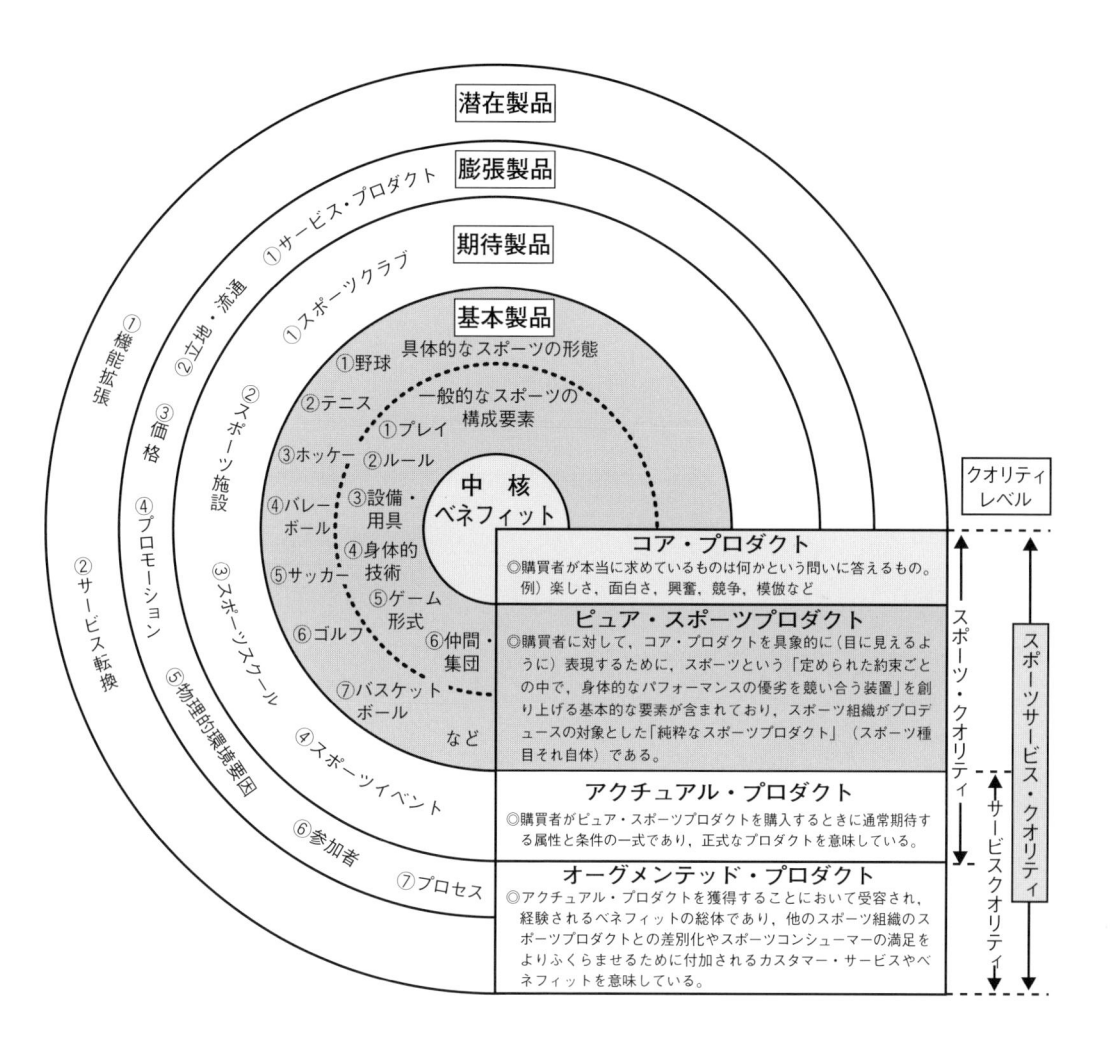

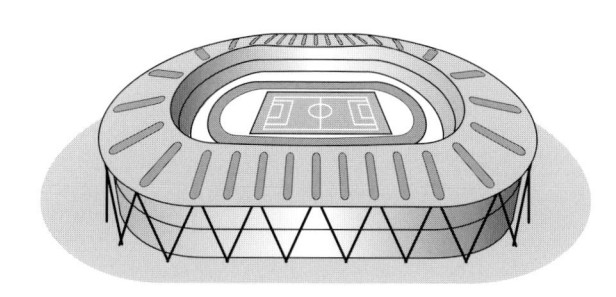

潜在製品
膨張製品
期待製品
基本製品

外側から：
① 機能拡張
② サービス転換

① 立地・流通
② 価格
③ プロモーション

① サービス・プロダクト
② スポーツ施設
③ スポーツスクール
④ スポーツイベント
⑤ 物理的環境要因
⑥ 参加者
⑦ プロセス

① スポーツクラブ

具体的なスポーツの形態：
① 野球
② テニス
③ ホッケー
④ バレーボール
⑤ サッカー
⑥ ゴルフ
⑦ バスケットボール
など

一般的なスポーツの構成要素：
① プレイ
② ルール
③ 設備・用具
④ 身体的技術
⑤ ゲーム形式
⑥ 仲間・集団

中核ベネフィット

コア・プロダクト
◎購買者が本当に求めているものは何かという問いに答えるもの。例）楽しさ、面白さ、興奮、競争、模倣など

ピュア・スポーツプロダクト
◎購買者に対して、コア・プロダクトを具象的に（目に見えるように）表現するために、スポーツという「定められた約束ごとの中で、身体的なパフォーマンスの優劣を競い合う装置」を創り上げる基本的な要素が含まれており、スポーツ組織がプロデュースの対象とした「純粋なスポーツプロダクト」（スポーツ種目それ自体）である。

アクチュアル・プロダクト
◎購買者がピュア・スポーツプロダクトを購入するときに通常期待する属性と条件の一式であり、正式なプロダクトを意味している。

オーグメンテッド・プロダクト
◎アクチュアル・プロダクトを獲得することにおいて受容され、経験されるベネフィットの総体であり、他のスポーツ組織のスポーツプロダクトとの差別化やスポーツコンシューマーの満足をよりふくらませるために付加されるカスタマー・サービスやベネフィットを意味している。

クオリティレベル：
スポーツ・クオリティ
サービスクオリティ
スポーツサービス・クオリティ

【スポーツプロダクトの分類】 スポーツプロダクトは，スポーツ用具・用品などのような有形の「モノ・プロダクト」と，スポーツ教室や大会への参加やスポーツイベントの観戦などのような「サービス・プロダクト」といった2つに分類することができる。前者は「物財」としてのスポーツプロダクト－スポーツ製品－であるのに対して，後者は「サービス財」としてのスポーツプロダクト－スポーツサービス－と呼ぶことができる。

スポーツサービスは，スポーツや身体活動の実践にかかわる「するスポーツ」を中心とした「参加型スポーツサービス」や，スポーツの鑑賞的価値を存分に享受することを楽しむ機会としての「見るスポーツ」を提供する「観戦型スポーツサービス」に分類することができる。また，こうした2つのスポーツサービスを創ったり，ささえたりするスポーツサービスも存在する。その第1は，観戦型スポーツサービスを提供する組織と，スポンサーとなる企業等が相互交換関係を構築する「スポーツスポンサーシップ・サービス」である。第2は，参加型スポーツサービスや観戦型スポーツサービスの創造を積極的に支援していこうとする「スポーツボランティア・サービス」である。最後は，「生涯スポーツ運動」や「スポーツ・フォア・オール運動」などのスポーツ振興を図る「ソーシャル・アイデア」で，スポーツの文化的な普及を目的とする重要なスポーツプロダクトといってもよい。

一方，スポーツ製品や各種スポーツサービスなどとともに提供される「カスタマー・サービス」や「おもてなし」の精神といった「ホスピタリティ」も最近では重要視されている。

【スポーツのコア・プロダクト】 「なぜスポーツをするのか（見るのか）？」と尋ねると，「健康のため」「社交のため」「ストレス解消のため」などといった答えがよく返ってくる。しかし，そうした答えはスポーツの本質からすると，「中心部から少々はずれた核」のように思えてならない。たしかに，スポーツにはそうした価値があることはよく知られているが，それらはあくまでもスポーツの外在的価値であり，人間生活上のある種の「必要充足」のための利便にすぎない。われわれがスポーツを実践したり観戦したりするのは，自己の身体的世界の広がりに対する願望やさまざまな遊びの欲求が満たされるからである。そうした「欲求充足」に伴う満足感や充実感がスポーツ本来の楽しさや面白さ（内在的価値）をつくり出しているのである。

一般に，スポーツを通して満たすことのできる欲求には，①活動欲求（身体を自由自在に動かしたいという欲求），②競争欲求（常に優位にたち，社会的にも認められたいと願う欲求：リーグ戦での順位争い），③達成欲求（自らの目標や課題を設定し，それを成し遂げたいという欲求：ハットトリックをやる，ドリブルで何人も抜く，高度なクロスパスを通す），④克服欲求（自然や人工的な障害物に挑戦し，自己の能力を試し，それを克服したいと願う欲求：スキーの急斜面滑降時のスリル感），⑤表現・変身の欲求（自己表現と他者への変身の欲求：ベッカムヘアー，有名選手の物真似，応援時の派手なユニフォームやペイント）などが考えられる。もちろん各スポーツ種目の特性から別途固有な欲求も生じてこよう。しかも，そうした欲求はチームなどの置かれた環境，とくに競争地位（p.112参照）によって変化しやすいことが経験的に知られている（右図）。

第11章 スポーツプロダクトの概念

■ スポーツプロダクトのいろいろ

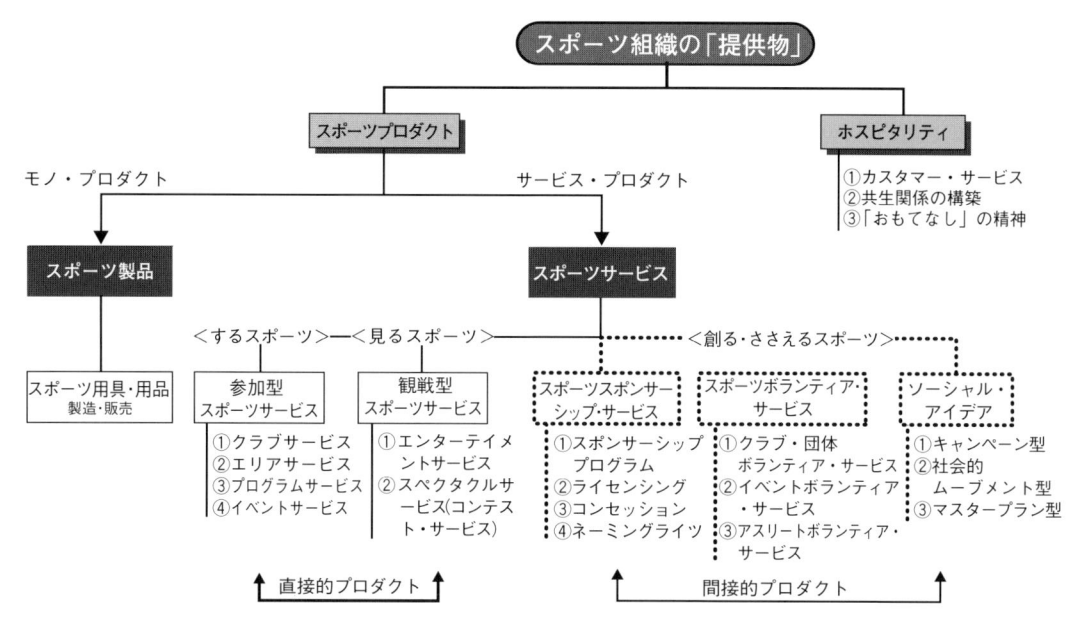

```
                    スポーツ組織の「提供物」
                    ┌──────┴──────┐
              スポーツプロダクト         ホスピタリティ
                                    ①カスタマー・サービス
      モノ・プロダクト   サービス・プロダクト  ②共生関係の構築
         ↓              ↓           ③「おもてなし」の精神
      スポーツ製品       スポーツサービス
         │        <するスポーツ>―<見るスポーツ>  <創る・ささえるスポーツ>
         ↓         ┌──────┬──────┐   ┌──────┬──────┬──────┐
     スポーツ用具・用品  参加型    観戦型     スポーツスポンサー  スポーツボランティア・ ソーシャル・
     製造・販売     スポーツサービス スポーツサービス  シップ・サービス    サービス       アイデア
                ①クラブサービス ①エンターテイメ ①スポンサーシップ  ①クラブ・団体     ①キャンペーン型
                ②エリアサービス  ントサービス   プログラム      ボランティア・サービス ②社会的
                ③プログラムサービス ②スペクタクルサー ②ライセンシング   ②イベントボランティア・ ムーブメント型
                ④イベントサービス  ビス(コンテス  ③コンセッション    サービス       ③マスタープラン型
                            ト・サービス)  ④ネーミングライツ  ③アスリートボランティア・
                                                      サービス
                ↑  直接的プロダクト ↑          ↑     間接的プロダクト      ↑
```

（Chelladurai, 2001を参考に作成）

■ 競争地位からみたスポーツのコア・プロダクト

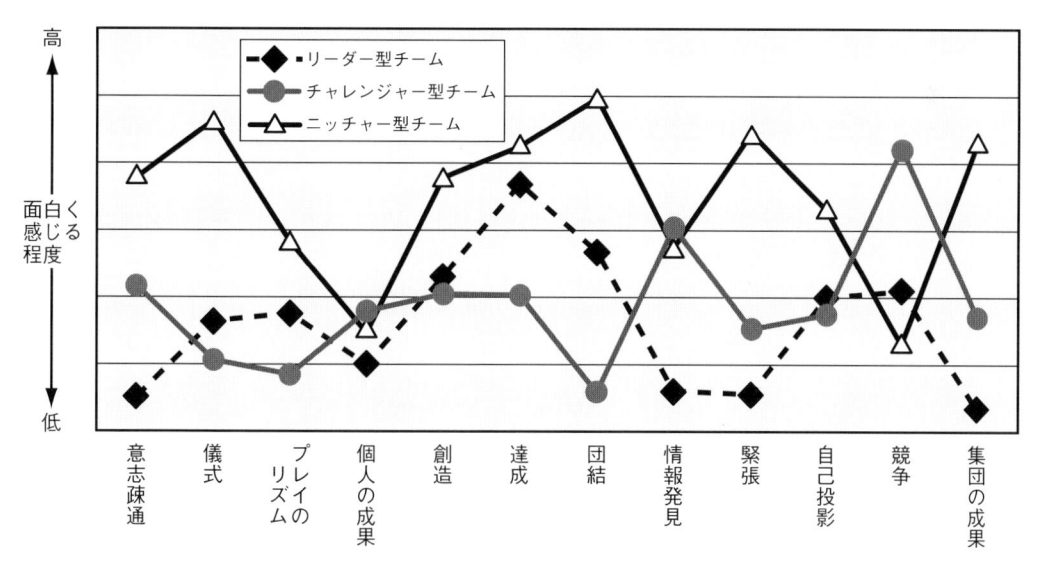

凡例：
- ◆ リーダー型チーム
- ● チャレンジャー型チーム
- △ ニッチャー型チーム

縦軸：面白く感じる程度（低〜高）
横軸：意志疎通／儀式／プレイのプリズム／個人の成果／創造／達成／団結／情報発見／緊張／自己投影／競争／集団の成果

注）データ源は2004年全日本学生ハンドボール選手権出場チーム（女子）であり，リーダー型は過去5年間の優勝常連チーム，チャレンジャー型は優勝経験はないがベスト4によく顔を出すチームから，ニッチャー型はそれ以外のチームからサンプリングされている。

（竹山，2005）

2 スポーツプロダクト・ライフサイクル

【スポーツプロダクト・ライフサイクル】 人間に寿命があるように，スポーツプロダクトにも誕生から死滅までの一生がある。こうしたスポーツプロダクトの寿命（市場・需要規模，売上高や利益）の変遷を，①導入期，②成長期，③成熟期，④飽和期，⑤衰退期といった5つの段階で説明し，各段階に応じたマーケティング戦略を明確にするモデルがスポーツプロダクト・ライフサイクルというマーケティング・テクノロジーである。

　①導入期は，スポーツプロダクトの認知率を高め，市場の開発を目的とするため，需要（売上）は小さく，マーケティング費用がかかり，利益を生み出しにくい段階である。②成長期は，スポーツプロダクトの知名度や評価が高まり，市場が拡大し売上や利益が急速に増大する市場受容段階であるが，それだけ競争も激化し，競合他社との差別化戦略のあり方が鍵を握る段階である。③成熟期は，市場規模は増加し続けるが，一般にその増加率が減少し始める横ばい状態の初期段階である。④飽和期は，市場の成長が鈍化し，売上，利益とも低下する限界状態であり，ライフサイクルの延長戦略を考慮すべき段階である。⑤衰退期は，価格引下げ競争が頻繁に行われ，売上も利益も急速に減少するため，既存顧客の維持に多大なマーケティング努力を注ぐことも重要であるが，その一方では撤退か継続かを慎重に判断しなければならない。

【スポーツプロダクト・ライフサイクルと流行の展開過程】 上のようなスポーツプロダクト・ライフサイクルは，すべてのプロダクトに当てはまるわけではなく，プロダクトや市場の特性，および技術革新のスピードに応じて多様なパターンが存在する。そうした変則的なパターンを吟味する際，宮本（1972）による流行現象の分類法（ファッド，クレイズ，流行，慣習）や一般的な「周期性」といった考え方は示唆に富んでいる。宮本は，流行を「急激に始まって，勢いよく普及し，やがて穏やかに衰える現象」と規定した上で，ファッドとは少人数間のみに普及する一時的流行現象であり，またクレイズとは広範囲に影響を及ぼす熱狂的流行であるといったように，3つの用語を峻別している。

　こうした流行の展開過程から，スポーツプロダクト・ライフサイクルを考えると，①ファッド型（ないしはクレイズ型），②サイクル型，③ウェイブ型といった3つのパターンに分類することができる。①ファッド型（ないしはクレイズ型）とはボーリングブームに代表されるように，新しいスポーツプロダクトが市場に登場し，急速に注目され，熱狂的に受け入れられ，早い時期にピークを迎え，急激に減少するパターンである。②サイクル型とは，同一の流行現象が一定の時間間隔をおいて周期的に繰り返されるパターンである。たとえば，マリンスポーツやスケートボードなどの「ルールなし」系スポーツブームの時期があれば，テニスやゴルフなどの「ルールあり」系スポーツブームの時期もあり，こうした「なし」「あり」が交互に続く流行現象のことである。③ウェイブ型とは，サッカーブームに代表されるように，成熟期にあるスポーツプロダクトがプロダクトやポジショニングの修正等によって，突然新しいライフサイクルに移行し成長し続けるパターンである。

第11章 スポーツプロダクトの概念

■ スポーツプロダクトの寿命

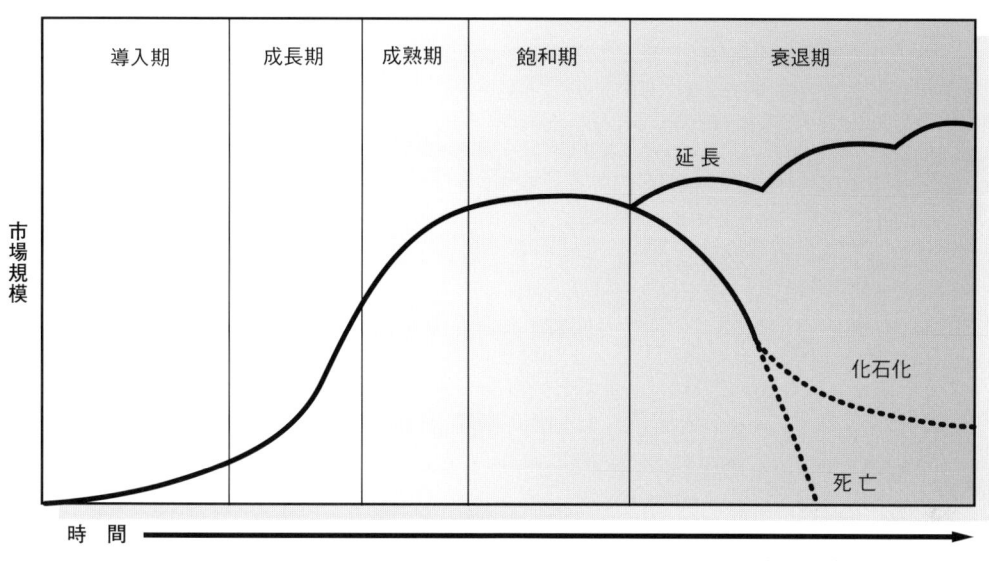

導入期　成長期　成熟期　飽和期　衰退期

市場規模

延長
化石化
死亡

時間

（クロンプトンとラム，1991）

■ 流行タイプとスポーツプロダクト・ライフサイクル

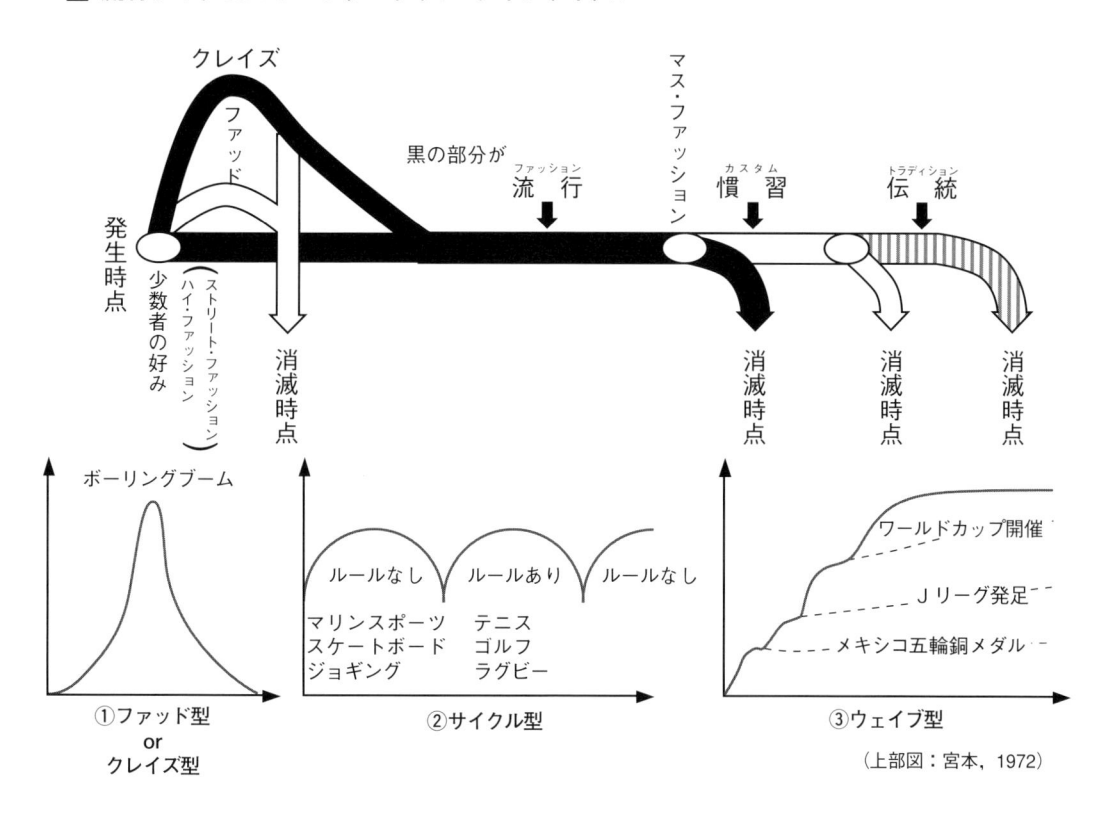

クレイズ
ファッド
マス・ファッション
カスタム
慣習
トラディション
伝統

発生時点
少数者の好み
（ストリート・ファッション／ハイ・ファッション）

黒の部分が　流行

消滅時点　　消滅時点　消滅時点　消滅時点

①ファッド型 or クレイズ型
ボーリングブーム

②サイクル型
ルールなし：マリンスポーツ、スケートボード、ジョギング
ルールあり：テニス、ゴルフ、ラグビー
ルールなし

③ウェイブ型
ワールドカップ開催
Jリーグ発足
メキシコ五輪銅メダル

（上部図：宮本，1972）

【ライフサイクル・エクステンション】　スポーツプロダクト・ライフサイクルにおける飽和期から衰退期へと需要や売上，利益を減少させないために，ライフサイクル延命戦略を再考・吟味することを「ライフサイクル・エクステンション」という。

　たとえば，コカ・コーラ，ネスカフェ，カップヌードルなどの「定番商品（ロングセラー）」と呼ばれる成熟・飽和期間の長い商品の多くは，こうしたマーケティング・テクノロジーを活用していると考えられる。代表的なテクノロジーとしては，3つの手法がある。

　第1は，「スポーツプロダクトの修正（スポーツ・クオリティ向上）」である。これには，①ルールの緩和化や用具の簡易化等による「基本製品の修正・向上」，②施設・設備の改善や新たなシステム・人的サービスの導入等による「期待製品の充実」，③カスタマーが本当に求めるスポーツの楽しさやベネフィットなどを見直す「コア・プロダクトの再考」が含まれる。第2は，「市場修正」である。これには，①新しい市場セグメントの開拓と参入，②既存カスタマーの購入継続率の向上，③競合他社のカスタマーの獲得が含まれる。第3は，「マーケティング・ミックス修正」で，膨張製品や潜在製品の修正でもある。この中には，①価格引下げや割引価格の設定などの「価格戦略の修正」，②スケジュール（開閉日程・時間や予約方法など）やロケーションの変更などの「立地・流通の修正」，③より効果的な広告キャンペーンの展開や，積極的な人的販売活動の実施，値引き，クーポン券，景品などのインセンティブの提供，およびカスタマー・サービスの充実などの「プロモーション戦略の修正」など，サービスクオリティを向上させるための戦術が含まれている。

【スポーツプロダクトの撤退】　スポーツプロダクト・ライフサイクルは，市場ニーズの移り変わりの速さや競争激化の中で，ある特定のスポーツプロダクトがロングセラーとして人々の愛顧や支援・支持を受けることの難しさを示している。それでも，多くのスポーツ組織は成功プロダクトから最大限の便益を受けたいと考えているし，そのプロダクトが衰退期に入ったとしても潜在的需要や利益がある限り，撤退は望まないであろう。

　しかし，もはや販売不可能だと判断したならば，人気を呼び戻そうとしてさまざまな資源を費やし続けるよりも，プロダクトの撤退を勇断する方が賢明である。プロダクトの撤退プロセスを理解することは，新プロダクト開発プロセスの理解と同じくらい重要である。第1に，プロダクトの予想売上高とそれに要するコストとの関係を体系的に見直す「撤退分析」から始める必要がある。と同時に，前に示した延命戦略を実行することによって再び利益を上げることができるか否かについても検討しておかなければならない。第2は，分析の結果，撤退するべきであると判断したならば，①徐々に撤退するのか，②時期を決めて販売を続けるのか，③ただちに撤退するかを意思決定することである。理想的なのは徐々に撤退する方法であり，ただちに撤退する方法は最後の選択肢であろう。ときには，あるプロダクトラインが特定の文化や産業，地域社会に定着しているため，将来的にはそのプロダクトラインは当然売れ続けると考えることもあろう。その場合には，再度プロダクトラインに戻し，市場における受け入れは大幅に減少しているが，そのまま存続させる「化石化」という路線を選択することも重要である。

第11章 スポーツプロダクトの概念

■ スポーツプロダクトのライフサイクル延命戦略

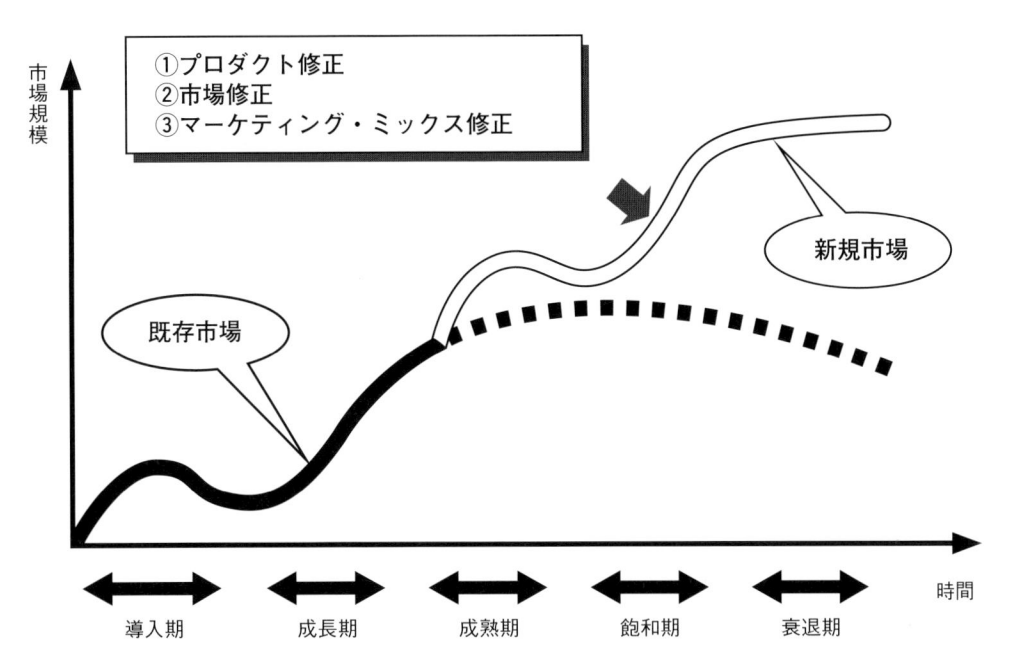

① プロダクト修正
② 市場修正
③ マーケティング・ミックス修正

縦軸：市場規模　横軸：時間

既存市場／新規市場

導入期　成長期　成熟期　飽和期　衰退期

（松下，2004を修正）

■ スポーツプロダクトの撤退プロセス

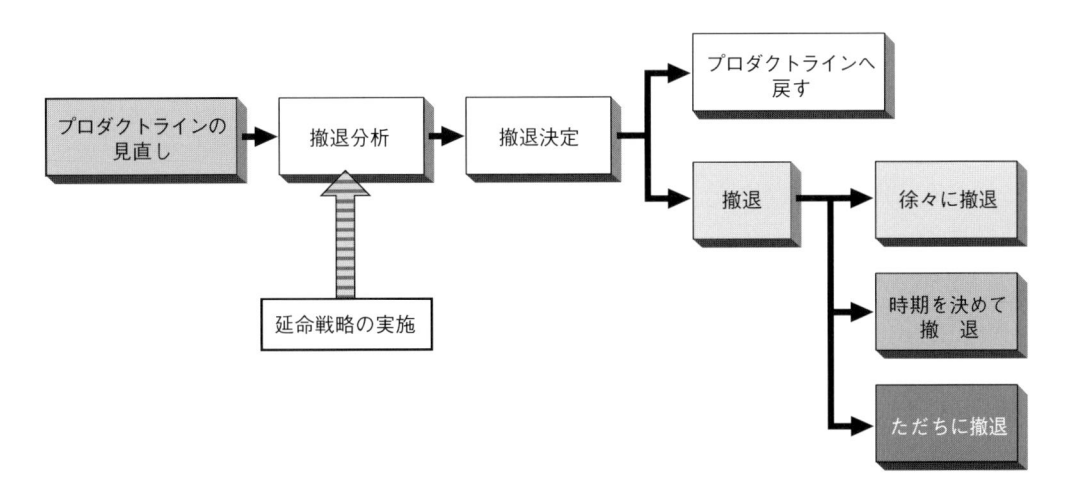

プロダクトラインの見直し → 撤退分析 → 撤退決定 →
- プロダクトラインへ戻す
- 撤退 →
  - 徐々に撤退
  - 時期を決めて撤退
  - ただちに撤退

延命戦略の実施（撤退分析へ）

（コトラーほか，2003に加筆）

3 スポーツプロダクト・ミックス

【スポーツプロダクトの消費行動】　「消費」という現象は，人々が自らの欲求と動機を実現するための商品・サービスの合理的な選択・利用行為を指して用いられる。そうした人々の合理的な選択・利用行為と供給者側の金銭獲得努力が合致したときに初めて，「消費行動」というものが成立する。

　栗木（1996）は，こうした消費概念を，①消費以外の何かを満たすために行われる「道具型消費」と，②消費することそれ自体が目的や楽しみとなってしまう「自己目的型消費」に分けることによって，外見上は同じ消費行動を峻別している。たとえば，スポーツ活動への参加という消費行動は健康・体力の維持増進やダイエット・シェイプアップなどを目的とすれば道具型消費であり，目的達成が済めば，消費行動は終了してしまう。一方，「みんなでゲームを創って競争する経験を楽しみたい」という動機であれば，自己目的型消費であり，人々は合理的な選択・利用行為などを忘れ，心地よいスポーツ体験に没頭し続けるであろう。また，消費それ自体を「記号」の一種ととらえ，人々の間に，たとえば「高級スポーツクラブへの入会 ＝ 経済的なゆとり，文化的消費」という差異のメッセージの授受を成立させる「コミュニケーション消費」という記号論・ブランド的な考え方もある。

　これからの消費行動は，従来の道具型消費から自己目的型消費へ，そしてコミュニケーション消費へと，とらえどころのない「ポストモダン消費」へと変わっていくのだろうか。

【スポーツプロダクト・ミックス】　スポーツ組織は，上述したような消費行動に留意しながら，カスタマーに提供できる「スポーツプロダクト・ミックス」について意思決定しなければならない。プロダクトミックスとはスポーツ組織が生産・提供するプロダクトの全体的体系を示すものであり，「プロダクトライン」と「プロダクトアイテム」の組み合わせから構成されている。こうした観点から「品揃え」の範囲が決定されるのである。

　たとえば，Ａリゾート施設のプロダクトミックスを用いて説明しよう。プロダクトミックスの「幅」とは施設が所有するプロダクトラインの数であり，ここではエリアサービス，プログラムサービス，イベントサービスといった3つのプロダクトラインから構成されている。各プロダクトラインには「長さ」があり，エリアサービスにはゴルフコース，ゴルフ練習場，テニスコート，プールといった4つのプロダクトアイテムがある。また各プロダクトアイテムには「深さ」があり，Ａ施設は2つのゴルフコースをもっている。今，この施設がプロダクトミックスの拡大を考えたとしよう。プロダクトミックスの拡大には，スペクタクルサービスを加えることによってプロダクトミックスを広くすることができる。あるいは，トレーニングジムやサイクリングコースを増設することでプロダクトラインを長くすることもできる。また，キッズ用として3つめのゴルフコースを開発することでプロダクトミックス（アイテム）を深くすることも可能である。反対に，コスト削減を考える場合も同じような観点からプロダクトミックスの縮小を考えることができるであろう。

■ スポーツプロダクトとポストモダン消費

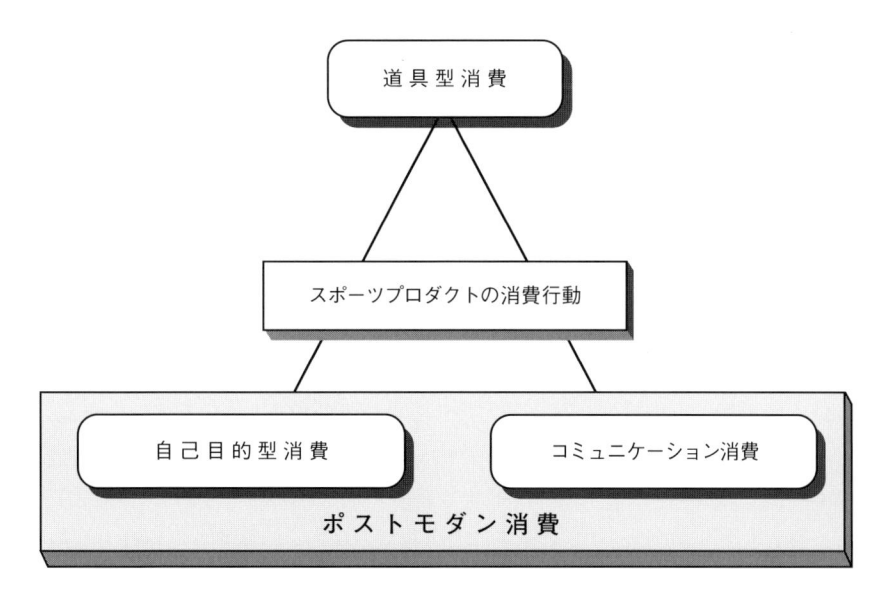

```
            ┌─────────────┐
            │  道具型消費  │
            └──────┬──────┘
                   │
      ┌────────────┴────────────┐
      │ スポーツプロダクトの消費行動 │
      └──┬───────────────────┬───┘
         │                   │
┌────────┴────────┐  ┌───────┴──────────┐
│  自己目的型消費  │  │ コミュニケーション消費 │
└─────────────────┘  └──────────────────┘
           ポストモダン消費
```

■ スポーツプロダクト・ミックスの考え方

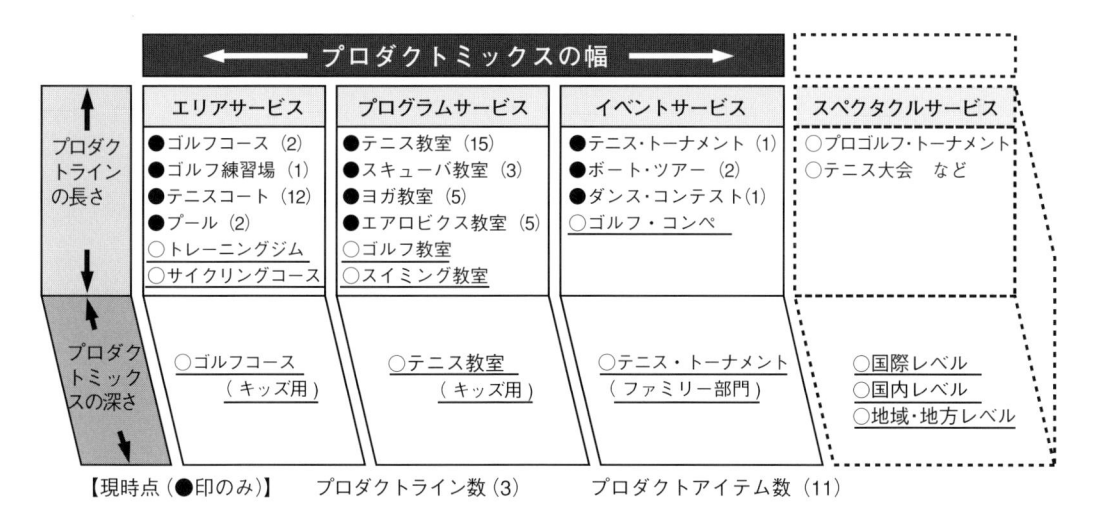

	エリアサービス	プログラムサービス	イベントサービス	スペクタクルサービス
プロダクトラインの長さ ↑↓	●ゴルフコース（2） ●ゴルフ練習場（1） ●テニスコート（12） ●プール（2） ○トレーニングジム ○サイクリングコース	●テニス教室（15） ●スキューバ教室（3） ●ヨガ教室（5） ●エアロビクス教室（5） ○ゴルフ教室 ○スイミング教室	●テニス・トーナメント（1） ●ボート・ツアー（2） ●ダンス・コンテスト（1） ○ゴルフ・コンペ	○プロゴルフ・トーナメント ○テニス大会　など
プロダクトミックスの深さ ↑↓	○ゴルフコース 　（キッズ用）	○テニス教室 　（キッズ用）	○テニス・トーナメント 　（ファミリー部門）	○国際レベル ○国内レベル ○地域・地方レベル

←―― プロダクトミックスの幅 ――→

【現時点（●印のみ）】　プロダクトライン数（3）　プロダクトアイテム数（11）

【スポーツプロダクトの新開発】 スポーツ組織は，組織の存続・発展をめざして，常にスポーツプロダクトの新開発に努力を傾注しなければならない。新しいスポーツプロダクトの開発プロセスは，以下に示すような8つのプロセスで構成されている。

第1ステップは，新しいプロダクトに関する多くのアイデアを創り出す「アイデアの創出」から始まる。こうしたアイデアには直感や思いつきなどもあるが，広くアイデアを収集するにはプロジェクトチームの設置やブレーンストーミングの開催などが必要である。第2ステップは，これらのアイデアが組織目標や市場性，および開発可能性などの観点から少数に絞り込む「アイデア・スクリーニング」である。第3ステップでは，スクリーニングを通過したアイデアに基づいて，「コンセプトの開発」が行われる。第4ステップでは，プロダクトを市場に導入するために，どのような戦略を採用すべきかという「マーケティング戦略の開発」が行われる。第5ステップは，市場規模，市場構造，競争などの外部環境の分析をもとにして，売上高，コスト，利益などの予測が行われ，実行可能性と採算性（収益性）について評価する「採算性分析」であり，高く評価されたプロダクトだけが第6ステップの「プロダクト開発（製品化）」に進むことになる。第7ステップでは，一定の限られた市場での反応を吟味するための「テスト・マーケティング」が実施される。最後の第8ステップは「市場導入」であり，前のテスト・マーケティングの結果をもとにして，プロダクトを市場に導入するかどうかを意思決定する段階である。

【スポーツプロダクトのブランディング】 スポーツシューズといえばナイキ，ジャージといえばアディダスを，多くの人が連想するであろう。それでは，クラブサービスといえば，何を連想するだろうか。いずれにせよ，連想の共通点は人々が「ブランド」として認知しイメージしているか否かということである。ブランドとは「企業などが自社商品・サービスを競合他社のそれと識別し，差別化するために用いる名前，商標，シンボル，ロゴマーク，デザイン，あるいはそれらの組み合わせ」を意味している。しかし，クラブサービスの場合，「クラブという組織体がメンバーもしくは地域住民に提供するスポーツサービスのクオリティを保証するイメージ・アイデンティティ」ととらえた方がわかりやすい。こうしたイメージ・アイデンティティづくりが「ブランディング」である。

たとえば，地域スポーツクラブのブランド化を考えてみよう。第1は「行政や地域住民による長期育成の支援・愛顧」を得るために，多くの人々からの支援や愛顧，および地元企業からのスポンサーシップを得られるようなユニークな名称やロゴマーク，シンボル，キャラクターなどを考えることである。第2は，「クラブ・オリジナリティの保持」である。ブランドの生命はオリジナリティにあるので，たとえば「一村一品運動」のように，ユニークな種目の開設，有名な指導者の配置，魅力あるスポーツ教室・大会等の企画運営など，ユニークで斬新なアイデアを事業化することが重要である。最後は，「地域社会におけるポジショニングの管理」である。地域社会における明確で独自のポジションを得るためには，地域行事への積極的な参加・協力，多世代メンバー化，情報メディアを用いた個性的なP.R.活動の展開，および学校・公共施設のクラブ委託化などが必要である。

第11章 スポーツプロダクトの概念

■ 新しいスポーツプロダクトの開発プロセス

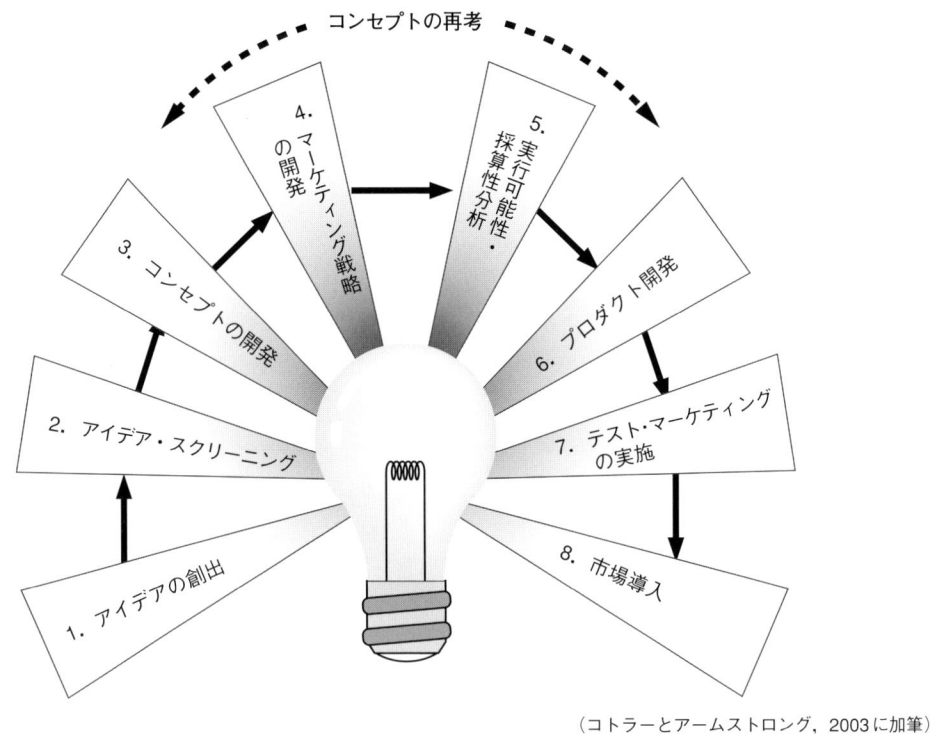

コンセプトの再考

1. アイデアの創出
2. アイデア・スクリーニング
3. コンセプトの開発
4. マーケティング戦略の開発
5. 実行可能性・採算性分析
6. プロダクト開発
7. テスト・マーケティングの実施
8. 市場導入

（コトラーとアームストロング，2003に加筆）

■ クラブサービス（地域スポーツクラブの場合）のブランド化とブランド資産

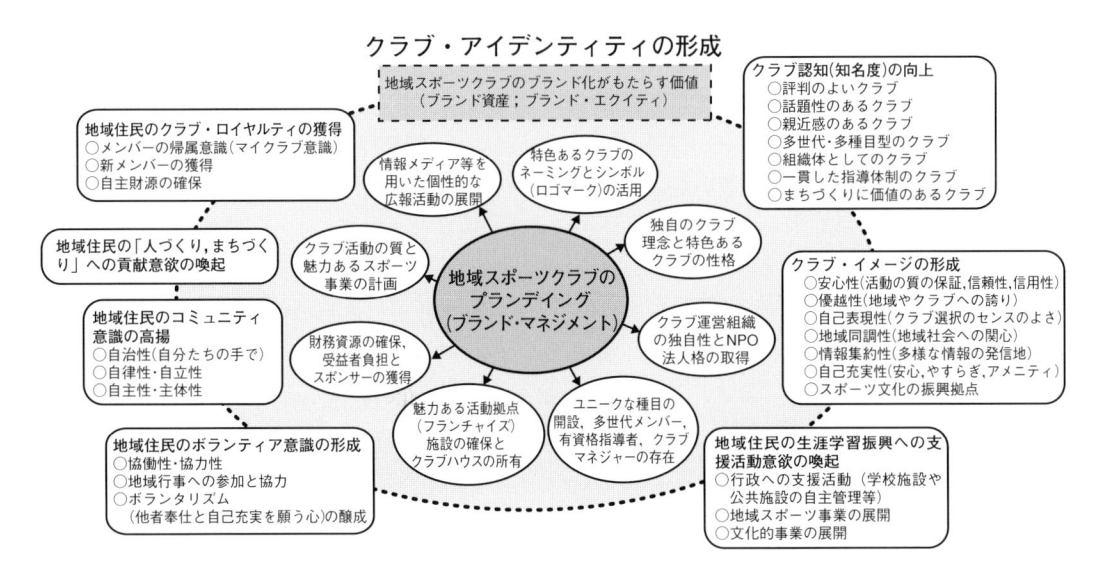

クラブ・アイデンティティの形成

地域スポーツクラブのブランド化がもたらす価値
（ブランド資産；ブランド・エクイティ）

地域住民のクラブ・ロイヤルティの獲得
- メンバーの帰属意識（マイクラブ意識）
- 新メンバーの獲得
- 自主財源の確保

地域住民の「人づくり，まちづくり」への貢献意欲の喚起

地域住民のコミュニティ意識の高揚
- 自治性（自分たちの手で）
- 自律性・自立性
- 自主性・主体性

地域住民のボランティア意識の形成
- 協働性・協力性
- 地域行事への参加と協力
- ボランタリズム（他者奉仕と自己充実を願う心）の醸成

中心：**地域スポーツクラブのブランディング（ブランド・マネジメント）**

周辺要素：
- 情報メディア等を用いた個性的な広報活動の展開
- 特色あるクラブのネーミングとシンボル（ロゴマーク）の活用
- クラブ活動の質と魅力あるスポーツ事業の計画
- 独自のクラブ理念と特色あるクラブの性格
- 財務資源の確保，受益者負担とスポンサーの獲得
- クラブ運営組織の独自性とNPO法人格の取得
- 魅力ある活動拠点（フランチャイズ）施設の確保とクラブハウスの所有
- ユニークな種目の開設，多世代メンバー，有資格指導者，クラブマネジャーの存在

クラブ認知（知名度）の向上
- 評判のよいクラブ
- 話題性のあるクラブ
- 親近感のあるクラブ
- 多世代・多種目型のクラブ
- 組織体としてのクラブ
- 一貫した指導体制のクラブ
- まちづくりに価値のあるクラブ

クラブ・イメージの形成
- 安心性（活動の質の保証，信頼性，信用性）
- 優越性（地域やクラブへの誇り）
- 自己表現性（クラブ選択のセンスのよさ）
- 地域同調性（地域社会への関心）
- 情報集約性（多様な情報の発信地）
- 自己充実性（安心，やすらぎ，アメニティ）
- スポーツ文化の振興拠点

地域住民の生涯学習振興への支援活動意欲の喚起
- 行政への支援活動（学校施設や公共施設の自主管理等）
- 地域スポーツ事業の展開
- 文化的事業の展開

第12章 スポーツサービスの品質管理

1 サービスとは何か

【サービスのとらえ方】 今日，サービスという言葉には，「値引き」「無料（タダ）」「おまけ」「サービス労働」といった犠牲的な意味や，「教育サービス」「医療サービス」「レジャーサービス」などのような業務的・機能的なとらえ方がある。しかし，英語の"service"には前者のような犠牲的サービスの意味はなく，わが国独特のものである。サービスとは，むしろ後者のような機能的サービスを指すのが一般的であり，通常は「利用可能な諸資源（人，物，システム・情報）が人間や組織体に何らかの価値や便益・効用をもたらす活動」と幅広く定義される。それゆえ，野村（1983）は市場で取引される対象となったサービスのことを「サービス財」と呼んで区別している。スポーツプロダクトもその性質においてはサービス財と同じである。

サービスには，物財とは異なる性質がある。具体的には，①無形性（学校は目には見えない無形の体育プログラムを生産しているので，児童生徒は事前に試してみることはできない），②不可分性（スポーツ教室は指導者と参加者の両方が存在しなくては生産と消費ができない），③変動性（スポーツ教室のクオリティや需要量・参加者数は誰が，いつ，どこで提供するかによって変動的である），④消滅性（スポーツイベントの座席チケットは当日以降に販売することはできないので，在庫・貯蔵という概念がない）といった4つの性質であり，そのため，スポーツ組織はいろんな経営問題を抱えることが予想される。

【サービスの分類】 サービス分類の伝統的な方法は，「ホスピタリティ・ビジネス」「金融ビジネス」「教育ビジネス」「輸送ビジネス」といったような「産業」によるものである。こうした産業分類は，サービス組織から提供されるコア・プロダクトを定義し，カスタマー・ニーズや競争状況を理解するのに役立つが，産業内の個々のビジネス特性やサービス・プロセスの特性を十分にとらえているとは言い難いものがある。

ラブロックとライト（2002）は，多くの研究を積み重ねた結果，7つの分類基準を提案している。具体的には，①サービス対象（人－物－情報），②サービス主体の程度（人ベース－施設・設備ベース－システムベース），③サービス活動の性質（有形の働きかけ－無形の働きかけ），④サービス・デリバリーの場所・時間（カスタマーが出向く－サービス提供者が出向く－両者の便利な場所で取引する），⑤需要と供給のバランス化の程度（変動大－変動小），⑥カスタマイズの程度（個別的－標準的），⑦カスタマーとの関係性（メンバー関係型－オープン型）といったものである。これらの基準は，サービスを分類するにあたってはそのプロセスへの着眼が有益であることを示唆しており，いくつかは，実際のサービス次元のチェックリストとしてそのまま活用することもできる。

第12章 スポーツサービスの品質管理

■「モノ」との違いからみたサービスの4つの特性

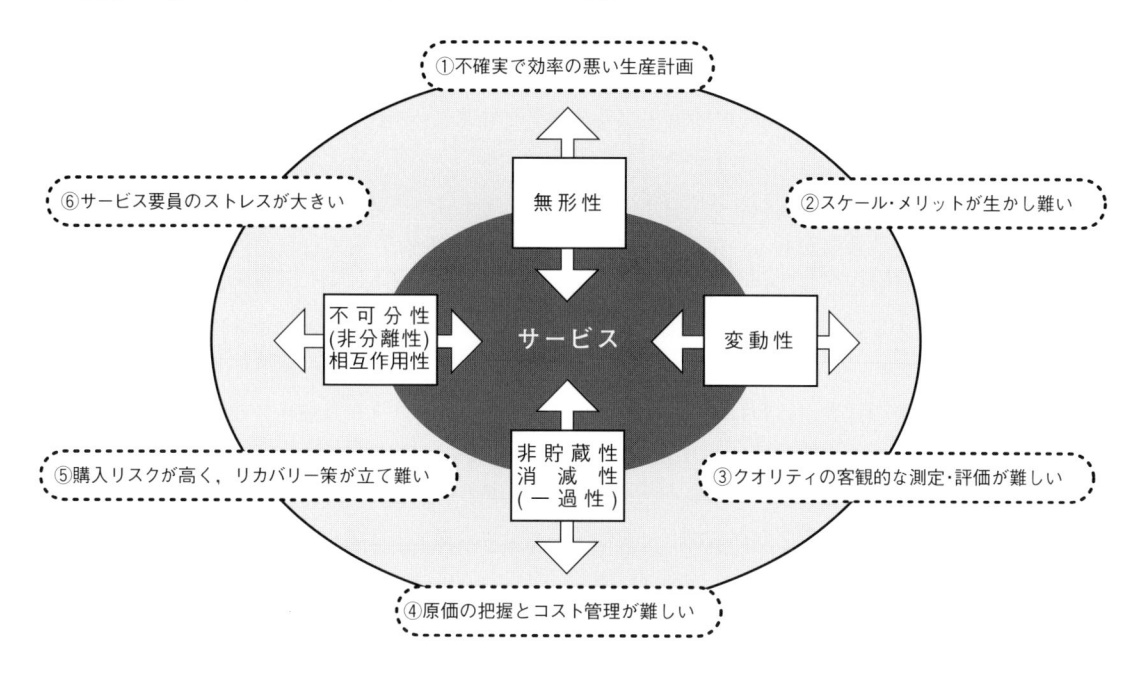

サービスの4つの特性（無形性、不可分性(非分離性)・相互作用性、変動性、非貯蔵性・消滅性(一過性)）と、それに伴う課題：

- ①不確実で効率の悪い生産計画
- ②スケール・メリットが生かし難い
- ③クオリティの客観的な測定・評価が難しい
- ④原価の把握とコスト管理が難しい
- ⑤購入リスクが高く、リカバリー策が立て難い
- ⑥サービス要員のストレスが大きい

■ サービス分類のいろいろ

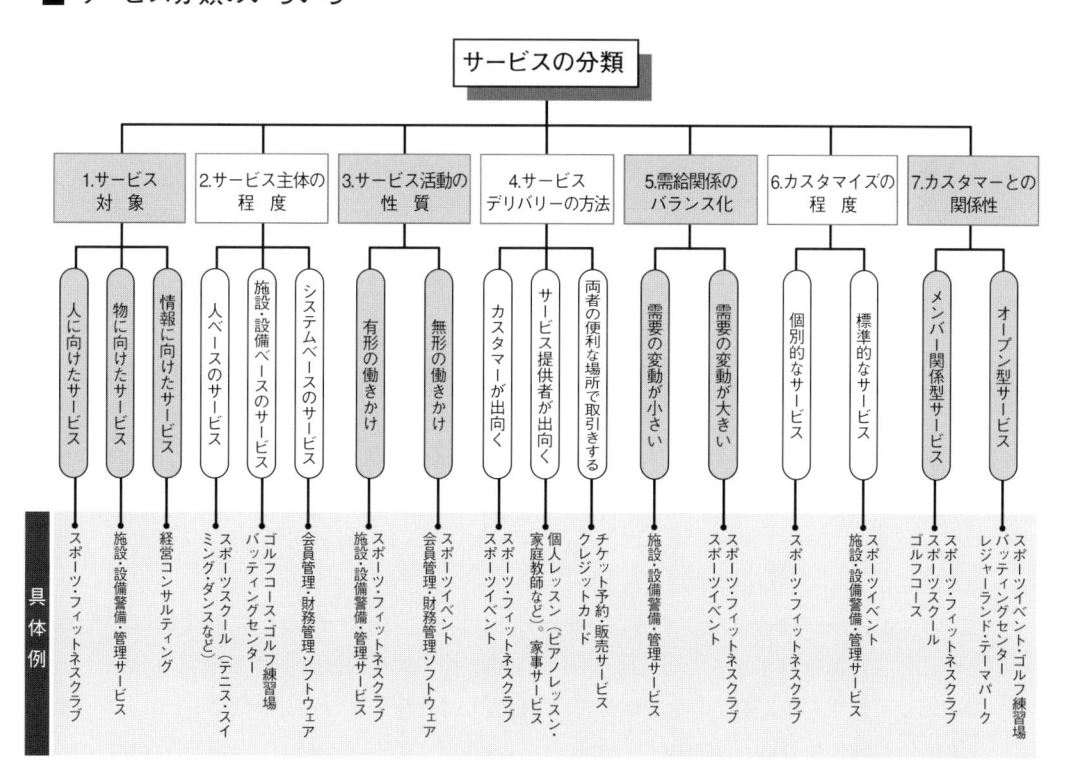

サービスの分類

分類	区分	具体例
1. サービス対象	人に向けたサービス	スポーツ・フィットネスクラブ
	物に向けたサービス	施設・設備警備・管理サービス
	情報に向けたサービス	経営コンサルティング
2. サービス主体の程度	人ベースのサービス	スポーツスクール（テニス・スイミング・ダンスなど）
	施設・設備ベースのサービス	ゴルフコース・ゴルフ練習場・バッティングセンター
	システムベースのサービス	会員管理・財務管理ソフトウェア
3. サービス活動の性質	有形の働きかけ	施設・設備警備・管理サービス
	無形の働きかけ	会員管理・財務管理ソフトウェア
4. サービスデリバリーの方法	カスタマーが出向く	スポーツ・フィットネスクラブ、スポーツイベント
	サービス提供者が出向く	個人レッスン（ピアノレッスン・家庭教師など）・家事サービス
	両者の便利な場所で取引きする	チケット予約・販売サービス、クレジットカード
5. 需給関係のバランス化	需要の変動が小さい	施設・設備警備・管理サービス
	需要の変動が大きい	スポーツ・フィットネスクラブ、スポーツイベント
6. カスタマイズの程度	個別的なサービス	スポーツ・フィットネスクラブ
	標準的なサービス	施設・設備警備・管理サービス
7. カスタマーとの関係性	メンバー関係型サービス	スポーツイベント、スポーツスクール、ゴルフコース
	オープン型サービス	スポーツイベント・ゴルフ練習場・バッティングセンター・レジャーランド・テーマパーク

【サービス・プロセスの分類】 ラブロックとライト（2002）は，カスタマーのサービス・オペレーションへの関わり方や，カスタマーに提供されるコア・プロダクトの創造方法といったような「サービス・プロセス」の問題に着眼し，前述した①サービス対象と，③サービス活動の性質といった2つの分類軸から4つのプロセスを提案している。

第1カテゴリーはフィットネスセンターやスポーツ・フィットネスクラブのような，人の身体に対して有形の行為が行われるプロセスで，カスタマーはベネフィットを受け取る際に，物理的にその場にいる必要がある。第2カテゴリーは，施設・設備警備・管理サービスのような，カスタマーの所有物に対して有形の行為が行われるプロセスであり，サービスの対象となるモノは物理的にその場に存在する必要があるが，カスタマーはその場に居合わせる必要はない。第3カテゴリーはスポーツイベント観戦や経営コンサルティング，教育のような，人の心・精神・頭脳に対して無形の行為が行われるプロセスで，カスタマーはメンタルな意味でその場にいる必要があるが，放送や他の遠距離通信手段により接続されている別の場所にいてもよい。第4カテゴリーはデータ処理やソフトウェア・コンサルティングのような，カスタマーの無形資産に対して無形の行為が行われるプロセスで，一度始まると，カスタマーとの直接的な関わりをほとんど必要としない場合もある。

このように，サービス・プロセスがどのタイプかによって，マーケティング戦略やサービス・オペレーション戦略は大きな影響を受けるのである。

【ドラマトゥルギーとサービス体験】 社会学の分野に，「ドラマトゥルギー」という考え方がある。もともとは「劇作術・作劇法」「脚本書法」「演劇論」といった意味であったが，ゴッフマン（1974）は「本当の自分と装われた自分を創るための演出上の戦略，あるいは個々の人がさまざまな領域で出会うときの自己演技の戦略」という意味で用いている。

Grove and Fisk（1983）は，サービス体験に対する「演劇論的アプローチ」を試みている。その枠組みに依拠して考えると，サービス体験の主要な構成要素は，「俳優」としてのサービス提供者，「観客・聴衆」としてのカスタマー，「舞台（装置）」としてのサービス環境，そして「演技（パフォーマンス）」としてのサービス・プロセスといったものであることが明らかになってくる。俳優と観客・聴衆とが同一時空間を共有し，劇場という閉ざされた時空間の中でインタラクティブなコミュニケーション行為を行う。脚本・台本（戦略）に従って，俳優は演技によって観客・聴衆に働きかけ，観客・聴衆は自らの息吹や感情によって語り返し，そして俳優は観客・聴衆に語りかける。観客・聴衆のいない劇場で俳優は演技することはできない。一方，プロデューサー（マーケター）は，俳優と観客・聴衆との相互行為関係を逐一観察し，それを舞台作りに活用していかなければならない。

いうなれば，「ドラマトゥルギー」の要素である俳優（主役・脇役）やチーム，コーラス，ならびに観客・聴衆はさまざまな人間という「参加者」，舞台装置は「物理的環境」，そして演技の組み立てはサービス提供の「プロセス」に相当し，これら3つの要素はサービス・マーケティングの新しい3つのP（p.108参照）とも合致している。

第12章 スポーツサービスの品質管理

■ 「プロセスとしてのサービス」の分類

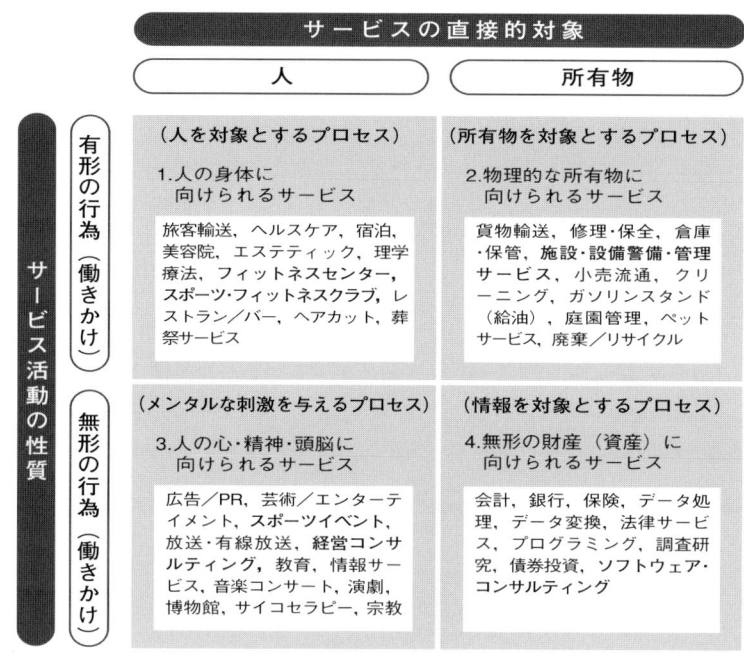

		サービスの直接的対象	
		人	所有物
サービス活動の性質	有形の行為（働きかけ）	（人を対象とするプロセス） 1. 人の身体に向けられるサービス 旅客輸送，ヘルスケア，宿泊，美容院，エステティック，理学療法，フィットネスセンター，スポーツ・フィットネスクラブ，レストラン／バー，ヘアカット，葬祭サービス	（所有物を対象とするプロセス） 2. 物理的な所有物に向けられるサービス 貨物輸送，修理・保全，倉庫・保管，施設・設備警備・管理サービス，小売流通，クリーニング，ガソリンスタンド（給油），庭園管理，ペットサービス，廃棄／リサイクル
	無形の行為（働きかけ）	（メンタルな刺激を与えるプロセス） 3. 人の心・精神・頭脳に向けられるサービス 広告／PR，芸術／エンターテイメント，スポーツイベント，放送・有線放送，経営コンサルティング，教育，情報サービス，音楽コンサート，演劇，博物館，サイコセラピー，宗教	（情報を対象とするプロセス） 4. 無形の財産（資産）に向けられるサービス 会計，銀行，保険，データ処理，データ変換，法律サービス，プログラミング，調査研究，債券投資，ソフトウェア・コンサルティング

（ラブロックとライト，2002を修正）

■ サービス体験と「ドラマ（演劇）」との対比

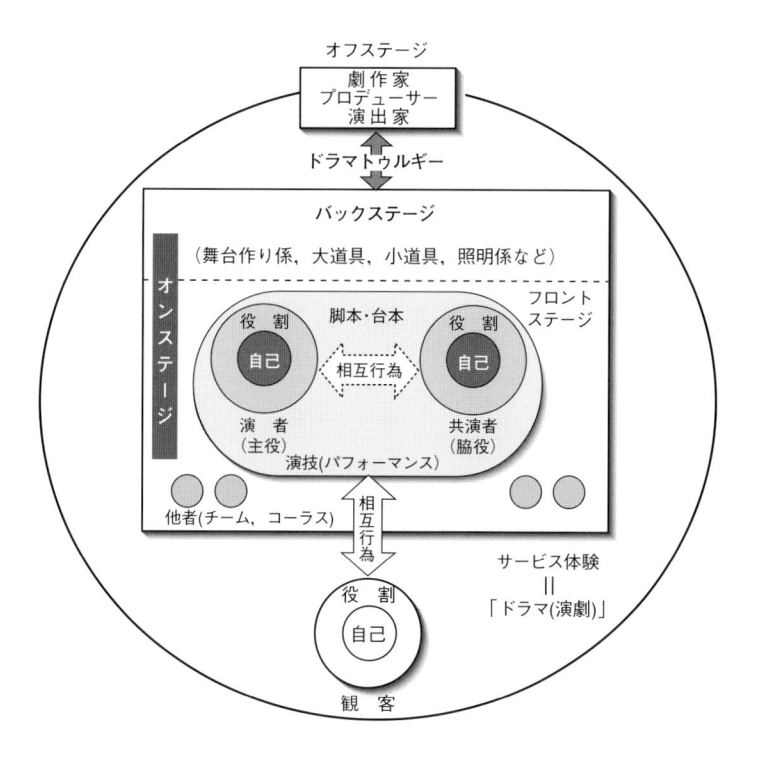

（図：オフステージに劇作家・プロデューサー・演出家、ドラマトゥルギーを介してオンステージ／フロントステージ／バックステージ（舞台作り係、大道具、小道具、照明係など）。脚本・台本のもと、演者（主役）と共演者（脇役）の役割・自己が相互行為し演技（パフォーマンス）を行う。他者（チーム，コーラス）、観客（役割・自己）との相互行為。サービス体験＝「ドラマ（演劇）」）

2 スポーツサービスの分類

【スポーツサービスのとらえ方】 野村（1983）にならえば，スポーツサービスには2つのとらえ方がある。第1は，スポーツサービスを「利用可能な諸資源が果たす有用な機能・活動」としてとらえることである。つまり，①物的サービス（スポーツや身体活動のための物的条件をよりいっそう充実させる活動），②システム的サービス（スポーツ情報，施設利用の手続き，活動プログラム，コース等のシステム的条件を提供する活動），③人的サービス（スポーツや身体活動に必要な仲間・集団や指導者等をよりいっそう充実させる活動）といった3つのスポーツサービスをミックスすることで，基本製品であるピュア・スポーツプロダクトに働きかけ，人々のスポーツ活動（するスポーツ）の成立に直接関わる基本的な条件整備をするということである。そこから，「見るスポーツ」「創る・ささえるスポーツ」などの多様な形態が派生する。

第2は，スポーツサービスを「市場で取引される『財』」としてとらえること，いわゆる「サービス財としてのスポーツプロダクト」という考え方である。このとらえ方は，特定のスポーツ活動をよりいっそう高質化するために，マーケティング・テクノロジーを用いることによってスポーツプロダクトとして「製品化」するということを意味している。

現代におけるスポーツサービスの概念は，これら2つの考え方から形成されている。

【スポーツサービスの分類】 上述したように，後者の立場でスポーツサービスをとらえた場合，主に3つのサービス・プロダクトに分類することができる。第1は，するスポーツが製品化された「参加型スポーツサービス」である。このサービスには，①同好の仲間同士が共通の目的を持って継続的にスポーツ活動が行える「クラブサービス」，②施設・設備や用具などを使用して，個人やグループ等で自由にスポーツ活動が楽しめる「エリアサービス」，③施設・用具，仲間，時間，活動内容，指導者等をすべてパッケージングして提供される「プログラムサービス」，④各人が練習してきたスポーツ活動の成果（パフォーマンス）を試す挑戦の機会である「イベントサービス」といった4つが含まれる。

第2は，スポーツという手段を用い，アスリートが人間の可能性の極限を追求する姿やパフォーマンスをみせることで，多くの人々に夢や感動，勇気，娯楽，みる楽しさなどを提供する「観戦型スポーツサービス」である。これには，①プロ野球やJリーグおよび大相撲などの定期的・継続的なプロスポーツイベントをみる機会である「エンターテイメントサービス」と，②オリンピックやワールドカップなどの一定期間しか開かれないメガ・スポーツイベントをみる機会である「スペクタクルサービス」が含まれている。

最後は，観戦型スポーツサービスの提供組織と，スポンサー企業等が相互交換関係を構築する「スポーツスポンサーシップ・サービス」であり，最近ではスポーツイベントだけでなく，アスリート個人へのスポンサーシップやスポーツ施設等のネーミングライツなど，「権利ビジネス」としての「スポンサーシップ・パッケージ」が多数用意され始めている。

第12章 スポーツサービスの品質管理

■ スポーツサービスの二面性

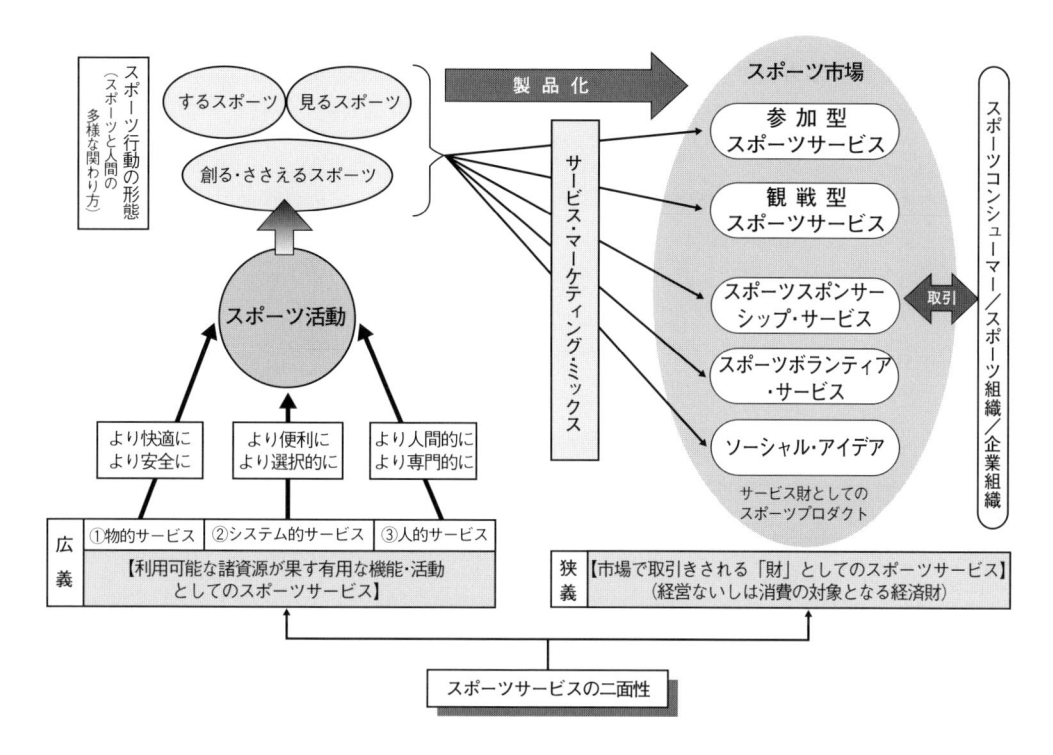

```
スポーツ行動の形態（スポーツと人間の多様な関わり方）

するスポーツ　見るスポーツ
創る・ささえるスポーツ
         ↑
      スポーツ活動
    ↑    ↑    ↑
より快適に  より便利に  より人間的に
より安全に  より選択的に より専門的に
    │     │     │
広義 ①物的サービス ②システム的サービス ③人的サービス
【利用可能な諸資源が果す有用な機能・活動としてのスポーツサービス】

→ サービス・マーケティング・ミックス → 製品化 → スポーツ市場
  ・参加型スポーツサービス
  ・観戦型スポーツサービス
  ・スポーツスポンサーシップ・サービス
  ・スポーツボランティア・サービス
  ・ソーシャル・アイデア
  サービス財としてのスポーツプロダクト

狭義【市場で取引きされる「財」としてのスポーツサービス】
（経営ないしは消費の対象となる経済財）

取引 ← スポーツコンシューマー／スポーツ組織／企業組織

スポーツサービスの二面性
```

■ スポーツサービスの主要な分類

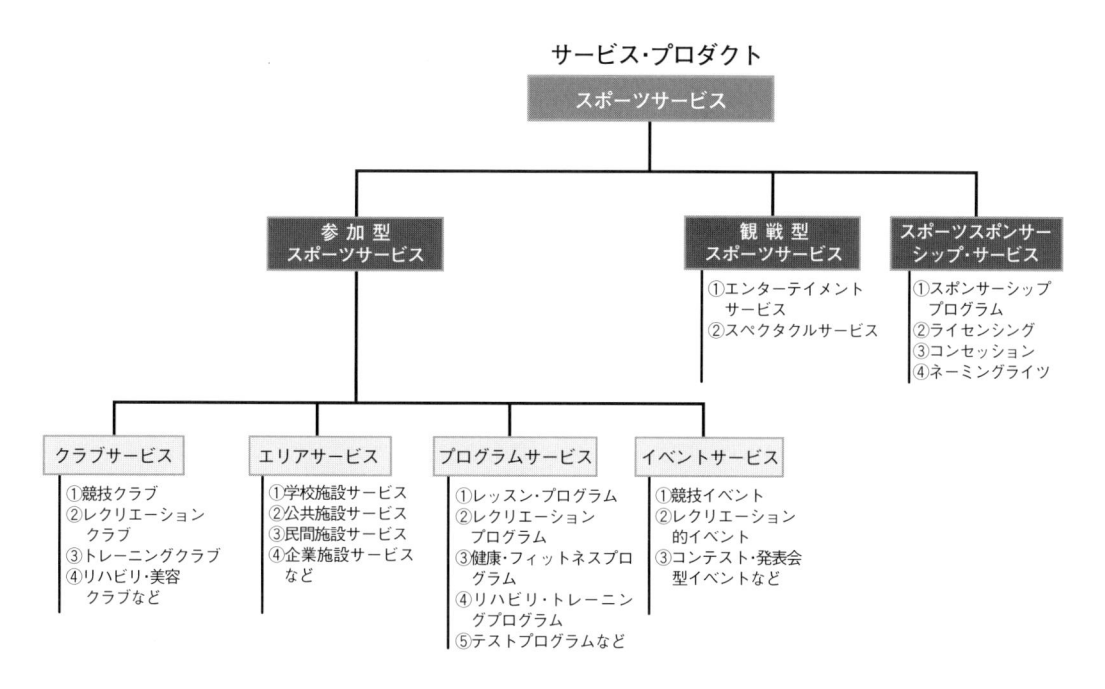

サービス・プロダクト

スポーツサービス

- **参加型スポーツサービス**
  - クラブサービス
    - ①競技クラブ
    - ②レクリエーションクラブ
    - ③トレーニングクラブ
    - ④リハビリ・美容クラブなど
  - エリアサービス
    - ①学校施設サービス
    - ②公共施設サービス
    - ③民間施設サービス
    - ④企業施設サービスなど
  - プログラムサービス
    - ①レッスン・プログラム
    - ②レクリエーションプログラム
    - ③健康・フィットネスプログラム
    - ④リハビリ・トレーニングプログラム
    - ⑤テストプログラムなど
  - イベントサービス
    - ①競技イベント
    - ②レクリエーション的イベント
    - ③コンテスト・発表会型イベントなど

- **観戦型スポーツサービス**
  - ①エンターテイメントサービス
  - ②スペクタクルサービス

- **スポーツスポンサーシップ・サービス**
  - ①スポンサーシッププログラム
  - ②ライセンシング
  - ③コンセッション
  - ④ネーミングライツ

【スポーツサービスの分子モデル】 Shostack（1977）は，サービス概念を「有形要素と無形要素のバランスのよいパッケージ」としてとらえることによって，「分子モデル」と呼ばれる市場提供物を記述する方法を提案している。この分子モデルにならって，有形要素としての「物財」，無形要素としての「人的サービス」「物的サービス」「システム的サービス」の具体例を用いて，スポーツプロダクトの分子構造を考えてみよう。

　第1のスポーツ用品の場合，カスタマーは「スポーツ用品」という物財を購入に来るが，経営者は店舗の施設利用権を提供している。また，店頭の品揃えやブランドといった情報提供も行い，店によっては店員のていねいな商品説明などのカスタマー・サービスを提供することもある。加えて，スポーツ用品の購入後は使用説明書を添付したり，きれいなパッケージングを施してくれたりする。第2のレッスン・プログラムの場合，カスタマーは「指導」の購入が主目的であり，サービス提供者の方はそうした指導のクオリティを高めるために，指導内容を事前に計画した上で，学習資料を作成・提供し，視聴覚機器等を用いてカスタマーにわかりやすく説明していく。また，指導と学習が効率よく進むように，施設や付帯施設，用具等の利用権を提供しているのである。最後のプロスポーツイベントの場合，カスタマーは「選手・チームのパフォーマンス」を楽しむためにスタジアム（座席）に来ており，そうした体験をよりいっそうよいものとするために，プロデューサーは場内アナウンスや電光掲示板，およびマスコミなどで演出したり，その日の記念にいろんなグッズなどを購入できる売店を用意しているのである。

【スポーツサービス・ブループリント】 このように，スポーツサービスの種類やプロセスには有形・無形のいろいろな要素（機能）が関わっている。こうしたスポーツサービスのクオリティを向上させるためには，マーケターがその設計をスポーツ組織全体で共有できるように，視覚的に表現しなければならない。それが，スポーツサービスの青写真を作成する仕事であり，「スポーツサービス・ブループリント」という技術である。

　Shostack（1987）によれば，サービス・ブループリントには分子モデルによるサービスの視覚化が重要であるとともに，時間の流れに合わせた，①カスタマーの行動，②サービス水準と内容，③物理的存在，④コンタクト・パーソンの対応行動といったフロントステージ要素の表現と，カスタマーには見えないバックステージ要素の識別が必要であるという。

　スポーツサービスの種類によっても異なるが，たとえばエリアサービスの場合，カスタマーは電話やインターネットで予約することから始まり，駐車場に行き，フロントで手続きを済ませ，ロッカールームで着替え，そして様々な施設利用サービスを活用する。活動終了後は，シャワーを浴び，ロビーやレストランで若干の休憩や食事を取り，フロントで手続きを終えて，施設を後にするであろう。コンタクト・パーソンは常にいろいろな物理的存在やサービス水準に配慮しなければならないが，バックステージのスタッフは予約の確認，迅速な受付，ロッカー・シャワールームの確認，レストランの準備などを徹底しておく必要がある。こうした青写真により，全スタッフがスポーツサービスの全体像を把握でき，目に見えにくい複雑なサービス・プロセスの連鎖を視覚的に理解することができる。

第12章 スポーツサービスの品質管理

■ スポーツ用品とスポーツサービスの分子構造のちがい

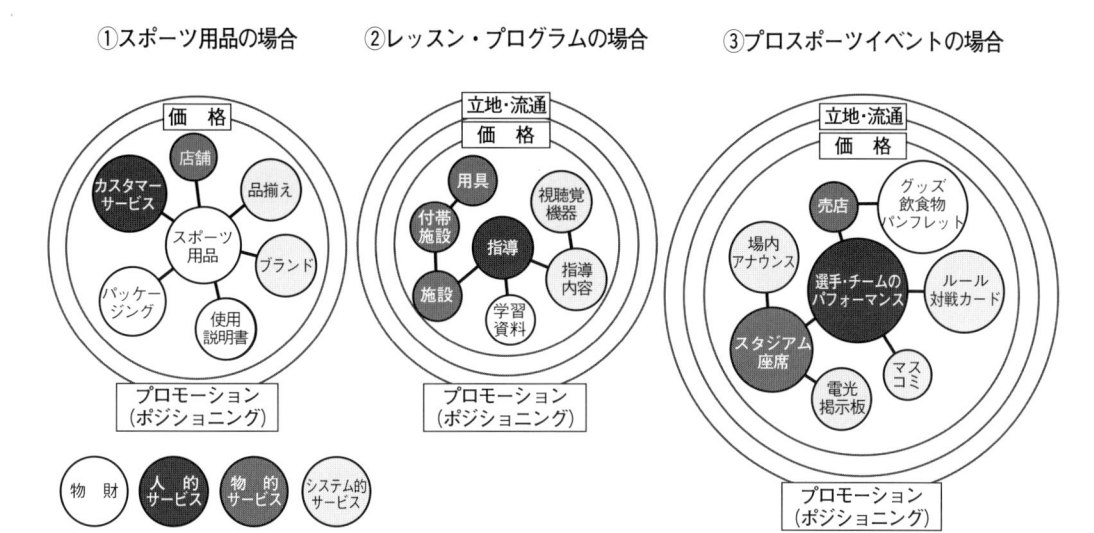

①スポーツ用品の場合　②レッスン・プログラムの場合　③プロスポーツイベントの場合

①価格／店舗／カスタマーサービス／品揃え／スポーツ用品／ブランド／パッケージング／使用説明書／プロモーション（ポジショニング）

②立地・流通／価格／用具／視聴覚機器／付帯施設／指導／指導内容／施設／学習資料／プロモーション（ポジショニング）

③立地・流通／価格／売店／グッズ・飲食物・パンフレット／場内アナウンス／選手・チームのパフォーマンス／ルール・対戦カード／スタジアム座席／マスコミ／電光掲示板／プロモーション（ポジショニング）

凡例：物財／人的サービス／物的サービス／システム的サービス

■ スポーツサービスの青写真の描き方

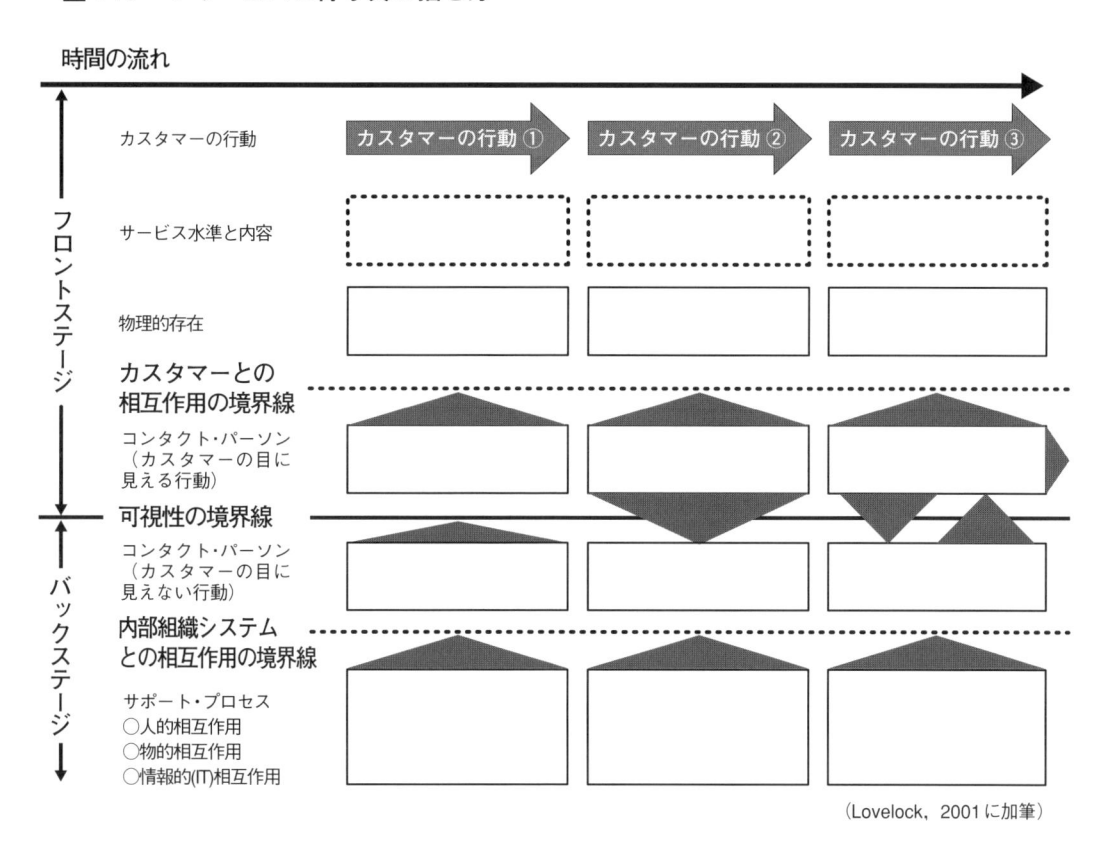

時間の流れ →

フロントステージ
- カスタマーの行動：カスタマーの行動①／カスタマーの行動②／カスタマーの行動③
- サービス水準と内容
- 物理的存在
- カスタマーとの相互作用の境界線
- コンタクト・パーソン（カスタマーの目に見える行動）
- 可視性の境界線

バックステージ
- コンタクト・パーソン（カスタマーの目に見えない行動）
- 内部組織システムとの相互作用の境界線
- サポート・プロセス
  ○人的相互作用
  ○物的相互作用
  ○情報的(IT)相互作用

（Lovelock, 2001に加筆）

3 サービスクオリティの評価とサービス戦略

【サーバクション・システム】 サーバクション（servuction）とは，「サービスの生産（プロダクション）システム」（Langeard et al., 1981）という意味の造語である。このサーバクション・モデルによれば，カスタマーはサービス・システムの目に見える諸要素，つまり他のカスタマー，物理的環境，器具・備品・設備，接客要員などとの相互作用の結果として，それぞれのサービス体験から「ベネフィットの束」を受け取っているのである。また，このモデルでは，カスタマーに見えるフロントステージで行われる状況即応的な活動と，カスタマーに見えないバックステージで行われる組織的な活動の違いを描くとともに，カスタマーがクオリティ・サービスを得るためにはカスタマー自身がサービス・システムの一部となり協働していくことが必要であるという特徴を明確に描き出している。

　Lovelock（1992）は，こうしたサーバクション・システムを，①サービス・オペレーション，②サービス・デリバリー，③サービス・マーケティングといった重なり合う3つのサブ・システムに分解することで，カスタマーの豊かなサービス体験を演出する要素を整理している。

【RATER(レイター)の基準】 スポーツ組織の目的は，スポーツサービスの生産と提供を通して，それを享受するカスタマーに楽しい経験と満足を与えることである。しかし，目には見えない無形のスポーツサービスの善し悪しを評価することは容易ではない。

　Parasuraman et al.（1985）は，「カスタマーが期待するサービス・レベルと，実際に経験・認知されたサービスとのギャップ」からサービスクオリティを評価する「サーブクォール（SERVQUAL）・モデル」を提案している。具体的には，①約束したサービスを確実かつ正確に提供することのできる能力（信頼性），②カスタマーに示す確信と自信に満ちたサービス提供者の親切，心配りとその能力（安心感），③施設・設備，用具，サービス提供者の身だしなみや態度など，五感で感じられる印象（可視性），④カスタマーに示す配慮，個人的な関心の度合いや気配り（共感性），⑤カスタマーの要望に迅速に反応し，効果的に役に立とうとするやる気や意欲（迅速性）といった5つの側面（手がかり）である。これらの5つのカスタマー評価基準は「RATER(レイター)の基準」（Berry and Parasuraman, 1991）と呼ばれ，最初と最後の2つのRはカスタマーが特に重視するクオリティであるという。

　しかし，こうした評価基準は，いうなれば「サービスがどのように提供されるか」というプロセスを評価する「機能的クオリティ」の色彩が強く，「カスタマーに何が提供されたか」という結果を評価する「技術的クオリティ」が欠けている（Gronroos, 1990）。すなわち，スポーツ体験それ自体の結果を評価する「スポーツ・クオリティ」の視点が重要なのである。また，コトラー（2003）は，購入前にサービス評価をすることはできないし，購入後にも評価が難しいことがあるので，「信用」に関するクオリティ評価として「社会的（倫理的）クオリティ」を付加することを指摘している。われわれは，こうした複雑なサービス評価メカニズムを体験することで，スポーツサービス・クオリティの全体的な評価をしているのである。

第12章 スポーツサービスの品質管理

■ カスタマーの視点からみたスポーツサービスの生産システム

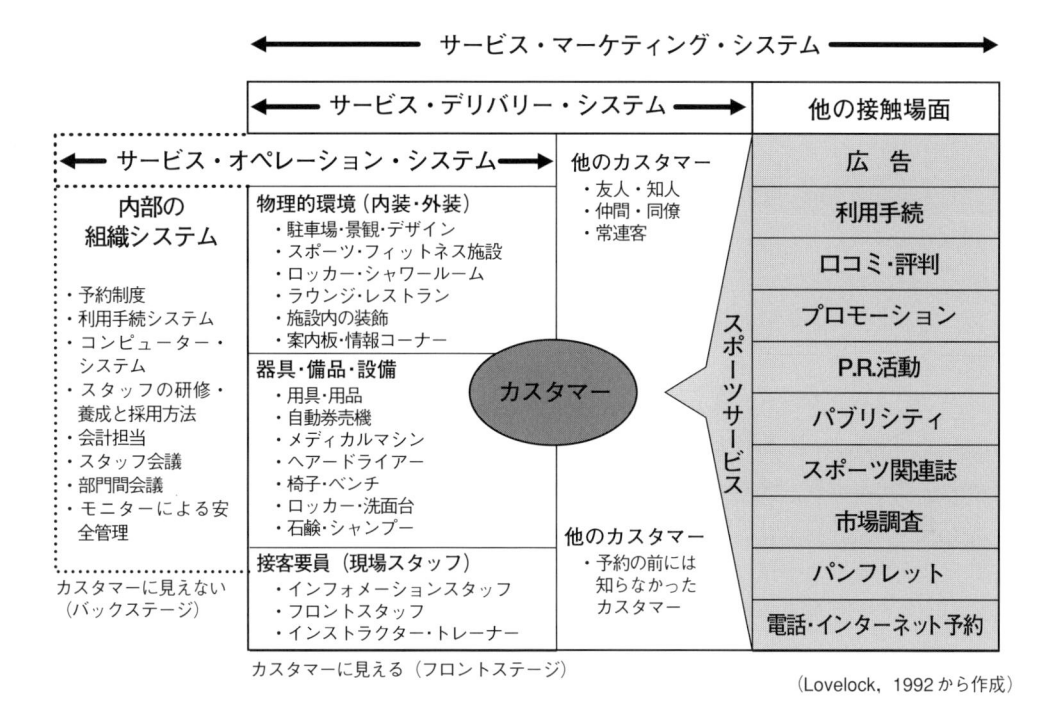

```
←―――― サービス・マーケティング・システム ――――→
   ←―― サービス・デリバリー・システム ――→   他の接触場面
←― サービス・オペレーション・システム ―→
```

内部の組織システム（カスタマーに見えない／バックステージ）
・予約制度
・利用手続システム
・コンピューター・システム
・スタッフの研修・養成と採用方法
・会計担当
・スタッフ会議
・部門間会議
・モニターによる安全管理

物理的環境（内装・外装）
・駐車場・景観・デザイン
・スポーツ・フィットネス施設
・ロッカー・シャワールーム
・ラウンジ・レストラン
・施設内の装飾
・案内板・情報コーナー

器具・備品・設備
・用具・用品
・自動券売機
・メディカルマシン
・ヘアードライアー
・椅子・ベンチ
・ロッカー・洗面台
・石鹸・シャンプー

接客要員（現場スタッフ）
・インフォメーションスタッフ
・フロントスタッフ
・インストラクター・トレーナー

カスタマーに見える（フロントステージ）

他のカスタマー
・友人・知人
・仲間・同僚
・常連客

他のカスタマー
・予約の前には知らなかったカスタマー

カスタマー → スポーツサービス

他の接触場面
広告／利用手続／口コミ・評判／プロモーション／P.R.活動／パブリシティ／スポーツ関連誌／市場調査／パンフレット／電話・インターネット予約

（Lovelock, 1992 から作成）

■ スポーツサービス・クオリティの主観的評価のしくみ

スポーツ組織のマーケティング戦略 ←―― フィードバック

サービスクオリティ（SERVQUAL）（RATERの基準）
- 信頼性 Reliability
- 安心感 Assurance
- 可視性 Tangibles
- 共感性 Empathy
- 迅速性 Responsiveness

スポーツ・クオリティ

機能的クオリティ（どのように＝プロセス）
社会的クオリティ（倫理的）
技術的クオリティ（何を＝結果）

→ スポーツ組織のイメージ → 経験・認知されたスポーツサービス

【カスタマーの主観的評価のしくみ】

スポーツサービス・クオリティの評価

1. 経験・認知 ＞ ①願望 → 感動・感激
2. 経験・認知 ＝ ①願望 → 歓喜
3. 経験・認知 ＝ ②許容範囲 → 満足
4. 経験・認知 ＝ ③受容可能 → 非満足
5. 経験・認知 ＜ ③受容可能 → 不満・苦情

期待するスポーツサービス・レベル
①願望するサービス
②許容範囲
③受容可能なサービス

← 過去の経験／個人的ニーズ／口コミ／コミュニケーション／価格設定

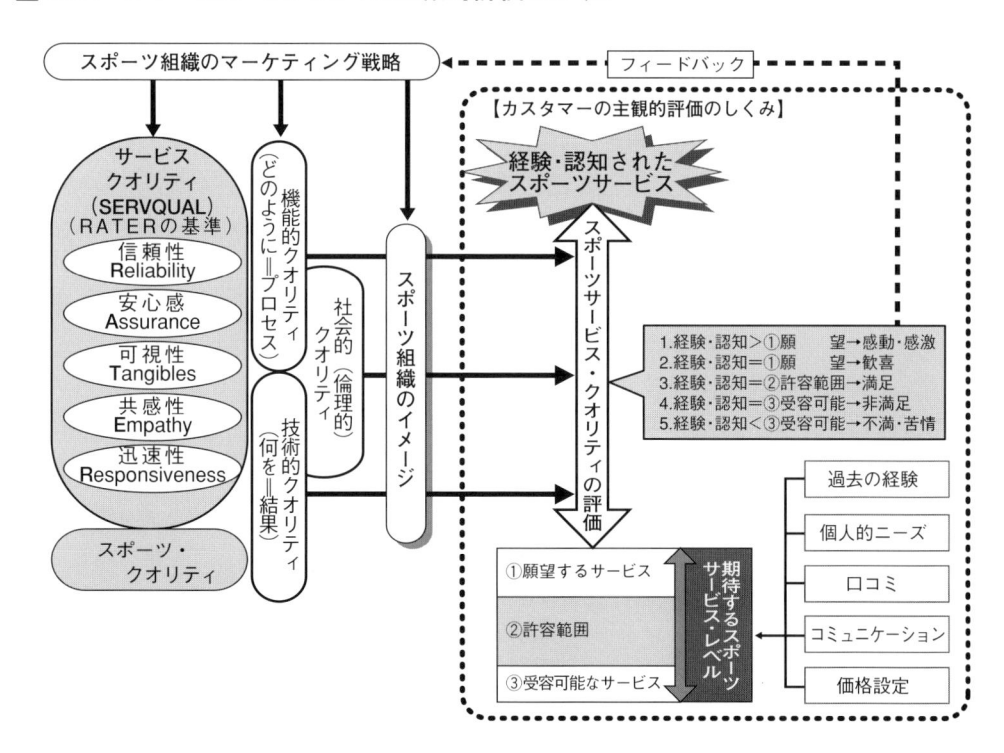

【サービス戦略】 スポーツ組織は，前述したサービスの性質から生じるさまざまな経営問題に対応するために，そうした物財とは異なる諸特性を十分踏まえた組織的な努力をしなければならない。こうした，サービスクオリティを保証するための組織的対応努力が「サービス戦略」であり，山下ら（2003）は5つのサービス戦略を提示している。

第1に，サービスそれ自体が無形で，本質的に物質として存在しないことに対応するために，マークやシンボル，象徴的な色や音楽などで視聴覚的に表現することで，クオリティの良さを象徴できるようにし，カスタマーが安心して購入できる環境を創造する「有形化戦略」が必要である。第2は，サービスは物財のように在庫することができず，生産と消費が同時に起こるので，ある時期やある時間帯だけに需要が集中しないように，価格やプロモーションおよび予約制度などを活用することで，需要と供給のバランス関係を調整し平準化させる「同期化戦略」である。第3は，サービスは1回限りで消えてしまうので，クオリティ・イメージを保証できるように，ブランド・イメージの一貫性ないしは統一性を訴求する「同一化戦略」が重要である。第4に，サービスは一連の流れをもつプロセスであり，カスタマーはサービス活動の結果だけでなくプロセスも体験しなければならないので，カスタマーを「共同生産者」としてとらえ，そうしたプロセスをシステム的に効率よく進める「システム化戦略」が求められる。最後は，サービスにはまったく同じものがないので，クオリティに大きなバラツキが出ないように配慮する「同質化戦略」である。

【サービス組織システム】 スポーツ組織は，カスタマーとの協働作業によってスポーツサービスを生産・提供する「サービス組織」である。にもかかわらず，これまでのスポーツ組織は，「集権化（重要な意思決定は組織の上位階層で行われる）」「公式化・標準化（職務の遂行は明確な規則や手続き・文書にしたがってマニュアル的に行われる）」「複雑性（組織内の仕組みが複雑である）」「没人格性（人間関係は希薄化されている）」を特徴とする伝統的な「ピラミッド型（官僚制）組織モデル」を重視してきた観がある。しかし，こうした官僚制組織モデルのサービス組織への応用化は，変化に臨機応変で柔軟に対処できないばかりか，変化に抵抗するという逆機能を抱えた組織を創り，カスタマー志向のマーケティングを困難にする。

したがって，スポーツサービスの創造技術やサービス戦略の展開に適合した，「サービス業らしい」（桑田・田尾，1998）組織になることが，今後のスポーツ組織には必要不可欠である。つまり，カスタマーとの接点を担う現場スタッフを大切にする「逆さまのピラミッド」（アルブレヒト，1990）が重要なのである。スポーツ組織がそうした「サービス組織モデル」を創るには，①トップとロアー間の階層数を少なくし，組織階層をフラット化する（階層平準化），②現場スタッフにカスタマー対応業務上の自由裁量権を与える（エンパワーメント性・裁量性），③組織内外部に対してよりオープンなシステムを創る（開放性），④現場スタッフの新しいアイデアや意思決定および社会環境の要請に迅速に応える（革新性），⑤現場スタッフや組織全体の知識資源や技術などのコア・コンピタンスの向上を奨励する（学習性），といった5つの側面を充実させていくことが必要である。

第12章 スポーツサービスの品質管理

■ サービス戦略とサービス・マーケティング・ミックス（7P）

スポーツ組織がとるべきサービス戦略の基本

- 無形性 → 1. 有形化戦略
  - ・接客態度
  - ・シンボル化
  - ・環境条件の視覚化
  - ・サービス効果の視覚化
  - ・音響効果の活用

- 不可分性（非分離性） → 2. 同期化戦略
  - ・インセンティブの活用
  - ・予約システムの導入
  - ・利用日・時間帯の区分
  - ・他組織との連携・協力
  - ・ニーズの先取り

- 3. 同一化戦略
  - ・事業コンセプトの周知
  - ・標語化
  - ・スタッフの制服化
  - ・カスタマーの服装の統一化
  - ・マニュアル化

- 変動性 → 4. システム化戦略
  - ・カスタマーの事業参加
  - ・コース設定の明確化
  - ・フリークエントプログラム
  - ・カスタマーの苦情への対応
  - ・カスタマーとの交流

- 非貯蔵性 消滅性（一過性） → 5. 同質化戦略
  - ・スタッフの資質向上
  - ・スタッフ間の情報交換
  - ・カスタマーの平等性確保
  - ・スタッフの健康・体力の維持
  - ・ホスピタリティ精神の徹底

サービス・マーケティング・ミックス（7P）
- サービス・プロダクト
- 立地・流通
- 価格設定
- プロモーション
- 物理的環境要因
- 参加者
- プロセス

→ スポーツコンシューマー市場

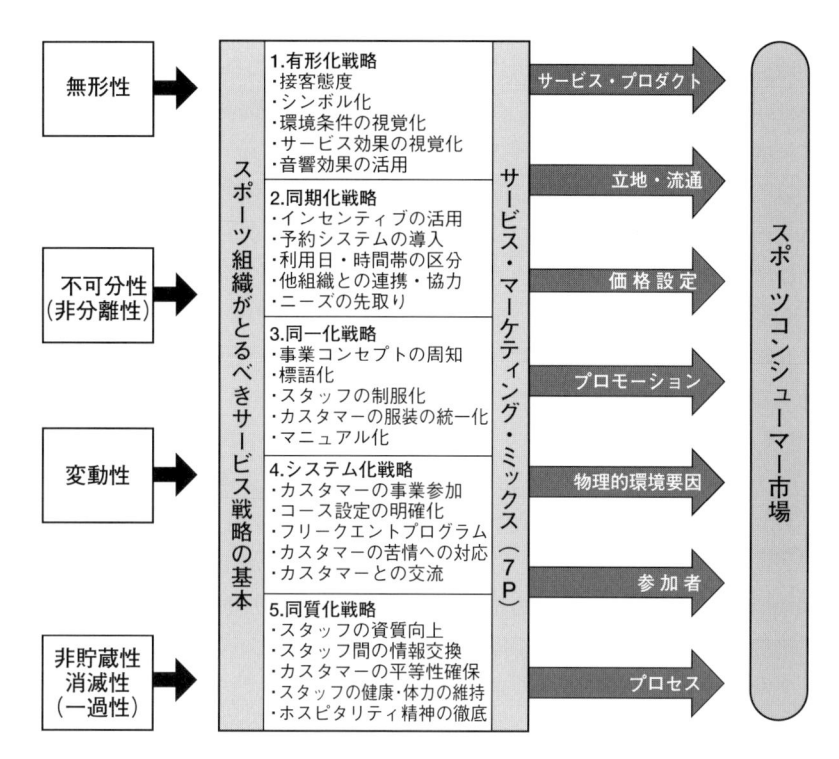

■ サービス組織には最適の「逆さまのピラミッド」

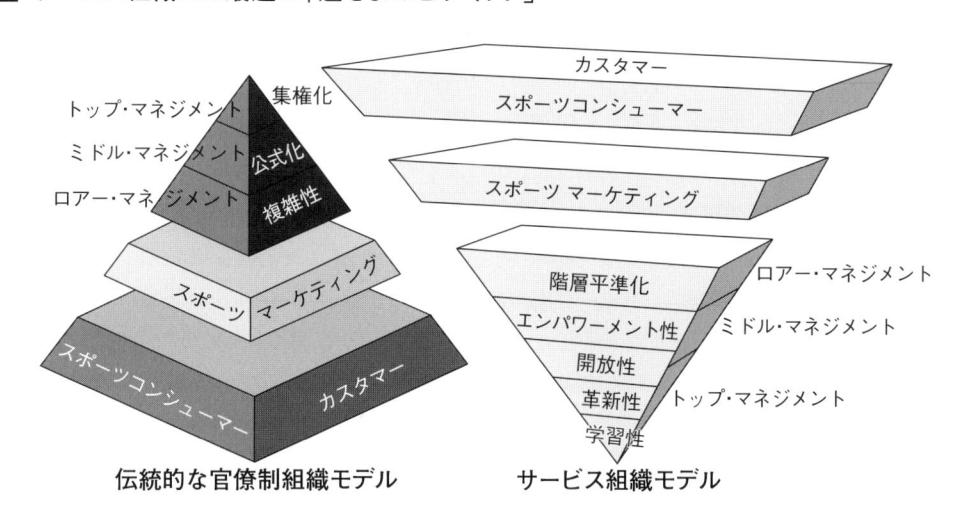

伝統的な官僚制組織モデル
- トップ・マネジメント
- ミドル・マネジメント
- ロアー・マネジメント
- スポーツマーケティング
- スポーツコンシューマー／カスタマー
- 集権化／公式化／複雑性

サービス組織モデル
- カスタマー／スポーツコンシューマー
- スポーツマーケティング
- 階層平準化／エンパワーメント性／開放性／革新性／学習性
- ロアー・マネジメント
- ミドル・マネジメント
- トップ・マネジメント

マネジメント探訪 ③

【 生活者重視の経営 】

　最近、経営の世界では「生活者重視」ということが頻繁にいわれる。しかも、そこで使われる「生活者」は、ほとんど「消費者」と同じ概念であることが多い。たしかに従来の消費者という言葉には、モノやサービスを消費するだけの存在というイメージがつきまとう。ややもすると、単なるセールストークの対象とみなしてしまう。そういう近視眼的なマーケティングの考え方を是正しようという意図はわからないでもない。消費者はみな、自分たちの生活を豊かにするために自発的に行動する生活者である。ただ、考えてみれば、モノやサービスを生産する側の人も生活者である。消費者だけを生活者とするのはあまりにも一方的すぎる。

　そもそも経営学とは、資本と労働が分離するに及び、生産者（とりわけ一般従業員）たちの生活基盤を確立することを目的に誕生した学問である。その意味では生活者重視は、本来は「生産者重視」でなければならないはずである。前に紹介した坂本竜馬も、「浪人たちを仕事のできる人間（真の生活者）に変える」ためにカンパニーというものを考えたのである。しかし、経済が成長するにつれ、資本家の利潤が優先され、従業員は「会社人間」であることを強いられるようになったわけである。ゆとりのない従業員の手から「良品」が生まれることはない。生活者重視がいわれる背景には、一方で、これまでの経済社会の仕組みがあまりにも「資本家優位」に偏りすぎてしまったことへの反省があるのである。

　ところで、スポーツの直接的な生産者（現場作業員）はスポーツ実践者である。人間は筋肉をもって動く動物である。体を動かすという何か本能的なものがあって、その動かし方にルールをつけて意味づけをし、それが競技へと発展していくのは、昔も今も同じである。では、そうしたものが一体なぜ商品価値を持つまでになったのであろうか。単純に考えれば、本来人間は闘争的であって、人間の闘争的な本能はおさえることができないからともいえないことはない。実際、スポーツ組織のトップには、この本能を巧みに操ることこそスポーツ経営だと考える人が多い。2004年のアテネ五輪では、日本選手団が予想を上回るメダルを獲得した。各競技団体にもマスコミにも、その戦果に「してやったり」の感がうかがえる。しかし、忘れてならないのは、われわれ観戦者は、選手たちの「会社人間」としての働きに感動したわけではなく、彼らから産み出される「技の美しさ」に拍手を送ったということである。芥川賞作家である堀江敏幸氏は、今回の五輪放送がそうした観戦者の意向を無視して、「国と国との闘い」を商品化することにのみ終始した点を批判している（朝日新聞 2004年9月1日付夕刊）。

　スポーツ経営の優先課題は、スポーツ実践者の自由な発想による「技の追求」と、スポーツ観戦者の「豊かな感性」を大切にすることにある。この両者の合意によってこそ「良品」はつくられるのである。企業利益とか国威発揚とかいった問題はその後にくるものであろう。日本チームが出場していないという理由だけで、あの勝ち負けを超えたすばらしい女子ハンドボール決勝「韓国対デンマーク」の生中継が、クライマックス直前で打ち切られたときの悔しさは、私も堀江氏同様忘れることはできない。放送者に生活者重視の考え方など微塵もない。

Part 4

スポーツオペレーションの
マネジメント

Part 4

第13章 スポーツのチームメイク

1 チームマネジャーとゼネラルマネジャー（GM）

【スポーツチームのマネジメント】 右図に示すように，スポーツのチームメイクにおいては，クラブの営業とチームの強化がクラブビジネスの二本柱であり，両者のマネジメントを統括する役がゼネラルマネジャー（GM）である。もちろんチームごとに状況は異なるが，一般的にはオーナーの下にGMがいて，その下にチーム強化に責任を持つチーム（フィールド）マネジャーとしての監督と，クラブの経営に責任を持つクラブマネジャーが存在する。また組織によっては，GMがクラブマネジャーの仕事を兼任し，チームマネジャーの監督と並立することもあるが，いずれにせよGMは，企業経営者としての資質と，よい選手と監督の資質を見抜き，強いチームをつくる才能を集め，機能させる能力に優れていなければならない。

【ゼネラルマネジャーの仕事】 GMとは，クラブやチームにおけるCEO（最高経営責任者）のことで，チームマネジャーである監督と，クラブ運営に責任を持つクラブマネジャーの両者を統合する立場にある。米国のプロスポーツの場合，オーナーの次に権力を持ち，監督（マネジャー）を更迭する力を持つ。日本のプロ野球では，1995年にロッテ球団が始めてGM制度を導入し，広岡達朗氏が初代GMに就任した。しかし，当時の人気監督であったボビー・バレンタイン監督を1年で更迭するなど，GMの権力を如何なく発揮したが，ファンは大いに失望し，結局自身も球団を追われることになった。現在は，前オリックス・ブルーウェーブ（現オリックス・バッファローズ）の中村勝広氏や東北楽天ゴールデンイーグルスのマーティー・キーナート氏がGMの肩書きで活躍している。

　Jリーグでは，サッカービジネスとクラブ運営における人材養成を目的として，1999年よりGM講座を開設した。カリキュラムは「クラブマネジメント」「チームマネジメント」「マーケティング」の3つの柱から構成されている。その一方で，企業スポーツにおいてもGMの重要性が認識され始め，これまでの＜スポーツを知らない「部長」と経営を知らない「監督」によって運営されたチーム＞の欠点を補うポジションとしてGMを設置するチームも出現した。平尾誠二氏がGMを務める神戸製鋼のラグビー部はその1例である。

　右図に示したように，GMには思考と行動のバランスが求められる。思考と行動は対立するものではなく，GMには，さまざまな局面における重要な意思決定が求められる。それゆえ，仮説を設定し，データを収集・分析し，情報を抽出する「思考」の回路と，情報を統合し，知識として蓄え，行動を決定し，結果から学ぶ「行動」する力が求められる。思考だけでは役に立たず，行動力だけでも片手落ちである。GMには，「知行合一」が求められる。

第13章 スポーツのチームメイク

■ GMの役割

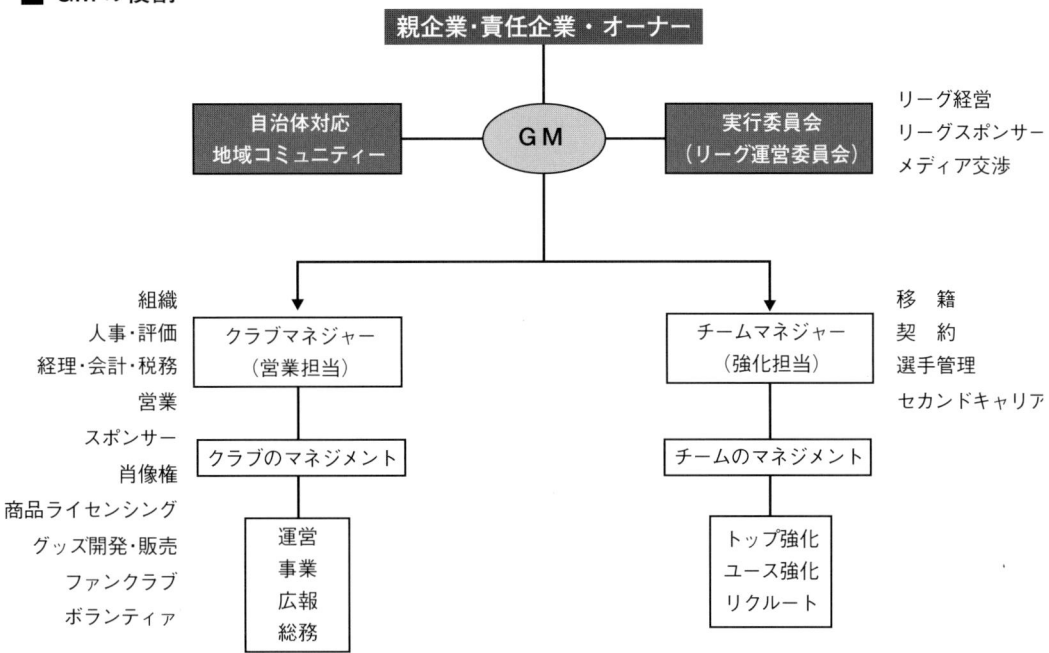

```
                    親企業・責任企業・オーナー
                              │
    ┌─────────────────────────┼─────────────────────────┐
 自治体対応                   GM                      実行委員会          リーグ経営
 地域コミュニティー                                  （リーグ運営委員会）    リーグスポンサー
                                                                       メディア交渉
                    ┌─────────┴─────────┐
組織              クラブマネジャー        チームマネジャー          移　籍
人事・評価         （営業担当）           （強化担当）            契　約
経理・会計・税務                                                 選手管理
営業                  │                     │                   セカンドキャリア
スポンサー          クラブのマネジメント    チームのマネジメント
肖像権                │                     │
商品ライセンシング    運営                  トップ強化
グッズ開発・販売      事業                  ユース強化
ファンクラブ          広報                  リクルート
ボランティア          総務
```

■ マネジャーに求められる思考と行動

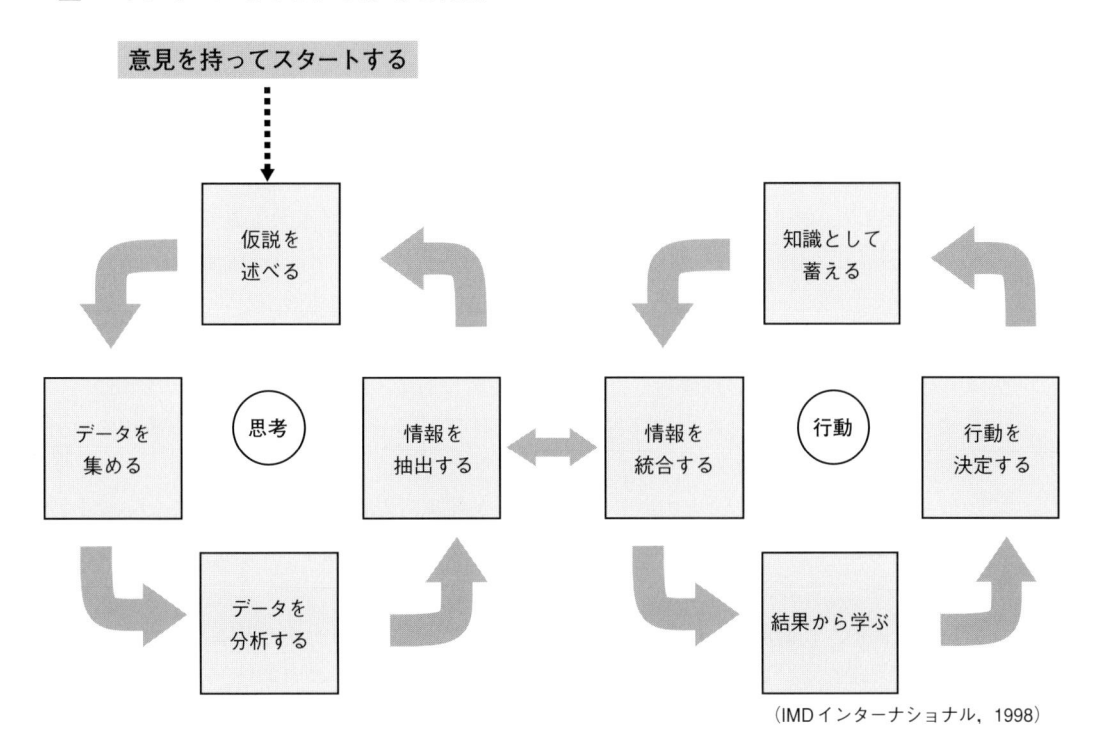

意見を持ってスタートする
　↓
仮説を述べる → データを集める → データを分析する → 情報を抽出する ←→ 情報を統合する → 結果から学ぶ → 行動を決定する → 知識として蓄える →（仮説を述べるへ戻る）

思考　／　行動

（IMDインターナショナル，1998）

【問題解決型リーダーシップ】 リーダーとしてのGMには，多様な経営スキルが必要とされる。図に示したのは，問題解決型リーダーシップに求められる6つの経営スキルである。これらは，①利害関係が対立する関係者が，それぞれ満足できる解を創造できる「ウィン・ウィン型問題解決力」，②理解→納得→協力という経路をつくり出す「説得力」，③問題の客観的要因と関係者の個人的属性要因を峻別して考えることのできる「客観的要因分析力」，④対話によって相手と情報を交換するプロセスを意味する「コミュニケーション力」，⑤部下との信頼関係を築く「人間関係力」，そして⑥組織的に問題解決を図る「チーム運営力」である。

【チームマネジャーと監督，専門スタッフの仕事】 Jリーグの場合，チームマネジャーは，強化担当に責任を持ち，コーチや監督選びから，選手のリクルートや契約，移籍までを統括する役割を果たす。小さなクラブでは，チームマネジャーと監督の仕事を兼任する場合があるが，通常チームマネジャーは組織の人間であり，長期的なチームづくりに責任を持つため，監督のような短期間の契約を結ぶわけではない。

　監督の仕事が，契約期間内に求められる成績を残すことであるのに対して，チームマネジャーは，組織経営の視点から，競争力のある商品としてのチームづくりを目指す。監督は欲しい選手やコーチをリストアップするが，それを獲るかどうかを決めるのは，選手人件費の支出に責任を持つチームマネジャーである。監督が欲しいという高額な選手をすべて獲得すれば強いチームを作ることは容易であるが，クラブが財政的破綻に直面しては元も子もない。抑えの利いた投資で最大の効果を得るのが，チームマネジャーの醍醐味である。

　有能な監督の発見は，クラブビジネスの最重要ファクターである。日本でもっとも知名度の高いMLB監督は，ジョー・トーリ監督（ニューヨーク・ヤンキース）であるが，著書「覇者の条件」（実業之日本社，2003）の中で彼は，監督術の極意として12の「グラウンド・ルール」（基本法則）を紹介した。これらは，「チームのプレーヤーを知る」「公平，敬意，信頼」「信頼の鍵としての率直なコミュニケーション」「いつも冷静に」「楽天主義でいこう」「直感を信じる」，「互いに敬意を払い，信頼しあう」「自分の方針，自分の信念を主張する」「服従，距離，対話－そのバランスをとる」「うまくいかないときの対処法」「気づかい，信念，意欲－成功の三要素」「人生のゲーム－バントだけが犠牲ではない」といった内容で，野球だけでなく，企業の管理職が行う部下の操縦術にも共通する極意である。

　監督の資質には，トーリ監督や日本の野村監督（シダックス），あるいはサッカーのベンゲル監督（アーセナル）のように，スポーツの戦術や戦略を知り尽くした＜知将＞というイメージの他，他の人が真似することのできない，豊かな経験と人間性に裏打ちされたパーソナリティが必要である。湯浅（2000）が著書の「サッカー監督という仕事」（新潮社）の中で指摘するように，優れた監督の条件として，コーチング法や戦術から，スポーツ科学の広範な知識とともに，人間的，社会的な経験をベースに醸成された，強く，魅力あふれるパーソナリティが必要である。現在ではコーチング，テクニカル，医・科学研究等の実際は，それぞれの専門スタッフが支えることが多い（右図）。

■ 問題解決型リーダーシップの経営スキル

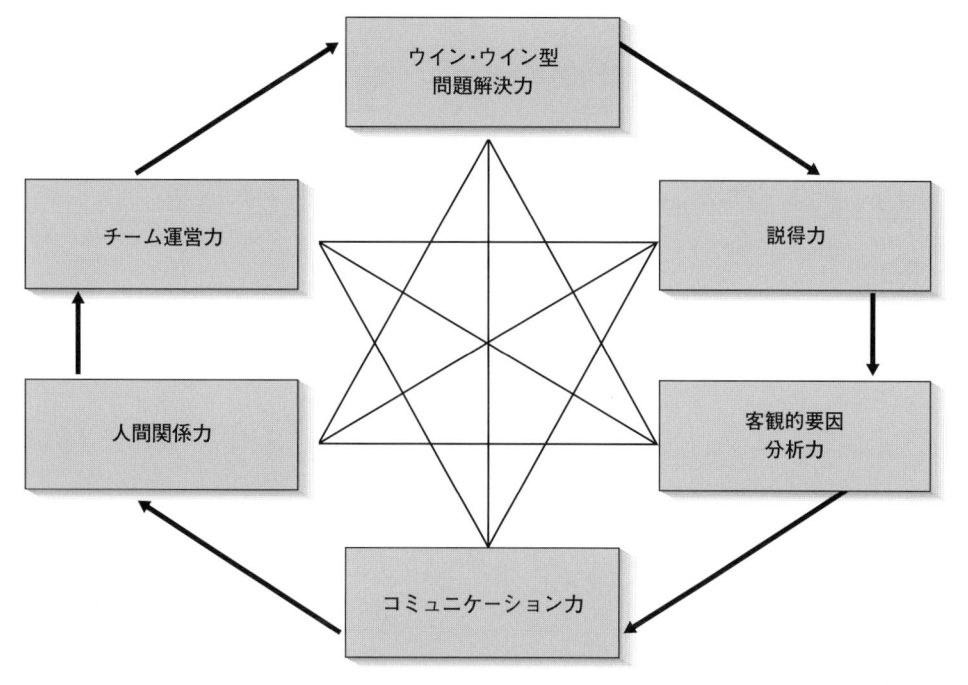

```
          ウイン・ウイン型
           問題解決力
      ↗               ↘
  チーム運営力            説得力
      ↑                   ↓
   人間関係力          客観的要因
                        分析力
      ↖               ↙
          コミュニケーション力
```

（佐久間，2003）

■ スポーツチームのトータル・サポート・システム

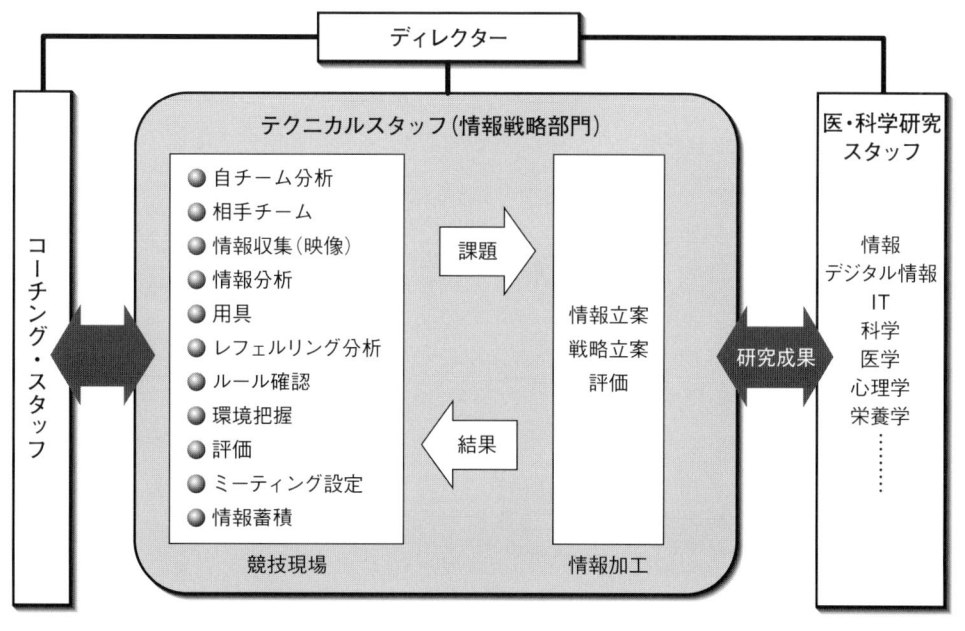

```
                    ディレクター
┌──────────────────────────────────────────────┐
│                                              │
│ コーチング・   テクニカルスタッフ(情報戦略部門)   医・科学研究
│   スタッフ    ● 自チーム分析                    スタッフ
│              ● 相手チーム
│              ● 情報収集(映像)    課題          情報
│              ● 情報分析                       デジタル情報
│              ● 用具              情報立案        IT
│              ● レフェルリング分析  戦略立案       科学
│              ● ルール確認        評価           医学
│              ● 環境把握          結果          心理学
│              ● 評価                          栄養学
│              ● ミーティング設定                  ……
│              ● 情報蓄積
│                競技現場          情報加工
└──────────────────────────────────────────────┘
```

（勝田，2002）

2 スポーツスカウティング

【スポーツスカウティングとは】 スカウティングとは，偵察や斥候活動のことであり，スポーツの現場においては，敵の情報収集と戦力分析のことを意味する。スポーツマネジメントの視点からとらえたスポーツスカウティングには，図に示したように，自チームの戦力分析（内部情報システム），事前に収集した敵チームの情報分析（マーケティング・リサーチ）から，試合中における情報の分析報告・アドバイス（マーケティング・インテリジェンス）の3つの要素がある。今でこそ学生スポーツでもスカウティングが一般的になったが，その歴史は浅く，日本ではビデオやパソコンの普及とともに，80年代後半より広まった。たとえばバレーボールにおいては，スカウティングを行い，情報を分析する専門家を「アナリスト」と呼ぶが，初めて専任のアナリストを使ったのは1984年ロス五輪で活躍したアメリカ男子チームであった。日本では，1988年のソウル五輪からスカウティング活動が始まり，1992年バルセロナ五輪において正式スタッフとして採用された。

【スポーツゲームのスカウティング】 アナリストの仕事は対戦相手を偵察，分析することで，観客席などでパソコンやビデオを駆使してベンチの監督やコーチにさまざまなアドバイスを送る。ベンチでは，インカムをつけたスタッフが，アナリストのアドバイスを肉声で聞きながら，パソコンのデータと照らし合わせて，ゲームに役立てようとする。アナリストの数は，多ければ多いほど分析が綿密に行われる。

バレーボールの場合，ビデオとパソコンを使い，相手チームの攻撃パターンやブロックの動きなどを分析することで，自チームの効果的な攻撃やサーブの狙いどころなどについて戦略を立てることが可能となる。アナリストが分析するのは，①スパイカー別のスパイクの種別，コース，成功率，②サーブレシーブにおける選手別成功率，③ローテーション別の攻撃パターン，サーブカットが崩れた時のパターン，④サーブの種類，着地点，成否，そして⑤攻撃別のブロックの成否といった5つのポイントである。一般的なスカウティングでは，事前の収集資料（参加メンバー，レギュラー・スタメンやその位置，個々のプレイヤーの特徴把握），手書き資料（上述のスカウティング項目の集計），パソコンを使った数値，図，印象（説明文）を含む説明資料がスタッフや選手に配られる。

ゲーム戦術の立案にはデータが必要となる。そのためにVTRやコンピューターを用いたゲーム分析が行われる。プロ野球のデータ配信で知られるアソボウズ（ASOBOU'S）が開発した，野球，ゴルフ，サッカー，バスケットボールのデータ分析ソフトや，映像編集とデータ分析を組み合わせたラグビー専用の映像分析ソフトである「パワーアナリシス」，そしてリアルタイムでベンチに分析データを提供できるイタリア製の「データ・バレー」など，ゲーム戦術に必要な多くのソフトが開発されている。また，VTRから直接データを読み取る，昔ながらのゲーム戦術分析も行われている。

なお，スポーツにおける分析活動にはその他さまざまなものがある（右図）。

第13章 スポーツのチームメイク

■ スポーツスカウティングの3要素

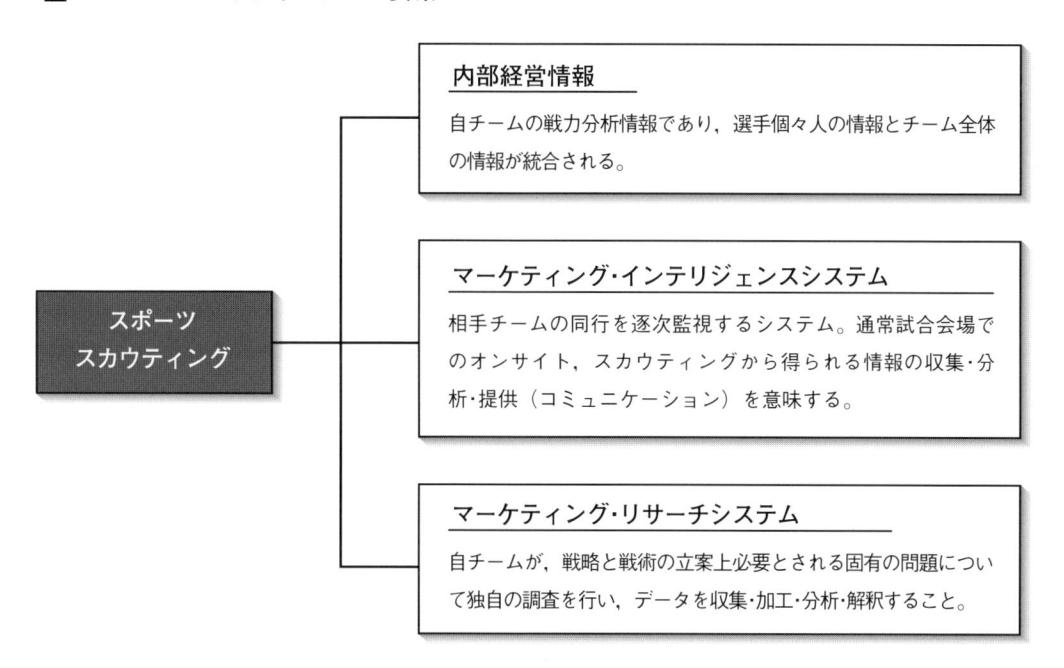

スポーツスカウティング
- **内部経営情報**
  自チームの戦力分析情報であり，選手個々人の情報とチーム全体の情報が統合される。
- **マーケティング・インテリジェンスシステム**
  相手チームの同行を逐次監視するシステム。通常試合会場でのオンサイト，スカウティングから得られる情報の収集・分析・提供（コミュニケーション）を意味する。
- **マーケティング・リサーチシステム**
  自チームが，戦略と戦術の立案上必要とされる固有の問題について独自の調査を行い，データを収集・加工・分析・解釈すること。

■ チームゲームにおける分析活動の種類

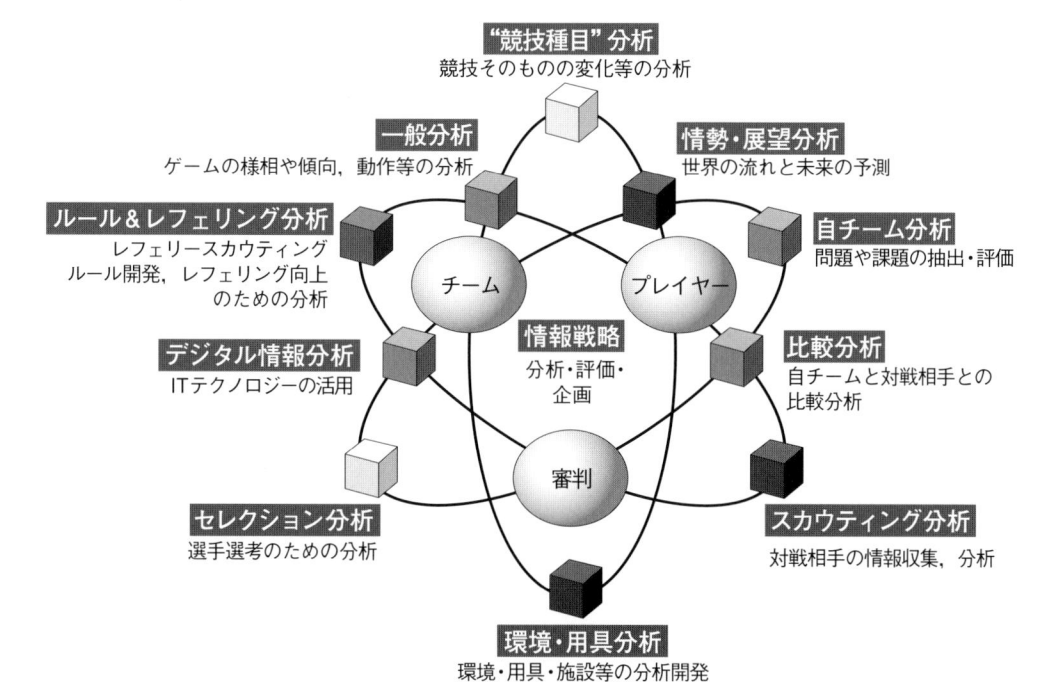

- **"競技種目"分析** 競技そのものの変化等の分析
- **一般分析** ゲームの様相や傾向，動作等の分析
- **情勢・展望分析** 世界の流れと未来の予測
- **ルール＆レフェリング分析** レフェリースカウティング ルール開発，レフェリング向上のための分析
- **自チーム分析** 問題や課題の抽出・評価
- **デジタル情報分析** ITテクノロジーの活用
- **比較分析** 自チームと対戦相手との比較分析
- **セレクション分析** 選手選考のための分析
- **スカウティング分析** 対戦相手の情報収集，分析
- **環境・用具分析** 環境・用具・施設等の分析開発

中心：チーム／プレイヤー／審判　情報戦略　分析・評価・企画

（勝田，2002）

【テニスゲームの分析】　右図に示したのは，テニスのゲームにおける最終ショットの内訳である（日本テニス協会スポーツ科学委員会，2003）。結果，日本選手は外国人選手に比べて，サービスで終わるポイントが少なく，パッシングやロブといった守備的ショットでの成功が多い。その一方，外国人選手は，アプローチショットやネットプレーなど，ベースラインでのストロークの打ち合いから状況を変える攻撃的なショットで終わるプレーが多い。また，1ポイントあたりの平均ラリー数は，日本人選手が6.99なのに対して，外国人選手は5.31であった。これらの結果から，同委員会は，「サービスエースを含めてサービスにより得点を取れるよう，技能の向上を図る」，そして「ストロークにおいてはラリーの早い段階でポイントを決められるようなプレーの展開を目指す」という技能および戦術面の課題を設定した。

【常識破りのスカウティング】　選手のスカウティングに革命的な視点を持ち込んだのが，メジャーリーグのアスレチックスである。マイケル・ルイス（2004）著の「マネー・ボール」（ランダムハウス講談社）は，メジャーリーグ全球団で2番めに年俸が安いオークランド・アスレチックスのGMであるビリー・ビーンが，新人をスカウトする際に用いた常識破りの視点を紹介している。同球団の最近の成績は驚くべきもので，1999年の成績こそ87勝75敗でプレイオフの進出は逃したが，2000年から03年にかけて，4回連続して地区優勝を果たした。快進撃の裏には，選手のスカウティングにおけるユニークな着眼点がある。GMのビリー・ビーンは，従来のスカウティングの常識を覆し，まず実績のない高校生は獲らず，科学的なアプローチと理性的な判断を重視し，成功率の低かった旧来のスカウト法を根底から変えた。他のスカウトが見向きもしない選手のデータを丹念に調べ，たとえば打者ならば打率よりも出塁率，投手ならば球の速さよりも防御率，被本塁打，奪三振，与四球等のデータを調べあげて，選手を安い値段で獲得したのである。

　メジャーリーグの場合，ドラフトで入団してから3年間，選手には年俸について不服を申し立てる権利がない。その後の続く3年間は資金調停に持ち込めるが，それでも大幅なアップは無理であり，7年めにフリーエージェントになってはじめて他の球団との交渉が可能になる。すなわちアスレチックスの場合は，ドラフトで無名の逸材をデータ重視で安く獲得し，以後6年間，安い給料でめいっぱい使うのである。2002年は，ヤンキースへジェイソン・ジオンビー，レッドソックスへジョニー・デイモン，そしてカージナルスへジェイソン・イスリングハウゼンが移籍したが，彼らの移籍先での年俸の合計は年間3,200万ドルであった。これはアスレチックスが全選手に支払う年俸合計の3,600万ドルをわずかに下回る額である。さらにFAで主力選手を失ったチームには，規約により，ドラフト会議で優遇措置がとられる。すなわち，アスレチックスはFA移籍先の3チームの1位指名権を奪い取ることができ，加えて1巡めの最後に3選手を追加指名できるのである。これにもともとあった1位指名権を合わせると7人もの1位指名権を獲得することに成功し，他のチームが見逃した隠れた逸材を，安い契約金で次々と獲得して経済的なチームを作り上げたのである。

第13章 スポーツのチームメイク

■ テニスにおけるポイント結果の割合

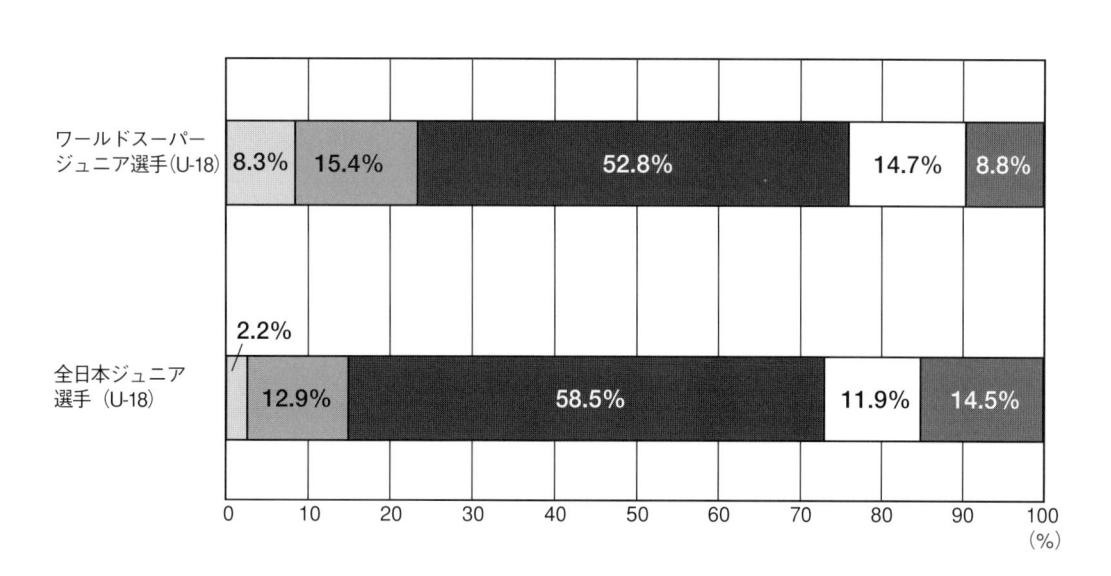

	サービス	リターン	ストローク	攻撃	守備
ワールドスーパージュニア選手（U-18）	8.3%	15.4%	52.8%	14.7%	8.8%
全日本ジュニア選手（U-18）	2.2%	12.9%	58.5%	11.9%	14.5%

■ オークランド・アスレチックスの投資効果

年	投資額（選手平均年俸）	チーム成績
2000年	115万6925ドル（MLB30球団中24位）	91勝20敗（プレイオフ進出）
2001年	125万2250ドル（同 29位）	102勝60敗（プレイオフ進出）
2002年	146万9620ドル（同 21位）	103勝59敗（プレイオフ進出）
2003年	188万9685ドル（同 20位）	96勝66敗（プレイオフ進出）

注）世界一の"金満集団"ニューヨーク・ヤンキースの約3分の1の投資額でほぼ同等の成績を収めた計算になる。

（ルイス，2004から作成）

3 チーム戦略とゲーム戦術

【戦略と戦術の関係】 戦略（strategy）とは，「戦争における総合的で，全局面における兵力運用の方策」，もしくは「政治，労働運動などで，最終的な闘争目標を実現するための長期的な策略」（日本語大辞典）である。これをスポーツ組織に置き換えると，「スポーツ組織の目標を達成するために，いかに組織行動するかという長期プランを，組織の諸資源の最適配分を行いながら，決定すること」である。それに対して戦術（tactics）は，「作戦と戦闘をもっとも効果的にするための方策」（日本語大辞典）と定義される。すなわち図に示すように，将来の進むべき方向性とシナリオという"what"を意味する「経営戦略」に対して「戦術」は，ある局面における個々の戦闘の方策や，ある目的を達成するための手段を示す"How to"であり，標準化された組織や行動によって解決される課題である。

【経営戦略のCCR】 経営戦略は，限られた資源の組み合わせとして，顧客（customer），競争（competition），資源（resource）の関係を中心として組み立てられる。スポーツの場合，顧客とはファンであり，どれだけ高いロイヤルティを獲得できるかが鍵となる。競争とは他チームとの競争であり，チームの差別化がポイントとされる。第3に資源とは，自チームの戦力であり，強みと弱みの正確な把握が必要とされる（佐久間ほか，2003）。

たとえば，ヤクルトの古田敦也選手は，「勝利のチームメイク」（日本経済新聞社，2003）という本の中で，当時の野村監督が用いた戦略について，「私たちスワローズは，戦略型のチームだと思っています。セントラルリーグには，読売巨人軍という選手の質も量もずば抜けたチームが存在します。巨人とがっぷり四つに組んで1年間戦い抜いた場合に優勝できる可能性があるか──。そこから年間を通して勝つために＜戦略＞を考えていきます」という表現で，（巨人との）「競争」と（自チームの乏しい）「資源」の関係から生まれたヤクルトの戦略について述べた。

戦略の中身について古田選手は，「大胆に負ける」という逆説的な表現を使い，「現在のプロ野球は年間140試合もあります。だから接戦はなるべくモノにして，負けるときは戦力を温存しながら大胆に負ける。そういう意識を持って，まずはチームとして年間80勝を目指す。80勝すれば優勝できるとは限らないが，優勝争いには絡めるからです。それは裏を返せば＜60敗もできる＞ということになります」と説明している。

要は資源と競争の視点から，総力戦ではどうしても勝ち目の薄い巨人に対して，負け戦では兵力を無駄に消耗せず兵力温存を図る一方で，きわどい戦は，相手の油断に乗じて必ず勝利するという策を，重要なチーム戦略としたのである。

■ ビジョンと経営戦略と戦術の関係

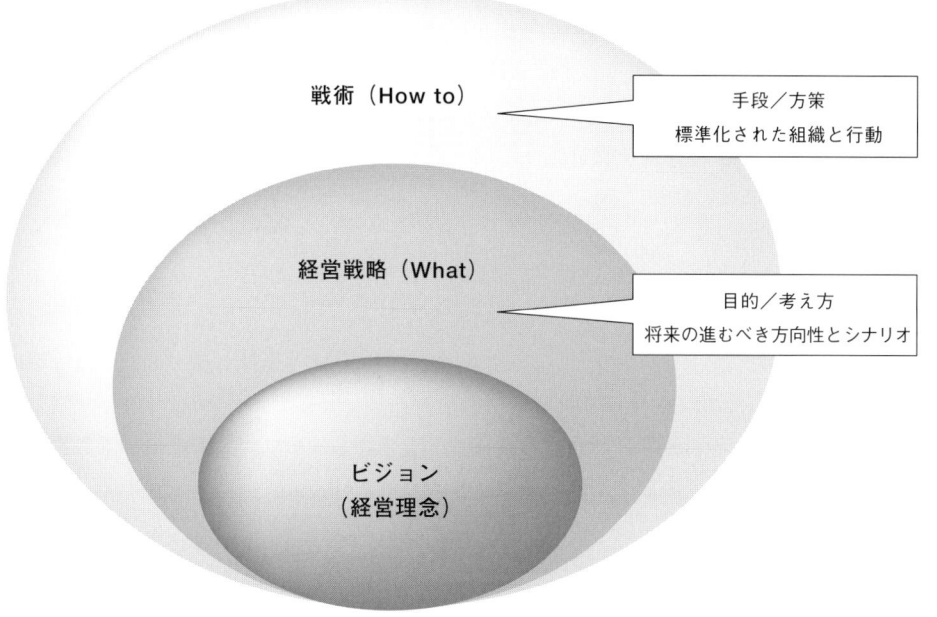

- 戦術（How to）— 手段／方策　標準化された組織と行動
- 経営戦略（What）— 目的／考え方　将来の進むべき方向性とシナリオ
- ビジョン（経営理念）

（西村，1999から作成）

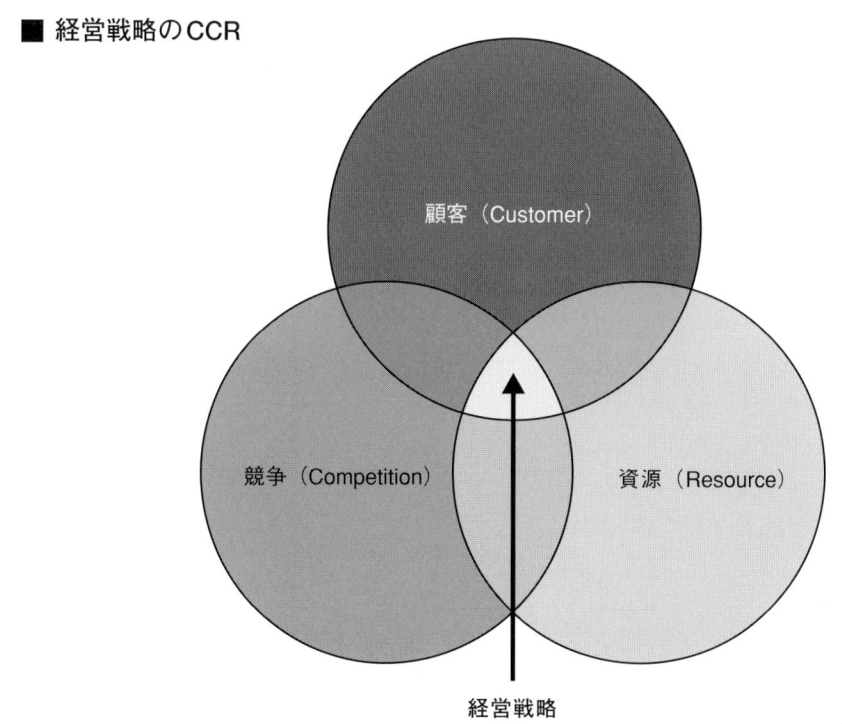

■ 経営戦略のCCR

- 顧客（Customer）
- 競争（Competition）
- 資源（Resource）
- 経営戦略

（佐久間ほか，2003）

【チームの戦略と戦術】 右図に示したのは，チーム戦略の解剖図である。まずチーム戦略の立案では，どのようなチームづくりを行うかを決める段階である。限られた予算の中で監督を決め，獲得・契約する選手を決め，優勝を狙うのかAクラス入りを狙うのかを決め，どのように新旧選手を使い分けながら若手を育成するかなど，長期ビジョンに沿った来期の戦略を練る。次に来るのは監督を中心としたゲーム戦術の立案である。実際にシーズンに突入した後は，試合ごとにゲームプランを立て，そのプランを実現するためのルーティン・プラクティス（練習）に励むことになる。

図中の正三角形は，チーム全体の将来を左右する「重要度」であり，逆三角形は実際に現場で選手や監督・コーチが流す汗の量である「仕事量」を意味する。チーム戦略を誤ると，それはゲームに影響を及ぼし，チーム全体に大きなショックを与える結果となる。2004年シーズンに最下位に沈んだJリーグのセレッソ大阪は，東欧出身の監督と選手を使った攻撃的なチーム戦略を構築したが，結局その戦略は当初予定していた監督の来日取り消しという予期せぬ事態の出現で，ゲーム戦術に移行する前に変調をきたし，それが段階を追って悪影響を及ぼして最下位というゲーム成績をもたらした。

【ゲーム戦術：戦うすべ】 スポーツジャーナリストの湯浅（2000）は，戦術を＜戦うすべ＞と表現した。そしてサッカーには，個人の＜戦うすべ＞としての「個人戦術」，数人の選手が絡む，グループとしての＜戦うすべ＞である「グループ戦術」，そしてチームとしてどのように守り，どのように攻めるかについての基本的な決まり事である「チーム戦術」があると指摘した。個人戦術やグループ戦術には，攻撃面において，ボールの絡まないスペースで行われるフリーランニング，ボールを持ちながら行われるトラップ，ボールキープ，ドリブル，パス，シュート，そして相手の守備を翻弄する壁パスなどがある。守備においては，インターセプト，マーキング，タックル，カバーリングなど，多彩な戦術がある。チーム戦術としては，トルシエ前日本代表監督が使った「フラットスリー」や「リベロを入れたフォーバック」，そして「サイド攻撃に主眼を置いた攻撃的布陣」といった，チームの特性に合ったさまざまな戦術が存在する。これらの戦術のまとめ的な役割を果たすのが「ゲーム戦術」であり，対戦相手の状況に応じて，大きく変化する。個人戦術やグループ戦術は，細かな局面を打開するための戦術で，相手の出方に関係なく，練習やトレーニングによって精度を高めることができる。

ゲーム戦術を試合で実現するのは選手であり，戦術を深く理解し，意思統一が図られたチームである。チームが見えない意思の力で支配され，選手の動きに共通理解がある場合，そこにゲーム戦術が生かされる素地が生まれる。ただ戦術だけでゲームに勝利することは困難で，これまでに多く出版されたコーチング関係の本にも書かれているように，監督の采配には，直感やインスピレーションが必要となる。すなわち，すべて理詰めでいかないところがスポーツの醍醐味であり，運や勢い，ピッチの状態，あるいは天候や応援といった不確実な要因が結果を左右することがある。それゆえ，ゲーム戦術はあくまで勝つ確率を高めるためのものであり，その実現にはチーム全体の合意形成が不可欠である。

第13章 **スポーツのチームメイク**

■ チーム戦略の解剖図

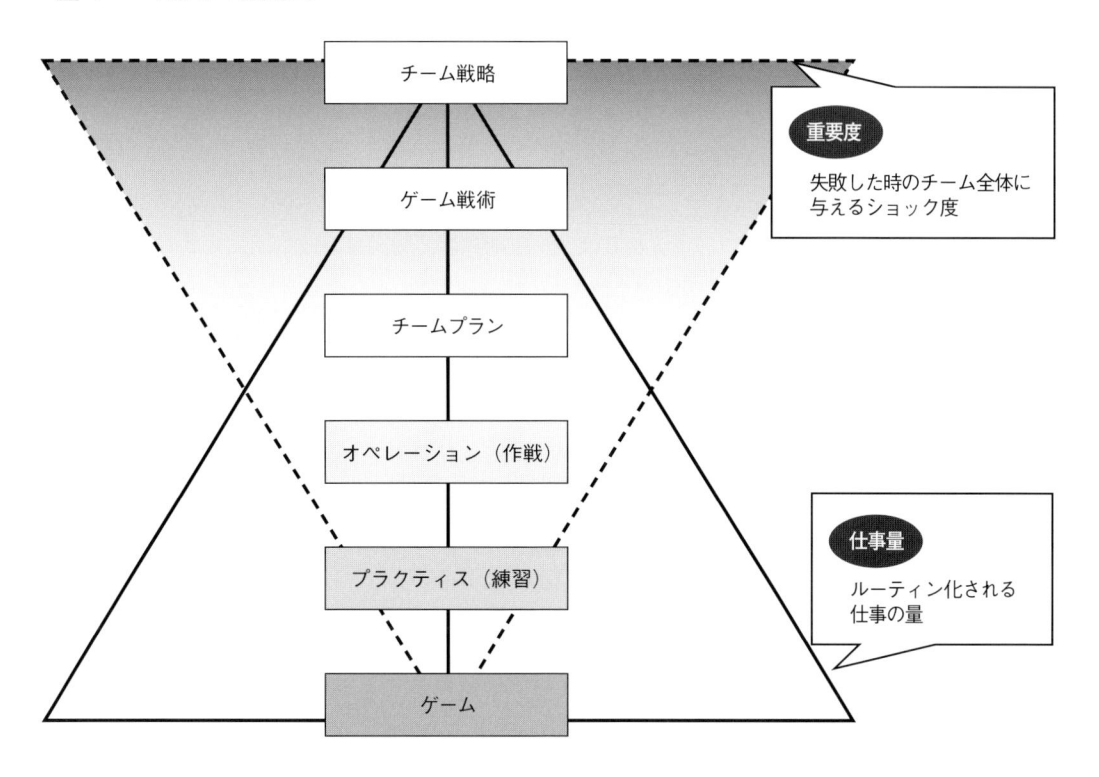

```
        チーム戦略
           │
        ゲーム戦術          重要度
           │              失敗した時のチーム全体に
        チームプラン        与えるショック度
           │
       オペレーション（作戦）
           │
       プラクティス（練習）    仕事量
           │              ルーティン化される
         ゲーム            仕事の量
```

■ サッカーのゲーム戦術

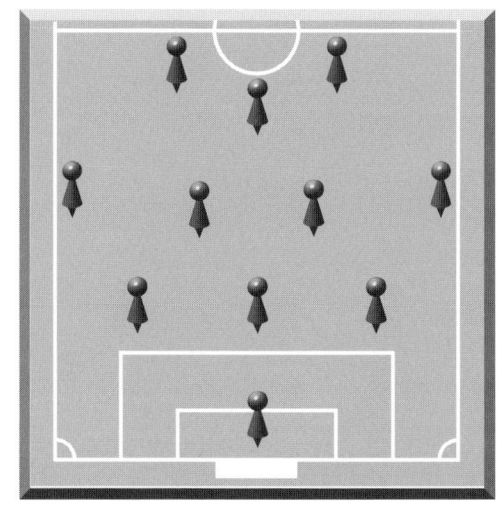

3-5-2システム 　　　　　　　　　4-4-2システム

Part 4

第14章 スポーツのコーチング

1 コーチングとは何か

【マネジメントの変化】 コーチングとは，一般的には，個人または集団にスポーツのスキルや戦術を実地指導していくことであり，スポーツ関係者にとっては非常になじみの深い言葉である。しかし，最近では，スポーツとはまったく関係のない組織やビジネスの現場でもこの言葉をよく耳にする。それは，右図に示すような「ワン・トゥ・ワン・マネジメント」の機能を重視してのことである。このような機能が求められるようになった背景としては，現代のビジネス環境がスポーツゲームと同様に変化が激しく，計画通りに仕事が進むことが少なくなった点が指摘できよう。

スポーツゲームは一過性の出来事であり，予想のできない事態が頻発する。未知の状況に対応すべく，コーチは一律に正解を用意できるわけではない。プレイヤーたちの持っている本来の能力や可能性をひたすら信じ，それを最大限に発揮できるようサポートするしかないのである。組織のメンバーも上からの指示に従っているだけではなく，エンパワーメント（権限委譲）されたビジネスの現場で，現在わかりうる最適解を見つけていく必要がある。もはや画一的な「マス・マネジメント」は通用しなくなってきているのである。このようなわけで，個々人やチームの能力を効果的に引き出すコーチングの手法がビジネスの現場で機能し始めたといえるのである。

【コーチングとトレーニング】 現在，広く使われているコーチングは，「メンバーの内発的，自律的なモチベーションと行動を引き出して，メンバーの成長を支援する働きかけ」（古川，2004）といったような意味である。スポーツの場合，どちらかといえば「俺についてこい」タイプのコーチが多く，これまでトレーニングとの区別がつけにくい状況にあったが，金太郎飴的な練習の無駄を排除するなどの目的で，そうしたコーチング本来の機能が逆輸入されるケースも目立ってきた。

トレーニングには，決まった列車（トレイン）に乗って，決まったコースで，みなが同じ場所に行くというイメージがあり，コーチングには，馬車（コーチ）のように，自分の好きなところに，自分の行きたいコースで進めるように手助けしてくれるというイメージがある。現在，スポーツの世界で名コーチといわれる人は，けっしてすべての選手を同じ方法で指導したりしていない。有森裕子にはじまり，鈴木博美や高橋尚子など世界的なマラソンランナーを数多く育ててきた小出監督は，彼女たち1人ひとりに対してまったく異なる指導法をとってきたことで知られている。オリックスの仰木監督も，もし自分の型を押しつけていたとしたら，イチロー選手の才能は開花しなかったかも知れないのである。

第14章 スポーツのコーチング

■ マス・マネジメントとワン・トゥ・ワン・マネジメント

マス・マネジメント
上司 → 部下A、部下B、部下C（答え）
すべて同じ答えを与える

ワン・トゥ・ワン・マネジメント
部下A、部下B、部下C（答え）→ 上司
それぞれ異なる答えを引き出す

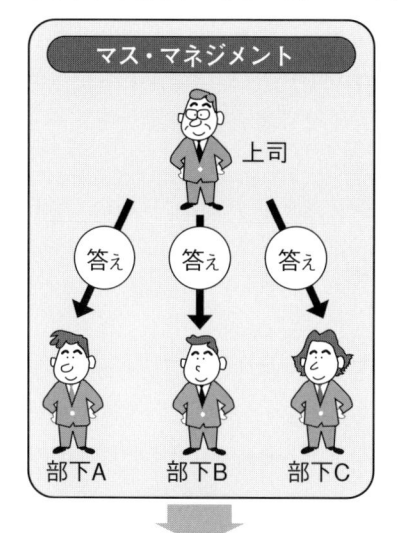

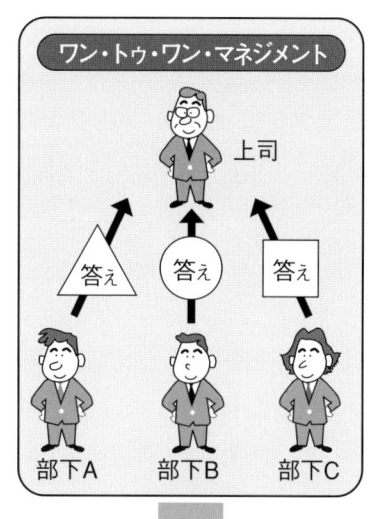

（榎本，1999）

■ コーチングとトレーニングのちがい

項目	コーチング	トレーニング
対象	パフォーマンス	知識，技能
きっかけ	本人の選択	本人の希望，周囲からの要求
時間	短時間でいつでも実施できる	あらかじめ時間を設定する
関係	横から横，フラットな関係	上から下，専門家と素人
前提条件	本人の主体性と学習性を高めた方が成果が高い場合	決まった型を習得してもらった方が成果が高い場合
結果	パフォーマンスの向上 本人の気づき，成長	技術，知識の習得
プロセス	本人に適した型を探求する	あらかじめ決められた型にはめる
成長の要因	本人の認知により障害を取り除き，力を引き出す	知識・やり方を教え，反復練習する
コミュニケーション	相手の話を聞く	こちらの考え，正解を教える
質問の仕方	質問をして気づきを促す	理解できているかどうか質問で確認する
評価	本人が評価する	トレーナーが評価する

（ヒューマンバリュー，2000）

169

【マネジメントとコーチング】 現在のコーチング理論は，本人の主体的学習によってこそ高いパフォーマンスが得られるというフィロソフィーの上に成り立っている。しかし，プレイヤーのスキルやチームの戦術が一定のレベルに到達していないのに，やたらめったらコーチングの理想を追求したりすると，せっかくの意欲が低下してしまう場合もある。とくにチームスポーツの場合には組織力を破綻させる結果にもつながりかねない。

スポーツの監督にはコーチとして実際にコーチングを行う役割とは別に，マネジャーとしてマネジメントを行う役割がある。サントリーラグビー部「サンゴリアス」の監督であった土田（2004）は，日本古来の武道や華道，茶道，書道などの習い事でいう「守破離」になぞらえて，「勝てる組織」をつくるためのマネジメントをモデル化している（右図）。これによれば，最初の「守」の段階ではトレーニングにウエイトが置かれ，コーチングが真に機能し始めるのは「破」の段階からということになる。個々のメンバーに自分たちは何をすべきかという判断力（WHAT構想力）を身につけさせ，完全なかたちでエンパワーメントできるようになるのは最後の「離」に到達してからである。

このように，チームマネジメントに携わる者は，組織としての目標やビジョンの設定と同時に，そこに至るストーリーを明確にイメージできなければならない。コーチングはあくまでもそれに沿った1機能であることを忘れてはなるまい。

【コーチングの基本スキル】 全米でベストセラーになったコーチング書「インナーゲーム」の著者ガルウェイ（1976）は，従来の「外側から教え込む」コーチングではなく，「各人の内側の能力にスポットを当て，それをいかにストレートに表面に引き出すか」という，内側からのコーチングこそ，すべてのスポーツに欠けているものだと指摘している。彼のいうコーチングは，実際には対象者との会話を通じて行われるわけであり，本人の気づきを自然に引き出すコミュニケーション・スキルを意味していると考えられる。

したがってコーチには，「聞く」「質問する」「承認する」「提案する」の4つの基本的なスキルが身についていなければならない。それらを駆使して，プレイヤーの現状を把握し，目標を決め，具体的な行動へと導くのがコーチとしてのあるべき姿である。

まず，聞くスキルであるが，これにはプレイヤーが今どんなことを感じているのかを観察することが含まれる。プレイヤー自身も話すことで事実を客観的に把握できるようになる。質問には「チャンクダウン」というスキルが必要である。これは相手の言葉の塊（チャンク）をほぐすことであり，「うまくプレイできないって，たとえばどんな時？」「それでどんな時にうまくプレイできたって感じるの？」といったような声かけになる。そして，承認のスキルとしては「Iメッセージ」を使用するのがポイントである。つまり，「君のプレイ見ていると，僕も気合い入るよ」というように，私を主語にするわけである。「君はすごくセンスのいいプレイするね」などの「YOUメッセージ」はコーチが自分を評価するのに値する人であることが条件である。なお，提案に際しては，「答はプレイヤーが持っている」を基本的な考え方とし，指示や命令にならない言葉を選ぶべきである。

第14章 スポーツのコーチング

■「勝てる組織」をつくるための「守破離」のプロセス

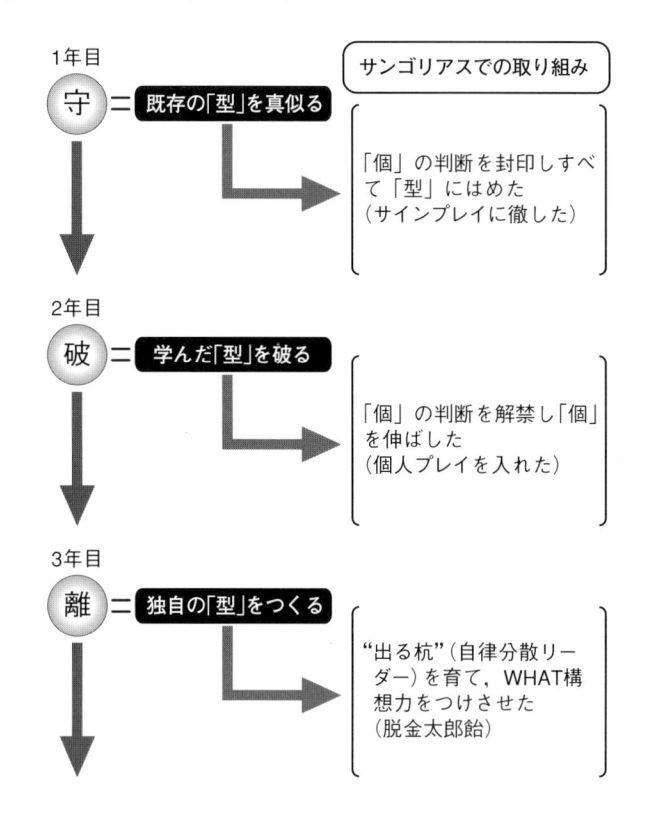

1年目
守 ＝ 既存の「型」を真似る

サンゴリアスでの取り組み
「個」の判断を封印しすべて「型」にはめた
（サインプレイに徹した）

2年目
破 ＝ 学んだ「型」を破る

「個」の判断を解禁し「個」を伸ばした
（個人プレイを入れた）

3年目
離 ＝ 独自の「型」をつくる

"出る杭"（自律分散リーダー）を育て，WHAT構想力をつけさせた
（脱金太郎飴）

（土田，2004）

■ コーチングに必要なコミュニケーション

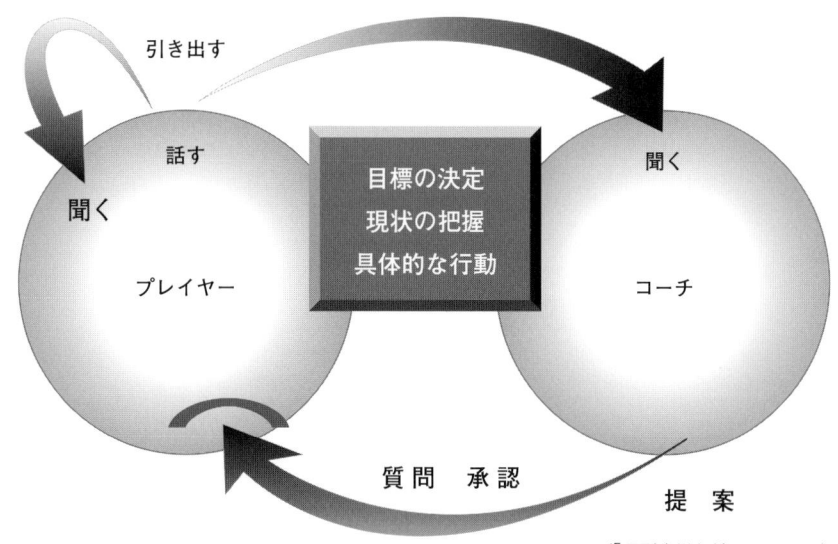

プレイヤー：聞く・話す（引き出す）
コーチ：聞く
目標の決定／現状の把握／具体的な行動
質問　承認　提案

（「週刊東洋経済 2001.12.1」から作成）

2 リーダーシップ・スタイル

【人を動かすパワー源】 スポーツのコーチングは，いうなれば，監督やコーチが個々のプレイヤーやチームのメンバーに対して発揮するフェイス・トゥ・フェイスでのリーダーシップである。リーダーシップとは，「目標達成に向けて人々に影響をおよぼすプロセス」(野中，1980) であり，コーチングはその一部をなすものである。したがって，コーチングをうまく機能させようとするならば，このリーダーシップについての理解がいる。

一流の監督，コーチといわれる人には，相手を自分の思い通りに動かす能力が備わっている。では，人はどのようなときに人の指示に従うのか。それは，指示をした人に対して受け手が何らかのパワー関係を認めたときである。このように，受け手に認知されたパワーのことを，その人に備わっている「社会的勢力資源」といい，一般には，①強制的勢力，②報酬的勢力，③専門的勢力，④正当的勢力，⑤準拠的勢力，そして⑥情報的勢力の6つにタイプ分けが可能とされている (Raven, 1974)。

体育教師－生徒間の影響過程を分析した山下ら (2001) の研究によれば，強制的勢力として「そうしないと怒られるから」「先生が怖いから」，報酬的勢力として「成績が上がるから」「あとで役に立つから」，専門的勢力として「スポーツのことをよく知っているから」「高度の運動能力を持っているから」，正当的勢力として「自分は生徒の1人だから」「それがきまりだから」，準拠的勢力として「先生に喜んでほしいから」「好きだから」，情報的勢力として「自分が何をしてよいかわからないから」など，体育・スポーツ活動の現場でも受け手（生徒）側の反応（従う理由）を同様に分類できることがわかる。

【タスク志向と人間関係志向】 すぐれたリーダーであるためには高い成果を上げることができなければならない。これにはリーダー個人が持つパワー源のちがいというよりも，リーダーが実際どのような行動をとるかということ（リーダーシップ・スタイル）が深く関係してくる。リーダーがとる行動には，大まかにいって，①パワー関係を利用して，仕事のやり方を細かく指示し，業績に関心を向ける行動（タスク志向）と，②仕事をする上での相互信頼の関係を築くことを目的に，部下の感情に配慮する行動（人間関係志向）の2つの次元がある。リーダーというものは，この両次元に少なからず関心を持っているわけであり，実際のリーダー行動は，タスクと人間関係への関心の度合いを組み合わせた右図の「マネジリアル・グリッド」のマス目のどこかに位置づけられることになる。

大学の体育系サークルで行った三隅ら (1984) の調査では，タスクと人間関係の両方に高い関心を示すリーダー（チームマネジメント型）がもっとも高い成果をもたらすことを示唆している。一方，高校バスケットボール・チームなどを用いたフィードラー (1970) の研究によると，メンバーとの関係が非常によい場合と，逆に非常にわるい場合ではタスク志向リーダー（権威・服従型）の成果が高く，メンバーとの関係が中程度よい状況下で人間関係志向リーダー（カントリークラブ型）の成果が高いことが発見されている。

第14章 スポーツのコーチング

■ 社会的勢力資源の6つのタイプ

1 強制的勢力	2 報酬的勢力	3 専門的勢力
4 正当的勢力	5 準拠的勢力	6 情報的勢力

(齋藤，1987)

■ マネジリアル・グリッド

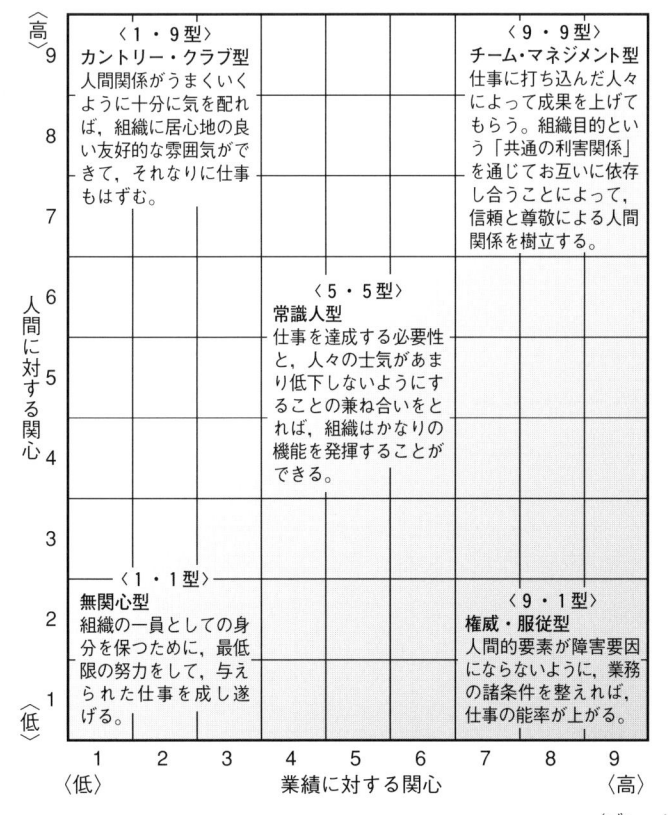

〈1・9型〉 カントリー・クラブ型
人間関係がうまくいくように十分に気を配れば，組織に居心地の良い友好的な雰囲気ができて，それなりに仕事もはずむ。

〈9・9型〉 チーム・マネジメント型
仕事に打ち込んだ人々によって成果を上げてもらう。組織目的という「共通の利害関係」を通じてお互いに依存し合うことによって，信頼と尊敬による人間関係を樹立する。

〈5・5型〉 常識人型
仕事を達成する必要性と，人々の士気があまり低下しないようにすることの兼ね合いをとれば，組織はかなりの機能を発揮することができる。

〈1・1型〉 無関心型
組織の一員としての身分を保つために，最低限の努力をして，与えられた仕事を成し遂げる。

〈9・1型〉 権威・服従型
人間的要素が障害要因にならないように，業務の諸条件を整えれば，仕事の能率が上がる。

縦軸：人間に対する関心（低1〜高9）
横軸：業績に対する関心（低1〜高9）

(ブレークとムートン，1979)

【チームの成熟度とリーダーシップ・スタイル】 最適なリーダーシップ・スタイルを規定する状況要因にはさまざまなものが考えられるが，ここでは部下の「成熟度」との関係について検討してみよう。成熟度とは，特定の課題を自律的に達成できる度合いのことであり，その職務に関しての能力や，意欲，経験のレベルなどによって診断がなされる。

ハーシィとブランチャード（1978）によれば，①部下の成熟度が低い場合には，リーダーはタスク志向が高く，人間関係志向の低い行動をとる，②部下が成熟度を高めてくるに従って，必要なタスク行動と人間関係の双方のウエイトを同時に高める，③さらに部下が成熟度を高めてきたら，タスク行動はなるべく抑え，人間関係重視に移行する，④部下が完全に自律性を高めてきたら，タスク行動も人間関係も最小限度にとどめる，のがよい（有効なリーダーシップ・スタイルは右図の放物線上を移動する）とされている。

2003年，18年ぶりに阪神をリーグ優勝に導いたのは星野監督である。これは「ダメ虎」に「勝ちたいんや」といい続けたことによる成果である。翌2004年の覇者は中日であるが，これはずっとAクラスを維持してきたチームである。落合監督は就任当初，「オレ流」というおおような野球を宣言し，選手個々人に自己流の調整法を許容した。一方，パ・リーグではダイエー（現ソフトバンク）がここ数年来安定した成績をおさめている。何度も優勝はするものの，そのたびにエース工藤，本塁打王小久保といった主力選手の巨人へのFA移籍があり，いつも完全な意味で成熟しきれないままのこのチームを率いてきたのが，選手への細やかな気遣いで知られる王監督である。ちなみに，同じようなタイプに元巨人の原監督がいた。当時の巨人は成熟度が高く，それゆえこのタイプが適合しなかったのかもしれない。

【リーダーシップ機能の代替物】 上述のように，リーダーは状況のニーズを洞察して，それに「適合」するリーダーシップ・スタイルをとるべきだとする考え方がある一方で，チーム内の組織的諸要因がリーダー行動の機能を「代替」するという見方もある。

たとえば，トレーニングや競技経験を通じて，そのスポーツに要求される能力や知識を十分に保有しているメンバーに対して，タスク志向の行動を監督やコーチが敢えて行う必要性は少ない。同様に，個々のメンバーやチームが達成すべき課題が明確であり，かつ，練習メニューもルーチン化されているような場合，あるいはチームとしての方針や遵守すべき規則が明文化（公式化）されているような場合にもタスク行動は敢えて必要でない。

さらにいえば，メンバーが高度のプロ意識（専門職的指向性）を持つ場合や，独立への欲求が強い場合，また，組織としての報酬システムが確立している場合や集団凝集性が高い場合には，人間関係志向の行動すら余計なものとなろう。ただ集団凝集性は，メンバー間相互のピア・トゥ・ピア・コーチングなどに大きな期待が寄せられるが，反面，チームの目標達成に反する方向にメンバーを強力に牽引し，監督やコーチのリーダーシップを無機能化する「障害物」にもなりうる。本来の方向に向かうよう目配りが必要である。

その他リーダーシップの障害物として作用するものに，メンバーの組織的報酬への無関心さ，メンバーとの対面的接触の頻度の低さ（空間的距離）などがあげられる。

第14章 スポーツのコーチング

■ プロ野球監督のリーダーシップ・スタイル

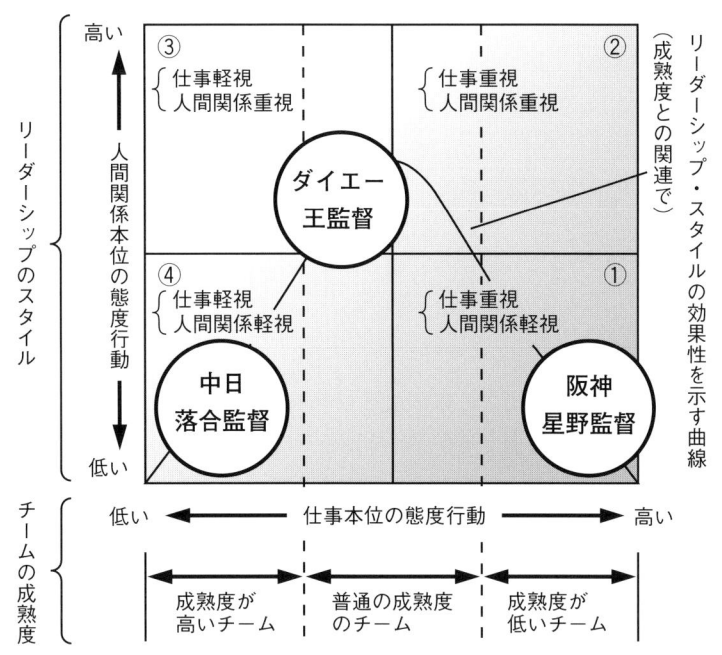

```
                          リーダーシップ・スタイルの効果性を示す曲線
                          （成熟度との関連で）

高い
 ↑   ③ ┌仕事軽視        ② ┌仕事重視
       └人間関係重視        └人間関係重視

人間          ダイエー
関係          王監督
本位
の態
度行   ④ ┌仕事軽視        ① ┌仕事重視
動      └人間関係軽視        └人間関係軽視

       中日                  阪神
       落合監督               星野監督
 ↓
低い
     低い ← 仕事本位の態度行動 → 高い

     成熟度が   普通の成熟度   成熟度が
     高いチーム  のチーム      低いチーム
            チームの成熟度
```

（北森，1980から作成）

■ リーダー行動を代替する（妨げる）諸要因

代替物の次元	タスク志向	人間関係志向
部下特性		
能力・経験・訓練・知識	×	
専門職的指向性	×	×
独立への欲求	×	×
達成動機	×	
組織忠誠心	×	
組織的報酬への無関心†	×	×
タスク特性		
タスク確実性・ルーチン性	×	
タスク内発的満足		×
タスク・フィードバック	×	
組織特性		
公式化	×	
硬直性・非柔軟性	×	
報酬システム	×	×
業績評価システム	×	
スタッフ部門の充実	×	
集団凝集性	×	×
リーダーと部下との空間的距離†	×	×

注1) ×は代替物の各次元がタスク志向・人間関係志向の機能を代替したり，無機能化したりすることを示す。
注2) †は広義の代替物ではあるが，明らかにリーダーシップの障害物として作用する次元である。

（金井，1981を一部修正）

3 モチベーション・マネジメント

【動機づけ−衛生理論】 人をやる気にさせるものはいったい何か。これは現場のスポーツ指導者に限らず，マネジメントに携わるすべての人が考えねばならない基本問題でもある。右図は，アメリカの心理学者ハーズバーグが，約200人の労働者を対象に行った面接調査を要約したものである。各棒グラフの長さは，やる気が出た（高感情をもたらした）ケースとやる気がなくなった（低感情をもたらした）ケースの頻度を，グラフの幅は，それぞれの感情が持続した平均期間を表示している。この調査結果から，彼は，人々が満足を感じる要因（上の5つ）と，不満足と感じる要因（下の5つ）はまったく異質なものであると結論づけ，前者を「動機づけ要因」，後者を「衛生要因」と命名した。

監督やコーチは，①メンバーが目標に到達しやすいようにバックアップしてやる（達成），②目標を達成したらきちんと評価してやる（承認），③希望のポジションでプレイできるようにしてやる（仕事そのもの），④プレイの仕方をできるだけメンバーの判断にまかせる（責任），⑤レギュラーにする（昇進）などの努力によりやる気を引き出すことができるわけである。ちなみに，やる気を一番長続きさせることができるのは④である。

一方，会社（球団・チーム）の政策と経営，監督技術，給与，対人関係，作業（練習）条件などは，これらが満たされると満足はするが，といってやる気がさらに湧き出てはこない。逆に，これらが満たされないと不満を感じ，やる気がなくなってしまう。つまり，これらの要因はやる気の歯止めの役を果たしていることになるのである。

【期待理論】 人は個々それぞれに自己利益の極大化を目指して行動するものだという，合理的人間観に立った動機づけのモデルに「期待理論」がある。この理論によれば，個人の動機づけは，①努力すれば得られる報酬への期待，②努力が報酬につながる確率，③報酬の魅力（主観的価値），という要因に基づくと仮定される（Vroom, 1964）。監督やコーチは，これらの要因に影響を与えることによってメンバーのやる気を実現できる。

たとえば，自信に欠けているようなメンバーに対しては，努力をはらえば出場の機会が得られるなど，報酬への期待を高める。あいまいな練習メニューをこなすだけで，期待される成果を上げていないメンバーに対しては，何を，どのように練習すれば成果が上がり，結果的にチャンスも増えるといったようなことを明示してやる。能力は高いのにチャレンジに欠けた練習しかしないメンバーに対しては，高い目標を設定し，報酬の魅力を増強させる。さらには，単に出場するだけでは満たしきれない欲求を持ったメンバーに対しては，コーチ兼任などの役割を与えるなど，報酬を変える手立ても必要となろう。

要は，個人差に応じた目標（報酬）を用意し，そこに至る経路（努力）を明確化することである。したがって，この理論は，別名，目標経路理論（パス・ゴール・セオリー）ともいわれる（House, 1971）。リーダーには，これまでのようなタスクと人間関係への関心だけではなく，より精緻なスタイル構成が求められることになる（右図）。

■ 満足要因と不満要因の比較

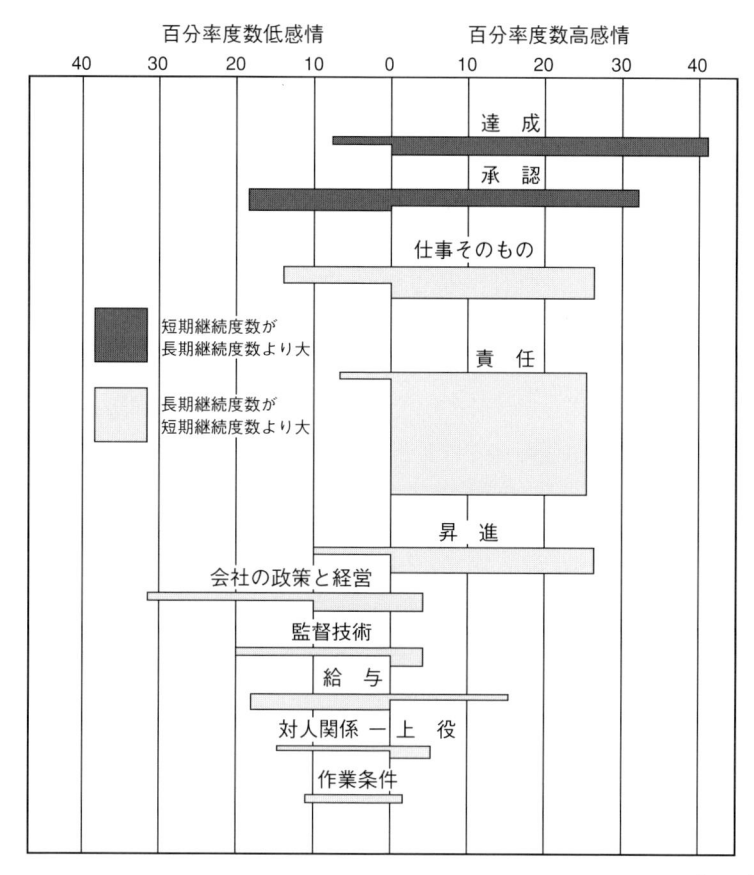

百分率度数低感情 / 百分率度数高感情

- 達成
- 承認
- 仕事そのもの
- 責任
- 昇進
- 会社の政策と経営
- 監督技術
- 給与
- 対人関係―上役
- 作業条件

凡例：
- ■ 短期継続度数が長期継続度数より大
- □ 長期継続度数が短期継続度数より大

（ハーズバーグ，1968）

■ パス・ゴール・セオリーとリーダーシップ・スタイル

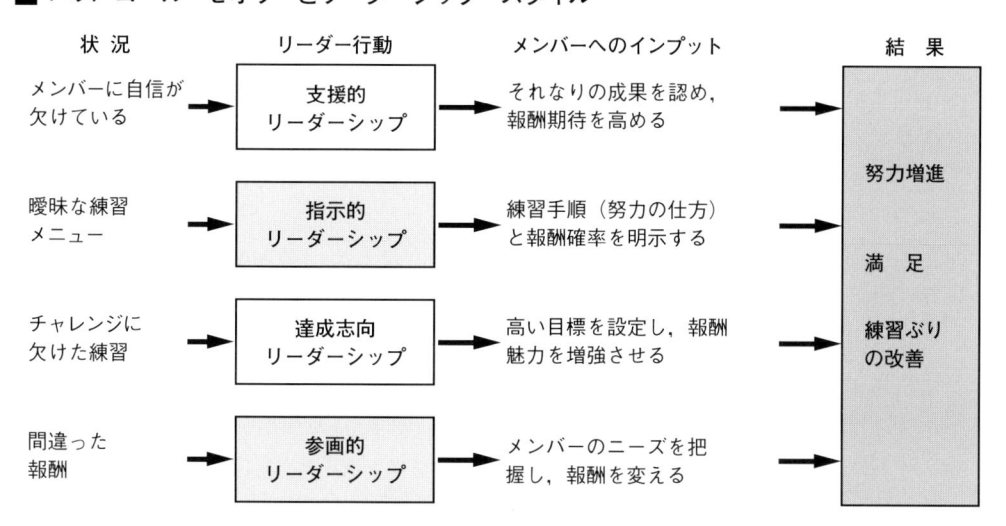

状況	リーダー行動	メンバーへのインプット	結果
メンバーに自信が欠けている	支援的リーダーシップ	それなりの成果を認め、報酬期待を高める	努力増進 満足 練習ぶりの改善
曖昧な練習メニュー	指示的リーダーシップ	練習手順（努力の仕方）と報酬確率を明示する	
チャレンジに欠けた練習	達成志向リーダーシップ	高い目標を設定し、報酬魅力を増強させる	
間違った報酬	参画的リーダーシップ	メンバーのニーズを把握し、報酬を変える	

【達成動機づけ】 スポーツ選手は試合中，たえず自分自身に頑張れ頑張れといい聞かせている。すなわち，常に何かを達成しようとし，タスクの達成そのものに喜々として従事する。そのほか，適度のリスクを好み，結果が偶然に支配される状況を避け，即時のフィードバックを求めるなどの共通した特徴を持ち合わせている。マクレランド（1971）にいわせれば，大半が達成動機づけ（アチーブメント・モチベーション）によって行動する人々だということになる。ただ，一口に達成動機づけといっても，①他者にとらわれず，個人内の充実または自分の達成基準への到達を目指すもの（自己充実），②他者をしのぎ，他者に勝つことで評価されることを目指すもの（競争），③失敗によって面目を失うことを恐れ，失敗を回避することによって自尊感情を保とうとするもの（失敗回避），④困難な中にも成功獲得という目標に向かってチャレンジし，それによって自尊感情を維持し，また高めようとするもの（成功獲得）など，人により内容的なちがいもある。

　全日本学生ハンドボール選手権での調査（室田，2003；畔田，2004）によれば，上位の成績を収めたチームのメンバーはより達成欲求の高いハイ・アチーバーであると同時に，達成動機づけの内容面でも際だった特徴が見られ，下位チームのメンバーに比べて競争または成功獲得に強く動機づけられていることがわかった。また，同調査では，上位チームの監督は指示的リーダーシップが優位であり，下位チームでは支援的・達成志向・参画的リーダーシップのほうが優位であるという結果も得られている。競技成績，達成動機づけの内容，監督のリーダー行動の三者には何らかの関係があるものと思える。

【モチベーション・マネジメントとしてのコーチング】 スポーツのコーチングには，他では見られない独特のコミュニケーション・スキルがある。試合や練習場面での即時のフィードバック効果をねらった「声かけ」がそれである。達成欲求の急速な低下を防ぐために，監督やコーチが大声を出す光景はよく目にするが，実際の効果はどうであろうか。

　柳川ら（2001）は，水球競技においてコーチが指導場面でよく発する言葉とモチベーションの変化について分析している。選手のやる気に作用する因子として，①叱咤・激励（「ここで頑張らんといつ頑張るの」「元気ないよ」「まだまだ甘いぞ」など），②強権発動（「しばくぞ」「ダラダラするな」「どあほ」など），③承認（「よし，その調子や」「ナイスプレイ」「ミスはいいよ，気持ちを切り替えて」など），④技術・戦術（「もっとプレッシャーかけろ」「状況判断を早く」「ボールをよく見ろ」など），⑤現状維持（「ワンマンプレイをするな」「無理するな」「まわりを見ろ」など），⑥精神安定（「まだ時間はある，じっくり攻めろ」「練習どおりにやれ」「集中しろ」など），の６つが抽出されている。

　監督やコーチの言葉を好意的に受け入れられるかどうかは，選手個人の性格特性に強く依存すると考えられる。柳川らによると，叱咤・激励や技術・戦術に関する言葉は外向的で打ち解けるタイプの選手にはやる気にプラスに作用するが，打ち解けないタイプにはマイナスに作用する。また，強権発動的な言葉は打ち解けるタイプには逆効果となるが，打ち解けないタイプには効果がある。無難な声かけは承認に関係するものである。

■ ハンドボールチームの競技成績と達成動機づけの内容

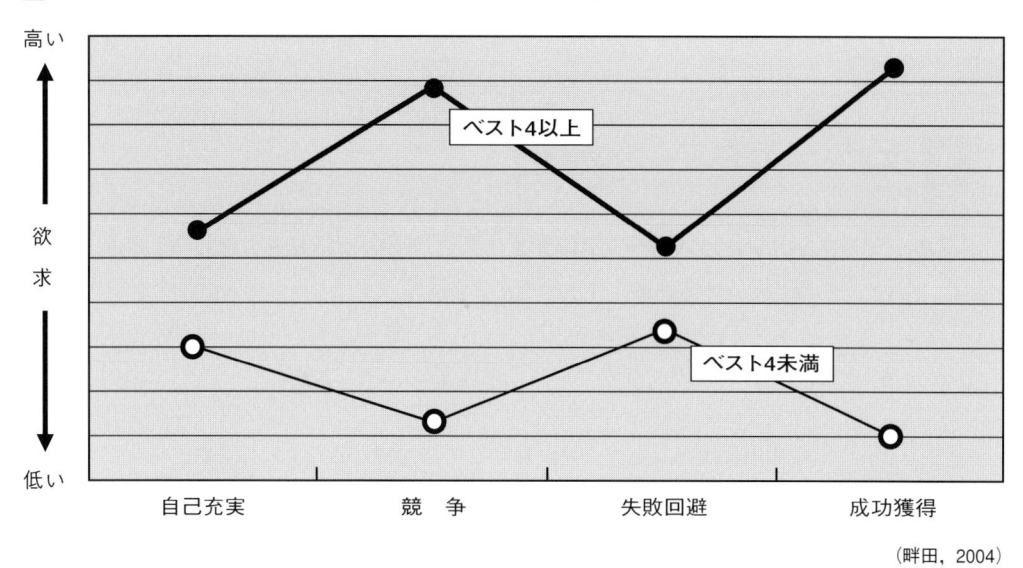

高い ← 欲求 → 低い

自己充実　競争　失敗回避　成功獲得

ベスト4以上
ベスト4未満

（畔田, 2004）

■ 水球コーチの声かけとその効果

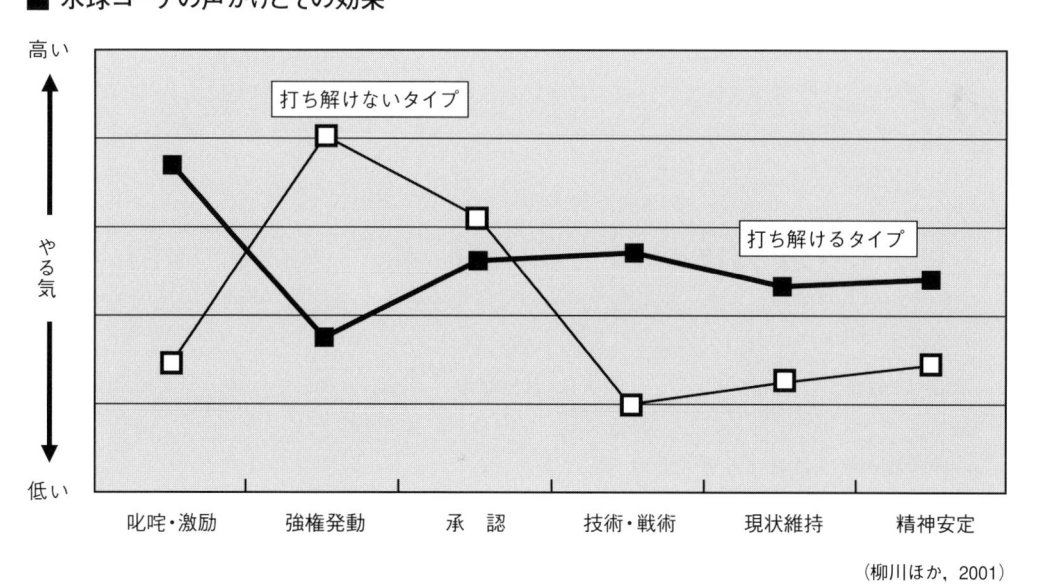

高い ← やる気 → 低い

叱咤・激励　強権発動　承認　技術・戦術　現状維持　精神安定

打ち解けないタイプ
打ち解けるタイプ

（柳川ほか, 2001）

第15章 スポーツゲームのプロデュース

Part 4

1 スポーツプロデュースの意義

【スポーツマネジメントとスポーツプロデュース】　スポーツ活動を合理的に生産しようと思えば，スポーツ組織のビジネス活動，マーケティング活動，オペレーション活動を有機的に関連づける必要がある。そのため，どの活動においても，必ず組織目標に沿って計画を立て（PLAN），それに基づいて実施し（DO），計画どおりに実施できたかどうかをチェックし（SEE），次の計画にフィードバックする。スポーツマネジメントは，これまでこうしたPLAN-DO-SEEのサイクルをスポーツ組織の中に幾重にもつくり，安定して回し続けるための方法さえ考えておればよかったのである（水平思考）。ところが近年，スポーツ組織の新たな使命として，スポーツを決まった形で展開するだけでなく，より魅力あるものへとつくり上げていく（楽しみの質を向上させる）ということが盛んに問題視されるようになってきた。宇土（1992）は，そうしたスポーツオペレーションへの新しい社会的要求に対応した，マネジメントの垂直思考を「スポーツプロデュース」と呼んだ。

　スポーツ活動の質を高めるということでは，もちろん，監督・コーチといった専門的オーガナイザーの果たす役割も大きい。前章で考察したとおり，スポーツのコーチングはプレイヤーのモチベーションやゲームパフォーマンスに少なからず影響を与えるものである。しかし，スポーツという文化そのものを構成する諸要素に手を加えたり，新たな要素を加味するということになれば，それはもう監督やコーチの仕事ではない。スポーツプロデュースの実行にあたっては，別途，「スポーツプロデューサー」ないし「スポーツマーケター」といった職務を，経営的オーガナイザーの中に位置づける必要があろう。

【パッケージングとプロデュース】　組織の生産物（製品）に対してよく「価値のパッケージ」といういい方をする。スポーツ組織が自らの生産物をマス市場に送り出すに際しても，メインとなるスポーツゲームだけではなく，開閉会の式典やハーフタイムショーなどのアトラクション，快適な施設空間，飲食サービス，サイン会，記念グッズ，プログラム冊子や展示物等による製品イメージをひとまとめにして販売する。すなわち，種々のサービスをパッケージングしてスポーツ活動の質を高めようとする考え方である。

　しかしながら，「する」にせよ「見る」にせよ，スポーツの楽しみはスポーツそれ自体のもたらす楽しさをプロデュースすることによって得られる性質のものでなければならない。もしこのような考え方から離脱するなら，一度盛り上がったスポーツ熱も単なる流行，不安定なブームに終わってしまう。スポーツ活動の質を真に高めるのはスポーツゲームという「動くスポーツ製品」そのものの価値創造である，という考え方が重要である。

第15章 スポーツゲームのプロデュース

■ マネジメントの水平思考と垂直思考

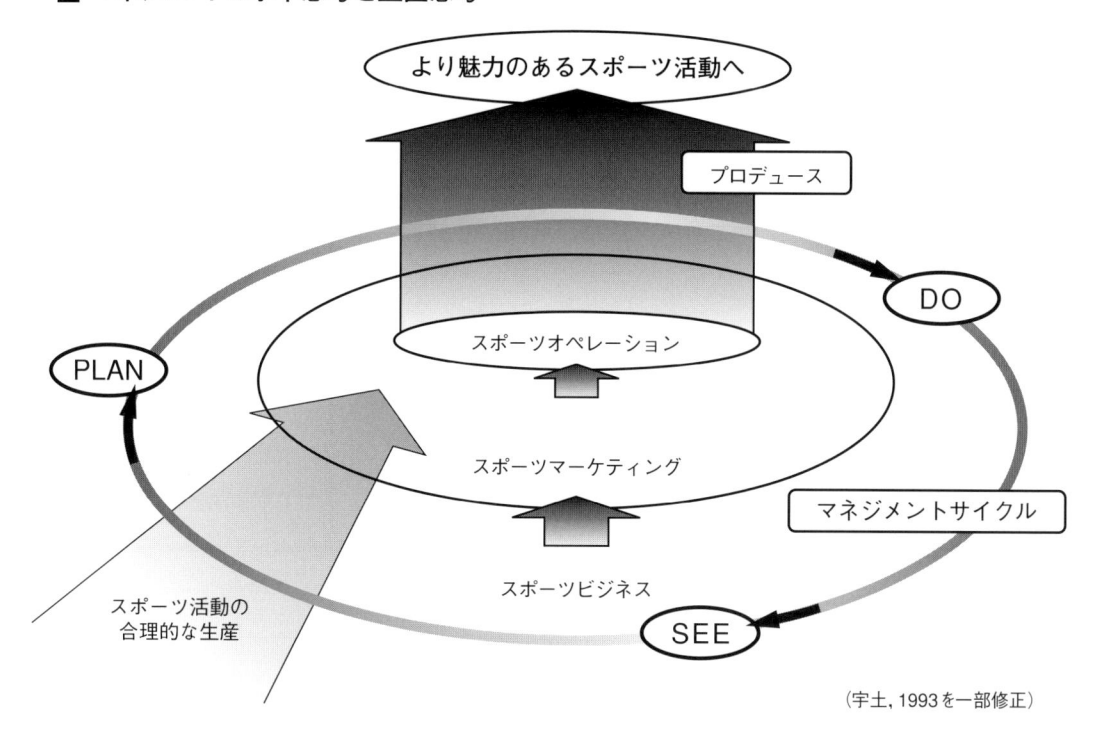

より魅力のあるスポーツ活動へ

プロデュース

スポーツオペレーション

PLAN

スポーツマーケティング

DO

スポーツビジネス

マネジメントサイクル

SEE

スポーツ活動の合理的な生産

（宇土，1993を一部修正）

■ スポーツ価値の2つの考え方（スポーツサービスの方向性）

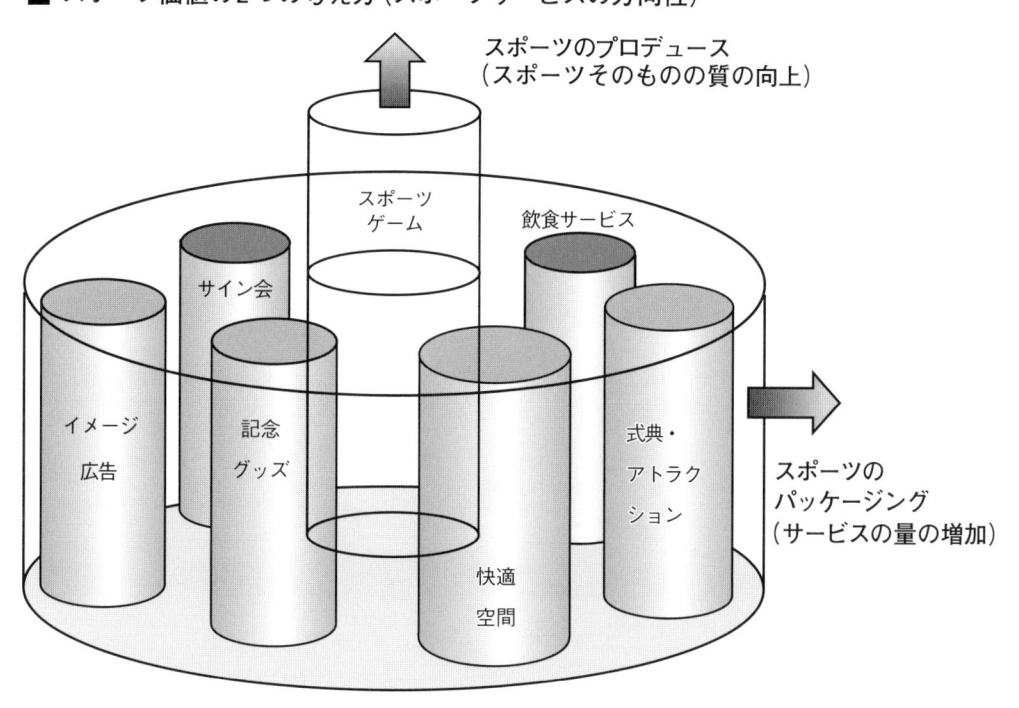

スポーツのプロデュース
（スポーツそのものの質の向上）

スポーツゲーム

サイン会

飲食サービス

イメージ広告

記念グッズ

式典・アトラクション

快適空間

スポーツのパッケージング
（サービスの量の増加）

【スポーツデバイスの選択】 スポーツは，ルールによって制限された人体の動きをランキングする装置である。したがって，スポーツプロデュースの中心的課題は，このルールに手を加えて劇的な効果を生み出すことにあるといえる。もちろんスポーツルールの中には，そのゲームらしさを固有に規定しているルールがある。そのゲームの技術的特質を規定するようなルールである。たとえば，サッカーで手を使ってもよいということになれば，それはもうサッカーではなく別のゲームである。しかしそうした点を除けば，スポーツゲームはルールを変更することによっていくらでも面白くできる。すなわち，この「ルールの可変性」こそがスポーツプロデュースの仕掛け装置（デバイス）なのである。

コンピュータデバイスにキーボードやマウスなどの「入力装置」とプリンタやディスプレイなどの「出力装置」があるように，スポーツデバイスもスポーツパフォーマンスへの影響の与え方によっていくつかに種別できる（右図）。入力装置に相当するのが人員装置と物品装置であり，近年のバレーボールは「リベロ」の導入によって，機能的な分業のよさがゲームを面白くすることに貢献した。また，棒高跳びでは「グラスファイバー製ボール」という物品装置の採用により次々と新記録が生まれるようになった。出力装置のひとつである時間装置の選択例としては，バレーボールで「ラリーポイント制」の採用によりゲームのスピード感が高まったなどがある。得点の少ないサッカーなどでは，「延長戦」「Vゴール」を採用したり廃止したりして，そのゲーム本来の面白さとは何か（得点数による勝敗か闘争過程そのものか）を今なお模索し続けている（Jリーグ）。空間装置では，バスケットボールの「スリーポイント・シュート」の距離を拡張してトラベルインの面白さを損なわないようにするなどの工夫がみられる（NBA）。さらには，野球の打高投低の傾向を緩和するために「ストライクゾーン」を広げるなどの例もある（MLB）。

【勝敗価値の創出】 スポーツにはそれぞれの種目に固有なプレイの楽しみ方（技術的・戦術的な面白み）がある。ボール扱いが難しいサッカーでは，正確なパスを「つなぐ」こと，ボールを手に持つことが許されるラグビーやバスケットボールでは，ボールを保持しながら「走り回る」こと，さらにボール扱いが容易なハンドボールでは，敵陣の壁を「崩す」こと，また，テニスやバレーボールなどのネット型ゲームでは，相手の攻撃を「拾いまくる」こと，等々である。スポーツプロデュースのひとつのポイントは，そうした技術や戦術の巧拙が結果としての勝敗に直結するようにしてやることである。

ごく一般のプレイヤー間における価値判断の基準からすれば，技術的・戦術的な能力の高まりに応じて勝敗の決め方もより精密になるという図式が成り立つ。しかし，実際のプロデュースの仕方には，そのような一般的な傾向とは逆であるような例もある。サッカーではいくら「つなぐ」技術が向上しても，そのスポーツの特質上，結果としてPK戦を多用せざるを得ない場合が多い。しかし，このような恣意的なプロデュースによって生まれた勝利というのはあまり価値が認めにくい。これに対して，子どもの無邪気なかけっこなどでは，走る距離を自由に何度も調節して，実にうまく勝敗価値を創出している。

■ スポーツパフォーマンスと周辺装置

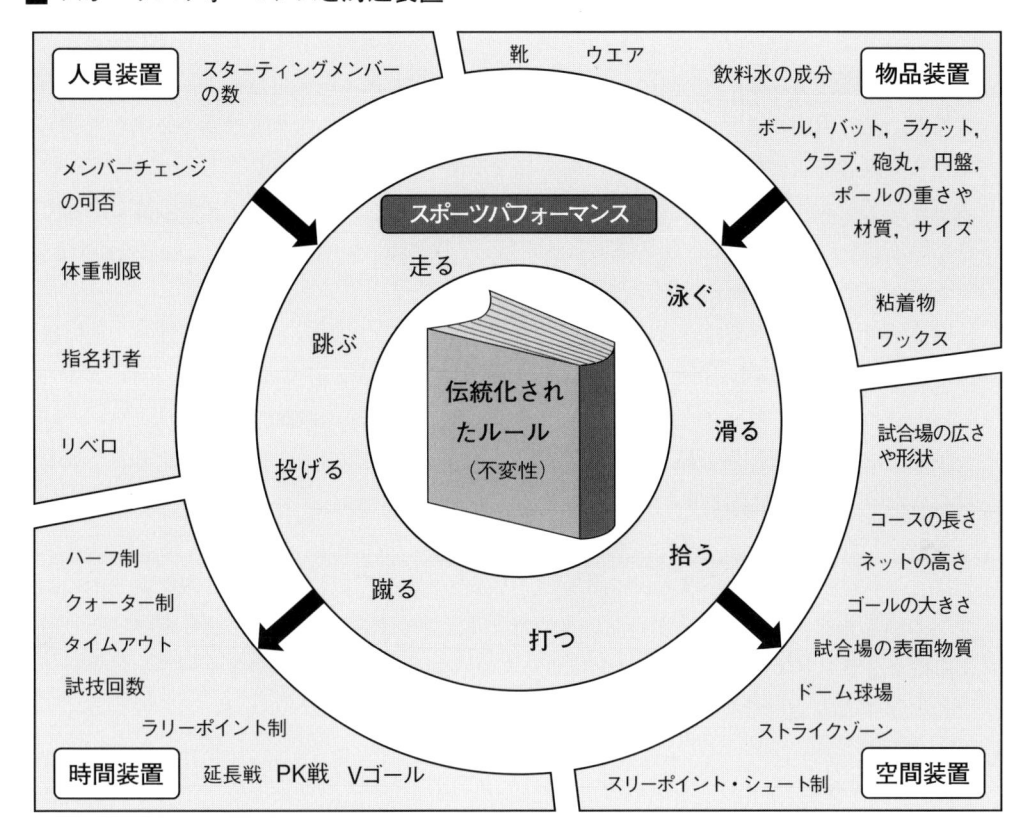

人員装置
- スターティングメンバーの数
- メンバーチェンジの可否
- 体重制限
- 指名打者
- リベロ

物品装置
- 靴　ウエア
- 飲料水の成分
- ボール, バット, ラケット, クラブ, 砲丸, 円盤, ボールの重さや材質, サイズ
- 粘着物
- ワックス

時間装置
- ハーフ制
- クォーター制
- タイムアウト
- 試技回数
- ラリーポイント制
- 延長戦　PK戦　Vゴール

空間装置
- 試合場の広さや形状
- コースの長さ
- ネットの高さ
- ゴールの大きさ
- 試合場の表面物質
- ドーム球場
- ストライクゾーン
- スリーポイント・シュート制

スポーツパフォーマンス
走る／泳ぐ／滑る／拾う／打つ／蹴る／投げる／跳ぶ

伝統化されたルール（不変性）

■ 競技者の能力と勝敗の価値

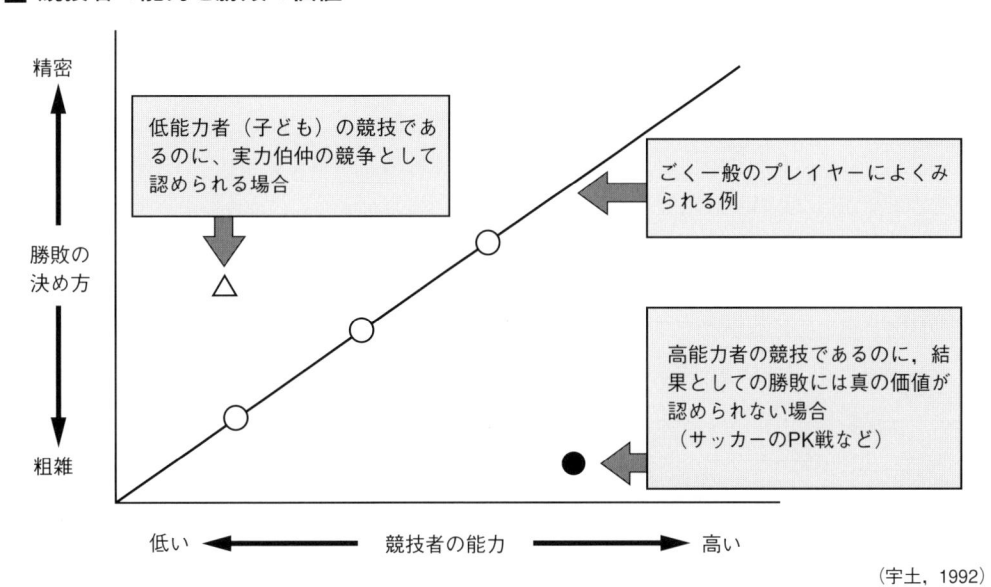

縦軸：勝敗の決め方（精密 ↔ 粗雑）
横軸：競技者の能力（低い ↔ 高い）

- 低能力者（子ども）の競技であるのに、実力伯仲の競争として認められる場合
- ごく一般のプレイヤーによくみられる例
- 高能力者の競技であるのに、結果としての勝敗には真の価値が認められない場合（サッカーのPK戦など）

（宇土, 1992）

2 スポーツゲームの組織化

【ピラミッド型】 スポーツプロデュースの次なる課題は対戦カードをどうつくるか（マッチング）である。実力伯仲の好ゲームになるようにするためには，ルール上の工夫もさることながら，最初から対戦者同士の能力ができるだけ均質になるようにしておけばよい。したがって，一般的にスポーツゲームは競技者の能力によって細分化，重層化されたピラミッド型組織のもとで行われている。やる側にとっても見る側にとっても，それぞれのレベルごとに楽しむことができるし，ランキングを上下する面白みや喜びも付随する。

日本のサッカーでいえば，47都道府県のリーグに始まり，北海道・東北・関東・北信越・東海・近畿・中国・四国・九州の9地域リーグがその上にあり，JFL（日本フットボールリーグ），J2，J1へと続く。リーグ成績のほか，一定の条件（Jリーグへの参加にはホームタウンの確保，クラブの法人化，競技場の確保，各年代のチームの保有などの経営的条件がクリアされなければならない）を満たせばより上位のリーグに昇格できる。

また，世界プロテニスツアーを組織するATP（男子）やWTP（女子）では，組織する大会にポイント制を敷き，選手は大会に出場し，ポイントを稼ぐことにより，よりグレードの高い大会への出場権を得る。グレードの高い大会ほどポイントが高く，賞金総額も高い。その頂点にあるのがグランドスラムイベント（全仏オープン，ウインブルドン，全米オープン，全豪オープンの世界4大大会）である。

【ネットワーク型】 ピラミッド型は，裏を返せば頂点への道のりが遠く，すべての競技者にチャンスが与えられているというわけではない。この欠点を補うために，できるだけ短期間で，かつ，できるだけ広い範囲の競技者が頂点を目指せるような仕組みが工夫される。ネットワーク型は，対戦者間の能力の壁を取り払うことによって生じる面白さを追求したスポーツゲームのプロジェクトであり，これも数多く見られる。

スポーツプロデュースの観点からすれば，この種のプロジェクトで一番大事なのは競技レベルの格差をどうするかということである。機会均等を配慮するあまり，ナンバーワンを決めるカードの興味が損なわれては元も子もない。日本の高校野球のように，そうした点をあえて無視した楽しみ方が伝統化しているものもあるが，優秀なチームや選手をあらかじめシードしたり，敗者復活戦などの方策を講じることが多い。とくにワールドカップといったような巨大イベントともなれば，相当複雑なプロデュースが要求される。

右図は，2002 FIFA ワールドカップへの出場権を得るまでの道のりを描いたものであるが，もっとも複雑な様相を呈しているのが北中米カリブ海方式である。当初はカリブ海地域，中米地域に分けた形で始まり，シード勢は途中の段階から随時加わる。コスタリカ，ジャマイカ，アメリカ，メキシコの4チームは準決勝リーグ。12チームを3組に分けた準決勝リーグは，各組上位2チームずつが最終予選へ進出。最終予選は6チームがホーム・アンド・アウェイ方式の総当たり2回戦制で争い，上位3チームが出場権を獲得する。

第15章 スポーツゲームのプロデュース

■ Jリーグへの道のり

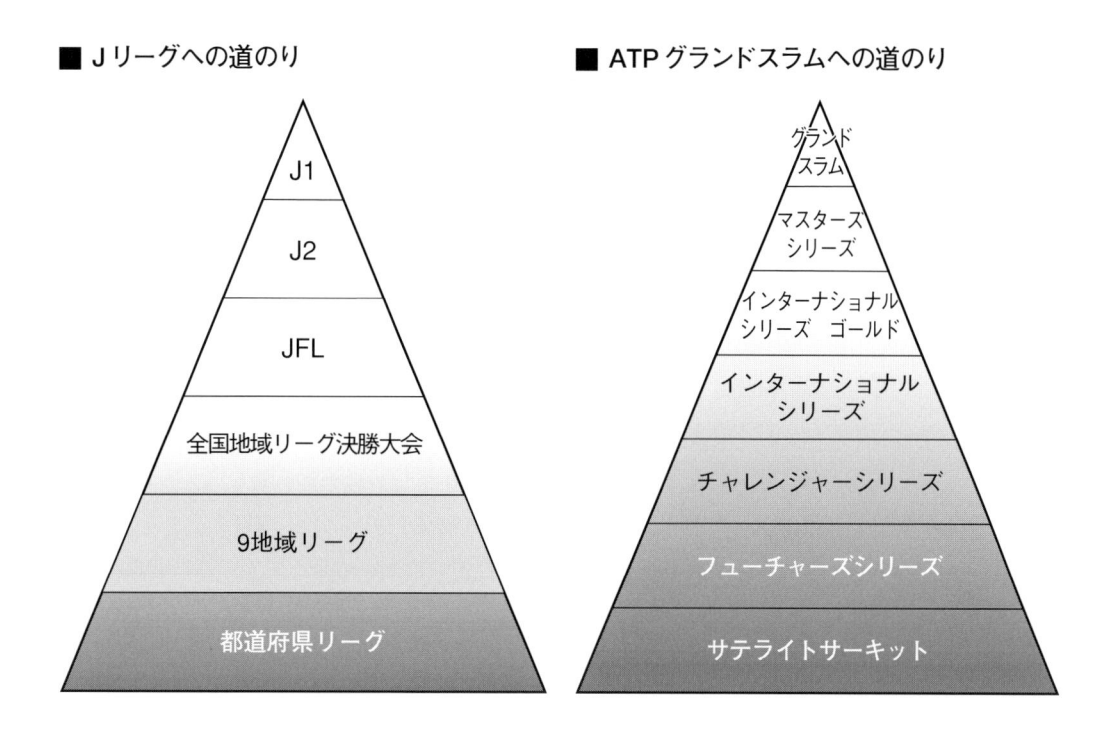

- J1
- J2
- JFL
- 全国地域リーグ決勝大会
- 9地域リーグ
- 都道府県リーグ

■ ATPグランドスラムへの道のり

- グランドスラム
- マスターズシリーズ
- インターナショナルシリーズ ゴールド
- インターナショナルシリーズ
- チャレンジャーシリーズ
- フューチャーズシリーズ
- サテライトサーキット

■ FIFAワールドカップ予選（2002年大会）のアウトライン

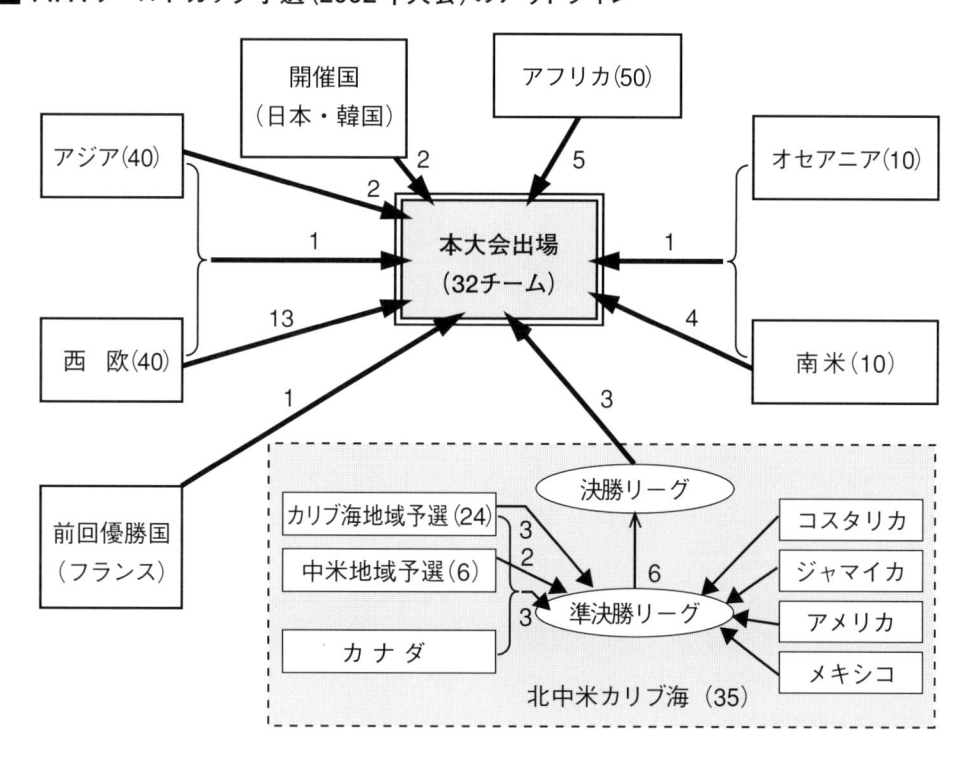

- 開催国（日本・韓国） → 本大会出場（32チーム）: 2
- アフリカ(50) → 本大会出場: 5
- アジア(40) → 本大会出場: 2
- オセアニア(10) → 本大会出場: 1
- 西欧(40) → 本大会出場: 13
- 南米(10) → 本大会出場: 4
- 前回優勝国（フランス） → 本大会出場: 1
- 北中米カリブ海(35) → 本大会出場: 3

北中米カリブ海(35):
- カリブ海地域予選(24) → 準決勝リーグ: 3
- 中米地域予選(6) → 準決勝リーグ: 2
- カナダ → 準決勝リーグ: 3
- コスタリカ、ジャマイカ、アメリカ、メキシコ → 決勝リーグ
- 準決勝リーグ → 決勝リーグ: 6

185

【交流ゲーム】 同一のリーグであっても複数のグループで構成されているような場合，所属するグループによって有利・不利が生じる。すなわち，連覇し続ける王者チームや最下位を走り続けるチームが出やすくなる。この問題を解消するのが交流ゲームである。NFLなどは，アメリカンフットボール協会（AFC）と全米フットボール協会（NFC）といった2つの協会（カンファレンス）を統合した形になっており（各16チーム，合計32チーム），それぞれが4つの地区（ディビジョン）に分かれて試合が行われる。したがって，種々の交流ゲームがレギュラーシーズンにスケジューリングされている。

まず，同ディビジョン内の4チームがホーム・アンド・アウェイ方式で総当たり戦を行う。次に，同カンファレンス内の他の1ディビジョンの4チームと1試合ずつ行う。これにより3年周期で同カンファレンスのすべてのチームと対戦できることになるが，念のため，カンファレンス内の上記以外の2チームと対戦する。この2試合はその年に対戦のない残りの2つのディビジョンから，前年度に当該チームと同じ順位でシーズンを終えたチームと対戦する。さらには，他カンファレンスの1ディビジョンの4チームと1試合ずつ行う。結果，4年おきに全32チームがお互いに対戦することになるのである。

もともと2つのカンファレンス，8つのディビジョンといったリーグ編成には，試合数を抑えてファンを動員しやすい休日に試合を開催することができるなどの経営メリットがある。交流ゲームは，そうした経営メリットを生かしつつ，リーグを分割することによる人気の偏りを避けるという，実に合理的なプロデュースといえよう。

【プレイオフ制】 プレイオフとは，レギュラーシーズンが終了した後に行われる優勝決定戦シリーズのことである。とくに，3つ以上のチームがトーナメント方式で行うような場合，マッチングは非常に重要な意味を持ってくる。

NFLのプレイオフに出場できるチームは，各カンファレンスから6チームずつである。その内訳は，各ディビジョンチャンピオン4チーム。それにワイルドカード2チームが加わる。ワイルドカードとは，ディビジョンチャンピオンを除いたカンファレンス内のチームで，勝率上位2チームが選ばれる。ディビジョンチャンピオン4チームは，勝率の高い順に第1シードから第4シードに位置づけられる。ワイルドカード中，勝率の高いチームが第5シードであり，勝率の低い方が第6シードとなる。

第1ラウンドは「ワイルドカード・プレイオフ」と呼ばれ，第6シードと第3シード，第5シードと第4シードが対戦する。第2ラウンドは「ディヴィジョナル・プレイオフ」であり，第1ラウンドを勝ち残ったチームの内，下位シードチームと第1シード，上位シードチームと第2シードが対戦する。第3ラウンドは「カンファレンス・チャンピオンシップ」で，第2ラウンドを勝ち残ったチーム同士が対戦する。第3ラウンドを勝ち残ったAFCチャンピオンとNFCチャンピオンで雌雄を決するのが「スーパーボウル」である。このスーパーボウルがアメリカで非常に勝敗価値の高いイベントとして人気を博しているのも，こうしたきめ細かいスポーツプロデュースがあるからである。

第15章 スポーツゲームのプロデュース

■ NFLのレギュラーシーズン

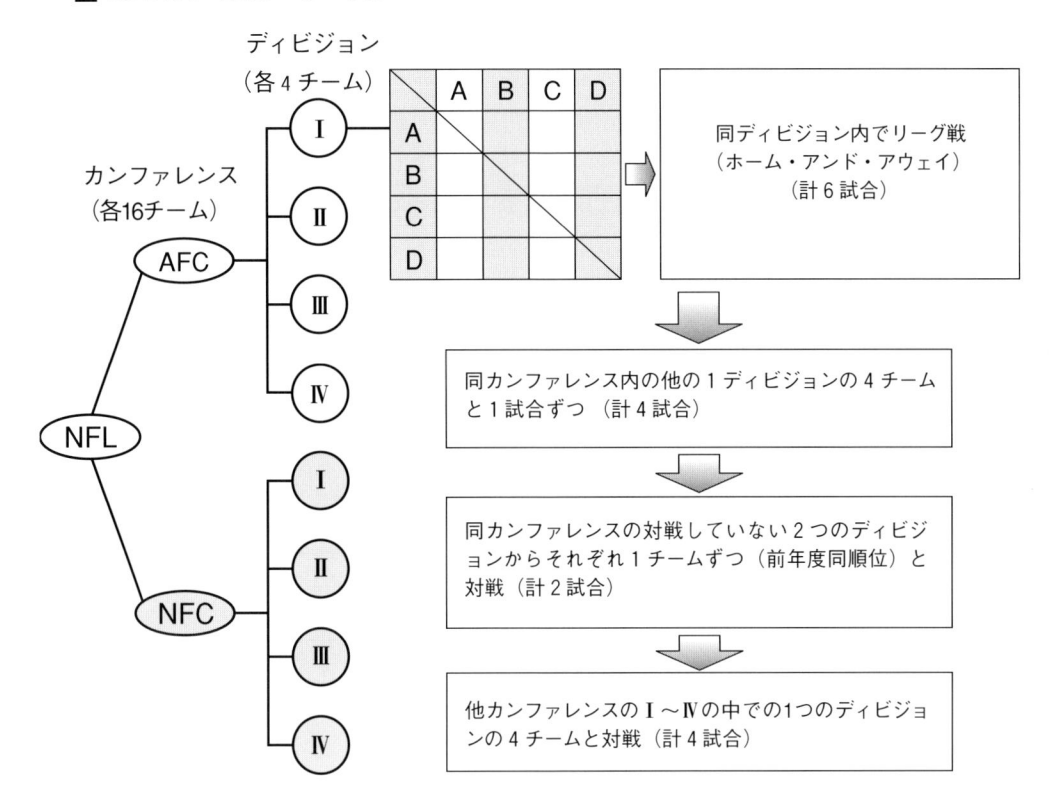

カンファレンス（各16チーム）
- AFC
- NFC

ディビジョン（各4チーム）
- I, II, III, IV

	A	B	C	D
A				
B				
C				
D				

→ 同ディビジョン内でリーグ戦（ホーム・アンド・アウェイ）（計6試合）

↓

同カンファレンス内の他の1ディビジョンの4チームと1試合ずつ（計4試合）

↓

同カンファレンスの対戦していない2つのディビジョンからそれぞれ1チームずつ（前年度同順位）と対戦（計2試合）

↓

他カンファレンスのI〜Ⅳの中での1つのディビジョンの4チームと対戦（計4試合）

■ NFLのプレイオフ

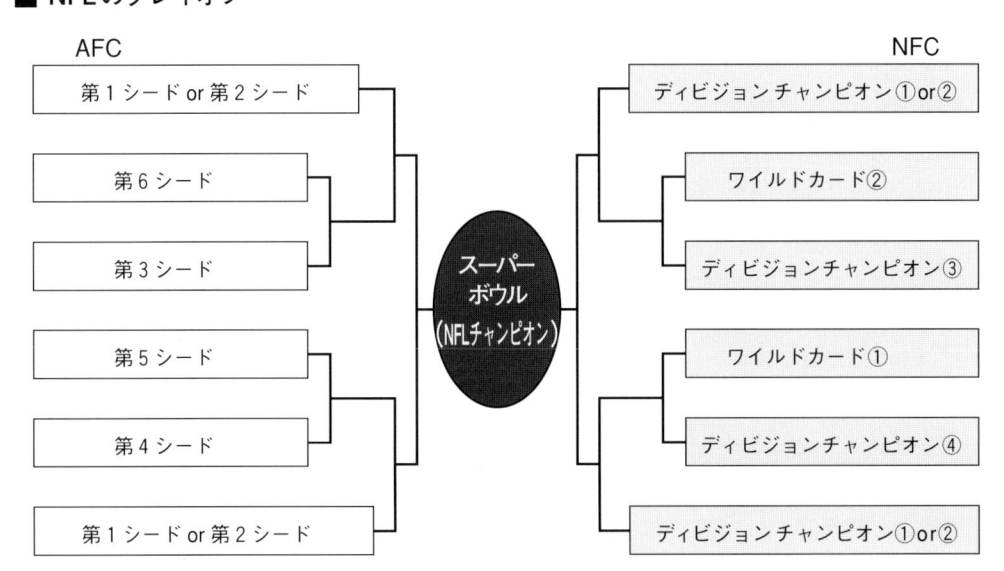

AFC
- 第1シード or 第2シード
- 第6シード
- 第3シード
- 第5シード
- 第4シード
- 第1シード or 第2シード

スーパーボウル（NFLチャンピオン）

NFC
- ディビジョンチャンピオン①or②
- ワイルドカード②
- ディビジョンチャンピオン③
- ワイルドカード①
- ディビジョンチャンピオン④
- ディビジョンチャンピオン①or②

3 スターマネジメント

【スター選手の価値】 プロスポーツは，マスメディアの注目を集めるエンターテインメント・ビジネスでもある。したがってスターは，チーム自体が強く魅力的なゲームをするのと同じくらい，欠くことのできない存在である。スターが社会に注目され，多くの人々がスタジアムへ足を運ぶ。そして，スタジアムが盛り上がることでスター以外の選手たちもモティベートされ，ゲームがよりエキサイティングで魅力的なものになる。スターマネジメントとは本来，そうした「ポジティブサイクル効果」をねらっての努力である。

スターの根拠はいうまでもなく，彼らの「プレイ価値の高さ」にある。しかし経営サイドからすれば，スター選手の確保にはそのような現場にとっての価値以上に，周辺市場をめぐる価値交換という経済原理が働く。実際，スターによっては，1組織だけのビジネス効果にとどまらず，波及的に創出される経済効果が計り知れないものになるケースすらある。得てしてそうしたケースからは，スターの慢心したプレイが生まれやすい。

湯浅（2000）は，マスコミをはじめとする周辺市場がつくり出すイメージ価値こそがスター選手を「才能の墓場」へと追いやる元凶だと指摘し，彼らをそこから救い出すのが監督の重要な仕事であると説く。それは，彼らに付与されたイメージ的な商品価値の基盤が，グランドやコート上での良いプレイであることを，けっして忘れさせないようにすることであり，メディアやファンだけでなく，監督，チームメイトにとって，かけがえのない価値あるプレイヤー（チームプレイのスター）であり続けることを求めることである。

【スターマネジメントの難しさ】 2004年度のサッカー欧州リーグはスーパースター，ベッカムのマンチェスター・ユナイテッド（プレミアリーグ）からレアルマドリード（スペインリーグ）への移籍という「大事件」で幕を開けた。レアルマドリードは，過去29度のリーグ優勝を誇る名門チームであり，ベッカムのほかにジダン，ロナウドといったスーパースターを取りそろえ，「銀河系チーム」を名乗ってのスタートであった。

しかし，結果は4位という期待はずれに終わった。ベッカムもジダンもロナウドも稀代のゴールゲッターである。レアルマドリードの得点数が72とリーグトップであったことが何よりもそのことを物語っている。問題は失点の多さである。54と飛び抜けて多い。攻守バランスの良い補強が望まれる。折しもこの年，日本では巨人が各チームの4番打者を集めて「銀河系チーム」をつくったが結果は同様。野球とて例外ではない。

スターが攻撃プレイヤーに多いのは，ある意味いたしかたないことである。マンチェスター・ユナイテッドは昨シーズンの優勝から3位へと転落したが，得点数の少なさが影響したと見て取れるなど，ベッカムのプレイ効果は一般のファンにもわかりやすい。しかし，スターマネジメントの難しさはゲーム戦術の上からだけでなく，チーム内の人間関係の築き方にもある。ベッカムの場合，移籍前，よく監督との確執が話題になっていたし，さらに，移籍後は若手選手や生え抜き選手との間に確執が生じたと伝えられている。

第15章 スポーツゲームのプロデュース

■ スター価値の二重性

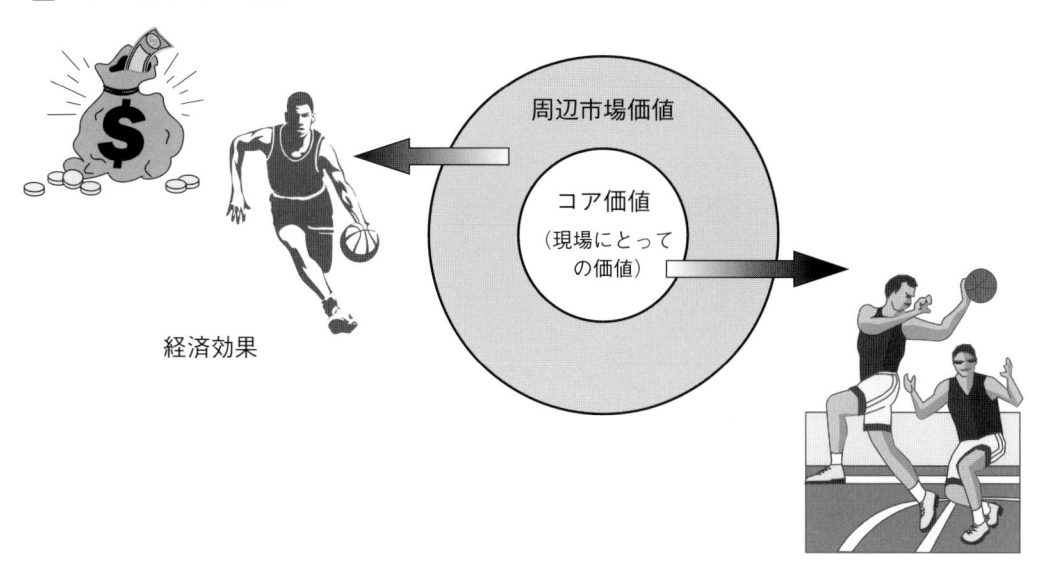

経済効果

周辺市場価値

コア価値
（現場にとっての価値）

プレイ効果

■ ベッカム移籍直後のスペインリーグとプレミアリーグ

スペインリーグ 2004（上位5チーム）

順位	チーム	勝点	試合	勝数	分け	敗数	得点	失点	得失差
1	バレンシア	71	38	23	8	7	71	27	44
2	バルセロナ	72	38	21	9	8	63	39	24
3	デポルティーボ	71	38	21	8	9	60	34	26
4	レアルマドリード	70	38	21	7	10	72	54	18
5	ビルバオ	56	38	15	11	12	53	49	4

プレミアリーグ 2004（上位5チーム）

順位	チーム	勝点	試合	勝数	分け	敗数	得点	失点	得失差
1	アーセナル	90	38	26	12	0	73	26	47
2	チェルシー	79	38	24	7	7	67	30	37
3	マンチェスターU	75	38	23	6	9	64	35	29
4	リバプール	60	38	16	12	10	55	37	18
5	ニューカッスル	56	38	13	17	8	52	40	12

【チームの象徴であるスタープレイヤー】 あるスポーツチームを思い浮かべたとき，何が連想されるだろうか。「強い」，「弱い」，「攻撃力がある」，「かっこいい」などのチームのパフォーマンスや特徴に関することや，地名やチームカラーなども思い浮かぶであろう。しかし，もっともよく連想されるのはプレイヤーである。あるJリーグチームからファンが連想することを調べた研究結果によると，選手名がもっとも多く，全回答の23.3％を占めた（Fujimoto & Matsuoka, 2004）。とりわけチームを代表するスタープレイヤーは連想されることが多く，彼らはチームのイメージを構成する重要な一要素であることが確認されている。

つまり，スタープレイヤーはその優れた競技能力でチームに貢献するだけでなく，チームの価値の創造やイメージの向上においても重要な役割を果たしている。そして，スタープレイヤーはチームの象徴として見られることも多く，今もミスタージャイアンツと呼ばれる長嶋茂雄や，移籍した後もなおオリックスから連想されるイチローなどを見ると，象徴的なプレイヤーの持つ魅力は多大であることがわかる。ファンが1番に思い浮かべ，1番に求めているのがスタープレイヤーであるならば，そのプレイヤーを中心にチームメイクをしたり，チームをプロモーションしたりすることも必要かもしれない。

ただ，スタープレイヤーが移籍，あるいは引退していなくなった時に，チームイメージがどう変わるのか，人気が低下するのかなどについても考えておかなければならない。マイケル・ジョーダンの退団後も2万人近くの観客を集め続けているシカゴ・ブルズのように，スタープレイヤーに頼らないチームの魅力をつくっておくことも必要であろう。

【スタープレイヤーを利用したプロモーション】 看板となるスタープレイヤーの魅力にファンが引きつけられ，スタジアムやアリーナに集まってくるのであれば，スターを利用したプロモーション活動は集客におけるもっとも有効な手段の1つであろう。

北米のプロスポーツでは，集客戦略としてさまざまなプロモーションがほぼ毎試合のように行われているが，実施頻度が高く，効果をあげているのがスタープレイヤーを利用した企画である。プレイヤーをモデルにしたバブルヘッド人形をゲーム当日に個数限定で配布するプロモーションは，MLBやNBAのほとんどのチームで実施され，観客数の増加に効果をあげている。そのほかにもプレイヤーのトレーディングカードのプレゼントやプレイヤーとの写真撮影など，スターを利用したプロモーションが観客を引きつけている。また，入場者数の増加に直接的に効果をあげるプロモーションだけでなく，草の根レベルの活動にもスタープレイヤーが利用されている。プレイヤーによるスポーツ教室，サイン会，公開練習，そして地域貢献活動などを通して，長期的にファン・ベースを拡大することができる。

世界的なサッカークラブのレアル・マドリードが，ベッカム，ジダン，ロナウドらのスタープレイヤーを前面に押し出して来日して行う試合やイベント，テレビ出演などの活動は，日本市場をターゲットとしたマーケティング活動の一環であるが，そこにスタープレイヤーの存在があるからこそ，あれだけ多くの人々の興味を引くことができるのである。

■ プロスポーツチームのブランド連想

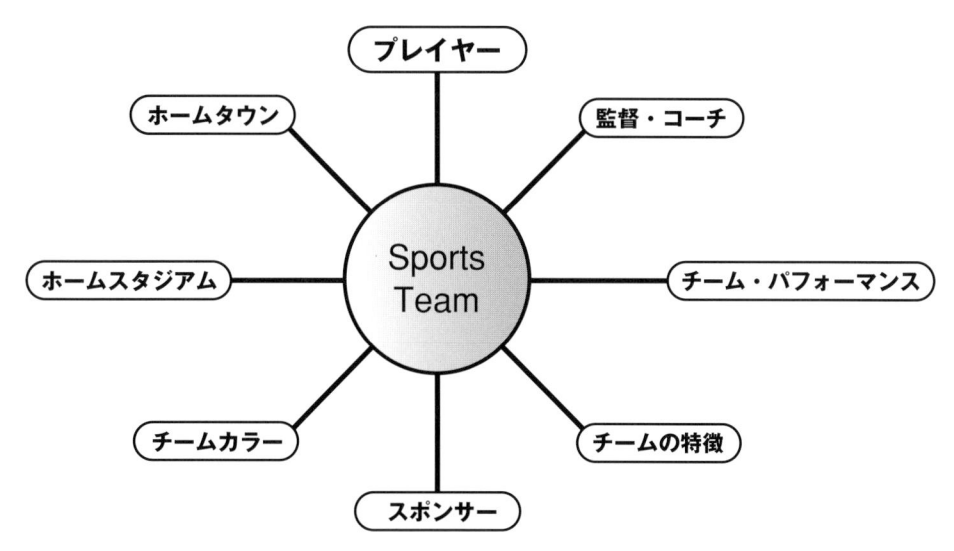

```
         プレイヤー
    ホームタウン    監督・コーチ
ホームスタジアム  Sports Team  チーム・パフォーマンス
    チームカラー    チームの特徴
         スポンサー
```

（Fujimoto & Matsuoka，2004 から作成）

■ MLBとNBAの高頻度のプロモーション活動

	MLB （メジャーリーグ・ベースボール）	NBA （ナショナル・バスケットボール協会）
1	花火 72回の実施 10.5％の観客増	バブルヘッド人形のプレゼント 44回の実施 3.8％の観客増
2	バブルヘッド人形のプレゼント 69回の実施 15.3％の観客増	トレーディングカードのプレゼント 21回の実施 3.6％の観客増
3	帽子のプレゼント 45回の実施 7.7％の観客増	ノイジー・トーイのプレゼント 17回の実施 5.1％の観客増

注）MLBは2003年，NBAは2002-03年での実施頻度が高かった上位3つのプロモーション。

（資料：Street & Smith's SportsBusiness Journal, May 5, 2003 ; Street & Smith's SportsBusiness Journal, October 20, 2003）

第16章 スポーツ施設の使い勝手

1 ユーザー工学から学ぶスポーツ施設のレイアウト

【ユーザー工学という発想】 ユーザー工学とは，機器の「使い勝手」を高めるための技法と運用方法を思考して実践することである（黒須ほか，1999）。この考えは，単にモノ製品のみでなく，サービスを含めた，組織からの提供物すべてに適用される。フィットネスクラブのサービスでいえば，アクセスや利用料金，メインとなる運動施設や温浴施設等のアミューズメント施設，スタッフの接客技術まで含まれる。実際，仕事帰りに通える時間帯は利用者がいっぱいで使いにくく，スタッフの対応も不十分であるなど，サービス全体を通した「使い勝手」が悪いために不快な経験をすることがよくある。

スポーツは「経験財」であるため，一般に，購入前には気づかなかった「使い勝手」の悪さを使用後に実感するケースが多い。スポーツ組織も自らの提供するサービスを，生産と消費の同時性という観点から再検討し，品質の維持向上を目指した管理に力を注ぐべきである。とくに，生涯スポーツを目指して消費者ニーズが多様化している現代においては，「売らんかな主義」に根ざしたマネジリアル・マーケティングの発想のみでは，より良いサービスの提供は望めない。この点，ユーザー工学はユーザーを最優先に考え，QOL（生活の質）を中心に据えながらサービスの利用過程における製品の「使いやすさ」の向上を目指すことを基本とした発想であり，スポーツ組織にとっても示唆的である。

【ユーザー工学とスポーツ施設】 ユーザー工学においては，ユーザーに役立つこと（使い勝手）すべてを，ユースフルネス（usefulness）と呼び，製品の実用的な機能や性能を示すユーティリティ（utility）と，その製品を使うユーザー自身の個性や利用の状況によって変化する利用品質を示すユーザビリティ（usability）を区別している。スポーツ施設におけるユーティリティとは，サービス財を生み出す媒体，つまり施設設備やスタッフより提供されるプログラム等が「使いもの」になるかどうかであり，ユーザビリティは，ユーザーにとって意味ある製品を「使いやすい」ように提供することである。この両者をともに向上させることができなければ，利用者の幅を広げることにはなかなかつながらない。たとえば，高齢者や障害者に対してバリアフリーを促進しようとする場合，単に施設の障壁を取り除くだけではだめであり，そうした人々の実際の利用状況に一歩踏み込んだ使い勝手を考える必要がある。この発想がやがて高齢者や障害者だけではなく，あらゆるタイプの利用者にまで及ぶようになれば，それはもう単なるバリアフリーではなく，「ユニバーサルデザイン」というコンセプトに基づく理想的なスポーツサービスである。多くの公共スポーツ施設がその実現を目指している一方，民間スポーツ施設には限定された会員のユースフルネス向上を目指すことで生き残りを図ろうとしているものが多い。

第16章 スポーツ施設の使い勝手

■ ユーザー工学とその関連分野

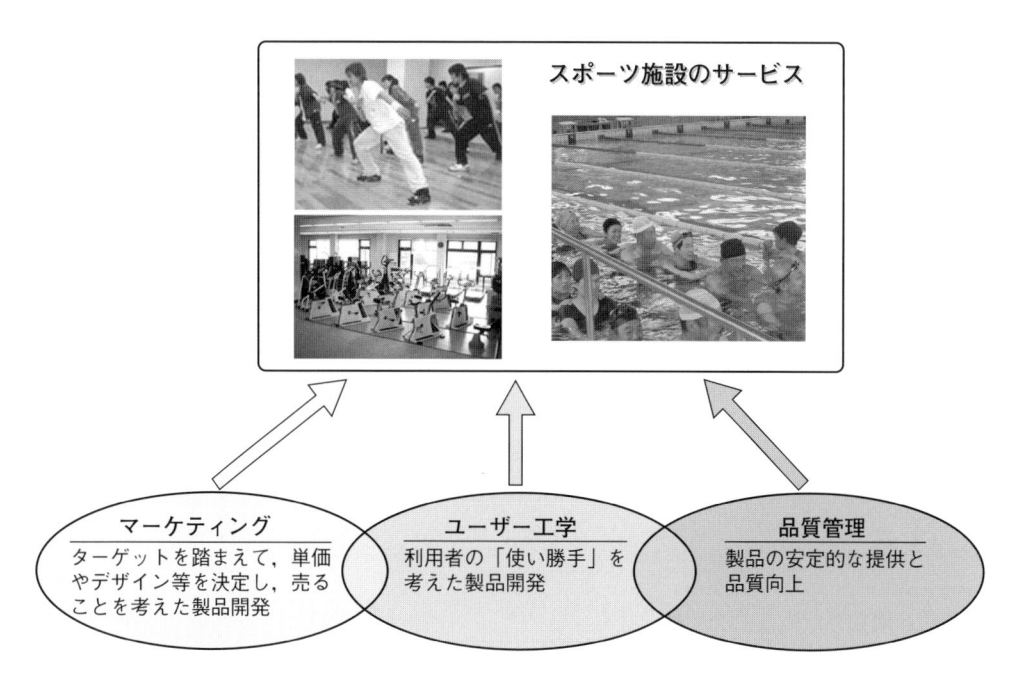

スポーツ施設のサービス

マーケティング
ターゲットを踏まえて、単価やデザイン等を決定し、売ることを考えた製品開発

ユーザー工学
利用者の「使い勝手」を考えた製品開発

品質管理
製品の安定的な提供と品質向上

■ スポーツ施設の「使い勝手」

ユーザー工学 — あらゆる利用者の「使い勝手」を考えたスポーツ施設

ユーティリティ
立地、アクセス、スポーツ施設・設備アメニティ、利用システム、スタッフ

ユースフルネス
ユーザーの役に立つこと

ユーザビリティ
施設・設備個々の使いやすさ、アメニティの快適さ、便利な利用導線、丁寧な対応、指導力

民間スポーツ施設　公共スポーツ施設

ユニバーサルデザイン

バリアフリー
使えなかった人が使えるようになる

すべての年齢や能力の人々に対し、可能な限り使いやすいスポーツ施設をつくる

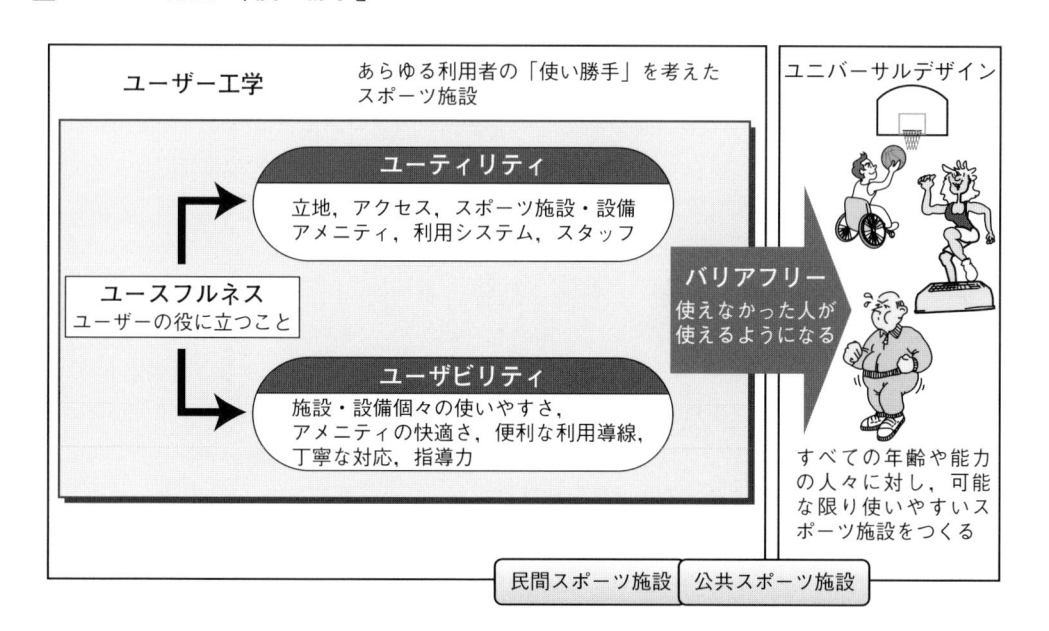

【スポーツ施設のプランニング】 スポーツ施設の施設計画においては，ユーティリティにあたる各種施設設備の設置やデザインと共に，利用者とスタッフ双方向におけるユーザビリティの観点から，その配列を考えねばならない。とくに，複合的なアイテムが交錯するフィットネス事業における設計基本事項には，スポーツ施設設置計画全般として参考にすべき事項が多い。(財)日本フィットネス産業協会（2001）によれば，近年，フィットネスクラブの会員構造はシニア数の増加が目立っている。したがって，バリアフリーに基づく「使い勝手」を踏まえた安全性の確保は，シニア会員増加に伴う民間施設において今や必須になっている。次にクローズアップされるのは，各アイテムにおける収容能力と清潔感である。この両者は利用者のクレームが集中しやすい領域である。収容能力に基づく施設バランスについては，付帯施設のアイテムで，シャワーやロッカーの数，駐車場や駐輪場の収容台数等がある。また，メインの体育施設において，会員数が2,000人規模のクラブでは，トレーニングジムで100坪（330㎡）程度，スタジオでも50坪（160㎡）以上の面積が求められ，プールにいたっては，25m×5コース以上の規模が好ましいとされる。しかし，プールの場合は，水中ウォーキングを含めた水中エクササイズの人気向上から，提供されるプログラム次第で20m程度の小規模でも有効に機能する場合がある。したがって，クラブコンセプトに基づいた各エリアのテーマによっては，利用者のユーザビリティを意図的に変化させることも可能となる。

さらに，施設内は，インシューズとアウトシューズ，ドライとウェット，メンバーとビジター，スタッフ等の動線が交錯している。そのため，各サービスアイテムをつなぐ利用動線は，施設のユーザビリティや事業効率を決定付ける最重要要素となっている（亀田，2002）。施設内は，各アイテムによりゾーニングがなされているが，利用者のユーザビリティ向上に関しては，ウェット動線とドライ動線の整理が絶対条件になる。とくに，プールから浴室へ，またそれにプラスして，インシューズからアウトシューズへの動線が交錯するロッカールーム内の整備は難しい。施設アイテムの清潔感，つまり，クリンネスは，水周り関係の清掃に対して比重が高いとされるが，このゾーニングと動線の関係は，利用者のみでなくスタッフ側の業務遂行にも大きく影響している。濡れたフロアーの状況等によっては，衛生面の問題が浮上するし，清掃スタッフを常駐させるのであれば，メンテナンスコストやランニングコストにも多大な影響を与える。また，施設内の快適環境を維持するための，喚気，空調，ろ過機等に代表される水周りの設備に関しては，この種のサービス製品の特徴上，生産調整が難しい。クラブの運営スタイルや利用者数を的確に把握し，専門的な管理を有しないようにランニングコストを抑制する必要がある。

最後に，フィットネスクラブという装置産業の事業計画の中でもっともウェイトが高いコストは，立ち上げ時のイニシャルコストである。それに加えて，施設，設備のメンテナンス・リニューアルを見通したライフサイクルコストも重要になる。なぜなら，ユーザーのニーズやトレンドを含めたユーザビリティは，時系列で変化していくため，それらを踏まえた取り組みが施設開発の段階から構造的かつ経済的に必要になるからである。ユーティリティ，ユーザビリティとも，ユーザーニーズの変化に対応できる柔軟性が求められる。

第16章 スポーツ施設の使い勝手

■ フィットネス施設の設計基本事項

項　目	内　容
安全性	施設計画における最優先事項。中高年層の参加増に伴い重要性はさらに増している。
クリンネス	メンテナンスが容易でかつ清掃効果によって清潔感を持続できる施設とする。顧客満足度の点からもきわめて重要。
施設バランス	各アイテムの面積からロッカー、シャワーの個数に至るまで、利用会員数に対して、一定のキャパシティーを確保する。
動　線	施設の利便性や事業効果を高めるために、複数の動線を機能的かつ最小限に配することが必要となる。
設　備	過不足なく、操作コントロールがし易く、運営スタイルや利用動向に適用できる設備計画とする。
コスト	単に使用を落とすのではなく、創意と工夫により、クオリティーの高い施設をローコストでつくり上げることが必要。
柔軟性	メンテナンス・リニューアルを構造的かつ経済的に行い易くし、ユーザーニーズの変化にも対応できる施設とする。
テーマ	各エリアはクラブコンセプトと整合した明確なテーマのもとに計画し、ブランドイメージの演出にも配慮する。

（亀田、2002）

■ ゾーニングと動線の関係

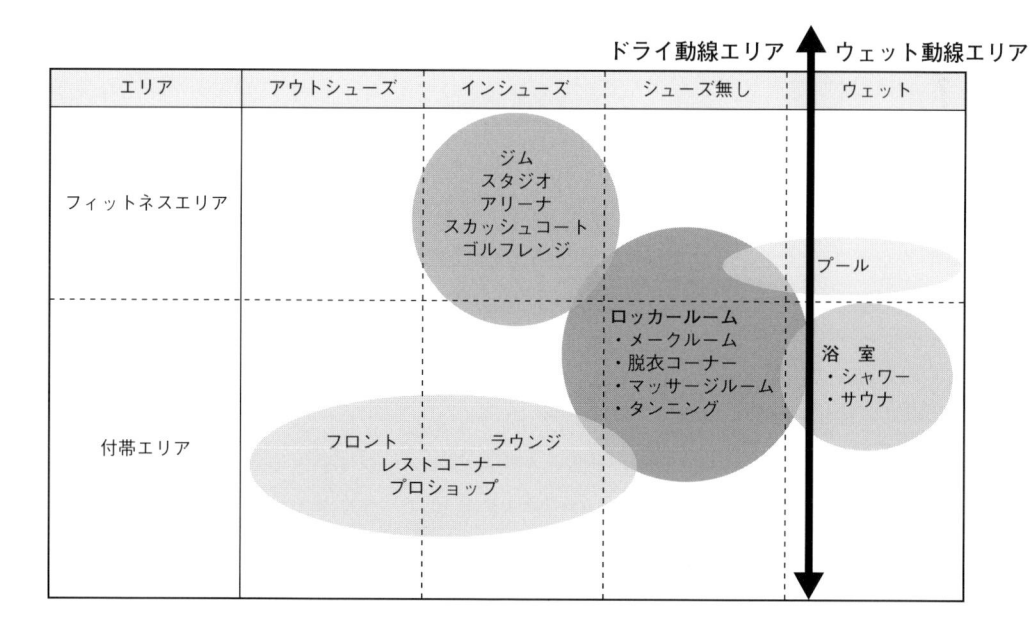

エリア	アウトシューズ	インシューズ	シューズ無し	ウェット
フィットネスエリア		ジム スタジオ アリーナ スカッシュコート ゴルフレンジ		プール
付帯エリア	フロント　ラウンジ レストコーナー プロショップ		ロッカールーム ・メークルーム ・脱衣コーナー ・マッサージルーム ・タンニング	浴室 ・シャワー ・サウナ

ドライ動線エリア ↑　ウェット動線エリア

2 スポーツのユーザビリティを考える

【ユーザビリティ・ワークショップのプロセス】 ユーザビリティ・ワークショップとは，製品のデザイン開発の段階から，ユーザーの視点で対象製品を評価し，改善指針を立案して，製品を再検討し，また再評価するという一連の過程である。より良い製品を開発するためには，①製品案をもとにプロトタイプ（試作品）を作成して，②モデルユーザーに使用してもらい，③それを評価する，という手順が必要になる。スポーツ組織でも，高質のサービスを提供できる人材養成を目的として同様のワークショップが活用されている。

たとえば，ストレッチやエアロビクスといったフィットネスプログラムの提供においては，サービスプロセス全般を通して常にユーザーが楽しめる，快適なレッスン空間を創造できる人材が必要になる。人材の養成カリキュラムにおいて，被養成者は，まず指導講師のプログラムルーティン（振り付けの構成等）を模倣する。次に，レッスンの現場でユーザーニーズに即時に対応するためのルーティンのアレンジを考案する。そして，それを伝えるためのアライメント（正しい姿勢）や表現法を付加したオリジナルのプロトタイプを創作する。被養成者が考案したプロトタイプは，講師によってチェックされた後，さらに，実際のユーザーレベルを想定して，他のスタッフがモデルユーザーとなった模擬レッスンでテストされる。最終的には，レッスンを受けたモデルユーザーの評価をもとに，プロトタイプや時にはプログラムデザイン全体までが検討されることにもなる。これらのプロセスを何度か繰り返して，被養成者は晴れて，正式のインストラクターとしてデビューを果たし，スポーツプロダクトを実際に提供できる人材となるのである。

【バリアフリーからユニバーサルデザインへ】 バリアフリーとは，障害者を取り巻く社会環境に存在する障壁を取り除くという概念である。この考えは，バリアに対する修繕的な発想で，一般的な製品に対して適応困難な人のアクセスを向上させることに特徴を持つ（川内，2001）。スポーツ施設においては，交流センター方式（障害の有無に関係なく施設を利用するシステム）を採用する障害者スポーツセンターが，このバリアフリー型スポーツ施設にあてはまる。また，2000年のシドニーオリンピック以降，陸上競技種目では障害者車椅子レースが登場している。これらは，既存のスポーツシステムを双方向からマネジメントすることにより，バリアを除いてインテグレーション（統合）した例となる。

一方，ユニバーサルデザインは既存システムへの統合とは異なり，発想の当初より「だれもがつかえる」ことを主眼として製品をつくるプロセスである。また，多くの利用者を視野に入れた「共用品」と，それを利用する「共生空間」を生み出すマネジメントである（三菱電機デザイン研究所，2001）。スポーツにおけるユニバーサルの発想は，さまざまな利用者に対して，共に楽しめる機能を持った製品を提供することにより，インクルージョン（包含）を促すことにある。つまり，製品としてのユニバーサルスポーツは，テニスのニューミックスダブルスやグランドゴルフ，スポーツチャンバラ等々，障害者スポーツの範疇を超えて，「だれもがたのしい」をコンセプトとしたニュースポーツ的発想となる。

第16章 スポーツ施設の使い勝手

■ フィットネスプログラムとユーザビリティのワークショップ

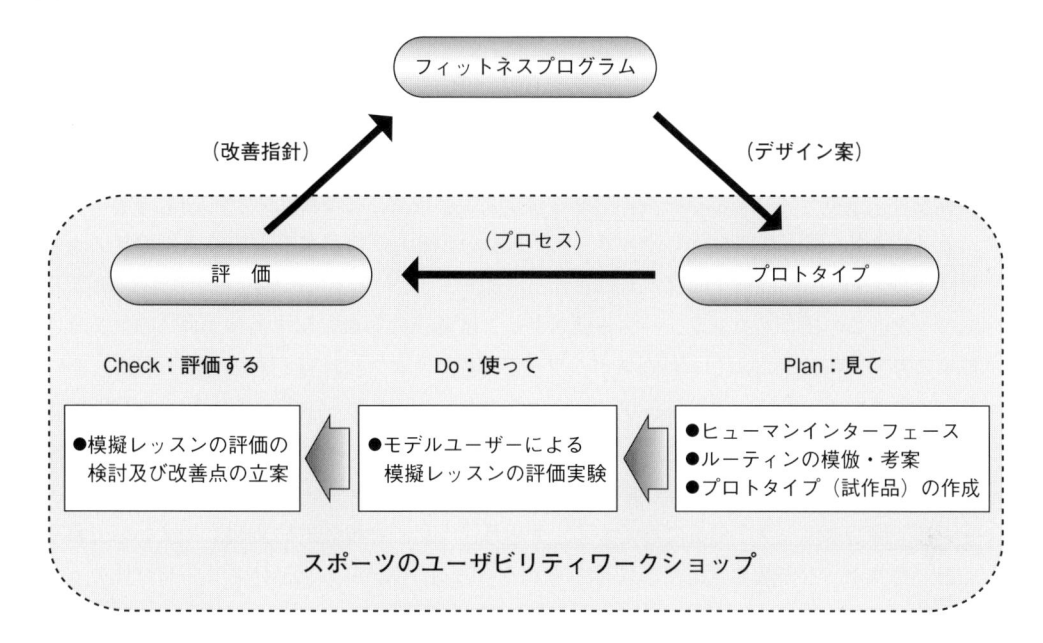

```
                    フィットネスプログラム
          (改善指針) ↗              ↘ (デザイン案)
            評 価  ← (プロセス) ← プロトタイプ

    Check：評価する      Do：使って        Plan：見て
    ●模擬レッスンの評価の  ●モデルユーザーによる  ●ヒューマンインターフェース
     検討及び改善点の立案   模擬レッスンの評価実験  ●ルーティンの模倣・考案
                                          ●プロトタイプ（試作品）の作成

              スポーツのユーザビリティワークショップ
```

■ 障害者スポーツの「使い勝手」

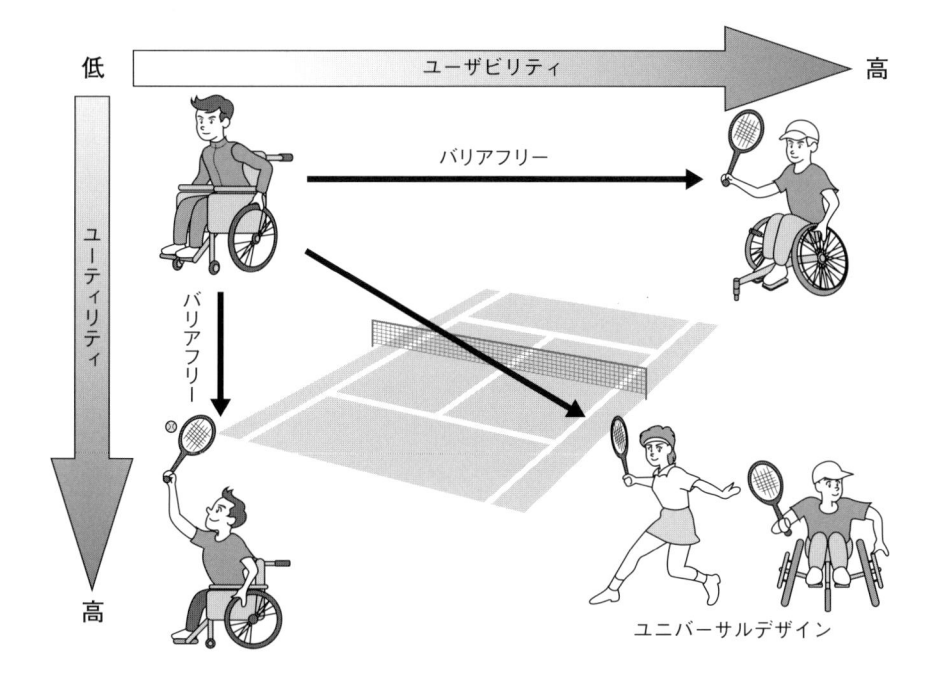

低　　　　ユーザビリティ　　　　高

バリアフリー

ユーティリティ

バリアフリー

ユニバーサルデザイン

【微差化の心理】 現代の消費者は「流行に乗っているようでちょっと違う私たち」というのを自己演出している（中島，2001）。これは，集団から逸脱するのは不安だとする同調志向（MUST）と，集団とは違った自分でありたいとする個性化志向（WANT）が同時に存在するアンビバレントな心理状態から生まれる行動である。携帯電話は現代人の「必需品」として広く普及しているが，待ち受け画面や着メロという「使い勝手」を利用して自分流に個性化を図ろうとする人は多い。スポーツ消費においてこの現象を考えてみると，たとえばラクロスは，1980年代後半にアメリカから輸入された新しいスポーツであるが，輸入直後に女子大生に人気のファッション雑誌「JJ」や「CanCam」で取り上げられたことをきっかけとして，大学生を中心に競技人口を増やした。この場合，コンシューマーはスポーツ格闘技の領域に属するラクロスのコンセプトや技術よりも，現代的でおしゃれなスポーツとしてのラクロスに注目したのである。たしかに，女子ラクロスのウェアは，ポロシャツにタータンチェックのスカートというスタイルが特徴的で可愛らしい。そのまま，街着で通用することに加えて，クロスと呼ばれる三角形の網に長い柄をつけた特殊なラケットを持つことで競技選手としての「ラクロッサー」を印象づけることができる。まさに，同じスポーツをやるにしても「ちょっと違う私」を視覚的に表現しやすいのである。

　自己をスポーツで微差化して演出するという行為は，スポーツにおけるユーザビリティの拡張につながるが，そのためには，スポーツのもつファッション性やユーザーの個性をある程度自由にコーディネートできるようなマネジメントが必要になる。

【ミニゲーム化の問題点】 ミニゲーム化は，既存のスポーツを変化させて，そのスポーツへのアクセスビリティを高めることにより，大衆化を狙った戦略である。有名なミニゲームでは，サッカーからフットサル，バスケットボールから3 on 3などがある。これらミニゲームは「手軽に楽しく」というコンセプトで，スポーツの持つ本来の機能，つまりユーティリティを変化させたものである。ミニサッカーの代表格であるフットサルは，コートの面積を半分にしたことによりアウトドアゲームに加えて，インドアゲーム化を可能にし，メンバー数を5名に減らした（松崎ほか，2002）。また，3 on 3に代表されるハーフコートバスケットは，バスケットボールコート半面に，ゴールが1個という設定で，そのプレイグランドを体育館や校庭から，路地，駐車場等へ拡大している（ハーシュラッグ，1985）。

　しかし，ミニゲームのユーザーがビギナーからマニアへと変化するにつれて，そのユーザビリティも変化する。コートが狭く人数が少ない分，スピードやスタミナよりも高度なボールテクニックを有するオールラウンダーが好まれる。さらに，ローカルルールに支えられているため，オフィシャルな大会を開催する場合，ルールの不統一がネックとなる。3 on 3のケースでは，ストレイトアップシステム（ゴール下でリバウンドを処理した後，フィールドゴールを狙える）とテイクバックシステム（ディフェンスリバウンドをとったプレイヤーは，一定の距離までボールを戻す）では，プレイスタイルがまったく異なってしまう。手軽に楽しめるはずだったミニゲームでのプレイが，一部マニアックなものになったり，ルールが複雑化することから生じるユーザー離れは深刻な問題である。

第16章 スポーツ施設の使い勝手

■ 微差化の構造

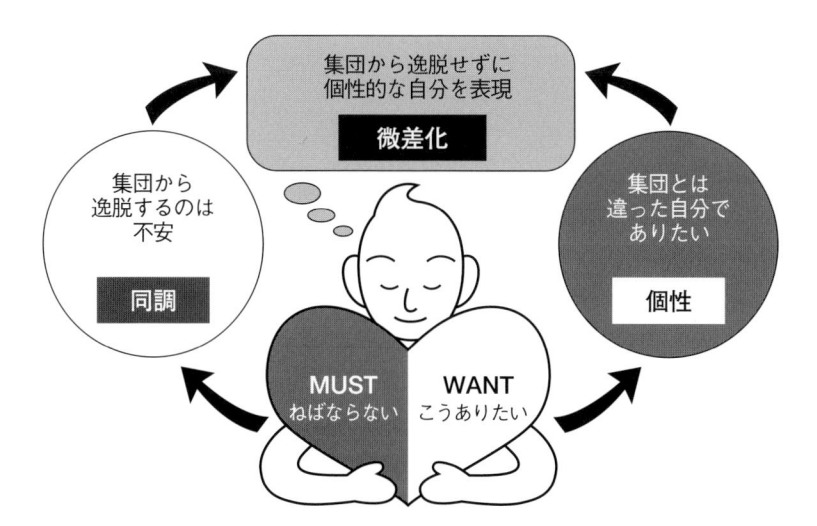

- 微差化：集団から逸脱せずに個性的な自分を表現
- 同調：集団から逸脱するのは不安
- 個性：集団とは違った自分でありたい
- MUST：ねばならない
- WANT：こうありたい

（「週刊東洋経済　2001.3.17」から作成）

■ ハーフコート・バスケットボール

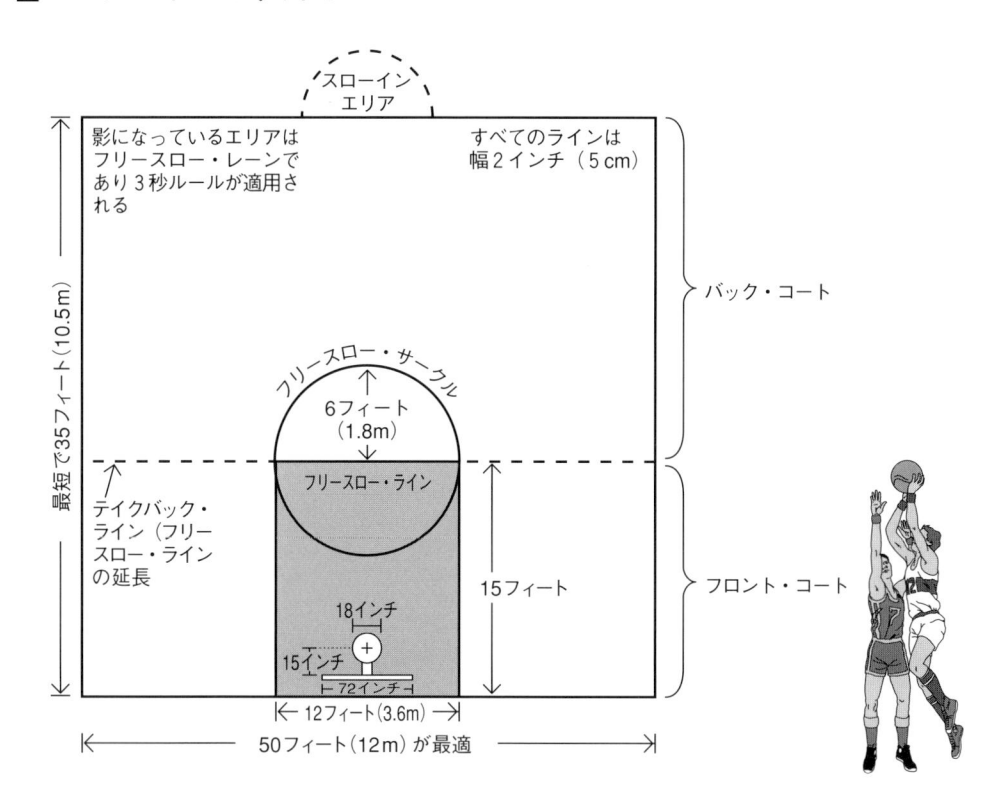

- スローイン エリア
- 影になっているエリアはフリースロー・レーンであり3秒ルールが適用される
- すべてのラインは幅2インチ（5cm）
- バック・コート
- フリースロー・サークル
- 6フィート（1.8m）
- フリースロー・ライン
- テイクバック・ライン（フリースロー・ラインの延長）
- 15フィート
- フロント・コート
- 18インチ
- 15インチ
- 72インチ
- 12フィート（3.6m）
- 最短で35フィート（10.5m）
- 50フィート（12m）が最適

199

3 ヒューマンインターフェースの必要性

【ヒューマンインターフェースの分類】 ヒューマンインターフェースとは，コンピュータと人間の接点にあって，両者の仲介をする機器，およびそれを制御するソフトウエアを指す。スポーツでいえば，スポーツ施設とユーザーを効率よく仲介する仕組みであり，①物理的，②認知的，③感性的，の3つに分類できる。物理的インターフェースは，施設・設備やトレーニング機器の状況，各エリアの設定や提供されるプログラムの利用システムなど，スポーツ活動のための物理的な環境設定をいう。認知的インターフェースとは，組織から提供されるサービスの入手方法がわかりやすいこと，また，サービス使用後の効果確認をしやすいことである。たとえば，好みのインストラクターによるレッスンの提供日時，個人指導の入手手続き，期待していたダイエット効果の確認などがこれにあたる。感性的インターフェースは，スポーツ活動を通して得られる達成感や充実感，他者との交流における共感性といった情緒的な機能（スポーツの楽しさ）として存在する。ユーティリティとかユーザビリティといった観点での施設マネジメントとは，これら3つのインターフェース機能を精査し，フィードバックすることである。

　ところで現代人は，できる限り購買行動における情報処理の効率化を求める。その施設の物理的機能を確かめたり，自己のライフスタイルからみてどんな意味合いを持つかなどについて，いちいち熟慮している暇がない。こうした「感性の時代」にあっては，ユーザーの情報処理負担を軽減する補助的なインターフェースツールが必要である。それが現場スタッフ（コンタクトパーソン）の働きであり，共に運動する「仲間」の存在である。

【仲間づくりのための戦術ツール】 フィットネスクラブにおけるクラブ内の「仲間」が会員の退会率を抑制し，定着率を向上させることはよく知られている。人と人の交わりには，その出会いから交際環境，相互理解を実現するための空間等が関与していることから，仲間づくりには，現場スタッフのコーディネート力が重要である（山中，2004）。

　必要な戦術ツールを例示すると，第1ステップは，会員とスタッフのコミュニケーションである。これは，スタッフの「話しかけ」により生まれる。ビギナーに対するマンツーマンストレッチやトレーニングカードは，それを容易にするツールである。これは，会員の不安を取り除くと同時に，情報収集にもつながる。続く第2ステップは，スタッフが会員情報に基づいた共通の話題をグループガイダンスで提供することなどにより，会員同士の会話を促進することである。水中ウォーキングに代表される水中プログラムでは，インストラクターの指示により手をつなぐなどのスキンシップコミュニケーションが図られやすい。スキンシップコミュニケーションは人と人の距離感を縮めるため，会員同士はレッスン後に声をかけやすくなる。このようなプログラムはそれ自体が仲間づくりのツールとして機能している。第3ステップであるが，これはスタッフを介さずに会員同士がお互いの知人を紹介し合うケースである。このためのツールとしては，クラブ館外で企画するウォーキングやハイキング，ゴルフコンペやビアパーティー等のイベントが効果的である。

第16章 スポーツ施設の使い勝手

■ スポーツにおけるヒューマンインターフェース

ヒューマンインターフェース

スポーツ施設 ／ ユーザー

感じる／わかる／できる

- 感性的インターフェース
- 認知的インターフェース
- 物理的インターフェース

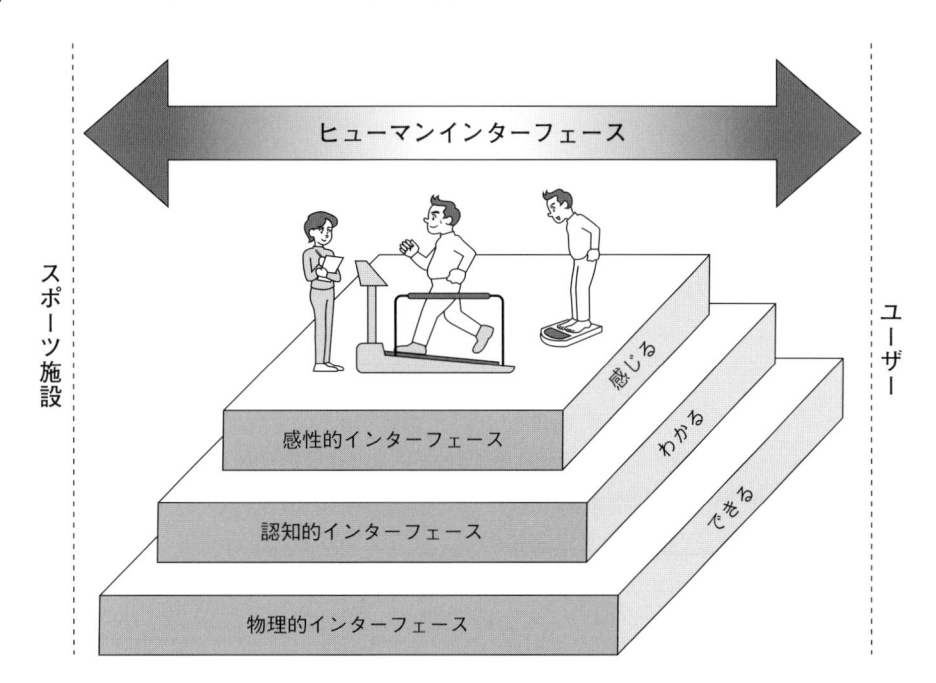

■ 人間関係促進のためのインターフェースツール

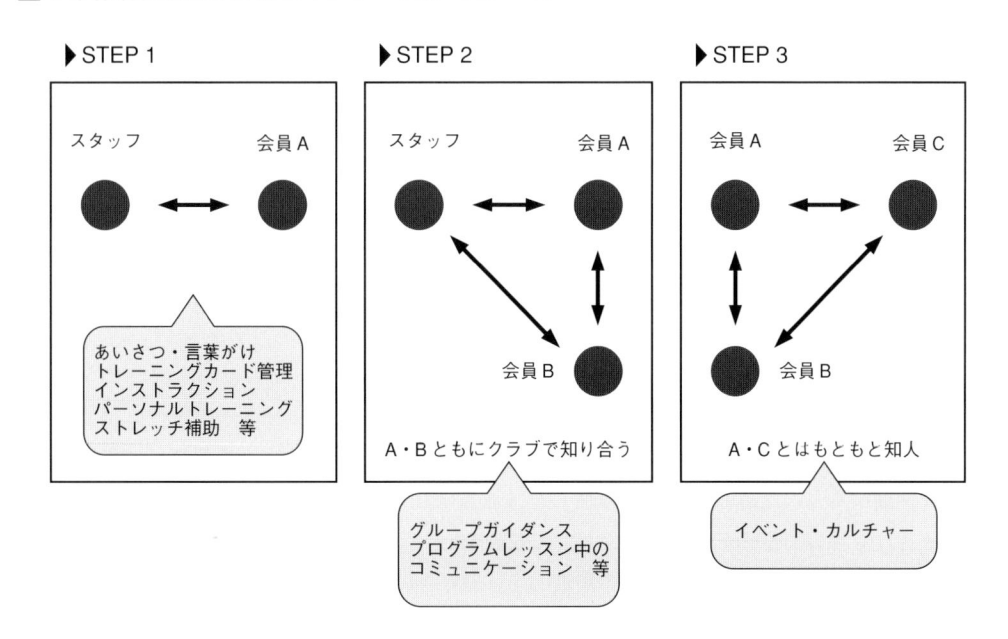

▶ STEP 1
スタッフ ↔ 会員A

あいさつ・言葉がけ
トレーニングカード管理
インストラクション
パーソナルトレーニング
ストレッチ補助　等

▶ STEP 2
スタッフ ↔ 会員A
　　↕　　↕
　　会員B

A・Bともにクラブで知り合う

グループガイダンス
プログラムレッスン中の
コミュニケーション　等

▶ STEP 3
会員A ↔ 会員C
　　↕　　↕
　　会員B

A・Cとはもともと知人

イベント・カルチャー

（山中，2004に加筆）

【運動機器の配置と仲間づくり】 運動仲間という人間関係が芽生えかけても，交際環境のセッティングが維持できなければ，そのきっかけを潰すことになる。山中（2004）はトレーニングジムのレイアウトを例にあげて，コミュニケーションを促進できる環境を提案している。有酸素系の運動を目的としたバイクは，シッティングポジションでのリラックスが可能になるため，個別の利用時間が長い。したがって，ジム内のマシン配置の比率は，有酸素系5：筋力系3：ストレッチ系2程度が効率的であるとされる。バイク利用時のフォローとしては，近年，テレビモニターを設置するケースが増えている。図の右側においては，有酸素マシンを利用している会員がモニター側の壁を見つめるようになる。

　ところが，これではモニターによって運動はしやすくなるものの，知り合いになった会員が同じ時間に利用していても，顔を合わせづらい環境設定になってしまう。一方，図の左側は，宙吊のテレビモニターを利用しているため，バイクの利用者はジム全体を見通すことができる。したがって，入り口から知り合いが入ってきた時点で，お互いに挨拶を交わすことが可能になる。さらに比較的狭いスペースにバイクを配置することで，隣人と話しやすい環境もつくれる。このように，運動機器等の配置も運動の仲間づくりを支えるという意味での，重要なインターフェースツールなのである。

【ヒューマンインターフェースとコンタクトパーソン】 ヒューマンインターフェースのうち，物理的，認知的なものはマネジメント主体からすれば，その施設のユーティリティをどうするかの問題であり，基本的には，スポーツ活動ができる最小限の空間確保と用具整備，そして，その使い方（マニュアル）を明確にすることができればいい。集客効果を高めようとするならば，さらに利用者の「利便性」を考えたレイアウトやロケーションを工夫し，施設・設備の「安全性」を確保しながら，運動空間としての「快適性」の向上に努めればいいわけである。つまり，これらユーティリティ特性（物理的・認知的インターフェース）は，明らかに組織としてコントロールできる範囲内の問題である。しかし，感性的インターフェースとなると，これはユーザー自身の使用感（ユーザビリティ）の問題であり，組織的なコントロールがそうやすやすとできるものではない。スポーツの楽しさとかやりがいといったものは，あくまで主観的な指標である。

　トレーニングジムに配置されたバイクマシンの使用例ひとつをとっても，実際には自己判断によってペダルの重さや上限心拍数を調整し，運動強度をカスタマイズすることによって，そこに意味のあるエクササイズが生まれるのである。そうした「選択性」を容易に実現させるためには，どうしてもコンタクトパーソン（Ｃ・Ｐ）の介在が必要である。ユーザーの感性に影響を与える上ではさらに，その運動処方が本当に合理的であるという「信頼性」を取り付けたり，その運動に仲間づくりのための「情報発信性」を付加したりすることも重要である。これらユーザビリティ特性を操作できるのはＣ・Ｐをおいて他にない。Ｃ・Ｐの役割とは，3つのヒューマンインターフェース機能を調整し，相互の橋渡しをすることにある。マニュアルの行間を読むことのできる有能なＣ・Ｐがいない限り，消費者のファースト・トライアルは誘導できても，購買や消費のリピート化を促進するのは難しい。

第16章 スポーツ施設の使い勝手

■ トレーニングジムにおけるヒューマンインターフェースの仕掛け

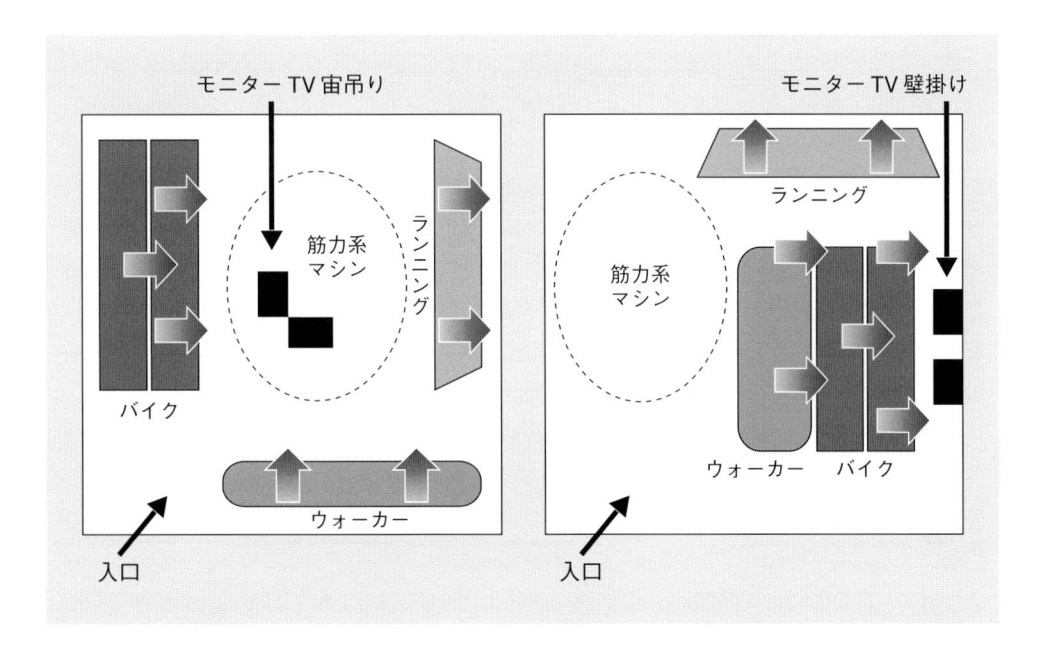

■ コンタクトパーソンの役割

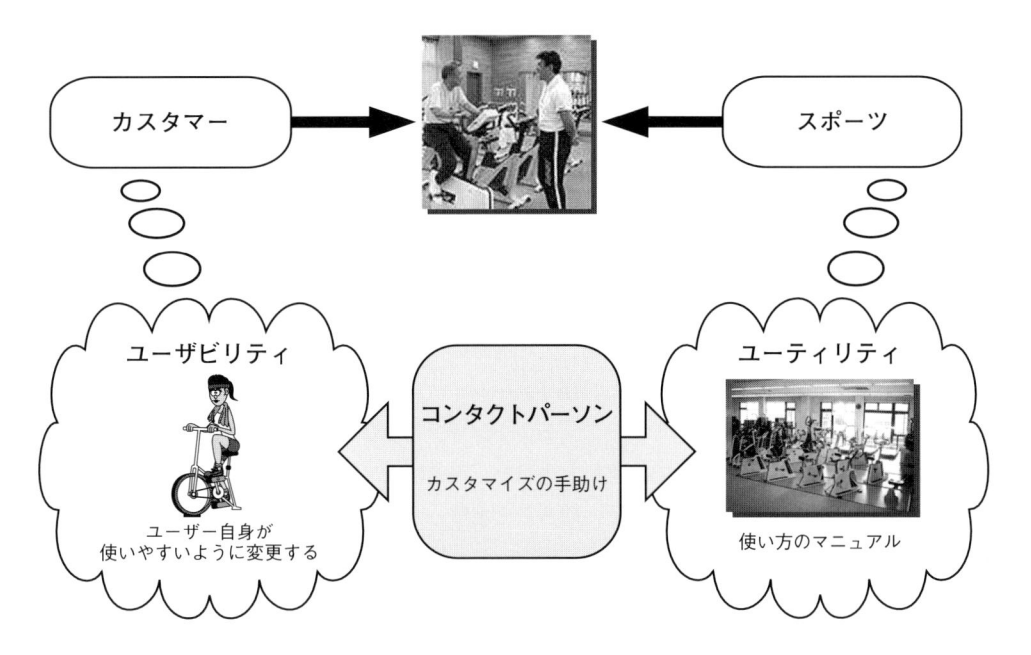

カスタマー　　　　　　　　　スポーツ

ユーザビリティ　　コンタクトパーソン　　ユーティリティ
　　　　　　　　　カスタマイズの手助け

ユーザー自身が　　　　　　　　　　　　使い方のマニュアル
使いやすいように変更する

203

マネジメント探訪 ④

【 大相撲とプロレス 】

　近代スポーツの誕生は18世紀から19世紀にかけてのイギリスでの出来事であり，貴族の「社交」として機能していた運動文化を一般民衆に開放しようとしたところに端を発している。その事業はブルジョアジー（資本家階級）によって独占的あるいは独善的に展開されたものであり，スポーツ版「エンクロージャー（囲い込み）」を完全に脱するようなものではなかった。本書での用法に照らしていえば，スポーツアドミニストレーションとしての働きがきわめて濃厚であったわけである。これに対してアメリカでは，スポーツは当初からそれを享受する人々の多くが労働者であり，単なる社交ではなく，「利益追求」の手段として広く認められてきた。だからこそ，スポーツと金銭に関することはフェアーでなければならず，アメリカ型のスポーツマネジメントは「ディスクロージャー（経営公開）」が基本になっているのである。

　スポーツを成熟した経済社会の中で真に価値あるものにするためには，透明性の高い公正なマーケットがなければならない。しかし，ディスクロージャーは日本では思ったように育たず，多くのスポーツ組織は，いまだアドミニストレーションに依存した経営実態のままである。この傾向はどの業界でも同じであるらしく，堺屋太一氏は「日本型アドミニストレーション」を大相撲にたとえている（「堺屋太一の新世紀探究⑩」論座　2001年12月号）。大相撲では服装から儀式から興行，全部を「相撲協会」が取り仕切っている。必ず髪は大銀杏に結って，ふんどしをして，塩をまいて，同じ儀式をし，競技をする。新規参入はなかなか認めない。オリンピックの柔道で優勝したとか，レスリングが強かったからといって，いきなり幕内に入れるわけではない。アマチュアから来た人は幕下付け出しからしか入れない。そのかわりアドミニストレーションに忠実に努めていたら，「年寄」になり，「親方」になる。つまり終身雇用である。コストは「タニマチ（ひいきのお金持ち）」や「NHK」の放送に頼ればいい。

　では，プロレスはどうかといえば，相撲とは違って，その団体は日本でも30ぐらいあり，顔に色を塗ろうが，覆面をしようが，大言壮語しようが，何をやってもいい。終身雇用の親方制度はないが，そのかわりだれでも自由に発想し，自分で責任を持っていつでも参入できる。コストはもちろん選手自身が負担する。したがって，プレイはコストの範囲内でやる。毎日激しくやっても選手寿命は長い。ケガをしたらいちばんコストに合わないから，なかなかケガしないように工夫されているわけである。そこには「アメリカ型マネジメント」の合理性も垣間見ることができる。それよりも何よりも，大相撲では，だれが「横綱」になるかは相撲協会が決めるのに対して，プロレスでは，だれが「メーンイベンター」になるかはお客が決める。

　相撲協会式の日本型スポーツアドミニストレーションを模倣し，あるいはそれに追従しているだけでは，消費者主権の考え方に裏打ちされた，自由闊達なスポーツマーケットなど望むべくもない。収支を明らかにしない球団，観客数の水増し発表，選手の推定年俸，等々，これらはスポーツ経営に値しない。日本で最初に経営をやったのが坂本竜馬であるとすれば，日本で本当のスポーツ経営を最初にやったのは力道山だったのかもしれない。

参考文献

《第1章》
Loy,J.W., McPherson,B.D., and Kenyon,G.S.(1978) Sport and Social System. Addison-Wesley.
Weiss,P.(1969)Sport：A Philosophic Inquiry. Southern Illinois University Press.
寒川恒夫(2001)「スポーツ文化」とは. 体育科教育 4.
福岡孝純(1988)スポーツ・ビジネス－ソフト化の新しい"座標軸"－. 日本経済新聞社.
Rader,B.G.(1983)American Sports：From the Age of Folk Games to the Age of Spectators. Prentice-Hall.
Hersey,P., Blanchard,K.H., and Johnson,D.E.(1996) Management of Organizational Behavior. Utilizing Human Resources. Prentice-Hall.
浅井慶三郎(1987)サービスの演出戦略－リレーションシップマーケティングの幕開け－. 同文舘出版.

《第2章》
伊丹敬之(1999)場のマネジメント－経営の新パラダイム－. NTT出版.
中村敏雄(1978)スポーツの技術と思想. ベースボール・マガジン社.
杉江正敏(2003)総論編. 全日本剣道連盟編　剣道の歴史. 全日本剣道連盟.
二木謙一ほか編(1994)日本史小百科〈武道〉. 東京堂出版.
Rogers,E.M.(1983)Diffusion of Innovations(3rd ed.). Free Press.
Rogers,E.M. and Rogers,R.A.(1976)Communication of Organizations. Free Press.

《第3章》
ヨシ・オカモト(2002)メジャーリーグに就職する方法. きこ書房.
野中郁次郎(1980)経営管理. 日本経済新聞社.
クロンプトン・ラム：原田宗彦訳(1991)公共サービスのマーケティング. 遊時創造.
長ヶ原誠(2003)中高齢者の身体活動参加の研究動向. 体育学研究 48.
Chelladurai,P.(1999)Human Resource Management in Sport and Recreation. Human Kinetics.
国立スポーツ科学センター(http://www.jiss.naash.go.jp/gaiyou/index.html).

《第4章》
Mullin,B.J., Hardy,S., and Sutton,W.A.(2000)Sport Marketing (2nd ed.). Human Kinetics.
Maslow,A.H.(1943)A Theory of Human Motivation. Psychological Review 50.
Milne,G.R., and McDonald,M.A.(1999)Sport Marketing：Managing the Exchange Process. Jones and Bartlett Publishers.
Cialdini,R.B., et al.(1976)Basking in Reflected Glory：Three (Football) Field Studies. Journal of Personality and Social Psychology 34(3).
Snyder,C.R., Lassegard,M., and Ford,C.E.(1986) Distancing after Group Success and Failure：Basking in Reflected Glory and Cutting off Reflected. Journal of Personality and Social Psychology 51.
Blackwell,R.D., Miniard,P.W., and Engel,J.F.(2001) Consumer Behavior (10 th.). South-Western.
Matsuoka, H., Chelladurai, P., and Harada, M.(2003)Direct and Interaction Effects of Team Identification and Satisfaction on Intention to Attend Games. Sport Marketing Quarterly 12(4).
堂浦博志(1995)ブランドロイヤルティからみたラグビー愛好者の諸特性. 京都教育大学卒業論文.
鳥居直隆(1996)ブランドマーケティング：価格競争時代のNo.1戦略. ダイヤモンド社.
Matsuoka, H.(2001)Multidimensionality of Fans' Psychological Commitment to Sport Teams：Development of a Scale. Unpublished Doctoral Dissertation, The Ohio State University.
Dick,A.S., and Basu,K.(1994)Customer Loyalty：Toward an Integrated Conceptual Framework. Journal of the Academy of Marketing Science 22(2).

《第5章》
Howard, D. and Crompton, J.(1995)Financing Sport. Fitness Information Technology, Inc..
フィットネスオンライン：クラブビジネスジャパン(http://www.fitnessclub.jp).
Heskett, J.L. et al.(1994)Putting the Service-Profit Chain to Work. HBR(Mar.-Apr.).
富樫正浩(2003)支配人の自立：サービス・プロフィット・チェーンを作りながらロイヤルカスタマーを創る6ステップ. Fitness Business 5-6.
ハーズバーグ：北野利信訳(1968)仕事と人間性－動機づけ-衛生理論の新展開－. 東洋経済新報社.
吉川武男(2001)バランス・スコアカード入門. 生産性出版.
森沢徹(2003)バランス・スコアカードを利用したサービス・デリバリー・システムの革新. Diamond Harvard Business Review(July).

《第6章》
川井圭司(2003)プロスポーツ選手の法的地位. 成文堂.
ヨシ・オカモト(2002)メジャーリーグに就職する方法. きこ書房.

《第7章》
Mullin, B.J., Hardy, S., and Sutton, W.A.(2000)Sport Marketing. Human Kinetics Publishers.
中央青山監査法人編(2004)CSR実践ガイド. 中央経済社.
Sumino, M. and Harada, M.(2004)Emotion of Football Spectator Behavior: Development of a Measurement Scale and Its Application to Models. Paper Presented at the 12th EASM Conference, Ghent, Belgium.
梅田香子(2000)スポーツ・エージェント：アメリカの巨大産業を操る怪物たち. 文春新書.
高井聡(2003)スポーツ・エージェントとプロ契約. 原田宗彦編　スポーツ産業論入門[第3版]. 杏林書院.
升本喜郎(2001)ショウ・ミー・ザ・マネー. ソニー・マガジンズ.
三原徹・鈴木智也(2003)スポーツ経営学ガイドBook. ベースボール・マガジン社.

《第8章》
武田隼(2004)Jリーグクラブの法務に関する研究－法的諸問題とその解決方法に注目して－．大阪体育大学修士論文．
道垣内正人(2003a)日本におけるスポーツ仲裁裁判制度の設計．ジュリスト 1249．
道垣内正人(2003b)KEY WORD：日本スポーツ仲裁機構(JSAA)．法学教室 276．
金井壽宏ほか(1996)スポーツに学ぶチームマネジメント．ダイヤモンド社．
クロンプトン・ラム：原田宗彦訳(1991)公共サービスのマーケティング．遊時創造．
高梨智弘(1995)ビジュアルマネジメントの基本．日本経済新聞社．

《第9章》
Christopher,M., Payne,A., and Ballantyne(1991)Relationship Marketing: Bringing Quality, Customer Service, and Marketing Together. Butterworth-Heinemann Ltd.
Kotler, P. and Levy, S.J.(1969)Broadening the Concept of Marketing. Journal of Marketing 33.
レイザー・ケリー：村田昭治編(1976)ソーシャル・マーケティング．税務経理協会．
ポーター：土岐 坤ほか訳(1985)競争優位の戦略：いかに高業績を持続させるか．ダイヤモンド社．
嶋口充輝(1984)戦略的マーケティングの論理．誠文堂新光社．
嶋口充輝(2000)マーケティング・パラダイム．有斐閣．
嶋口充輝・石井淳蔵(1995)現代マーケティング[新版]．有斐閣．
友添秀則・近藤良享(1992)スポーツ倫理学の研究方法論．日本体育学会体育原理専門分科会編　スポーツの倫理．不昧堂出版．
友添秀則・近藤良享(2000)スポーツ倫理を問う．大修館書店．
上原征彦(1990)競争戦略についての新視点．企業診断 37(11)．
山下秋二(1985)スポーツマーケティング論の展開．体育経営学研究 2(1)．
山下秋二(1988)スポーツ経営の分解図．ゴルフの科学 2(1)．

《第10章》
カッツ・ラザースフェルド：竹内郁郎訳(1965)パーソナル・インフルエンス－オピニオンリーダーと人びとの意思決定－．培風館．
菊池伸行・浦野創(1994)「ネットワーカー」の実像を探る．日経広告研究所報 153．
コトラー：井関利明訳(1991)非営利組織のマーケティング戦略．第一法規出版．
コトラー：恩蔵直人監修(2002)コトラーのマーケティング・マネジメント(基本編)．ピアソン・エデュケーション．
佐藤知恭(1992)顧客満足ってなあに？．日本経済新聞社．
嶋口充輝(1984)戦略的マーケティングの論理．誠文堂新光社．
嶋口充輝(1994)顧客満足型マーケティングの構図．有斐閣．
嶋口充輝(2000)マーケティング・パラダイム．有斐閣．
田内幸一・浅井慶三郎(1994)サービス論．調理栄養教育公社．
山下秋二ほか(1985)スポーツクラブ成員の満足・不満足構造．体育学研究 30(3)．

《第11章》
Chelladurai, P.(2001)Managimg Organizations for Sport & Physical Activity：A Systems Perspective. Holcomb Hathaway, Publishers, Arizona.
クロンプトン・ラム：原田宗彦訳(1991)公共サービスのマーケティング．遊時創造．
コトラー：恩蔵直人監修(2001)コトラーのマーケティング・マネジメント[ミレニアム版]．ピアソン・エデュケーション．
コトラー・アームストロング：和田充夫監訳(2003)マーケティング原理．ダイヤモンド社．
コトラー・ボーエン・マーキンズ：白井義男監修(2003)コトラーのホスピタリティ＆ツーリズム・マーケティング[第3版]．ピアソン・エデュケーション．
栗木契(1996)消費とマーケティングのルールを成り立たせる土台はどこにあるのか．石井淳蔵・石原武政編　マーケティング・ダイナミズム．白桃書房．
松下芳生(2004)マーケティング戦略ハンドブック．PHP研究所．
宮本悦也(1972)流行学－文化にも法則がある－．ダイヤモンド社．
山下秋二ほか編(2000)スポーツ経営学．大修館書店．
竹山真生(2005)ハンドボール競技における「遊び」の諸相．京都教育大学卒業論文．

《第12章》
アルブレヒト：鳥居直隆監訳(1990)逆さまのピラミッド－アメリカ流サービス革命とは何か－．日本能率協会マネジメントセンター．
Berry,L.L. and Parasuraman,A.(1991)Marketing Services:Competing through Quality. Free Press.
ゴッフマン：石黒毅訳(1974)行為と演技－日常生活における自己呈示－．誠信書房．
Gronroos,C.(1990)Service Management and Marketing: Managing the Moments of Truth in Service Competition. Lexington Books.
Grove,S.J. and Fisk,R.P.(1983)The Dramaturgy of Service Exchange: An Analytical Framework for Services Marketing. In Berry,L.L., Shostack,G.L., and Upah,G.D.(Eds.), Emerging Perspectives on Services Marketing. American Marketing Association.
コトラー・ボーエン・マーキンズ：白井義男監修(2003)コトラーのホスピタリティ＆ツーリズム・マーケティング[第3版]．ピアソン・エデュケーション．
桑田耕太郎・田尾雅夫(1998)組織論．有斐閣アルマ．
Langeard,E., Bateson,J., Lovelock,C., and Eiglier, P.(1981)Services Marketing: New Insights from Consumers and Managers, Report 81-104, Marketing Science Institute.
Lovelock,C.(1992)Managing Services. Prentice-Hall.
ラブロック・ライト：小宮路雅博監訳(2002)サービス・マーケティング原理．白桃書房．

Lovelock,C.(2001)Services Marketing：People, Technology, Strategy(4th ed.). Prentice-Hall.
野村清(1983)サービス産業の発想と戦略. 電通.
Parasuraman,A., et al.(1985)A Conceptual Model of Service Quality and Its Implications for Future Research. Journal of Marketing 49.
Shostack,G.L.(1977)Breaking Free From Product Marketing. Journal of Marketing 41.
Shostack,G.L.(1987)Service Positioning Through Structual Change. Journal of Marketing 51.
山下秋二ほか(2003)スポーツ経営におけるサービス戦略とサービス品質－日中フィットネスクラブの分類－. 京都体育学研究19.

《第13章》
IMDインターナショナル：神山昌信・泉竜也訳(1998)MBA全集1：ゼネラルマネジャーの役割. ダイヤモンド社.
湯浅健二(2000)サッカー監督という仕事. 新潮社.
日本テニス協会スポーツ科学委員会(2003)日本ジュニアテニス選手の技能および戦術に関する研究. 平成15年度国立スポーツ科学センター委託研究報告書.
ルイス：中山宥訳(2004)マネー・ボール：奇跡のチームをつくった男. ランダムハウス講談社.
佐久間賢編(2003)MBAエッセンシャル講座：経営戦略. 中央経済社.
岡田武・平尾誠二・古田敦也(2003)勝利のチームメイク. 日本経済新聞社.
トーリ・ドレイアー：北代晋一訳(2003)覇者の条件. 実業之日本社.
西村克己(1999)よくわかる経営戦略. 日本実業出版社.
勝田隆(2002)知的コーチングのすすめ. 大修館書店.

《第14章》
榎本英剛(1999)部下を伸ばすコーチング. PHP研究所.
古川久敬(2004)チームマネジメント. 日本経済新聞社.
ヒューマンバリュー(2000)コーチングの技術. オーエス出版社.
土田雅人(2004)「勝てる組織」をつくる意識革命の方法. 東洋経済新報社.
ガルウェイ：後藤新弥訳(1976)インナーゲーム. 日刊スポーツ出版社.
野中郁次郎(1980)経営管理. 日本経済新聞社.
Raven,B.H.(1974)The Comparative Analysis of Power and Power Preference. In Tedeschi,J. (Ed.), Perspectives on Social Power. Aldine.
齋藤勇(1987)人間関係の分解図. 誠信書房.
三隅二不二(1984)リーダーシップの科学［改訂版］. 有斐閣.
フィードラー：山田雄一監訳(1970)新しい管理者像の探究. 産業能率短大出版部.
ブレーク・ムートン：田中敏夫・小見山澄子訳(1979)新・期待される管理者像. 産業能率大学出版部.
ハーシィ・ブランチャード：山本成二ほか訳(1978)行動科学の展開. 日本生産性本部.
北森義明(1980)組織崩壊の条件. PHP研究所.
金井壽宏(1981)リーダーシップの代替物アプローチ. 組織科学 15(3).
ハーズバーグ：北野利信訳(1968)仕事と人間性－動機づけ－衛生理論の新展開－. 東洋経済新報社.
Vroom,V.H.(1964)Work and Motivation. John Wiley & Sons.
House,R.J.(1971)A Path-Goal Theory of Leader Effectiveness. Administrative Science Quarterly 16.
マクレランド：林保監訳(1971)達成動機. 産業能率短大出版部.
室田千恵子(2003)ハンドボール競技における監督行動の研究. 京都教育大学卒業論文.
畔田衣里(2004)ハンドボールにおける達成動機と競技成績. 京都教育大学卒業論文.
柳川元ほか(2001)水球選手の競技意欲を高める指導者のことばかけ－16pf人格検査による検討－. 日本体育・スポーツ経営学会第24回大会号.
山下秋二ほか(2001)体育教師－生徒間にみられる社会的影響過程の分析. 京都教育大学教育実践研究紀要1.

《第15章》
宇土正彦(1992)スポーツプロデュースの課題－スポーツ経営・学校体育への応用をめざして－. 体育・スポーツ経営学研究 9(1).
宇土正彦(1993)スポーツプロデュースとスポーツプロダクト. 体育・スポーツ経営学研究 10(1).
湯浅健二(2000)サッカー監督という仕事. 新潮社.
Fujimoto, J. and Matsuoka, H.(2004)Examining the Brand Associations of a Professional Sport Team. Paper Presented at the 19th Annual Conference of North American Society for Sport Management, Atlanta, GA, USA.
Street and Smith's SportBusiness Journal(2003) Most-Effective NBA Promotions. May 5, 2003.
Street & Smith's SportBusiness Journal(2003)Most-Effective MLB Promotions. October 20, 2003.

《第16章》
ハーシュラッグ：小椋博・二杉茂訳(1987)ハーフコートバスケットボール. 道和書院.
亀田政幸(2002)Fitness Business. クラブビジネスジャパン 2.
川内美彦(2001)ユニバーサル・デザイン－バリアフリーへの問いかけ－. 学芸出版社.
黒須正明ほか編(1999)ユーザ工学入門. 共立出版.
松崎康弘・須田芳正(2002)フットサル教本. 大修館書店.
中島純一(2001)流行に乗っているようでちょっと違う私たち. 週刊東洋経済 3.
三菱電機デザイン研究所編(2001)こんなデザインが使いやすさを生む－商品開発のためのユーザビリティ評価－. 工業調査会.
日本フィットネス産業協会(2003)フィットネス産業基礎データ資料2001. クラブビジネスジャパン 7.
山中一久(2004)クラブ再生・活性化の手引き. 大島直次編　フィットネスクラブの施設プランニング＆再生実務資料集. 総合ユニコム.

編著者

山下秋二（やました・しゅうじ）
1948年福井県生まれ。東京教育大学大学院体育学研究科修士課程修了。福井医科大学助教授，大阪大学助教授，京都教育大学教授などを経て，現在立命館大学教授。博士（体育科学）。〈著書〉『スポーツ経営学』（大修館書店），『スポーツ・イノベーションの普及過程』（不昧堂出版），『体育経営管理学講義』（共著，大修館書店），『社会体育ハンドブック』（共著，大修館書店）など。
第1章，第2章，第3章，第14章，第15章，マネジメント探訪担当

原田宗彦（はらだ・むねひこ）
1954年大阪府生まれ。ペンシルバニア州立大学博士課程修了（Ph.D.）。鹿屋体育大学助手，大阪体育大学教授を経て，現在早稲田大学教授。Jリーグ経営諮問委員会委員，日本スポーツマネジメント学会会長。〈著書〉『スポーツイベントの経済学』（平凡社新書），『スポーツマネジメント』（大修館書店），『スポーツマーケティング』（大修館書店），『スポーツ産業論』（杏林書院）など。
第5章，第6章，第7章，第8章，第13章担当

著者

中西純司（なかにし・じゅんじ）
1963年長崎県生まれ。筑波大学大学院体育研究科修士課程修了。筑波大学体育科学系準研究員（文部技官）を経て，現在福岡教育大学教授。〈著書〉『体育・スポーツ経営学講義』『スポーツ経営学』（共著，大修館書店），『現代スポーツ経営論』（共著，アイオーエム），『健康・スポーツの経営学』（共著，建帛社）など。
第9章，第10章，第11章，第12章担当

松岡宏高（まつおか・ひろたか）
1970年京都府生まれ。オハイオ州立大学博士課程修了（Ph.D.）。びわこ成蹊スポーツ大学准教授などを経て，現在早稲田大学准教授。日本スポーツマネジメント学会運営委員，アジアスポーツマネジメント学会理事ほか。〈著書〉『スポーツマーケティング』（共著，大修館書店），『スポーツ産業論』（共著，杏林書院），『企業とクラブとの協働』（共著，創文企画）など。
第3章，第4章，第15章担当

冨田幸博（とみた・ゆきひろ）
1950年山形県生まれ。日本体育大学体育学部卒業。現在日本体育大学教授，世田谷区スポーツ振興審議会委員。〈著書〉『スポーツ経営学』（共著，大修館書店），『指導者のための体育・スポーツ行政』（共著，ぎょうせい），『コーチのためのスポーツ経営入門』（共訳，文化書房博文社），『スポーツ・マーケティング』（共訳，文化書房博文社）など。
第14章，第15章担当

金山千広（かなやま・ちひろ）
1961年兵庫県生まれ。京都教育大学大学院教育学研究科修士課程修了。株式会社オージースポーツ・マネジャー（神戸しあわせの村・神戸市立市民福祉スポーツセンター・加古川ウェルネスパーク）を経て，現在神戸女学院大学教授，日本障害者スポーツ協会・障害者スポーツ指導者協議会研修部。〈著書〉『スポーツ経営学』（共著，大修館書店）など。
第16章担当

図解 スポーツマネジメント
©Shuji Yamashita & Munehiko Harada 2005

NDC780／207p／26cm

初版第1刷	2005年4月1日
第7刷	2012年9月1日

編著者────山下秋二・原田宗彦
発行者────鈴木一行
発行所────株式会社大修館書店
〒113-8541　東京都文京区湯島 2-1-1
電話 03-3868-2651（販売部）03-3868-2298（編集部）
振替 00190-7-40504
［出版情報］http://www.taishukan.co.jp

装丁────倉田早由美（サンビジネス）
本文デザイン・DTP────サンビジネス
印刷所────広研印刷
製本所────ブロケード

ISBN 978-4-469-26571-2　Printed in Japan
Ⓡ本書のコピー，スキャン，デジタル化等の無断複製は著作権法上での例外を除き禁じられています。本書を代行業者等の第三者に依頼してスキャンやデジタル化することは，たとえ個人や家庭内での利用であっても著作権法上認められておりません。